성공적인 올림픽 개최를 위한
체육 거버넌스

성공적인 올림픽 개최를 위한
체육 거버넌스

쟝 루 샤플레, 임도빈 공저

초판 1쇄 인쇄 / 2017년 7월 7일
초판 1쇄 발행 / 2017년 7월 12일

발행인 / 이광호
발행처 / 도서출판 대한미디어
등록번호 / 제2-4035호
전화 / (02)2267-9731 팩스 / (02)2271-1469
홈페이지 / www.daehanmedia.com
디자인 / 명기원, 고수정

ISBN 978-89-5654-476-2 03690
정가 20,000원

※ 이 책의 저작권은 저자가 소유하며, 저작권법에 의하여 보호받는 저작물이므로
   무단으로 전재하거나 복제하여 사용할 수 없습니다.
※ 잘못 만들어진 책은 구입처 및 대한미디어 본사에서 교환해 드립니다.

성공적인 올림픽 개최를 위한
체육 거버넌스

쟝 루 샤플레·임도빈

샤플레 교수와의 인연은 약 5년 전으로 거슬러 올라간다. 필자는 IMD에서 발표하는 국가경쟁력지수에 관심이 많았다. 국가경쟁력은 한국의 경쟁력이 세계적으로 어느 수준인지에 대해 시사점을 주는 지표라고 생각했기 때문이다. 필자는 스위스 로잔의 경영대학원 IMD에 방문의사를 타진했고, 방문해도 좋다는 답이 돌아왔다. 로잔에 가는 김에 익히 그 명성을 들어온 스위스 행정대학원 원장님에게도 방문하고 싶다는 연락을 했다. 당시 원장은 바로 이 책의 공저자인 샤플레 교수였다. 샤플레 교수를 방문했을 때 마침 스위스 행정대학원은 건물을 확장하여 새로이 입주한 때였다. 반짝이는 아이디어로 실용적이면서도 아름다운 건축물들에 필자는 감탄했다. 학교가 운영하고 있던 프로그램들 또한 체계적이고 국제적이었다. 그날 샤플레 교수와의 대화를 통해 필자는 샤플레 교수가 올림픽 조직과 개최에 관한 한 세계적인 1인자라는 것을 알게 되었다.

시간이 지나, 하루는 강원대 이광훈 교수로부터 연락이 왔다. 샤플레 교수가 올림픽에 관한 자신의 책을 한국어판으로 출판하길 원한다는 것이다. 샤플레 교수의 책은 2018년 평창 동계올림픽을 준비하고 있는 우리나라에 매우 시의적절하고 중요하다는 생각이 들었다. 정부가 관계되는 한 그와 관련된 모든 면에 대해 심오한 연구가 필요하기 때문에 그의 책은 행정학적으로도 학술가치가 높다는 판단이 섰다. 그런데 그의 책은 스위스의 포켓판 도서였기 때문에 우리나라에서 출판하기에는 분량이 너무 짧았다. 샤플레 교수는 이에 평창올림픽에 관한 내용을 추가하길 권했다.

이러한 연유로 이 책은 크게 두 편으로 구성된다. 제1편은 샤플레 교수의 스위스판 불어 원전을 번역한 것이고, 제2편은 대한민국의 스포츠 및 평창 올림픽에 관해 가지고 있던 필자의 생각을 정리한 것이다. 이 두 편의 성격은 완전히 다르다. 제1편은 올림픽이 발상하여 현재까지 진화하는 과정에서 어떤 문제가 있었고 그 문제를 어떻게 극복해왔는지를 정리한 것이다. 즉, 올림픽이 정치로부터 독립된 순수 민간운동으로 자리 잡고, 여러 위기를 극복한 과정에 대해 설명한다. 요약컨대, 민간운동으로서의 올림픽에 관한 이야기다. 반면에 제2편은 국가주도형으로 올림픽을 꾸리는 우리나라에 대해 서술한다. 형식상으로는 우리나라의 올림픽 조직위원회도 민간단체이다. 그러나 실상은 올림픽 거버넌스에 국가가 깊이 관여되어 있을 뿐만 아니라 주도적인 역할을 하고 있다. 따라서 제1편과 제2편 각각은 올림픽 준비와 개최에 있어 상반된 두 전략에 대해 쓴 것이다.

Preface

동시에 제1편과 제2편은 상호보완적이다. 2016년 치른 리우 올림픽에서 보았듯이, 올림픽에 대한 열기는 예전만 하지 못하다. 제1편은 지속가능한 올림픽을 위한 샤플레 교수의 고민을 쓴 것이기도 하다. 우리나라의 올림픽도 많은 문제를 지니고 있다. 우리나라 스포츠는 점점 엘리트화되고, 정치화되며, 상업화되어, 생활스포츠와는 점차 유리되고 있다. 필자는 제2편에서 이와 같은 종합적인 문제의 진단과 처방을 시도하여, 이왕 결정된 평창올림픽을 사회에 도움이 되게 치를 것인지를 고민하였다.

우리나라도 이제 선진국 반열에 올랐다. 그러나 우리 사회는 점점 불안해지고 있다. 우리 사회를 지탱해오던 공업은 하락기에 접어들었다. 실업률 증가와 고령화 역시 진행되고 있다. 자동화로 인해 일자리의 대규모 창출은 요원해 보인다. 이때 행정의 역할은 무엇일까? 일자리 창출도 물론 중요하지만, 국민행복 증진을 위한 노력이 필요할 것이다. 국민행복을 위해 필요한 것 중 하나가 바로 스포츠다. 스포츠는 단순 신체활동이 아니고, 정신적 활동이자 문화적 활동이다. 행정은 이러한 것을 종합적으로, 균형 있게 보는 시각이 필요하다. 이 책은 정부 경쟁력 연구의 일환이다. 필자는 지난 4년간 한국연구재단의 사회과학지원 프로그램인 SSK를 통해서 정부경쟁력에 대한 연구를 해오고 있다.

불어판 저서를 내주어 국문판 출판의 기회를 주신 샤플레 교수에게 감사를 드린다. 또한 무엇보다도 큰 역할을 해준 강원대 이광훈 교수에게 감사를 드린다. 스포츠 행정과 체육정책 분야에서 떠오르는 신진학자인 이광훈 교수는 꼼꼼히 교정을 해주는 등 공저자와 같은 정도의 역할을 했다. 서울대학교 행정대학원 정부경쟁력 연구센터에서 열심히 연구활동을 하고 있는 서울대학교 행정대학원의 석·박사 학생들도 많은 도움을 주었다. 올림픽에 대해 자세히 알지 못하는 사람들은 책을 읽으며 비슷한 조직명들이 혼동될 수도 있다. 관련된 약어는 책 말미에 정리해두었으니 약어들은 용어해설을 참고하면 좋을 것이다. 아무쪼록 이 책으로 인해 올림픽에 대한 한국인들의 인식이 제대로 잡히고 올림픽에 대한 연구가 본격적으로 진행되는 계기가 되었으면 한다.

2017년 7월

임 도 빈 씀

■ Preface / 4

| Part 01 | 올림픽 게임: 성화 재점화하기

Chapter 1 서론 / 19

Chapter 2 올림피아드와 올림픽 역사 / 22

제1절 잊혀진 올림픽의 시작 그리고 15세기 후의 부활 ·············· 22
제2절 하계올림픽 ·············· 23
제3절 동계스포츠가 올림픽에 등장하다 ·············· 25
제4절 청소년 올림픽 ·············· 28
제5절 올림픽 개최도시가 되는 길 ·············· 29

Chapter 3 국제올림픽위원회(IOC) / 31

제1절 IOC의 위원 ·············· 33
제2절 IOC의 법적 지위 ·············· 35
  1. IOC 위원장 ·············· 35
  2. 올림픽 운동의 선봉에서 ·············· 38
제3절 IOC의 수입 ·············· 38
  1. 중계권과 스폰서십: 주 수입원 ·············· 39
제4절 끊임없는 진화 ·············· 41
  1. 성공의 대가 ·············· 42
  2. 새로운 올림픽 종목 ·············· 43
  3. 일탈에 저항하다 ·············· 44
제5절 어젠다 2020 ·············· 45

Contents

Chapter 4 올림픽 시스템 / 47

- 제1절 전통적 올림픽 시스템 ·· 47
    1. 각 나라의 올림픽위원회 ······································ 49
    2. 강화하기 위해 연대하다 ······································ 50
- 제2절 규제된 올림픽 시스템 ·· 54
    1. 올림픽 스폰서 ·· 54
    2. 아마추어리즘의 종말 ·· 55
    3. 스포츠 윤리와 정의 ··· 56
- 제3절 총체적 올림픽 시스템 ·· 57
- 제4절 관리 부담의 증가 ··· 59
- 제5절 시스템인가 운동인가 ··· 62

Chapter 5 자율성, 거버넌스 그리고 스포츠 부패 / 63

- 제1절 자율성: 근본적 가치 ··· 64
    1. 스포츠는 사법권에서 벗어나는가? ····························· 65
    2. 유럽연합과 올림픽 시스템 ····································· 65
    3. 유럽과의 힘겨루기 ·· 67
    4. 자율성의 한계 ·· 68
- 제2절 스포츠 거버넌스 ·· 73
    1. 자율성의 대가 ·· 74
    2. 거버넌스의 측정 ·· 76
- 제3절 어떻게 하면 더 좋은 스포츠 거버넌스를 만들 수 있을까? ········ 76
- 제4절 스포츠의 반부패 투쟁 ·· 79
    1. 경제적 측면과 동시에 사회적·환경적 고려 ···················· 80

2. 균형을 찾아야 ··· 81

Chapter 6 　올림픽대회의 수입과 비용 / 83

제1절　올림픽 자금을 조달하다 ·· 83
제2절　대회를 위해서 드는 비용은? ··· 86
　　1. 안전과 인적자원: 결정적 요인 ·· 86
　　2. 스포츠 시설: 건설 또는 정비 ·· 87
　　3. 대회 주변시설 ··· 89
　　4. 대회 총비용 ··· 92
　　5. 청소년 올림픽: 별도의 사례 ·· 93

Chapter 7 　올림픽의 파급효과 / 94

제1절　왜 올림픽을 개최하려 하는가? ··· 95
제2절　스포츠의 이익과 경제적인 이익 ··· 97
　　1. 관광산업에 대한 파급효과: 뒤섞인 평가 ···································· 97
　　2. 두드러진 산업적 파급효과 ·· 99
제3절　사회적 발전 ·· 100
　　1. 올림픽은 스포츠 활동을 장려하는가? ······································ 101
　　2. 역량 강화 ··· 102
　　3. 명성과 이미지에 대한 파급효과 ··· 103
제4절　환경 개발 ·· 105
　　1. 도시의 재생: 환영 받는 기회 ·· 105
　　2. 스포츠 시설에 대한 파급효과 ··· 106
제5절　파급효과의 요점 ·· 108

Contents

Chapter 8 제1편의 결론 / 109

| Part 02 | 한국의 올림픽과 국가행정

Chapter 9 스포츠와 국가 / 117

    1. 근대 국가에서의 스포츠의 의의 ·· 118
    2. 현대 국가에서의 스포츠의 의의 ·· 120

Chapter 10 우리나라의 체육행정 / 127

    1. 우리나라 체육행정조직의 변천 ·· 127
    2. 지방자치 이후의 지방체육행정 ·· 143
    3. 대한체육회: 정치화? ·· 147
    4. 돈의 행정: 국민체육진흥기금 ··· 155

Chapter 11 스포츠의 정치화 / 162

    1. 경색된 남북관계를 연화하는 것은 스포츠였다 ························· 162
    2. 메가스포츠 이벤트는 지방자치단체장의 인기관리 수단 ·········· 166
    3. 실패해도 유치하는 이유 ··· 168
    4. 왜 체육단체의 장을 정치인이 맡았나? ····································· 170

> Chapter 12 평창올림픽: 삼수 끝에 얻은 올림픽 유치 / 174

제1절 험난한 유치과정 ·· 174
제2절 올림픽 유치실패에 치른 비용 ······································ 176
제3절 김진선 강원도지사의 유치전략 ····································· 178
제4절 유치 성공 이후가 더 문제다: 행정의 과제 ······················ 181

> Chapter 13 올림픽 총괄기구: 평창동계올림픽 조직위원회 / 185

제1절 조직위원회의 설치 ·· 185
  1. 위원회의 총회 ··· 185
제2절 조직위원회 사무처 ·· 187
  1. 사무처의 조직구성 ·· 188
  2. 잦은 조직개편 ··· 189
  3. 끊임없는 사무처 조직 팽창 ··· 191
제3절 자원봉사가 관건이다 ·· 192
  1. 자원봉사자의 중요성 ··· 192
  2. 자원봉사자의 일 ·· 196

> Chapter 14 평창올림픽과 얽힌 이해관계 / 200

제1절 올림픽의 이해관계인 유형 ·· 200
  1. 정부 ·· 200
  2. 기업 ·· 202
  3. 개최로 이익을 보는 사람들 ··· 203

Contents

    4. 체육인: 주연배우 ··· 203
    5. 기타의 목소리 ··· 204
  제2절 평창동계올림픽 준비과정의 이해관계 게임 ····························· 205
    1. 용산~청량리~망우 철도노선 확충 사례 ································ 205
    2. 비선 실세의 국정 농단 사례 ·· 207
    3. 올림픽 유산(legacy) 관리 사례 ··· 207
    4. 올림픽을 둘러싼 예산 갈등 사례 ··· 208

Chapter 15 서울올림픽과 평창올림픽의 비교 / 210

  제1절 88서울올림픽대회의 신화 ·· 210
    1. 정부주도의 서울올림픽 조직위원회 ······································ 212
    2. 작지 않은 조직구성 및 체계 ·· 213
    3. 88서울올림픽: 대변화의 계기 ·· 215
  제2절 평창올림픽 조직위원회와의 비교 ·· 216
    1. 관심의 부재 ··· 216
    2. 올림픽 조직위원회의 사기 저하 ·· 220
    3. 컨트롤타워의 유무 ·· 222
    4. 환경의 근본적 변화: 지방자치제도 ······································ 224

Chapter 16 평창올림픽 개최, 과연 남는 장사인가? / 227

  제1절 비용효과 연구의 어려움 ·· 227
  제2절 막대한 사업비와 운영비 ·· 228
    1. 대회 준비단계 ··· 228
    2. 2조원의 대회 운영단계비용 ·· 232

제3절 올림픽의 경제적 효과, 믿을 만한가?	234
제4절 다른 간접적 효과는 없을까?	235
제5절 비관론: 올림픽 이후 불황	238
1. 경제 효과 분석의 왜곡	238
2. 올림픽 불황의 문제: 경기 개최 후 장기적 관리비용	240

Chapter 17 올림픽의 진실된 손익계산서: 비가시적 효과 / 247

제1절 국제무대에서 한국의 위상 제고	247
제2절 북한과의 관계개선 방법은 없을까?	250
제3절 국내 정치적 영향	250
제4절 사회·문화적 효과	252
제5절 객관적 사후평가 부재와 올림픽 유산	254

Chapter 18 결론: 스포츠와 정부경쟁력의 제고 / 256

- 약어 / 262
- 참고문헌 / 263
- 저자소개

List of Tables

[표 1] 기간별 올림픽 개최도시 ·· 23
[표 2] 1992~2012 하계올림픽 규모 관련 지표들 ················ 24
[표 3] 시기별 동계올림픽 개최도시 ·································· 26
[표 4] 1992~2012 동계올림픽 규모 관련 지표들 ················ 26
[표 5] 2010~2022 동·하계 청소년 올림픽 ························· 28
[표 6] 하계올림픽 후보도시 수 ··· 29
[표 7] 2001~2016 IOC의 수입 ··· 38
[표 8] 올림픽대회 중계권(1992~2014) ······························ 39
[표 9] 국제 스폰서십(1985~2012)(백만달러) ···················· 40
[표 10] 올림픽 스포츠와 종목(2016년 올림픽 프로그램) ··· 50
[표 11] 2004년에서 2012년까지의 IOC의 배분금 ·············· 53
[표 12] 서로 얽혀있는 올림픽 시스템의 변화 ···················· 59
[표 13] 2022년부터 각각의 올림픽 주기를 위한 일정 제안 ··· 61
[표 14] 자율성과 스포츠 거버넌스 개념에 관한 주요 결정 연대표 ··· 71
[표 15] 2000~2012 하계올림픽 보도진 수와 취재권 관련 납부액 ··· 91
[표 16] 2012년 런던올림픽 수입과 지출 ··························· 92
[표 17] 2012 인스부르크 청소년 동계올림픽 비용 ············ 93
[표 18] 올림픽의 가능한 파급효과와 가능하지 않은 파급효과 ··· 108
[표 19] 한국 스포츠산업의 업종별 매출액(2012~2014) ····· 121
[표 20] 분야별 국고예산 현황 ··· 146
[표 21] (중앙)정부 예산대비 체육예산 현황 ······················ 147
[표 22] 지방자치단체 체육예산 총괄표 ····························· 147
[표 23] 대한체육회 선수육성 지원기준(2015년도 기준) ···· 153
[표 24] 대한체육회 재원별 예산 ······································· 154
[표 25] 대한체육회 국민체육진흥기금 투입사업안(2015년) ··· 154

[표 26] 국민체육기금 조성 추세 ·· 159
[표 27] 국민체육진흥기금의 2018 평창동계올림픽경기대회 지원금 ················ 160
[표 28] 조직위원회의 구성 및 기능 ··· 187
[표 29] 단계별 조직개편과 중점기능 ··· 190
[표 30] 자원봉사 직종별 업무 ··· 196
[표 31] 올림픽 개최에 따른 각종 비용 및 효과 ·· 228
[표 32] 준비단계 사업비 구성 ··· 229
[표 33] 올림픽 비용 초과율 1960~2016 ·· 230
[표 34] 총사업비 예산 규모 변화 ··· 231
[표 35] 세입 예산 ·· 233
[표 36] 세출 예산 ·· 233
[표 37] 평창동계올림픽의 경제적 효과 ··· 235
[표 38] 대회 관련시설 조성계획 ··· 236
[표 39] 2002 FIFA 한일 월드컵 경기장 사후활용 현황 ·· 241
[표 40] 평창올림픽 이후 시설 관리주체 및 사후활용 방안 ·································· 244
[표 41] 동계올림픽 종목별 경기장 사후활용 사례 ·· 245
[표 42] 도시브랜드 레거시 목표별 주요 전략 ·· 249

List of Figures

[그림 1] 2015년 IOC 기구편성도 ·· 37
[그림 2] 올림픽의 목표와 임무 ·· 44
[그림 3] 전통적 올림픽 시스템 ·· 52
[그림 4] 규제된 올림픽 시스템 ·· 57
[그림 5] 총체적 올림픽 시스템 ·· 58
[그림 6] 스포츠 거버넌스의 위치 ·· 74
[그림 7] 파급효과에 따른 동기 수준 ·· 95
[그림 8] 1948년 11월 4일 문교부 직제(대통령령 제22호) ········· 128
[그림 9] 1961년 10월 2일 문교부 직제(각령 제180호) ·············· 129
[그림 10] 1976년 2월 18일 문교부 직제(대통령령 제7991호) ··· 131
[그림 11] 1982년 3월 20일 체육부 직제(대통령령 제10767호) · 132
[그림 12] 1990년 12월 17일 체육청소년부 직제(대통령령 13284호) ··· 135
[그림 13] 1994년 12월 23일 문화체육부 직제(대통령령 제14442호) ··· 136
[그림 14] 1999년 5월 24일 문화관광부 직제(대통령령 제16346호) ··· 138
[그림 15] 2006년 7월 1일 문화관광부 직제(대통령령 제19596호) ··· 139
[그림 16] 문화체육관광부 체육행정 직제(현재) ························ 141
[그림 17] 서울시 체육행정조직도(2016년 말 기준) ·················· 144
[그림 18] 관악구청 체육행정조직도(2016년 말 기준) ·············· 145
[그림 19] 대한체육회 조직도(2016년 11월 기준) ······················ 151
[그림 20] 대한체육회 관계도 ·· 152
[그림 21] 국민체육진흥공단 조직도 ·· 157
[그림 22] 체육예산과 국민체육진흥기금 연도별 추이 ·············· 158
[그림 23] 위원총회의 구성 ·· 186
[그림 24] 중앙 및 지방공무원들의 파견절차 ···························· 189
[그림 25] 조직위원회 사무처 조직도 ·· 192

[그림 26] 자원봉사 운영 흐름도 ·· 195
[그림 27] 국제스포츠행사 유치과정 흐름도 ···························· 201
[그림 28] 서울올림픽대회 조직위원회의 조직체계 ···················· 214
[그림 29] 최근 동계올림픽 개최국의 시설 및 인프라 투자 ········· 229
[그림 30] 올림픽의 수익구조 ·· 232

Part 01

올림픽 게임: 성화 재점화하기

Chapter 1　서론
Chapter 2　올림피아드와 올림픽 역사
Chapter 3　국제올림픽위원회(IOC)
Chapter 4　올림픽 시스템
Chapter 5　자율성, 거버넌스 그리고 스포츠 부패
Chapter 6　올림픽대회의 수입과 비용
Chapter 7　올림픽의 파급효과
Chapter 8　제1편의 결론

"올림픽대회의 중요성은 이기는 것보다 거기에 참가한다는 데 있다. 이 명언을 잊지 말자. 이것은 건전하고 평화로운 이념의 기초가 될 정도로 모든 분야에 걸쳐 적용된다. 인생에 있어서도 중요한 것은 정복이 아니라 싸우는 것이다. 핵심은 승리하는 데 있기 보다는 잘 패배하는 데 있다. 보다 성실하고 보다 너그럽게 출발해서 이러한 교훈을 널리 전파하는 것이 보다 용맹하고 보다 강한 인류를 준비하는 것이다."

피에르 드 쿠베르탱
1908년 런던올림픽 당시 연설

Chapter 1
서론

나의 가장 오래된 기억들 가운데 1960년 8월의 기억은 아직도 머릿속에 생생하게 각인되어 있다. 늦은 오후, 할아버지와 함께 유로비전을 통해 생중계되는 올림픽 방송을 보기 위해 큰 텔레비전 화면을 바라보며 앞에 앉아 있었다. 나는 그것이 서유럽의 주요한 공영방송을 연결하는 통신망 덕분에 처음으로 올림픽을 중계한 것이었다는 사실을 뒤늦게 알게 되었다. 호스트 방송, 즉 이 경우 RAI(이탈리아 라디오텔레비전 방송)의 전파를 재전송할 수 있다는 것은 마치 기적과 같은 일이었다.

우리는 중계방송의 초반을 장식한 경건하게 흐르는 음악을 들었다. 쟝 마르크 샤르팡티에(Jean-Marc Charpentier)의 테 데움(Te Deum) 발췌곡이었다. 다음, 미국의 윌마 루돌프(Wilma Rudolph) 또는 프랑스의 미셸 자지(Michel Jazy)와 같은 육상선수들의 흑백 영상을 지켜보았다.

돌체비타(dolce vita)가 울려 퍼지는 가운데, 정장을 갖추고 존경스러운 모습의 이탈리아 대통령이 선두에 서 있었다. 그리고 관중들의 환호 속에 80개 이상의 대표단과 5,000여 명의 선수들이 스타디오 올림피코(stadio olimpico) 트랙에서 열을 지어 행진하며 아름다운 개막식을 펼쳤다.

이 대회는 1896년 아테네에서 첫 근대 올림픽이 열린 이후 17번째로 개최된 로마올림픽이었다. 대회가 개최될 수 없었던 1·2차 세계대전 동안인 1916년과 1940년, 1944년을 제외하고 올림픽은 한 번도 중단된 적이 없었다. 12세기 이전의 고대 전통을 계승한 1960년 로마올림픽 이후 본 저서를 쓰는 시점에서의 가장 최근이었던 30회 런던대회까지 4년마다 빠짐없이 올림픽이 개최되었다. 2012년 런던올림픽에는 11,000여 명의 선수들로 구성된 200개 이상의 선수단이 참가했다.

일반적으로 올림픽이라고 부르는 하계올림픽만 개최되다가, 1924년 이후에는 눈과 얼음에서 펼쳐지는 스포츠를 위한 동계올림픽이 추가되었다. 그리고 2010년 이후에는 18세 이하의 선수들이 출전하는 하계 또는 동계 청소년 올림픽이 도입되었다.

올림픽은 오늘날 인류가 조직한 가장 대규모의 평화로운 행사로 대변되고 있다. 이러한 스

Part 1 올림픽 게임: 성화 재점화하기

포츠 선수들과 관중들의 정기적인 회합은 국제올림픽위원회(IOC)에 의해 조직된다. 올림픽 개최도시 결정권을 가지고 있는 IOC는 프랑스의 교육자이며 수필가인 피에르 드 쿠베르탱(1863~1937)의 권유에 의해 창립되었다. 대회가 거듭될수록 IOC는 올림픽과 함께 2년마다 매스컴의 스포트라이트를 받으며 매우 강력한 조직이 되었다(1994년 이후 하계올림픽과 동계올림픽은 번갈아 가며 짝수 해에 개최된다).

올림픽의 지속적인 성장은 올림피즘으로 명명되는 스포츠 정신의 성공을 대변하지만, 동시에 지난 기간을 거쳐오면서 상당한 문제점으로 부각된 거대주의(gigantism)의 상징이기도 하다. 어쨌든 저자가 지금까지 개인적으로 참여한 총 20여 회의 올림픽 중에서 최초는 1972년 뮌헨올림픽이다.

하계올림픽에서 조직되는 40여 개의 종목은(동계올림픽에서는 15여 개) 비슷한 수의 스포츠시설의 건설을 필요로 한다. 하지만 같은 도시 또는 지역에서 그 정도 규모의 시설을 모두 갖추고 있는 경우는 드물다. 월드컵이나 아이스하키 세계선수권대회와 같은 다른 대규모의 스포츠 경기들이 한 국가단위가 개최단위가 되는데 비해, 전통적으로 올림픽은 한 도시가 개최단위가 된다. 게다가 올림픽을 개최하는 도시는 교통, 숙박, 통신 등의 대규모 기반시설이 필요하다. 이러한 수요는 선수촌의 정비 등 선수들을 위해서뿐만 아니라, 2012년 런던올림픽 당시 (약 800만 명에 달했던 관중들을 제외하고) 약 30만 명 정도였던 선수단 동반자, 자원봉사자, 언론인들, 대회 관계자들을 포함하는 것이다.

이미 오래 전부터 매스컴 관계자들의 수는 참가 선수들의 수를 넘어섰다. 이러한 거대주의는 비록 하계올림픽의 규모에는 미치지 못하지만 1990년 이후로 대규모 대회로 자리잡은 동계올림픽에서도 마찬가지 현상이다. 전체적인 규모 면에서 청소년 올림픽은 이에 한참 미치지 못한다.

1960년대 이후 계속된 올림픽 거대주의, 즉 대회 규모의 확대는 많은 도시들이 올림픽 개최 후보지 등록을 망설이게 하는 중요한 원인으로 작용하였다. 21세기 초에 10여 개에 달했던 후보지는 대폭 줄었다(2018년 동계올림픽에는 3개, 2022년 동계올림픽은 2개 그리고 2016년 청소년 올림픽에는 단 1개의 후보지). 이러한 현상은 새롭게 대두된 것은 아니다. 엄청난 적자를 기록했던 1976년 몬트리올 올림픽 이후 1980년 동계올림픽을 위해서는 단 하나의 후보지가 등록되었고(레이크플래시드, 미국), 1984년 하계올림픽을 위해서도 단 하나의 후보지(로스앤젤레스)가 있었을 뿐이었다. 또한 20세기 초, IOC가 지명했던 시카고와 로마는 각각 1904년과 1908년에 후보지에서 사퇴하였다. 쿠베르탱이 로잔에 '현대 올림피아'의 건설, 말하자면 영구적인 올림픽 개최지를 고려할 만큼 근대 올림픽이 조직된 이후 이 문제는 어김없이 불거져 나왔다. 보다 가깝게는 국민투표 또는 국민투표 회부에 대한 위협 등으로 몇몇 도시의 후보지 등록이 저지되기도 했다(뮌헨, 생모리츠, 크라쿠프, 보스턴, 함부르크 등).

본 저서에서는 우리가 올림픽대회를 조직하기를 바란다면 거기에는 어떤 이유가 있을 수 있는지를 다루고자 한다. 정치인들과 해당 지역주민들이 상황을 파악하고 올림픽 개최지 경쟁에 입후보할 수 있도록 이러한 주제를 다룬 이전의 사례들을 살펴볼 필요가 있다.

올림픽 성화를 되찾는 것은 가능한가? 올림픽대회를 조직하는 이유는 무엇인가? 이런 질문들이 올림픽 개최를 원하는 도시들이 제기하는 기본적인 질문이자, IOC가 올림픽의 영속을 바란다면 대답해야 할 문제들인 것이다. 최선의 답변을 위해 우선 올림픽과 올림픽 시스템의 전반적인 목표, 말하자면 오늘날 올림픽조직에 참여하는 모든 단체들의 계획이 무엇인지가 제시되어야 할 것이다. 오랫동안 자율적으로 관리된 이들 단체들은 오늘날 잘못된 운영과 부패 혐의로 비판받고 있다. 이어서 올림픽대회의 수입과 비용, 그리고 경제적, 사회적, 환경적 파급효과에 대해 살펴볼 것이다. 말하자면 올림픽의 개최가 해당 도시 또는 지역에서 호평을 받을지 아니면 신망을 잃게 될지를 주장하는 근거가 되는 요인들을 하나하나 검토할 것이다. 왜냐하면 어떠한 것도 '모 아니면 도' 식으로 완전히 부정적이거나 완전하게 긍정적이지는 않기 때문이다. 만약 올림픽대회의 개최가 미디어 효과, 관광산업, 그리고 경제적인 면에서 획기적으로 좋아지고 동시에 국가의 명성이 높아지는 일이라 한다면, 그것은 또한 도시와 지역의 이미지를 바꾸기 위한 엄청난 투자가 필요한 것이라는 점도 알아야 한다. 이러한 복합적인 측면에서 그 결과를 예측하고 파악해야 할 필요가 있는 것이다. 이러한 종합적인 시각의 문제들이 본 저서가 다루고자 하는 내용이다.

Chapter 2
올림피아드와 올림픽 역사

제1절 잊혀진 올림픽의 시작 그리고 15세기 후의 부활

오늘날 아테나에서 자동차로 4시간쯤의 거리에 있는 펠로폰네소스 서쪽에 위치한 그리스의 도시, 올림피아에서 약 12세기 동안 올림픽이 개최되었다. 공식적인 역사기록에 의하면 기원전 776년에서 서기 393년에 해당하는 시기이다. 기원전 776년 이전에도 대회가 열렸던 것이 분명해 보이지만, 약 200m 달리기에서 코로이보스(Coroébos)라는 사람이 최초의 승자로 기록되어 있는 날짜가 이때다. 마지막 고대 올림픽은 393년에 개최되었지만 이후 로마 제국의 황제, 콘스탄티노플의 테오도시우스 1세가 올림픽을 금지시키게 된다. 당시의 올림픽은 무엇보다도 고대 이교문명의 종교적 잔치였고 헬레니즘의 상징과 같은 것이었다. 따라서 당시 막 싹트기 시작한 기독교적 관점에서는 허용할 수 없는 것이었고 별다른 마찰없이 사라지게 되었다. 그 후 올림피아 신전은 522년과 551년 사이에 발생한 지진과 쓰나미 등에 의해 폐허로 변했다.

올림피아의 유적은 19세기 프랑스, 영국, 독일의 고고학자들에 의해 발견되었다. 헬레니즘이 유럽과 북아메리카에서 성행했기 때문에 1892년 이전에도 여러 차례에 걸쳐 올림픽의 부활에 대한 제안이 있었고 실제 몇몇 대회가 개최되기도 했다(1859, 1870, 1875년 아테네, 1834, 1836년 스웨덴의 람뢰사, 1832년 그르노블, 1840, 1844년 몬트리올, 1890년부터 매년 영국의 머치웬록). 이런 와중에 피에르 드 쿠베르탱이 4년마다 대도시를 옮겨다니며 올림픽을 개최할 것을 최초로 제안하게 된다. 같은 시기 세계박람회 개최로 인해 야기된 경쟁과 마찬가지로 도시(국가)들 사이에서 생겨난 경쟁에 힘입어 올림픽은 성공의 가도에 오르게 된다.

달리기 경주와 원반던지기를 제외하고 고대 올림픽은 현대 올림픽과 별다른 관련이 없다. 쿠베르탱은 20세기 초에 발전한 현대 스포츠(사이클, 조정, 역도 등)를 올림픽에 도입할 수 있었으며, 당시로서는 완전히 새로웠던 대규모 국제 경기에 언론인들이 관심을 끄는데 성공했다. 1894년 몇몇 지인들과 함께 쿠베르탱은 파리의회를 통해 국제올림픽위원회를 창설하였다. 그리고 1894년부터 1896년까지 제1대 IOC 위원장이었던 그리스인 비켈라스(Vikelas)

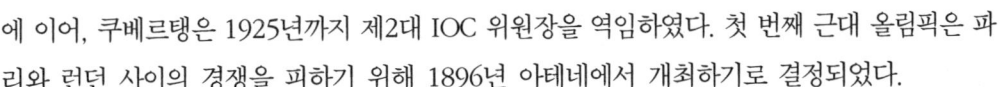

에 이어, 쿠베르탱은 1925년까지 제2대 IOC 위원장을 역임하였다. 첫 번째 근대 올림픽은 파리와 런던 사이의 경쟁을 피하기 위해 1896년 아테네에서 개최하기로 결정되었다.

제2절 하계올림픽

올림피아드 대회로 불리었던 하계올림픽은 1896년 아테네에서 2020년 도쿄올림픽까지 두 차례의 세계대전 동안을 제외하고(1916, 1940, 1944년) 중단없이 개최되었고 개최될 예정이다. 이와 같이 거의 중단없이 연속된 올림픽대회들을 다섯 시기로 나누어 볼 수 있다. 험난한 초기(1896~1912), 잠재적 상승기(1920~1936), 전후 '영광의 30년' 시기(1948~1968), 보이콧의 위협기(1972~1988), 세계화 시기(1992~2020).

[표 1] 기간별 올림픽 개최도시

1896~1912	1920~1936	1948~1968	1972~1988	1992~2020
험난한 초기	잠재적 상승기	영광의 30년	보이콧 위협기	세계화 시기
1896 아테네	1920 앙베르	1944 런던*	1972 뮌헨	1992 바르셀로나
1900 파리	1924 파리	1948 런던	1976 몬트리올	1996 애틀랜타
1904 생루이	1928 암스테르담	1952 헬싱키	1980 모스크바	2000 시드니
1908 런던	1932 로스앤젤레스	1956 멜버른	1984 로스앤젤레스	2004 아테네
1912 스톡홀름	1936 베를린	1960 로마	1988 서울	2008 베이징
1916 베를린*	1940 도쿄*	1964 도쿄		2012 런던
		1968 멕시코		2016 리우
				2020 도쿄

* 개최되지 않은 올림픽

1896년 제1회 아테네올림픽의 성공 후, 1912년 스톡홀름대회가 되어서야 올림픽은 만국박람회와 분리되어 개최되었다. 1906년 그리스는 새로워진 올림픽의 10번째 대회를 기념하기 위해 '중간 올림픽'을 준비하고 성공적으로 개최하였다. 1차 세계대전 후 고안된 올림픽에 사용하는 상징들(오륜, 깃발, 테마곡, 선서, 시상대, 성화 봉송 등) 덕분에 '진정한' 올림픽이 등장하게 되었다.

2차 세계대전 후, 올림픽은 냉전에 영향을 받은 동서의 경쟁에 이끌려 다시 출발하였다. 식민지에서 해방된 새로운 국가들이 올림픽에 참여하기 시작할 무렵, 1956년 처음으로 올림픽이 유럽과 미국을 벗어나서 개최되었다. 최초의 심각한 올림픽 보이콧이 1956년 멜버른대회에 영향을 미친 이래, 1970년대와 1980년대에 보이콧의 위협이 가시화되기 시작하였다.

특히 냉전의 마지막 시기에 때로는 구체적으로 실현되었다. 1992년 멜버른대회부터 모든 국가들이 대회에 참여하기 시작했고 여기에는 아파르트헤이트에서 해방된 남아프리카 공화국도 포함되는 등 올림픽은 실질적으로 세계화되었다. 따라서 최근 6번의 올림픽이 개최되는 동안 대회의 규모는 계속 성장해왔다(다음의 표 2 참조). 2000년 시드니올림픽 때부터 스포츠의 과대성장에 제동을 거는 분위기가 시작했음에도 불구하고 말이다.

[표 2] 1992~2012 하계올림픽 규모 관련 지표들

	1992 바르셀로나	1996 애틀랜타	2000 시드니	2004 아테네	2008 베이징	2012 런던
개최 후보도시*	5	6	8	11	10	9
국가올림픽위원회(NOC) 참여국	169	197	199	201	204	204
NOC 국가 중 메달국	(38%) 64	(40%) 79	(40%) 80	(37%) 74	(42%) 86	(41%) 85
올림픽 종목에 포함된 국제 스포츠/경기 연맹 (IF)	25	26	28	28	28	26
메달이 걸린 경기종목	257	271	300	301	302	302
올림픽 참가선수	9,356	10,318	10,651	10,625	10,947	10,568
참가선수 중 여성	(29%) 2,704	(34%) 3,512	(38%) 4,069	(41%) 4,329	(42%) 4,637	(45%) 4,676
올림픽출입증 (Accreditation) 발급 수	129,850	200,510	247,000	255,000	349,000	360,000
판매된 입장권 수 (백만)	3.8	8.5	6.7	4.2	6.7	8.2

자료출처: 쟝 루 샤플레(2013), 올림픽대회 규모의 관리(Managing the size of the Olympic Games), 스포츠와 사회(Sport in Society).
* IOC가 사전심사에서 선택하지 않은 신청도시도 포함

하계올림픽 보이콧 (1970~80년대)

2014년 소치올림픽 개최 한 달 전 러시아가 크림반도를 침공하면서, 이것이 올림픽에 영향을 줄 수 있었지만, 실제적으로 동계올림픽이 지금까지 보이콧을 경험한 적은 없다. 그러나 하계올림픽은 달랐다. 소련의 헝가리 침공에 뒤이은 수에즈 운하의 국유화와 이에 따른 전쟁의 발발로 3개국(스페인, 네덜란드, 스위스)의 선수단이 대회에 불참한 첫 번째 보이콧(1956 멜베른) 이후, 1970년과 1980년대 사이에 하계올림픽의 주요한 보이콧이 줄을 이었다.

- 1976년 몬트리올 올림픽: 인종분리 정책을 펼치는 남아공에 대한 뉴질랜드 럭비 팀의 원정에 항의하여 아프리카 국가들(세네갈과 코트디부와르를 제외하고)이 대회에 참가하지 않았다(총 27개국). 타이완도 캐나다가 중화인민공화국의 명칭만 인정하며 다른 국호 사용을 허용하지 않자 대회 참가를 거부하였다.
- 1980년 모스크바올림픽: 미국은 소련군이 1979년 아프가니스탄을 침공한 것에 항의하여 소비에트 연방에서 개최되는 올림픽을 대대적으로 보이콧하였다. 미국의 동맹국들을 포함하여 60여 개국(독일, 캐나다, 이스라엘, 일본 등)이 이에 참여하였다. 유럽의 많은 선수들은 올림픽기를 내세우고 출전하였다(예를 들어, 영국).
- 1984년 로스앤젤레스올림픽: 1980년 미국의 모스크바올림픽 보이콧에 대응하여 선수단의 안전이 보장되지 않는다는 이유로 소련 등 동구권 국가들(루마니아와 유고슬라비아는 제외)이 1984년 대회를 보이콧하였다. 하지만 NOC 참여국 중 140개의 국가가 참여하여 큰 성공을 거둔 대회였다.
- 1988년 서울올림픽: 보이콧의 영향을 받은 마지막 올림픽이며 몇몇 공산주의 국가들(쿠바, 북한, 에티오피아)만 불참하였다. 소련과 동독, 그리고 소비에트 연방국가들이 베를린 장벽이 무너지기 전에 참여한 마지막 올림픽이기도 하다.

제3절 동계스포츠가 올림픽에 등장하다

하계올림픽이 오랜 역사를 가진 것에 비하여, 동계올림픽의 시작은 비교적 최근의 일이다. 첫 동계올림픽이 열린 1924년 샤모니대회부터 2022년 베이징대회까지 동계올림픽은 2차 세계대전 동안(1940, 1944년)을 제외하고 중단없이 4년마다 개최되었고, 앞으로도 개최될 것이다.

1세기에 걸치는 이 기간을 네 시기로 나누어 볼 수 있다. 하계올림픽에 연계된 초기(1924~1936), 세계대전 전후 시기(1848~1960), 도시 개최기(1964~1992), 자율적인 동계올림픽(1994~2022).

[표 3] 시기별 동계올림픽 개최도시

1924~1936	1948~1960	1964~1992	1994~2022
하계올림픽에 연계된 대회	전후 시기	도시 개최기	자율적인 동계올림픽
1924 샤모니 1928 생모리츠 1932 레이크 플레시드 1936 가르미슈파르텐키르헨 1940 삿포로*	1944 코르티나* 1948 생모리츠 1952 오슬로 1956 코르티나 1960 스퀘벨리	1964 인스부르크 1968 그레노블 1972 삿포로 1976 인스부르크 1980 레이크 플레시드 1984 사라예보 1988 캘거리 1992 알베르빌	1994 릴레함메르 1998 나가노 2002 솔트레이크시티 2006 토리노 2010 밴쿠버 2014 소치 2018 평창 2022 베이징

* 개최되지 않은 대회

 1924년 첫 대회를 개최한 동계올림픽은 애초 하계올림픽의 부속 대회로, 가능하면 하계올림픽 개최국의 휴양지에서 하계올림픽에 앞서 개최되었다. 국내 동계올림픽을 열기에 적합한 장소가 없었던 1928년 네덜란드와 1948년 영국의 경우, 모두 생모리츠에서 개최되었다.
 이러한 하계올림픽 개최국에서 분할 개최되는 것은 전후에는 중단되었다. 1964년 인스부르크대회부터, 1980년 단 하나의 후보지였던 레이크 플레시드(미국)를 제외하고, 동계올림픽은 높은 곳에 위치한 휴양지보다는 산 아래쪽에 위치한 작은 도시에서 개최되었다. 1994년부터 동계올림픽은 하계올림픽이 예정된 해의 2년 전에 개최되었고, 이것은 동계올림픽의 자율성을 확보하고 영향력을 증가시키는 계기가 된다.

[표 4] 1992~2012 동계올림픽 규모 관련 지표들

	1994 릴레함메르	1998 나가노	2002 솔트 레이크	2006 토리노	2010 밴쿠버	2014 소치
개최 후보도시*	7	5	9	5	8	7
NOC 참여국	67	72	77	80	82	89
NOC 참여국 중 메달국	(32%) 22	(33%) 24	(31%) 24	(32%) 26	(30%) 25	(29%) 26
올림픽종목에 포함된 국제 스포츠/경기 연맹	6	7	7	7	7	7
메달이 걸린 경기종목	61	68	78	84	86	98
올림픽 참가선수	1,730	2,180	2,400	2,510	2,632	2,800
참가선수 중 여성	(30%) 522	(36%) 788	(37%) 886	(38%) 960	(40%) 1,066	(40%) 1,121

	1994 릴레함메르	1998 나가노	2002 솔트 레이크	2006 토리노	2010 밴쿠버	2014 소치
올림픽출입증 발급 수	9,054	24,000	19,500	22,500	96,500**	-
판매된 입장권 수(백만)	1.21	1.27	1.52	0.93	1.49	-

자료출처: 쟝 루 샤플레(2002), 동계올림픽의 도전적인 성장(The challenging growth of the Olympic Winter Games), 스포츠과학 유럽저널(European Journal of Sport Science); 올림픽 공식 홈페이지(www.olympic.org)
*IOC에서 사전 선택하지 않은 신청도시도 포함.
**안전요원과 올림픽조직 대표자들의 고용인도 포함

스위스는 올림픽 유치를 하지 못했다

1928년과 1948년 동계올림픽이 스위스의 생모리츠(그리송 지역, Grisons)라는 아름다운 휴양지에서 개최되었다. 당시 하계올림픽 개최국의 도시들(암스테르담과 런던)이 동계스포츠에 필요한 활강로와 다른 시설들을 갖추고 있지 못했기 때문이다. 당시에는 하계올림픽이 열리는 국가의 휴양지 한 곳에서 동계올림픽이 개최되었다. 1952년부터 이러한 연계는 중단되고, 1994년부터 동계올림픽은 하계올림픽이 열리기 전 짝수 해에 개최하게 된다.

근대 올림픽의 아버지 쿠베르탱의 소원은 로잔에 올림픽을 개최하는 것이었다. 이 때문에 올림픽 본부가 있는 로잔(Lausane) 시는 그 상징성을 위해 올림픽을 유치하고자 노력하고 있다. 즉, 여러 차례에 걸쳐 하계올림픽(1936, 1944, 1948, 1952, 1960)과 한 차례의 동계올림픽(1994) 후보지로 등록했으나, 올림픽 유치에 성공하지는 못했다. 로잔은 2020년 청소년 동계올림픽을 개최할 예정이다. 그리고 스위스에서 동계올림픽을 개최할만한 여건이 되어 있는 또다른 도시도 마찬가지이다. 시옹(Sion) 시(발레 지역, Valais)는 1976, 2002, 2006년 세 차례에 걸쳐 동계올림픽 후보지로 등록했으나, IOC는 각각 덴버, 솔트레이크시티, 그리고 토리노에서의 대회 개최를 결정했다. 덴버 시는 올림픽 유치에 관한 주민투표 결과가 부정적이자 올림픽 유치를 포기했고, 1976년 동계올림픽은 인스부르크(1964년 올림픽 개최지)에서 개최되었다. 솔트레이크시티는 올림픽 유치와 관련한 부패 스캔들에 휩싸였는데도 불구하고 개최지 자격을 유지하였고, 이 사건은 IOC의 근본적인 개혁을 불러일으키게 된다(2장 참조).

시옹 시가 2006년 올림픽 개최에 실패한 이유는 이미 호평을 받았던 자격여건이 문제가 아니라, 대도시가 올림픽 유치에 보다 용이하다는 판단을 한 IOC 위원들이 경쟁지였던 토리노의 손을 들었기 때문이었다. 또한 솔트레이크시티 뇌물 스캔들을 폭로했던 IOC 부위원장 마크 호들러(Marc Hodler)가 스위스 인이었기 때문에 IOC는 스위스의 도시에 이러한 명예를 부여하는 것을 원치 않았다.

스위스의 여러 다른 후보지들, 특히 1968년 시옹, 1988년 생모리츠, 1994년 로잔, 2010년 베른, 2022년 생모리츠/다보스 등이 동계올림픽 후보지로 고려되었다. 하지만 개최지로 결정하지 못한 것은 IOC 차원의 이유는 아니었다.

스위스의 국가올림픽위원회(NOC)가 스위스 연방의 후보지로 해당 지역을 확정하기 위해 의무적으로 거쳐야 하는 주민투표 결과, 모두 무산되고 말았다. 즉, 주민들의 민주적 정책결정 체제에 맞지 않는 것이었다.[1] 또한 몇 년 동안 유럽에서는 동계올림픽의 여러 계획들이 대중적 지지를 받지 못해 포기되었다. 이런 상황은 하계올림픽에서도 마찬가지다(보스턴, 함부르크, 비엔나). 많은 사람들이 과연 어떤 이유로 올림픽이 유치되어야 하는가에 의문을 가진다.

그럼에도 불구하고 스위스가 한 번도 올림픽을 개최하지 못한 것은 아이러니다. 2026년 올림픽 개최를 위해 현재 스위스의 한 후보지가 고려되고 있다.

제4절 청소년 올림픽

청소년 올림픽은 2007년 여름스포츠 및 겨울스포츠를 위해서 창설되었다. 청소년 올림픽은 올림픽 스포츠(하계올림픽 26개 종목, 동계올림픽 7개 종목) 및 몇몇 시범 스포츠(2014년부터 시작)로 구성되고 14세에서 18세 사이의 선수들이 참가한다. 아직 몇 차례밖에 열리지 않은 청소년 올림픽이지만 승인된 모든 국가올림픽위원회(NOC)가 참여하고 있다. 2023년부터 청소년 올림픽은 동계올림픽과 하계올림픽 사이의 기간 동안 개최될 예정이다.

[표 5] 2010~2022 동·하계 청소년 올림픽

하계 청소년 올림픽	동계 청소년 올림픽
2010 싱가포르	2012 인스부르크
2014 난징	2016 릴레함메르
2018 부에노스아이레스	2020 로잔

---

1) 스위스 민주주의에 대해서는 안성호(2001), 스위스 연방 민주주의 연구, 서울: 대영문화사 참조 (*임도빈 각주 추가)

제5절 올림픽 개최도시가 되는 길

1894년 IOC 창설 이래, 올림픽을 개최할 권리는 국제올림픽위원회(IOC)의 승인에 달려 있다. 이 특별한 권리는 IOC 창설 초기에는 암묵적인 타협의 대상이었다. 이후 몇몇 기간 동안 개최 후보지 수가 감소하기도 했으나, 올림픽의 규모가 커지고 명성이 높아짐에 따라 급속히 국가 및 도시들이 서로 치열하게 경쟁하게 되었다.

다음의 표는 1980년 이후 IOC 총회에서 표결 대상이 되었던 개최 후보지 수를 요약한 것이다. 여러 번 투표가 진행되는데, 각 순번의 투표에서 가장 적은 수의 득표를 한 도시가 탈락하는 방식으로 진행된다. 득표수가 동일할 경우 동순위의 두 후보지를 두고 투표가 진행된다. 각 투표에서 개별국가의 올림픽위원회(NOC)는 단 하나의 도시에만 투표할 수 있다.

[표 6] 하계올림픽 후보도시 수

올림픽 개최도시 (1980~2000)	1980 모스크바	1984 로스앤젤레스	1988 서울	1992 바르셀로나	1996 애틀랜타	2000 시드니
투표 대상 도시 수	2	1	2	5	6	5
올림픽 개최도시 (2004~2024)	2004 아테네	2008 베이징	2012 런던	2016 리우	2020 도쿄	2024 ?
투표 대상 도시 수/ 후보지 의향을 표시한 도시 수	5/11	5/10	5/9	4/7	3/5	4/5

투표 대상이 되는 도시(candidate city)를 선택하는 절차는 특히, 지나치게 많은 수의 후보도시(applicant city)가 대상이 되는 것을 피하기 위해 해마다 다양하게 진행되어 왔다. 예를 들면, 2002년 대회부터 IOC 특별위원회는 사전선택 절차를 도입하였다.

현재 IOC는 개최지 선정 투표가 있기 약 2년 전에 후보 지원을 고려하고 있는 도시들과 접촉을 시작하고 그들에게 후보지 등록을 권유한다(초청 단계). IOC 특별위원회는 이 후보지들을 다음 각각의 기준에 의해 검토한다.

1) 비전, 올림픽 콘셉트과 전략에 관한 기준
2) 거버넌스, 올림픽 개최지의 법적 측면과 재정에 관한 기준
3) 올림픽 개최지의 제공(delivery), 경험 및 유산(legacy)에 관한 기준

각각의 단계 마지막에 IOC 특별위원회는 후보지가 제출한 서류를 검토한 다음, 특정 후보지를 다음 단계로 넘기거나 그렇지 않을 것을 결정하게 된다. 대회 개최 7년 전에는 IOC 위원들의 최종적인 표결로 모든 개최지 선정 단계가 종료된다.

이러한 선정 절차는 2024년 하계올림픽과 2026년 동계올림픽 개최지 결정 투표를 위해 처음으로 적용된다. 부다페스트, 로스앤젤레스, 파리 그리고 로마가 2024년 후보지 등록 의사를 표현하였다(함부르크는 주민투표 결과가 부정적이라 후보지 등록 의사를 철회하였다). 또한 알마티, 캘거리, 덴버, 몬트리올/레이크플레시드, 생모리츠/다보스가 2026년 후보지 등록 의사를 밝혔다.

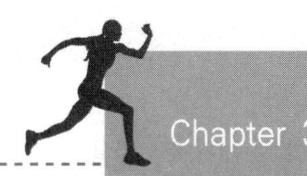

Chapter 3

국제올림픽위원회(IOC)

IOC는 올림픽의 정기적인 개최를 감독하는 비정부기구이다.[2] 오늘날 매우 부러움을 사고 있는 IOC의 이 같은 책무는, 1894년 6월 23일 열린 올림픽 재건을 위한 파리 의회에서 피에르 드 쿠베르탱과 프랑스, 영국, 미국 그리고 다른 나라들(약 12개국)의 주요 스포츠 단체 대표들이 발의하여 IOC에 부여된 것이다. 파리의회가 끝난 후, 쿠베르탱은 '국제올림픽위원회'의 위원으로 약 15명의 지인을 임명하고 자신은 사무총장직을 맡았다.

국제올림픽위원회(IOC)는 창설 직후부터 점차 명성을 얻게 되었다. 초대 위원장은 그리스의 드미트리우스 비켈라스(Demetrius Vikelas)가 맡았으며, 첫 번째 올림픽은 1896년 아테네에서 개최되었다. 쿠베르탱은 파리에서 첫 번째 근대 올림픽을 개최하기를 바랐지만, 파리는 1900년 두 번째 올림픽 개최지가 되었다. 1996년 애틀랜타대회(미국)에서 100주년을 기념했던 올림픽은 두 차례의 세계대전으로 인해 유일하게 4년의 주기가 중단되었다. 2008년 베이징대회(중국)를 앞두고 올림픽의 고향인 아테네에서 2004년 대회가 개최되었다.

IOC의 역사는 수많은 올림피아드(4년 주기의 대회 간격) 동안 하계올림픽(그리고 1924년부터 동계올림픽)의 역사와 뒤섞여 있기에 IOC를 올림픽과 분리시켜 생각하면 아무런 의미가 없다. 올림픽대회는 IOC에 의해 선정된 도시의 OCOG(올림픽 조직위원회)가 조직하는 것이다. 그런데 초기의 IOC는 재원부족으로 인해 거의 재정적인 지원을 할 수 없었다. 2차 세계대전이 끝난 후, 유럽의 식민지 해방이 이어진 냉전시기 동안 IOC는 국제무대에서 완전히 자리잡게 된다. 이때부터 선수단을 준비하는 임무를 담당하는 각 국가의 올림픽위원회(NOC, 2015년 기준 총 206개)는 IOC에 올림픽대회에 참여하겠다는 요청을 하게 되었다.

1970년대부터 TV 중계료와 스폰서십으로 점점 더 크게 늘어난 수입은 IOC가 발전하는 원동력이 되었으며 자신이 승인한 OCOG, NOC 그리고 국제경기연맹(IF: 60여 개의 IF 중 35개가 올림픽 정식종목으로 채택)의 재정을 일부 보조할 수 있게 되었다. 이러한 수단을 활

---

2) 여기서 비정부조직(NGO)은 주권을 가진 국가들의 통치체인 정부와 무관한 독립적인 기구를 의미한다. 오늘날 각국에서 찾아볼 수 있는 정부를 견제하려는 목적인 일종의 정치기능을 하는 NGO와는 다른 개념이다.(*임도빈 각주)

Part 1 올림픽 게임: 성화 재점화하기

용하여 IOC는 스포츠 단체와 선수들을 포함하여 스포츠 운동 전반에 대한 자신의 영향력을 강화하게 된다(제4장 참조).

로잔에서의 IOC 100년

1915년 4월 15일, 피에르 드 쿠베르탱은 IOC 사무국을 스위스 로잔으로 이전하였다. 근대 올림픽의 창시자이며 당시 IOC 위원장이었던 쿠베르탱이 자신이 거주하는 파리에 있던 IOC의 공식 본부를 '이전'한 것은 다음 두 가지 주된 이유에서다.

우선, 세계대전의 무대가 되었던 장소에서 IOC가 멀어지기를 바랐으며, 1916년 올림픽이 개최될 예정이었던 베를린에서 떨어진 중립국에 정착시켜 올림피아드 동안 시대에 걸맞은 IOC의 새로운 본부로서 자리잡기를 원했다.

두 번째 이유는 보다 장기적인 관점에서 로잔이 올림픽을 항구적으로 개최하면서 쿠베르탱의 표현대로 '근대 올림피아'가 되도록 준비하고자 함이었다. IOC가 주문한 건축 계획에 따르면, 사무국은 현재 로잔 대학 캠퍼스가 있는 모르주(Morges) 서쪽 또는 도리니(Dorigny)에 위치시키려고 했던 것으로 추정된다. 쿠베르탱은 올림픽을 개최할 도시들을 설득하는데 겪을 어려움을 걱정했다. 실제 IOC가 사전에 지명한 두 개의 대도시가 개최를 취소한 바 있었다. 1904년 대회를 개최할 예정이었던 시카고는 대회 1년 전에 만국박람회가 열리는 세인트루이스(미주리 주)로 변경되었고, 1908년 대회로 지명했던 로마를 대신해 영불박람회가 열리는 런던이 최종적으로 대회를 개최하게 되었다.

100년 후, 상황이 재발되는 듯 보여진다. 11개 도시가 등록해 최다 후보지를 기록했던 2004년 대회(아테네)를 기점으로 그 이후 대회를 유치하고자 하는 도시는 많지 않은 실정이다. 예컨대 2024년 대회의 개최 의사를 가진 도시가 모두 의사표명을 한 것으로 간주한다면 부다페스트, 로스앤젤레스, 파리 그리고 로마가 있다. 또한 2022년 동계올림픽 유치 의사를 밝힌 6개 도시 중 실제 후보등록을 한 도시는 알마티와 베이징, 단 두 곳이다.

세계대전 후, IOC는 로잔에 본부를 유치하였고 올림픽은 세계적으로 확대된 문화자산으로서 거듭 성장하였다. 1980년대부터 IOC 위원장인 후안 안토니오 사마란치의 주도하에, 로잔과 보(Vaud) 주(州, Canton)는 점차적으로 국제스포츠 행정의 중심지가 되었고, 1994년 IOC로부터 '올림픽 수도'라는 명칭을 부여받았다. 현재 50여 개 이상의 국제 또는 유럽 스포츠 단체가 이 지역에 본부를 두고 있으며(10여 개의 단체는 스위스의 다른 지역에 본부를 두고 있다), 이것은 지역 경제 차원에서 고용과 재정 수입에 상당한 영향을 미친 것으로 평가

된다. 그 반대급부로써 주 당국은 이 단체들의 소득세를 면제해 주고, 모든 외국인 고용인들에게 노동허가증을 발급해주며, 시와 협력하여 처음 정착하는 단체에 대해 필요한 사무실의 임대료를 2년 간 제공한다.

스포츠 단체들과 관계 당국의 대화를 중재하는 역할을 하는 로잔은 세계에서 유일한 네트워크의 중심에 있다. 실제로 스위스에서 이러한 스포츠 단체들의 대규모 운집은 2012년 연방정부의 보고서에서 강조한 것처럼 단지 경제적인 파급효과를 넘어 그 이상의 것이 있다. 아치형의 그림 같은 레만 호수와 함께 스위스라는 나라 전체의 고품격의 명성에 커다란 공헌을 하고 있다. '국제적인 제네바'와 같은 이러한 현상에 보다 많은 관심을 기울여야 할 것이다.

제1절   IOC의 위원

현재의 중요한 역할에도 불구하고, IOC는 쿠베르탱의 시대와 마찬가지로 하나의 단체에 머물러 있다. IOC 위원들은 IOC에서 자신의 국가를 대표하는 것이 아니라, 자신의 국가에서 IOC를 대표하는 것으로 간주된다. IOC의 법적인 지위는 이들 개인이 결성한 조직과 같은 것이다.

IOC의 구성원들은 처음에 15명 정도로 출발하여 1994년 창설 100주년 때에는 100여 명에 달하게 되었다(1981년 이후 여성도 포함). 1999년에는 최대 위원수를 115명으로 한정하였고, 두 가지 기본적인 위원 구분을 명시한 주요규정이 실시되었다. 즉, (최대) 70명의 '개인자격' 위원과 IF, NOC 또는 선수들을 대표하는 자격을 갖춘 45명(각 범주별 최대 15명의 비율)의 위원으로 구분하였다. 또한 투표권이 없는 명예위원들을 두고 있는데, 이들은 여러 가지 이유, 특히 고령으로 인해 은퇴한 이전의 위원들과 올림픽에 특별한 공적이 있는 사람을 명예위원으로 위촉하는 두 가지 경우가 있다. 이 모든 위원들은 투표로 선출된다. 말하자면 일명 선거위원회의 사전 추천을 받아 집행위원회의 제안에 따라 현 회원이 신입회원을 선출하는 것이다.

우선 15명의 선수 위원 중 12명은 하계올림픽(연속된 두 대회에서 4+4명)과 동계올림픽(연속된 두 대회에서 2+2명)에 참가한 선수들이 선수촌에서 행한 투표에 의해 선출된다. 이들은 '현행' 선수여야 하는데, 말하자면 투표가 이루어진 대회에 참여한 선수이거나 최소한 바로 이전 대회에 참가한 선수들 중 자국 NOC의 추천을 받은 선수이며, NOC당 1명의 비율로 입후보할 수 있다.

일부 IOC 위원직은 IF 또는 NOC 소속 인원에 배정되어 있는데, 그 임기는 이들이 속한 단체에서의 직위(대부분의 경우 의장)와 연결되어 있다. 만약 이들이 자신의 직위에서 떠나게 되면, 이들은 IOC 위원의 자격도 자동적으로 잃게 된다. 1999년까지 모든 위원들은 IOC 위원이 되기 전 자신의 나라에서 올림픽의 가치를 격상시킨 것으로 여겨지는 국제올림픽위원회의 사절들이었다. 이러한 대표성은 IOC의 본질을 근본적으로 변화시켰으며, IF, NOC, 올림픽 선수들로 구성된 올림픽 단체들 및 기타 이해관계자들에게 일종의 영향력을 행사하는 근원이 되고 있다.

2016년 1월 현재, IOC 위원은 80개국의 92명이다. 이중 여성은 23명이고, 최소 한번 이상 올림픽에 참여한 적이 있는 37명의 선수위원 중 28명이 메달리스트이다. 또한 40명에 달하는 유럽위원들이 중요한 위치를 차지하고 있다. 위원들의 평균나이는 61세이다. 그들의 사회적 직능은 다양하지만 모두가 상당한 재정 소득을 보유하고 있으며, 올림픽 참가 선수, 메달수상자 또는 올림픽 임원을 역임하는 등 일반적으로 오래 전부터 올림픽에 관련된 사람들이다. 이들의 직업군은 왕족, 변호사, 의사, 정치인, 고위공무원, 판사, 군인, 실업가, 기업체 사장, 올림픽 임원, 정상급 선수들 같은 범주로 분류해 볼 수 있다. 2016년 8월에 열린 리우 올림픽에서는 12명의 신임 선수위원이 선출되었는데, 이 중 4명은 선수단에서 선출되는 현역 선수 IOC 위원 자격이 주어졌다.

IOC 위원은 무보수이지만 그들의 올림픽 관련 활동에 드는 비용은 위원회가 충당한다. 위원회는 또한 엄밀한 의미에서 무보수직인 현행 위원장, 전직 위원장, 명예위원장의 숙소에 드는 상당한 비용을 지불한다. 나아가서 토마스 바흐 현 위원장은 2015년부터 매년 225,000 유로의 수당을 지급받고 있다. 위원장을 제외한 위원들은 올림픽 회의가 있을 때마다 하루에 450달러의 수당을 지급받으며, 특별위원회나 분과위원회 위원장의 경우 그 두 배를 지급받는다. 또한 위원들은 회의수당 이외에 행정비용으로 연간 7,000유로의 수당을 받는다.

애초에 IOC 위원들은 자발적 또는 타의에 의해 은퇴하지 않는 이상 종신임기였다. 1966년 처음으로 75세의 나이 상한제가 도입되었고, 1976년에는 72세로 낮아졌다가, 1997년 IOC 위원장 선거에 출마하게 될 1920년생 후안 안토니오 사마란치의 연임을 위해 1995년 다시 80세까지로 높였다. 1999년에 나이 상한은 70세로 정해졌고, '개인자격' 또는 '현행 선수'인 위원들의 임기를 8년으로 한정했지만, 같은 카테고리에서는 상한 나이가 될 때까지 재선이 허용되었다. 다른 위원들은 NOC나 IF에서 대표직의 임기에 따라 위원의 임기도 제한된다. 이러한 모든 개정은 기득권을 보장하면서 가결되었다. 따라서 1999년 이전에 선출된 위원들은 현행 나이 제한의 규제에 따르지 않아 현재 IOC 내에서는 제한 나이를 초과한 위원들도 있다. 또한 8년의 임기 후 재선은 현행 선수들을 제외하고는 거의 자동적으로 이루어지고 있다. 2014년 이후 5명의 위원들이 IOC 특별위원회에서 중요한 역할을 수행한다고 평가되어, 이들은 제한 나이에서 4년의 연장을 허가받아 74세까지 위원직을 유지할 수 있게 되었다.

제2절 IOC의 법적 지위

IOC는 스위스법상 비영리 법인조직이다(스위스 민법 60~79조). IOC는 2000년 스위스 연방과 체결한 협정에 따라 여러 가지 특권을 부여 받는다.

우선 소득에 대한 직접세를 면제받으며, 국적과 상관없이 IOC가 고용하는 사람들에 대한 노동허가증의 발급을 요구할 수 있다(스위스의 고용관계법은 매우 경직되어 있기 때문에 이와 같은 특혜는 다른 단체들의 경우 쉬운 일이 아니다). 그렇지만 IOC는 스위스에 있는 다른 비정부기관들처럼 전통적인 외교적 특권 및 세금 면제(소득세, 부가가치세 등)와 같은 혜택을 부여받는 본부 협정은 체결하지 않았다(스위스법상 같은 조직의 범주에 속하는 국제적십자위원회는 본부 협정을 체결함). 예를 들면, IOC에서 일하는 직원들은 소득에 대한 직접세 이외의 세금은 지불해야 한다.

또한 국제법상 IOC의 법적인 지위는 매우 약하다. '올림픽헌장'으로 불리는 IOC의 정관은 NOC와 IF 그리고 올림픽대회의 모든 규정을 통합한 것이다. 올림픽이 거듭되면서 헌장은 계속 바뀌었지만 정작 '올림픽헌장'이라는 명칭은 1973년에야 채택되었다. 다른 조직들과 마찬가지로 최고의 권한을 갖는 위원총회에서 매년 수정안이 상정된다. 올림픽헌장의 변경과 위원의 선출, 제명에 관한 부분과는 별도로 IOC 위원총회의 주요 권한은 다음과 같다.

- 8년 임기의 IOC 위원장 선출, 4년 임기의 재선출(1999년 개정 이후 단 한 차례의 재선이 가능)
- 4년 임기의 IOC 특별위원회 위원선출, 경우에 따라 4년의 재선이 가능(이 중 4명의 위원은 IOC 부위원장의 자격)
- 올림픽대회를 개최할 도시 선정(하계, 동계, 청소년)
- NOC와 IF의 승인(올림픽대회의 경기종목을 결정)

1. IOC 위원장

IOC는 창설 이후 3명의 위원장이 예외적으로 긴 임기(20년, 또는 그 이상)를 가졌기 때문에, 지금까지 9명의 위원장만 배출했다. NOC가 생기기 이전에 임기를 맡은 처음 2명을 제외하고, 대부분의 위원장들은 NOC 출신이다. 한 명을 제외하고는 모두 유럽인들이며 5명이 귀족 출신이다(사마란치는 위원장 선출 이후 작위를 받았다).

- 드미트리우스 비켈라스 그리스 1894~1896
- 피에르 드 쿠베르탱, 남작 프랑스 1896~1925
- 앙리 드 바리에 라투르, 백작 벨기에 1925~1942
- 지그프리트 에드스트롬 스웨덴 1942~1952
- 어베리 브런디지 미국 1952~1972
- 마이클 모리스 로드 킬라닌 아일랜드 1972~1980
- 후안 안토니오 사마란치, 후작 스페인 1980~2001
- 자크 로게, 백작 벨기에 2001년
- 토마스 바흐 독일 2013~2021/2025

회기는 (특별 회기를 제외하고) 1년에 1번 열리며, 중요한 결정은 1년에 4~5차례 개최되는 집행위원회에서 사전에 준비된다. 위원총회는 IOC의 진정한 최고의사결정기구 역할을 하며, 이의 회의장면은 의회에 비견될 만하다. IOC 위원장은 IOC 관련 행정의 수장이면서 동시에 두 개의 자문위원회의 위원장을 겸임한다.

1921년 5명의 위원으로 창설된 특별위원회는 1999년에는 15명의 위원으로 구성되었고 이중 4명은 각각 하계스포츠와 동계스포츠의 IF와 NOC(일반적으로 각 조직의 의장), 그리고 선수들의 대표 자격으로 참여한다. 특별위원회 위원장은 IOC 위원장이 맡는다. 특히 4개의 부위원장 자리 중 하나를 차지하게 되면 중요한 사안들에 책임을 지거나 부여된 특권을 통해 상당한 권력을 행사할 수 있다. 그러므로 4개의 부위원장을 위한 선거는 IOC 위원들이 매우 큰 관심을 갖는 사안이다.

이론적으로 위원장은 그다지 큰 권력을 갖지 않는다. 올림픽헌장에 부합하여 위원장은, 회기 중에 선출되는 집행위원회와 윤리위원회에 관련된 부분을 제외하고, 자문위원회의 창설과 구성만을 자유롭게 결정할 수 있다. 현재 다음과 같은 20여 개의 자문위원회가 있다.

법무(judicial affairs), 행정(public affairs), 선수, 회계, 올림픽 채널, 홍보, 대회 간 공조(각 대회마다 별도의 위원회 선출), 문화와 문화유적, 지속성과 문화유산(구 스포츠와 환경위원회), 교육, 위원 선거, 선수 동반자, 윤리, 평가(각 대회마다 별도의 위원회 선출), 스포츠에서의 여성, 재정, 마케팅, 의료와 과학, 대회 프로그램, 스포츠와 경기단체, 올림픽 연대

IOC 위원 중 한 명에 의해 주재되는 이러한 위원회들에서의 활동은 해당 위원이 집행위원회 선거에서 두드러져 보일 수 있기 때문에 위원들의 관심을 높이 사고 있다. 1968년부터 자문위원회가 점차적으로 창설되었으며, 그 설립 배경으로는 특정 이슈들(아마추어리즘, 프로그램, 마케팅 등)에 대한 연구를 위해서, 위원회를 보다 잘 운영하기 위해서(재정, 대회와의 연계 등), 또는 새로운 문제들(약물, 윤리 등)을 다루기 위해서 등 다양하다.

IOC 위원장은, 2016년을 예로 들면, 로잔의 4곳에 분산된 주요 시설에 상근직과 임시직 약 500명에 가까운 직원이 근무하는 IOC 지원 행정조직을 이끌고 있다. 이런 일상적인 행정 실무를 담당하기 때문에, 위원장은 실제에 있어 상당한 권력을 가지고 있다. 또한 위원장은 일단 집행을 한 후 추후 재정위원회에 의해 승인되는 방식으로 상당한 금액을 지출할 수 있는 폭넓은 재정적인 자율성을 지니고 있다. 이러한 자율성은 사마란치에 의해 설립되어 그 후계자들에 의해 강화된 집행위원장의 관례이다. 또한 이것은 1년에 4차례 개최되는 행정 회의(집행위원회) 이외에 훨씬 많은 회의와 일을 주재하는 위원장의 상시적인 필요성을 승인한 것이다. 실무행정 직원들을 총괄하는 책임자인 사무총장, 1명의 사무총장보, 12명의 국장 자리는 위원장의 추천한 사람을 집행위원회가 임명한다. 즉, 인사권을 장악하고 있다.

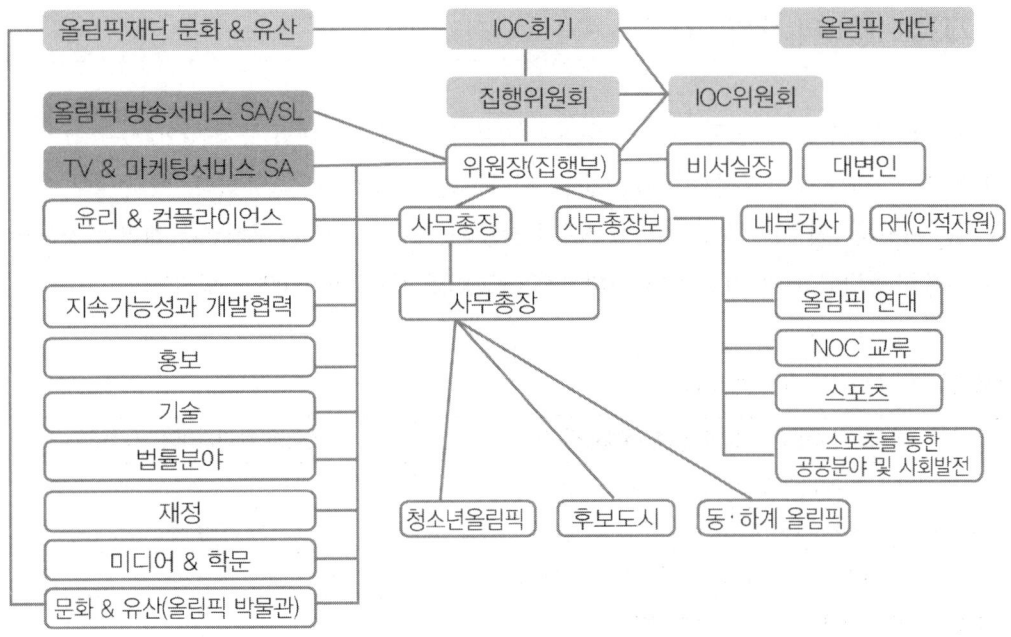

[그림 1] 2015년 IOC 기구편성도

2. 올림픽 운동의 선봉에서

IOC의 임무와 역할은 올림픽헌장에 명시되어 있다. 헌장의 기본원칙과 제1조에서 IOC는 '올림픽 단체의 최고 권력기관'이라고 명시되어 있다. 올림픽헌장에 '지도받는 것을 인정하는 사람들의 집합 또는 법인들의 전체'를 스포츠 단체로 정의한다고 밝히고 있다. 제2조에서 IOC는 '전세계를 통해 올림픽 정신을 전파하고 장려하며, 신체, 의지 그리고 정신을 균형적으로 조화시키고 질적으로 향상시키는 인생철학'을 자신의 임무로 규정한다. 스포츠, 문화, 교육을 결합시키는 올림피즘은 '노력 속에서의 기쁨, 사회적 책임, 보편적으로 중요한 윤리 원칙의 존중' 그리고 '인간의 조화로운 발전, 인간의 존엄성을 보존하는 것을 추구하고 평화로운 사회를 도모'하기 위한 원칙(기본원칙 1과 2)을 전파하는 것을 의미한다.

1990년에 도입된 이같이 큰 의미를 가진 원칙들은, 근대 올림픽에 결합된 사상을 나타내기 위해 쿠베르탱이 고안한 신조어인 '올림피즘'의 첫 번째 공식적인 개념 정의를 구성하고 있다. 스포츠를 위해 스스로 엄격한 수호자가 되기를 바랐던 IOC에 의해 올림피즘은 하나의 이념(사상)으로 정립되었다.

제3절 IOC의 수입

다음의 표에서 볼 수 있듯, IOC의 수입은 기본적으로 올림픽대회 중계권(2009~2012 기간 동안 약 73%)과 스폰서십(2009~2012 기간 동안 약 18%)에 의존한다. 1960년대 이후부터는 위원들에게 어떤 부담금도 요구되지 않았다. IOC 초기에는 쿠베르탱 개인의 자산으로 재정을 충당했고 그 이후 1980년대까지 OCOG의 분담금에 의해 운영되었다.

[표 7] 2001~2016 IOC의 수입

기간 (해당기간 동안 동계/하계올림픽)	IOC의 수입(10억 달러)
1993~1996 (1994 릴레함메르/ 1996 애틀랜타)	1.2
1997~2000 (1998 나가노/ 2000 시드니)	1.8
2001~2004 (2002 솔트레이크시티/ 2004 아테네)	2.9
2005~2008 (2006 토리노/ 2008 베이징)	3.7
2009~2012 (2010 밴쿠버/ 2012 런던)	5
2013~2016 (2014 소치/ 2016 리우)	5.6(예상)

출처: IOC 재무요약 자료(2014년 7월)

1. 중계권과 스폰서십: 주 수입원

2016 리우올림픽은 물론이거니와, IOC는 미국의 NBC(National Broadcasting Corporation)에 2032년까지의 동·하계올림픽과 청소년 올림픽의 중계권을 이미 판매하였다. 그리고 유럽(50개국과 그 해외영토)의 디스커버리 커뮤니케이션 사(Discovery Communications; 유로스포츠의 모회사), 아시아(22개국과 속령)의 덴스 사(Dentsu) 그리고 중동과 북아프리카의 베인미디어 그룹(beIN Media Group; 이전의 알자지라)에 2024년까지의 올림픽 중계권을 판매하였다.

이들 장기계약은 이들 배급사의 모든 매체(텔레비전, 인터넷, 이동통신)와 모든 채널 그리고 그들이 사용하는 모든 언어의 사용을 전제로 이루어졌다. 특히 Sportfive와 같은 스포츠 중계권을 전담하는 에이전시를 통하지 않고 직접 체결되었다.

(2014 소치올림픽과 2016 리우올림픽처럼) 배급사는 하계올림픽은 200시간, 동계올림픽은 100시간의 무료채널(유료채널이 아닌)을 통한 중계방송을 할 의무를 지게 된다. 이것은 올림픽의 만족스러운 시청을 보장하기 위한 것이며, 이전에는 미국 이외의 국가에서는 공중파 채널을 통해, 예를 들어, UFR(유로비전을 운영하는 유럽연합 라디오-텔레비전)에서 재편성하여 중계방송을 하였다. 미국 외에서의 이러한 방침은 보통 유료채널을 운영하는 민간 배급사들에게는 올림픽 정책에 대한 중요한 변화를 의미한다. 반면, IOC에게는 장기간에 걸쳐 거의 바흐 위원장의 임기 말까지 재정수입을 보장하는 의미가 있다. 텔레비전 방송과 인터넷 중계 사이의 경쟁을 피하기 위해 무료채널이든 유료채널이든 간에 인터넷 배급권이 방송권과 함께 양도되므로, 2020년대부터 인터넷을 통해 중계되는 공식적인 올림픽 채널이 올림픽의 미디어 연속성과 두 번의 대회 사이의 수입을 보장하게 될 것이다.

다음의 [표 8]은 올림픽 텔레비전 중계권(디지털방송 포함) 총액과 배급국가를 1992년 멜버른대회에서부터 정리한 것이다. 이때부터 IOC는 이러한 권리를 독자적으로 교섭하였다. [표 9]에는 국제 스폰서십(TOP, The Olympic Partner Programme)의 내용이 도입 초기부터 (첫 번째 시기 1985~1988) 제시되어 있다.

[표 8] 올림픽대회 중계권(1992~2014)

하계올림픽	총액 (백만달러)	배급국가	동계올림픽	총액 (백만달러)	배급국가
1992 바르셀로나	636	193			
			1994 릴레함메르	353	120

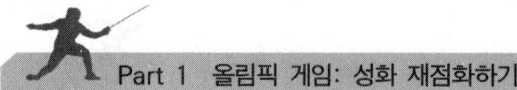
Part 1 올림픽 게임: 성화 재점화하기

하계올림픽	총액 (백만달러)	배급국가	동계올림픽	총액 (백만달러)	배급국가
1996 애틀랜타	898	214			
			1998 나가노	513	160
2000 시드니	1,332	220			
			2002 솔트레이크시티	738	160
2004 아테네	1,494	220			
			2006 토리노	831	200
2008 베이징	1,739	220			
			2010 밴쿠버	1,280	200+
2012 런던	2,569	220			
			2014 소치	1,260*	200+

출처: IOC 마케팅 자료파일(*는 추정치)

[표 9] 국제 스폰서십(1985~2012)   (백만달러)

기간	총액 (현물가격 포함)	TOP 파트너 수	TOP 스폰서
1985~1988 (캘거리~서울)	106	9	3M, Brother, Coca Cola, Federal Express, Kodak, Panasonic, Philips, Sports Illustrated/Time Magazine, Visa
1989~1992 (알베르빌~바르셀로나)	192	12	3M, Bausch & Lomb, Brother, Coca Cola, Kodak, Mars, Panasonic, Philips, Ricoh, Sports Illustrated/Time Magazine, USPS/EMS, Visa
1993~1996 (릴레함메르~애틀랜타)	376	10	Bausch & Lomb, Coca Cola, IBM, John Hancock, Kodak, Panasonic, Sports Illustrated/Time Magazine, UPS, Visa, Xerox
1997~2000 (나가노~시드니)	579	11	Coca Cola, IBM, John Hancock, Kodak, McDonald's, Panasonic, Samsung, Sports Illustrated/ Time Magazine, UPS, Visa, Xerox

기간	총액 (현물가격 포함)	TOP 파트너 수	TOP 스폰서
2001~2004 (솔트레이크시티~아테네)	650	11	Coca Cola, John Hancock, Kodak, McDonald's, Panasonic, Samsung, Schlumberger-Sema, Sports Illustrated/Time Magazine, Swatch (pour Athènes seulement), Visa, Xerox
2005~2008 (토리노~베이징)	866	11	Atos-Origin, Coca Cola, General Electric, Kodak, Lenovo, Manulife, McDonald's, Omega, Panasonic, Ricoh, Samsung, Visa
2009~2012 (밴쿠버~런던)	957	11	Acer, Atos, Coca Cola, Dow, General Electric, McDonald's, Omega, Panasonic, Procter & Gamble, Samsung, Visa
2013~2016 (소치~리우)	>1000	10	Atos, Coca Cola, Dow, General Electric, McDonald's, Omega, Panasonic, Procter & Gamble, Samsung, Visa

출처: IOC 마케팅 자료

IOC는 2001년부터 자신들이 전담하여 관리하는 올림픽 재단의 자본금을 공급하기 위해 상당한 준비금을 조성하였다. 이러한 준비금은 만약 어떤 올림픽이 열리지 못했을 때와 같은 최악의 상황을 대비하고 있다. 즉, 중계권료 및 관련 스폰서 수입을 받지 못하는 상황이 발생하게 될 경우에도 IOC의 기능이 정상적으로 작동하도록 보장하는 것이다. 2014년, 이 준비금은 9억 8,000달러에 달했다(Factsheet IOC Financial Summary 2014). IOC는 또한 ISO 31000 리스크 관리지침을 따름으로써 자신의 활동을 보장할 보험에 가입하고 있다.

제4절 끊임없는 진화

올림픽헌장이 무엇을 표명하든지 간에 IOC는, 오늘날 자율적으로 운영되는 IF와 같은 구성 단체들에 미치는 자신의 권위적인 영향력보다는, 올림픽 단체 또는 올림픽 시스템의 중심에서 연계자 그리고 조정자로서의 자신의 역할에 대해 보다 강조한다. 자신의 임무를 밝힌 올림픽헌장 제1, 2조에서, IOC는 평화, 페어플레이, 스포츠 윤리, 금지약물복용(도핑)과 모든 종류의 부패에 대한 저항, 여성과 선수들 그리고 지속가능한 발전과 올림픽 교육의 장려 등을 실현하기를 바라는 이상의 수호 역할을 규정한다. 이와 함께, 엘리트 스포츠와 대중 스포츠의 발전에 관련된 최소 16가지의 임무가 IOC에게 부여되어 있다.

이와 같이 올림픽 스포츠 역사에서 계승된 모든 관심사를 나열한 임무 리스트는 재조정될 필요가 있을 것이다. 하지만 이 뒤죽박죽 된 리스트 속에서 결정적인 임무를 도출한다면, 그것은 세 번째 자리에 위치해 있는 '올림픽 경기의 정기적인 개최를 보장한다'는 내용이다. 이것은 IOC가 전달하고자하는 메시지가 무엇이든지 간에 IOC의 주된 임무이다. 또한 구체적인 목표인 동시에 자신의 존재를 영속시키고 명성을 유지하면서 올림픽 시스템의 자금을 충당하는 수단이다.

이러한 원칙에 근거하여, IOC는 창설 이후 최선의 올림픽을 개최할 수 있는 도시들을 선택하는데 노력을 기울였다. 이는 나름대로의 어려움을 겪으면서 진화해온 것이다. 즉, 지정된 도시들이 후보지를 사퇴하거나 만국박람회와 동시에 치렀던 초기의 어려움을 겪은 후, 올림픽은 두 차례의 세계대전 사이의 대회(1920~1936)를 통해 경쟁적인 종합스포츠 대회가 되었다. 오랜 학습을 통하여 현재의 올림픽의 기본적인 전통들을 세우게 된 것이다.

오늘날 오륜 마크, 올림픽기, 선수단 선서, 메달 시상대, 성화 봉송 같은 전통은 응원객과 스폰서들에게 높이 평가받는 효과적이고 보편적인 상징들이 되었다. 2차 세계대전 후 영광의 30년 간, 올림픽은 그동안 개최되었던 유럽과 미국(1948~1968)을 벗어나 오스트레일리아, 일본과 멕시코에서 개최되는 전지구의 축제로 확대되었다. 이와 더불어 올림픽 단체들도 국제화되었다. 1970년대 이후 냉전의 절정기에 올림픽 보이콧 시기(1972~1988)를 지나, 1990년이 되어서야 IOC는 완전히 보이콧에서 벗어났다. 이후 올림픽의 세계화 시기(1992~2016)에 들어서면서 2012년부터 급감하기는 했지만 많은 수의 도시들이 개최 후보지로 등록하게 되었다.

1. 성공의 대가

이와 같은 올림픽의 진화발전과 함께 IOC는 근본적인 문제제기를 통하여 급속히 변화되어 왔다. 예컨대 1970년대까지 선수들의 아마추어리즘에 대한 혼란을 겪은 IOC는 1984~85년부터 프로선수들과 상업화된 프로그램에 문호를 개방했다. 또한 1950~60년대에는 그 시대의 정치적인 문제들이 IOC에도 영향을 미쳤다. 이에 IOC는 마지못해 '탈정치주의(두 개의 독일, 두 개의 한국, 두 개의 중국, 남아프리카공화국의 인종차별 문제 등)'를 선언하게 된 반면, 1980년대는 올림픽의 세계화를 앞당기기 위하여 가능한 한 많은 수의 각국 올림픽위원회(NOC)의 승인에 주력하게 된다(참가 NOC수는 1984년 140개에서 2012년 204개로 증가한다).

올림픽의 이러한 급속한 성장은, 다른 한편으로는 IOC가 해결해야 할 새로운 문제들을 낳았다. 우선 1970년대부터 드러나기 시작해 계속적으로 심화되어온 거대주의(gigantism)의 문제이다. 1984년 올림픽의 경우 21개 종목에 7,000명의 선수였던 숫자는 2008년에는 28개 종목 1만 1,000명으로 늘어났고, 올림픽출입증(accreditation) 발급 수는 8만 4,000명에서 30만 명으로 증가하였다. IOC 위원들이 수많은 후보 도시들로부터 부당한 특혜들을 받는 부패 관련 문제들도 시급히 해결해야 한다. 1984년에 1건이었던 부패 스캔들은 2008년에는 10건으로 늘어난다.

2002년 동계올림픽 개최지로 솔트레이크시티를 지명한 것에 관련하여 20여 명의 위원들의 부패 스캔들이 1999년에 드러났고, 이들 중 10여 명은 사임하거나 제명되었다. 비록 도시 지명 방식이 이전과 동일하게 유지되었지만, 이 사건은 IOC 조직 내의 전면적인 개혁을 몰고 오게 되었다.

2. 새로운 올림픽 종목

최근 올림픽은 과거와 같은 열광적 분위기를 연출하지 못하고 하락하고 있다는 염려도 있다. 젊은 층이 올림픽 경기 중계에 대한 무관심하게 되었고, 올림픽 시청자의 평균 연령은 1992년 38세에서 2004년 46세로 높아졌다. 이는 올림픽의 몇몇 종목들의 낙후성에 기인한 현상이지만, 이는 텔레비전 중계료와 스폰서와 연결되어 IOC 재정수입을 지속적으로 위협할 요인인 것이다. 이런 이유로 인해 IOC는 2005년 최대 28개 종목으로 한정하여 올림픽 프로그램의 개정 절차에 들어갔다. 이 절차의 결과로 2012년 런던올림픽부터 야구와 소프트볼은 폐지되었고 2016년 올림픽부터 골프와 7인 럭비가 추가되었다.

겨울스포츠의 경우 올림픽헌장에 부합하는, 눈이나 얼음 위에서 실행 가능한 스포츠여야 하기 때문에 그 종목수는 상대적으로 적다. 하지만 오히려 그로 인해 덜 복잡하기 때문에 프로그램의 승인이 하계올림픽보다 쉽다. 종목 추가를 위해 가장 자주 등장하는 해결책은 현행 규정을 변경하는 것이다. IOC는 자신의 대회에 새로운 스포츠를 도입하도록 OCOG에 요구한다(이후 대회에 대한 보장은 없다).

이런 방식으로 2020년 도쿄올림픽에서는 야구/소프트볼이 다시 추가될 수 있게 되었다. 이전에는 분리되어 있던 이 두 개의 스포츠는 정식종목으로 채택될 가능성을 높이기 위해 두 종목을 연계하였다. 또한 클라이밍, 가라데, 롤러스포츠와 서핑이 언급되고 있다. 이것은 1992년 바르셀로나올림픽 때까지 존재해왔던, 2개 종목으로 제한된 '시범종목' 제도로의 일종의 회귀인 셈이다. 한편, 집행위원회는 회기 동안의 논의 없이도 올림픽에 새로운 종목 또는 경기의 도입을 결정할 수 있다. 현재 비엠엑스(BMX), 슬로프스타일, 트램펄린이 올림픽

종목으로 채택되었다. 이와 같은 변화 속에서 보다 '젊은' 새로운 스포츠나 경기종목은 2023년부터 동계올림픽과 하계올림픽 사이에 개최되는 청소년 올림픽에서 등장할 예정이다. 청소년 올림픽이 두 올림픽의 중간에 개최되는 것은, 말하자면 '춘계 올림픽'으로서 올림픽 메시지의 지속성을 보장할 수 있게 할 것이다.

3. 일탈에 저항하다

앞에서 살펴본 올림픽 고유의 문제제기 이외에 20세기 이후부터는 선수들의 도핑, 승부조작, 경기장 폭력, 환경을 해치는 개발 등 스포츠의 전반적인 명성을 얼룩지게 만드는 일탈들이 점점 증가하고 있는 실정이다. IOC는 간접적으로 올림픽의 성공을 해칠 수 있으며 자신의 이미지를 손상시킬 수 있는 이러한 문제들에 대해 우려하고 있다.

1960년대 말부터 IOC는 올림픽대회에서의 도핑에 대한 대책을 세우는데 주력하였다. 이러한 조치에도 불구하고, 도핑 현상은 올림픽 외부에서 거듭 확대되어 왔고, 결과적으로 IOC는 1999년 관계 당국과 연계하여 산하에 세계반도핑기구(WADA)를 창설하기에 이르렀다.

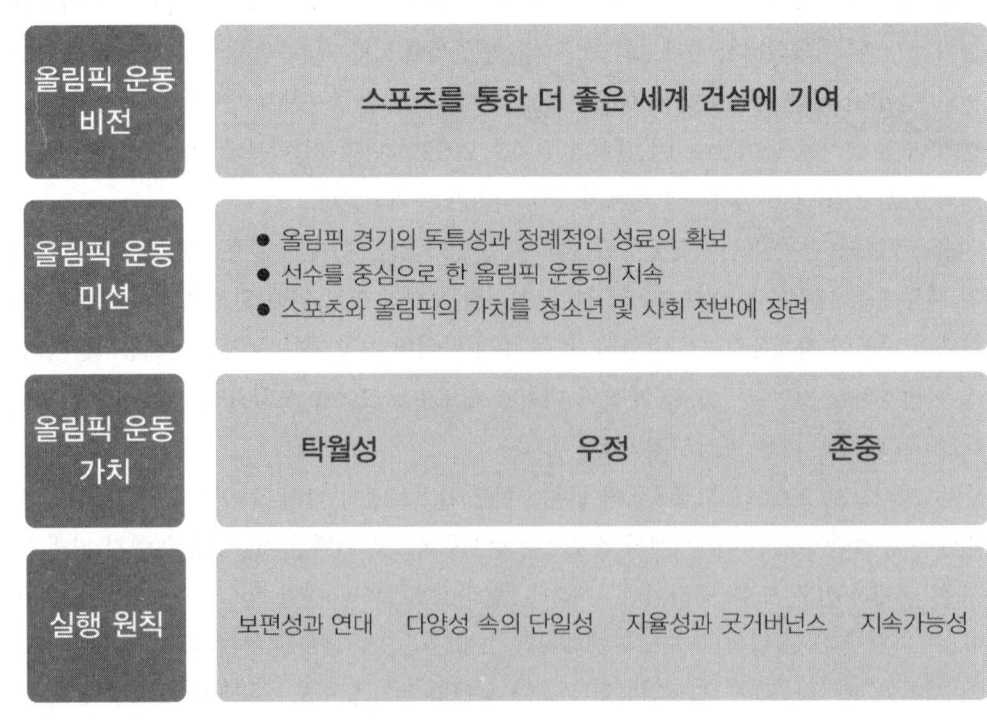

[그림 2] 올림픽의 목표와 임무

출처: 2014년 IOC 연간보고서

도핑 분야에서는 어떠한 관용도 허용치 않는다는 규정이 2001년에 만들어졌다.

올림픽 경기에서와 마찬가지로 스포츠 전반의 신뢰성을 보장하는 데 목적을 둔 이 같은 엄격함은 승부 조작의 경우에도 마찬가지로 적용된다. 2007년 이후 IOC는 일탈행위에 대해 보다 적극적으로 맞서왔다. 같은 시기, 경기장 및 그 주변에 대한 무분별한 개발에 대해 IOC는 '탁월성·우정·존중'이라는 세 가지 단어로 요약되는 올림픽의 가치로 대응하였다. 1994년과 마찬가지로 IOC는 환경을 스포츠와 문화에 이은 올림피즘의 세 번째 덕목으로 선언하고, 자신의 공식 표어인 citius, altius, fortius(보다 빠르게, 보다 높게, 보다 힘차게)와는 다소 거리가 있는 지속가능한 발전의 정신을 올림픽대회를 통해 장려하고자 노력하고 있다.

21세기 초반, IOC는 세계 스포츠를 위한 준거가 되는 단체로서의 역할을 본격적으로 하게 된다. IOC의 주요 과제는 이러한 지위를 유지하고, 오랜 전부터 표명해온 것처럼 자율성을 잃지 않는 범위에서 관계 당국과 협력하며, IOC 산하에 있는 스포츠 단체들이 스포츠 분야의 자율성을 보장받도록 하는데 주력하는 것이다. 이것을 위해 IOC는 자신을 포함하여 올림픽 시스템의 모든 단체들(4장과 5장 참조)이 가장 적합한 지배구조(거버넌스, governance)를 조직하는데 심혈을 기울여야 한다. 위의 [그림 2]는 2014년 IOC가 연간보고서를 통해 자신의 목적과 임무를 요약한 것이다.

제5절 어젠다 2020

2014년 말, 즉 토마스 바흐 위원장 선출 1년 후에, IOC는 어젠다 2020이라는 이름으로 알려진 향후 10년간의 개혁 전략으로서 40개의 권고사항을 채택했다. 이 상징적인 숫자(20+20)의 권고사항 속에는 상당히 보편적인 표현(권고사항 15: '정직한 선수들을 보호한다') 또는 이미 실행중인 사항(권고사항 32: '윤리를 강화한다')이 포함되어 있다. 올림픽 인터넷 채널의 창설(권고사항 19)이 명시되기는 했지만, 오늘날 텔레비전 중계권의 판매에 기초한 IOC의 경제 모델은 지속적으로 상당한 변화를 겪을 것이다. 어젠다 2020은 이러한 변화 전략을 구체화하기 위해 IOC의 행정과 위원장에게 상당한 재량권을 남겨두었다.

가장 근본적이며 가장 즉각적으로 적용할 수 있는 권고사항은 올림픽대회와 후보선정 과정에 관련된 것이다. 이후부터 하계올림픽은 '예외적으로' 2개국이 함께 개최하는 것이 가능하며, 개최도시를 벗어나는 것을 포함하여 기존의 스포츠 시설물을 '최대한' 사용할 것이 요청된다.

이러한 개혁은 투자비용을 상당히 절감하고, 올림픽이 열리기 전 거의 항상 매스컴 제목을 차지하는 두 가지 문제, 대회 준비의 지연과 낮게 추산된 예산의 문제를 해결하는데 목적이 있다. 이미 건설된 올림픽 공원을 보유하고 있는 도시들(시드니, 베이징 또는 런던)은 자신의 시설물들을 양호한 상태로 유지하고 올림픽 개최 전후에 다른 종합 스포츠 대회를 유치한다고 전제한다면, 자신의 도시가 올림픽 유치에 적합하다고 판단할 수 있을 것이다.

여러 도시와 국가들이 이러한 개혁에 의해 폭넓어진 접근가능성에 서둘러 반응하고 있다. 함부르크, 베를린 그리고 이스탄불(아직 구체화되지는 않았다)에 이어 부다페스트, 로스앤젤레스(보스턴 대신), 파리, 로마가 2024년 후보지 등록의사를 밝혔다. 만약 이러한 계획들이 확정되면, 2022년 동계올림픽(2개의 후보지)과 2020년 청소년 올림픽 개최경쟁이 매우 제한적이었던데 비해, IOC는 2024년 하계올림픽에 대해서는 상당히 폭넓은 선택을 하게 될 것이다. 하지만 IOC는 플로렌스, 나폴리 게다가 사르데냐까지 포함한 넓은 지역의 올림픽 개최를 제안한 로마와 같이 광범위한 계획이 아니라, 결국에는 보다 전통적인 후보지, 즉 개최도시 주변으로 밀착된 계획을 제안하는 후보지를 선택할 가능성이 농후하다.

이러한 올림픽대회 조직방법에 대한 제안은 그다지 새로운 것은 아니다. 하지만, 베른 알프스와 발레 알프스를 연결하는 뢰치베르그 터널과 철도로 모두 연결되는 베른(스위스 최대 아이스링크), 프리부르(고테론), 로잔(새로운 말레이 아이스링크), 칸더슈테크(스키 점프대), 크란스 몬타나(활강로), 시옹과 중앙 발레 주(아름다운 아이스링크를 건설하기에 적합한 장소) 등에 이미 존재하는 시설물을 이용하고자 하는 스위스의 2026년 동계올림픽 유치계획에 희망적인 요인이다. 기존시설을 활용할 경우 대규모 투자가 필요하지 않기 때문에 주민투표에서 승인 받을 가능성이 높아, 유사한 계획들이 분명히 독일어권 스위스, 예컨대 취리히-루체른-쿠어-다보스를 중심으로 준비될 수 있을 것이다.

올림픽의 지속 가능성에 대한 질문은 어젠다 2020에서도 분명하게 표현된다. 이것은 국제연합(UN)에 의해 권장된 환경, 사회 및 거버넌스(ESG; Environmental, Social and Governance) 지수에 부합하는 거버넌스와 환경적, 사회적 요소들을 결합시킨 시스템을 올림픽 개최도시 및 지역에 구체화시키는 것과 관련된다. 이러한 움직임은 유네스코 주재로 2013년 5월 베를린에서 열린 세계스포츠관계장관회의에서, 주요 스포츠 대회들의 지속성을 보장하고 그 유산을 계승하기 위해서는 이들 대회의 규모를 축소하는 것이 필요하다는 공식적인 선언으로 표출되었다.

Chapter 4
올림픽 시스템

IOC 사무국과 기록보관소가 1915년 로잔에 자리잡았을 당시, IOC는 피에르 드 쿠베르탱의 관리 하에 직원이 한 명도 없는 작은 조직에 불과했고, 주요업무가 4년마다 올림픽을 유치할 도시들을 선정하는 것이었다. 약 120년 후, IOC는 중요한 비정부기구가 되었고 500여 명을 고용하며 올림픽 개최지 선정 그 이상의 일을 담당하고 있다. 이러한 중요한 변화는 또한 조직의 운영에도 영향을 미쳤다. 간단히 말해 초기의 IOC는 무보수로 선출된 개인들로 이루어진 사교클럽에 가까웠고 상당히 전통적인 행정조직이었던 반면, 지난 한 세기를 지나면서 IOC에 다양한 이해관계자들이 참여하여 자신의 영향력을 행사하기 시작했으며, 1980년대부터는 중요한 재정적 자원을 갖춘 네트워크로 변화한 것이다. 새로운 이해관계자들의 이러한 전략과 활동은 현재 IOC의 경영에 영향을 미치고 있다.

이 장에서는 IOC 역사에서 나타나는 각각의 이해관계자들의 출현에 대해 서술하고자 한다. 즉, '전통적 올림픽 시스템'을 구성하는 5개의 주요 행위자들에서 시작되어, 20세기 말에는 '규제된 올림픽 시스템'이 형성되었고, 이후 보다 많은 이해 관계자들을 통합하면서 '총체적 올림픽 시스템'이 자리잡게 되었다. 다음으로 본 장에서는 이처럼 형성된 시스템 위에 복잡하게 얽힌 관리적 결과를 분석하고, 특히 올림픽 현상의 최근 발전 경향과 올림픽이 마주한 위협들을 살펴볼 것이다.

제1절 전통적 올림픽 시스템

올림픽대회 조직을 위한 기본적인 5개의 주요 이해관계자들은 IOC, OCOG(올림픽 조직위원회), NOC(국가올림픽위원회), IF(국제경기연맹), 그리고 NF(국내경기연맹)로 구성된다. 이 5개 이해관계자들(1913년 쿠베르탱이 고안한 오륜과는 아무런 상관이 없다)은 시대와 종목 그리고 국가에 따라 그 규모와 중요성이 매우 다양하게 변화해 왔다.

역사적으로 올림픽이 발전하고 가시성을 획득하게 되면서 IOC는 점차적으로 중요한 조직이 되었다. 하지만 이것은 '올림픽 운동', 다시 말해 'IOC의 최고 권위 아래 올림피즘의 가치에 영감을 받은 모든 개인과 개체의 합의된, 조직된, 보편적인, 항구적인 행동'(2015년 올림픽헌장, 기본원칙 3)에서 후안 안토니오 사마란치 위원장이 진정한 지도자 역할을 하게 된 1980년대에 들어와서의 일이다. 몇몇 위원들이 2002년 솔트레이크시티 동계올림픽 후보지 선정과 관련하여 연루된 부패 스캔들에 뒤이어, 1999년 IOC는 조직 개혁에 돌입하였다. 이러한 개혁은 특히 다음의 3개 단체에서 추천하고 이들을 대표하는 인물을 IOC 위원으로 위촉할 수 있도록 하였다. IF, NOC 그리고 현행 선수 위원들(올림픽대회에 참가하거나 참가했던 선수로서 '올림피안'이라 불리며, 올림픽선수촌에서 동료들에 의해 선출된다). 이러한 세 가지 유형의 위원들은 각각 최고 15명으로 제한되어 구성된다. 일단 IOC 위원으로 선출되면 이들 위원들은 개인적인 자격으로 선출된 다른 (최대) 70명과 마찬가지로, 자신이 속한 단체보다 IOC의 이해관계를 절대적으로 대표할 의무(2015년 올림픽헌장, 제16조 1.3항과 1.4항)를 지닌다. 여러 차례의 대회가 개최되면서 IOC는 상당한 수입(2009~2012년 기간 동안 50억 달러)을 올렸고, 2014년 말에는 한 해 앞서 선출된 새 위원장, 토마스 바흐의 40가지 전략적 목표를 재편성한 '어젠다 2020'을 만장일치로 통과시켰다.

OCOG(올림픽 조직위원회)는 1896년 근대 올림픽이 재조직된 이래 여러 가지 다양한 명칭으로 불려왔다. 1970년대까지, IOC가 대회 중계권의 일부를 직접적으로 관리하기 전까지 OCOG는 스포츠 단체 중 가장 강력한 단체였다. 1992년 대회 때부터 IOC는 중계권과 함께 상업화/스폰서권을 전적으로 통제하게 되었고 수익의 일부를 OCOG에 지불하였다(2012 런던올림픽 때는 10억 7,000만 달러를 지불). '민간 OCOG'(어떠한 공적인 보장이나 참여 없는 유한 회사)에 의해 조직된 1984년 로스앤젤레스올림픽에서 수익을 올린 경험에 이어, 미국에서 개최된 1996년 애틀랜타올림픽의 OCOG는 유사한 모델을 적용하고, 대회조직 과정에서 중앙, 지역, 지방정부의 간섭을 제한하였다.

그러나 이와 같은 로스앤젤레스, 애틀랜타 대회는 말할 것도 없이, 1970년대부터 다른 국가들에서 개최된 모든 올림픽대회의 조직에서 정부의 개입은 재정적인 차원은 물론 지원체계에서도 지속적으로 증가해왔다. 이러한 경향은 OCOG가 2000년대에 들어와 특정한 전략 분야(교통, 안전, 필요한 시설의 건설)를 담당하는 산하조직을 창설하도록 이끌었다. 2007년, 그간 올림픽을 개최했던 도시들이 각국의 OCOG와 산하단체들의 경험과 지식을 공유하고 개최비용을 절감하며 올림픽 유산을 지속시키기 위한 목적으로 세계올림픽도시연맹(UMVO)을 로잔에 창립하였다.

하지만 OCOG 조직 구성원들의 이러한 노력과 경쟁력에도 불구하고, 21세기 초반에 들어서 대회유치를 신청하는 후보지는 격감하였다. 특히 2007년 만들어진 청소년 올림픽은 말할

것도 없고(2016년 1개 후보지, 2020년 2개 후보지), 동계올림픽 후보지(2016년 1개 후보지, 2020년 2개 후보지) 선정에서도 IOC의 선택권은 그다지 넓지 않았다.

1. 각 나라의 올림픽위원회

NOC(국가올림픽위원회)는 각 국가에 설치되는 조직이다. 이들은 자신의 나라 또는 해외영토(UN이 아니라 IOC에 의해 인정받은 국가나 해외영토를 의미)의 올림픽 선수단을 선택하고 관리하는 임무를 맡으며 또한 그 국가에서 IOC를 대표하고 올림픽의 가치를 장려한다. NOC는 국가대표팀 구성의 필요성과 함께 1회 대회 때처럼 선수 개인 차원의 올림픽 참가를 피하기 위해 창설되었다. 즉, 이러한 맥락에서 독일(1895), 오스트리아(1906), 벨기에(1906), 스위스(1912)에서 먼저 창설되기 시작하였다. 올림픽 시스템 초기에 쿠베르탱은 보헤미아(후에 체코에 합쳐지는) 또는 핀란드와 같은 독립국가가 아닌 속령들의 NOC를 대회에 참여할 수 있도록 승인하였다. NOC는 성장을 거듭하면서, 캐나다(1904), 중국(1910), 이집트(1910), 뉴질랜드(1911), 일본(1911), 브라질(1914) 등 모든 대륙에서 만들어지게 된다. 1960년대의 탈식민지화는 NOC의 숫자를 대폭 증가시켰다. 1972년 뮌헨 대회에 121개 NOC가 참여했고, 1984년 로스앤젤레스 대회에서는 140개(약 15개의 소비에트 연방 국가들의 불참에도 불구하고), 2012 런던올림픽에는 204개가 참여하였다. 2016년 IOC는 206개의 NOC를 승인하였고, 이중 마지막 승인국은 코소보와 남수단이다.

실제로 자신의 영토에 하나의 NOC를 설치한다는 것은 국제무대에서 자신의 존재를 보여주려는 의지의 표현이다. NOC는 우리가 알다시피 원칙적으로 자국의 이익을 IOC에 반영시키는 역할이 아니라, 자신의 나라에서 IOC의 이익을 대표하는 임무를 갖는다. 그럼에도 불구하고 1979년 전체 NOC 수의 약 절반도 안되는 NOC들은 자신들의 이익을 대표할 ANOC(NOC들의 연합)를 창설하였고, 이에 IOC는 오랫동안 ANOC의 승인을 거부하였다. NOC는 IOC의 전통에 반대하여 '하나의 국가(즉, 하나의 NOC) = 1표'의 원칙을 내세운다. ANOC와 그 산하의 대륙별 조직은, 특히 올림픽 수익의 일부를 다시 NOC에 재분배하는 IOC의 한 분과인 올림픽 연대(Olympic Solidarity) 덕분에 2001년부터 그 중요성이 점점 더 대두되고 있다. 1970년대부터 이 분배된 재원은 계속적으로 증가하였다(2009~2012 기간 동안 7억 3,500만 달러).

2. 강화하기 위해 연대하다

IOC에 의해 승인 받은 조직인 IF(국제경기연맹)는 올림픽 종목으로 인정된 스포츠(그리고 그 세부종목들) 및 올림픽 외에서의 대회들을 관리하며, 규칙을 만들고 국제경기들을 함께 조직하며 상업적인 수입을 분배하고 선수들을 징계하는 등의 역할을 한다. 이들 IF 중 3개의 IF(조정, 체조, 스케이트)가 IOC 창설 이전에 존재했었고, 수영연맹, 육상연맹, 스키연맹, 카누연맹 등 대부분의 IF는 첫 번째 올림픽이 열린 것을 계기로 20세기 초반에 창설되었다. 축구연맹, 배드민턴연맹 등은 세계선수권 대회를 조직하기 위해서 생겨났으며, 그 외에 다른 IF는 20세기 말에 태권도, 철인3종 경기, 컬링 등 몇몇 스포츠가 올림픽에 참여하기 위해 만들어졌다. 이 중 몇몇 IF는 실제 여러 '종목'을 통제하기도 한다. 예를 들어, 스피드 수영, 다이빙, 수구, 싱크로나이즈드 스위밍, 수상마라톤을 총괄하는 수영(swimming 또는 aquatics) 연맹은 올림픽 경기에 포함된 모든 종목을 관리한다. 이런 방식으로 2016년 하계올림픽에는 40여 개의 종목이 정식경기로 채택되었고, 2018년 동계올림픽에는 15개의 종목이 등록되어 있다.

[표 10]은 IOC에 의해 승인된(올림픽 IF에 의해 관리되는) 스포츠와 올림픽대회에 등록된 각 스포츠의 세부종목을 나타낸 것이다(모든 종목을 모두 나타낸 것은 아니다. 예를 들어, 크로

[표 10] 올림픽 스포츠와 종목(2016년 올림픽 프로그램)

2016년 하계올림픽	
A그룹	육상(단거리, 던지기, 뛰어오르기, 경보), 체조(예술체조, 리듬체조), 수영(스피드, 싱크로나이즈드, 다이빙, 수구, 수중 마라톤)
B그룹	농구, 사이클(BMX, 트랙, 산악자전거, 도로), 축구, 테니스, 배구(전통배구, 비치발리볼)
C그룹	조정, 배드민턴, 복싱, 역도, 유도, 사격, 탁구, 양궁
D그룹	카누/카약(레이싱, 슬라롬), 펜싱(에페, 플뢰레, 사브르), 핸드볼, 필드하키, 레슬링(자유형, 그레코로만형), 승마 스포츠(크로스컨트리, 마장마술, 장애물 뛰어넘기), 태권도, 철인3종 경기, 요트
E그룹	골프, 근대5종 경기, 럭비(7인)
2014 동계올림픽	
A그룹	아이스하키, 스케이트 (피겨, 롱 트랙, 쇼트트랙), 스키(알파인, 프리스타일과 슬로프스타일, 노르딕 복합, 크로스컨트리 스키, 스키 점프, 스노보드)
B그룹	바이애슬론, 봅슬레이와 스켈레톤, 컬링, 루지

스컨트리 달리기 등). 표에 나타난 각 스포츠와 IF는 6가지 기준(관중, 시청자, 네티즌, 언론, 전반적인 인기, 보편성)에 따라 분배되는 올림픽대회 수입이 큰 것부터 작은 것의 순서로 제시되어 있는데, 이는 하계올림픽을 위한 5개의 그룹과 동계올림픽을 위한 2개의 그룹으로 분류된다. 이러한 분류는 각 올림픽대회가 끝난 뒤 AIOWF(동계올림픽종목협의회; Association of Winter Olympic International Federation), ASOIF(하계올림픽종목협의회; Association of Summer Olympic International Federation) 함께 검토하여 정하게 된다. 올림픽 종목들은 원래부터 남성에게 열려있고, 2012년과 2014년부터 모든 여성에게도 개방되었다.

1921년부터 IF는 IOC를 상대하기 위하여 연합할 필요성을 느끼고, 올림픽총회를 계기로 로잔에 IF 상설 사무국을 개설하였다. 사이클과 복싱 선수이며 언론인인 프랑스인 폴 루소(Paul Rousseau)가 다른 이들과 함께 쿠베르탱의 경쟁자로 자처하며 사무국을 관리하였다. 1967년 IF는 로잔에 AGFIS(국제스포츠연맹총연합회)를 창설하였으며, 국제조정연맹의 회장인 스위스인 토마스 켈러(Thomas Keller)가 회장을 맡았다. 켈러는 1972~1980년 올림픽 보이콧 시기에 중요한 역할을 맡은바 있다. 그는 AGFIS 본부를 모나코로 이전하였다. 하지만 그는 하계올림픽 종목과 동계올림픽 종목을 위한 IF 산하의 2개 조직(ASOIF과 AIOWF)의 창설을 종용한 후안 안토니오 사마란치 IOC 위원장(1980~2001)의 요구를 받아들이지 않았다.

이러한 요구에는 AGFIS가 갖는 권한을 두 개의 새로운 조직에 분산시킴으로써, IF에 되돌아오는 몫을 재분배하는 권한을 AGFIS로부터 빼앗으려는 의도가 있었다(예컨대 2012년 런던올림픽 프로그램의 경우 26개의 IF를 위한 5억 2,000만 달러, 2010년 밴쿠버올림픽 프로그램에서는 7개의 IF를 위한 2억 900만 달러). 한 동안의 소강상태 후, AGFIS는 2009년 국제사이클연맹의 위원장인 하인 베르부르겐(Hein Verbruggen)의 추진 하에 스포츠어코드(SportAccord)로 이름을 바꾸고 다시 로잔으로 이전한다. 하인 베르부르겐은 2003년부터 개최되는 스포츠어코드 연례총회를 통해 올림픽 정식종목으로 채택된 스포츠의 IF들은 물론 컴뱃게임, 마인드게임, 비치게임과 같은 올림픽 비정식종목들을 위한 종합스포츠 관련 IF들의 이익을 대변하고자 하였다. 이러한 계획은 자크 로게 위원장이 IOC를 이끌고 있었을 때는 스포츠어코드에 동료의식을 가진다는 이유로 지지되었다. 하지만 2013년에 선출된 로게의 후임자는 스포츠어코드의 새로운 회장인 국제유도연맹의 회장 마리우스 비제(Marius Vizer)와 의견이 일치하지 않았다.

비제 회장은 올림픽과 경쟁할 수 있는 'united world championships'을 창설하기를 바랐다. IOC와 어젠다 2020에 대한 마리우스 비제 회장의 비판에 뒤이어, IOC에 의해 승인된 스포츠어코드의 116명의 회원 중 다수가 2015년 4월 자신의 회원가입을 유보하거나 탈퇴하였다. 비제 회장은 20가지 개혁안을 제안했는데, 이 내용 중에는 올림픽 수입의 1/4로 IF의 몫을 증가시키는 것과 올림픽 참가 선수들에게 장려금(prize money)을 지급하고, 선수들의 은퇴기금을 창설하며, 현재 준비중인 올림픽 텔레비전 채널의 절반의 소유권을 IF에 제공하는 것이 포함되어 있다. 그러나 IOC는 이에 대한 논의를 거부했고, 비제 회장은 스포츠어코드의 회장직에 재선된 지 1개월 만에 사임하고 말았다. 스포츠어코드의 미래는 현재로서는 불투명하지만, IF의 다양성을 대표하는 기구의 필요성은 여전히 인정된다.

　NF(국내경기연맹)는 전통적인 올림픽 시스템의 마지막 5번째 이해관계자이다. 이 단체는 올림피안(올림픽대회에 참가한 선수)들을 준비시키고, 이들이 자신의 종목에서 해당 IF에 의해 지정된 기준에 도달하는 한 형식상 국가대표를 선발하는 NOC에 그들의 참여를 추천한다(그렇지만 하나의 NOC는 올림픽의 보편성을 보장하기 위해서 육상 또는 수영, 스키와 스케이트 종목에서 기준에 도달하지 못한 한 명의 남자선수와 한 명의 여자선수를 선택할 수 있다). 하나의 NF는 해당 스포츠의 IF와 NOC의 구성원으로 승인될 수 있다. 하나의 NOC가 해당 IF에 의해 승인된 NF를 승인하지 않는 경우가 발생하거나 그 반대의 경우가 생길 수 있다. 하지만 NOC와 NF 두 단체에 대한 가입은 올림픽에 선수로 출전하기 위해서 필요하다. 1995년 IOC의 추진하에 세계올림픽협회(WOA)가 각국의 지부와 함께 창설되었다. 하지만 올림피안은 2000년부터 IOC에 의해 승인되었기 때문에 WOA가 올림픽 시스템 내에서 올림피안들의 진정한 대표역할을 한 적은 없다. 그 밖의 다른 선수 단체들(FIFPRO, 유럽선수연합 등)은 올림픽 시스템에 통합되지 않았다.

　다음의 [그림 3]은 위에서 언급한 5개의 이해관계자들(원으로 표시)에 의해 형성된 시스템을 전체적으로 조망한 것이다. 모든 단체들은 서로 기능적인 또는 재정적인 관계(원 사이

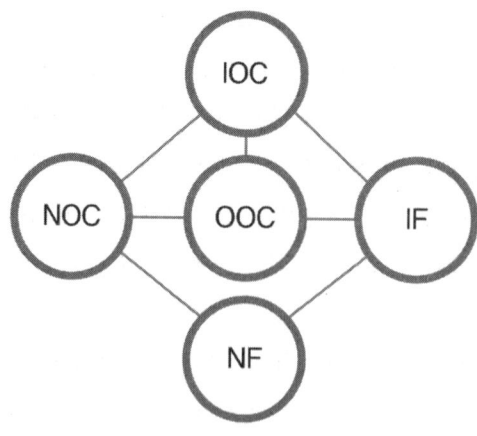

[그림 3] 전통적 올림픽 시스템

의 선)로 연결되어 있고, IOC에 의해 승인·지정된다. 단, 여기서 올림픽대회에 대한 참가는 IF와의 연계에 의해 NOC에서 조정하기 때문에 NF와 OCOG의 연결고리는 미미하다. IOC의 행정은 오늘날 여러 OCOG(년도에 따라 4~6개), 200개 이상의 NOC, 올림픽 정식종목으로 지정된 35개의 IF와 30여 개의 승인된 IF(대회 참가를 위한 일종의 예비단계)와 함께 진행된다. IOC는 하계올림픽에서 1만 500명, 동계올림픽에서 2,900명 정도의 올림피안과 그 동반자(entourage)들을 승인하였다.

다음에 제시된 [표 11]은 IOC가 최근 올림픽 개최 후 OCOG와 NOC, 그리고 IF에 각각 지급한 금액을 요약한 것이다. NOC에 대한 배분액 중 많은 부분이 올림픽연대(Olympic Solidarity)로 불리는 IOC 산하의 부서를 통해 간접적인 방식으로 지급되었다. 올림픽연대는 각 대륙별 NOC 연합들과 함께 여러 가지 장려금과 훈련 프로그램을 조직하는 역할을 한다. OCOG는 직접적으로 IOC의 할당금을 지급받았고, IF 역시 자신들의 연합(ASOIF와 AIOWF)이 사전에 규정한 배분기준인 올림픽에서 자신들의 스포츠/종목의 인기도에 따라 분담금이 조정되어 직접적으로 지급받는다.

[표 11] 2004년에서 2012년까지의 IOC의 배분금 (단위: 백만달러)

올림픽 개최 이후	OCOG에 대한 배분금	올림픽 연대를 경유한 NOC에 대한 배분금*	하계/동계IF에 대한 배분금	승인된 기타단체 (AMA, TAS, AIO, CIP 등)에 대한 배분금
하계올림픽				
2004 아테네	965	234	257	57
2008 베이징	1,250	301	297	69
2012 런던	1,070	520	520	81
동계올림픽				
2002 솔트레이크시티	552	87	92	28
2006 토리노	561	136	128	33
2010 밴쿠버	572	215	209	39
2014 소치	833	199	199	40

출처: 2014년 IOC 재정자료와 연차보고서
* 표시는 미국의 NOC는(USOC) 미국 텔레비전 중계권료의 12.75%(2020년 대회부터는 7%)와 TOP프로그램에서 나오는 금액의 20%(2020년부터는 10%)를 직접적으로 수령한다.

Part 1 올림픽 게임: 성화 재점화하기

제2절 규제된 올림픽 시스템

1970년대부터 전통적인 올림픽 시스템은 특히 냉전기간 동안 올림픽이 획득한 명성으로 인해 이에 점점 더 관심을 가지는 새로운 6개 이해관계자들을 마주하게 된다. 즉 정부, 국내 및 국제 스폰서, 프로선수리그, 그리고 2개의 전문 단체가 특히 대항세력으로서 올림픽 시스템의 전반적인 규제에 함께 참여한다. 각 국 정부는 이전까지 비영리단체인 민간 조직들에 의해 자율규제 되어온 올림픽 시스템의 정치적 중요성을 충분히 인식하게 되었다.

NOC에 공식적인 역할을 주기 위해 많은 나라에서, 예컨대 일본(1961), 스위스(1972), 프랑스(1975), 미국(1978)에서 기본법이 채택되었다. 대부분의 NOC는 각국의 정부 또는 국가 복권을 통해 보조금을 지급받는다(미국은 예외). 올림픽이 자신의 나라에서 개최될 때 지방 및 지역 수준의 정부('유치 공동체') 그리고 중앙정부는 점점 더 밀접하게 연관되고 있다. 이는 특히 스포츠 시설의 건설, 안전 또는 교통 문제는 물론이거니와 국가적 차원에서 영토 접근에 대한 승인(올림픽헌장에 따른 무비자 원칙) 또는 외교적인 문제와 관련된다. 1980년대 도핑에 관련된 문제의 심각성이 스포츠 운동 차원을 넘어서면서, 각국 정부는 유럽연합이사회(Counseil de l'Europe)[3]와 다른 대륙들의 협조를 통해 1999년 세계반도핑기구(WADA)를 창설하여 적극적으로 도핑 문제에 개입하였다.

1. 올림픽 스폰서

1980년대부터 상업적인 스폰서가 국내(OCOG, NOC, NF) 및 국제(IOC, IF) 스포츠 단체들의 자금을 조달하는 중요한 수단이 되기 시작한다. 특히 OCOG는 정교한 마케팅 프로그램을 개발해왔다. 이러한 마케팅과 텔레비전 중계권 수입으로 인해 1984년 로스앤젤레스의 OCOG는 최초로 상당한 수입을 올리게 되었다. NOC, NF 그리고 선수들도 또한 기업들의 후원을 받기 시작하는데, 이것은 OCOG와 NOC 사이의 독점권에 대한 문제를 야기하였다. 로스앤젤레스올림픽 조직위원회를 후원한 후지(Fuji) 사는 코닥(Kodak)에서 후원한 미국 대표팀이나 미국올림픽위원회에 재정적인 지원을 하지 않았다. 이것은 올림픽에 관심을 갖고 있는 사람들로 이해할 수 없는 이상한 상황인 것이었다.

이렇게 복잡한 문제를 해결하기 위한 조치로 IOC는 1985년, 4년 또는 그 이상 기간 동안

---

[3] 유럽연합집행위원회(European commission)와는 다른 기구로, 유럽연합회원국의 정부수장들이 참여하는 기구이다. 10개의 분과위원회가 있고, 실무 협의를 위해 장관급으로 구성되는 각료 이사회가 있다. 사무기구는 유럽의회가 있는 프랑스 스트라스부르에 위치해 있다.(각주 임도빈 추가)

계약의 체결을 통해 코닥과 같은 다국적기업에게 분야별로 독점적 후원을 하도록 하는 TOP 프로그램(The Olympic Program, The Olympic Partners)을 만들게 되었다. 이에 IOC, 모든 NOC, 동계올림픽과 하계올림픽이 차례대로 이를 따르게 된다. (2009년에서 2012년까지 약 10억 달러에 달한) 이 프로그램의 수입은 OCOG, NOC, 그리고 최종적으로 IF와 나누게 된다. IOC는 올림픽 기간 동안 개최국 내의 기업들이 해당국 내에서만 올림픽을 상업화할 수 있는 '현지 스폰서' 프로그램을 운영하는 임무를 OCOG에 넘겨주었다. 오늘날 이 국내 스폰서 프로그램은 입장권 판매와 IOC 보조금과 함께(제5장 참조) OCOG의 주요 수입원이 된다. 이 금액은 2012년 런던올림픽 때 10억 1,580만 달러에 달했다. 2016년 기준 각 사업 분야별 10개의 TOP 파트너들은 다음과 같다. 코카콜라(계약에 의해, 첫 번째 순서를 차지하는 권리를 부여받았다), 아토스, 다우, 제너럴일렉트릭, 맥도날드, 오메가, 파나소닉, 프록터앤드갬블, 삼성 그리고 비자이다. 일본 기업 브리지스톤과 도요타는 이 프로그램에 2017년부터 참여한다. 8년 계약(2017~2024)을 위해 도요타가 지불한 금액은 약 16억 3,000만 달러이다. 이 금액은 지금까지의 TOP 계약금 중 최고를 기록했다.

2. 아마추어리즘의 종말

1990년대부터 전통적인 올림픽 시스템 내에서 프로선수리그의 역할이 부각되기 시작했다. 이전까지 프로선수들(테니스, 골프, 농구, 아이스하키 등)은 아마추어리즘 신조를 존중하는 차원에서 올림픽에서 배제되어 왔다. 그러나 1981년부터 이러한 아마추어리즘에 대한 존중은 점차 퇴조되었다.

이러한 변화는 점점 가속화되는 스포츠의 프로화와 상업화에 관련된다. IOC와 IF는 1984년 올림픽에 우선 몇몇 종목들(축구, 테니스, 스케이트 등)의 프로선수 참가를 허용했다. 또한 미국 프로농구 선수단이(일명 드림팀) 그들의 소속팀들로 구성된 NBA의 승인하에 1992년 바르셀로나올림픽에 참가하는 것이 허용되었다. 1998년 미국 아이스하키 선수들과 NHL(북미아이스하키리그)에 속한 다른 나라의 선수들에게도 같은 조건이 허용되었다. NHL은 1998년 나가노올림픽 당시 자신의 챔피언리그를 중단하기도 했다. 유일하게 야구의 경우, 국제야구연맹은 프로선수들(그리고 미국 MLB리그)이 올림픽에 참가하도록 설득하지 못했다. 올림픽에서 야구는 1992년에 정식종목으로 채택되었지만 2012년 대회에서는 제외되었다(2020년에 복귀 예정).

오늘날 프로선수들의 올림픽 참가는 프로협회가(ATP; 세계프로테니스협회, PGA; 미국프로골프협회, NHL 등) 있는 경우 이들과의 공조 하에 각 스포츠의 IF가 관리한다. 어젠다 2020에서 IOC는 대회 때마다 프로선수들의 참가를 협상하는 것보다 연속성 위에서 이들과의 관계를 영속시키는데 목적을 두고 '프로리그들과의 관계를 만든다(권고사항 8)'는 정책 방향을 밝히고 있다.

3. 스포츠 윤리와 정의

1983년 IOC는 이해관계자들 사이에 생겨날 수 있는 스포츠 분쟁을 법적 중재에 의해 해결하기 위해 스위스 변호사협회의 자문을 받아 로잔에 CAS(스포츠중재재판소)를 설립한다. 이 재판소는 일반적으로 소송이 느리고 비용이 많이 들지만 스포츠 분야에서는 경험이 많지 않은 국내 민사 법정을 거치지 않고 분쟁을 중재할 수 있는 이점이 있다.

설립 30여 년이 지난 후 CAS는 특히 선수들의 기본권(소명권, 청원가능성 등)과 양립하지 않는 스포츠 규정들의 점진적인 삭제를 제안하면서, 법적으로 올림픽 시스템을 규제하는데 공헌하고 있다는 것을 확인할 수 있다. 그러나 여전히 해결되지 않고 남아있는 문제는 중재위원을 폐쇄적인 리스트 내에서 제한적으로 선택하는 것, 다른 법정이나 중재소에 비해 독립성과 투명성이 부족하다는 점, 중재 당사자에 대한 재정적인 지원 역시 부족하다는 점이다. 이 때문에 CAS에 대한 불신을 갖는 상업적인 교섭상대들은 CAS에 중재요청을 거의 하지 않는다.

IOC는 1960년대 이후 올림픽과 다른 스포츠 대회에서 광범위하게 확대된 도핑 문제를 해결하기 위해 1999년 세계반도핑기구(WADA)를 설립하였다. 2,500만 달러의 자본금으로 설립한 스위스 법에 따른 재단인 WADA의 독창성은 최고기관으로 재단위원회를 두고, 정부와 스포츠 단체들(IOC, IF, NOC로 대표되는)이 혼합된 조직이라는 점이다. WADA는 특히 1990년대 이후 스위스와 로잔에 대규모로 자리잡은 전통적 올림픽 시스템(IOC와 함께 50개 이상의 IF)과 차별성을 두기 위해 몬트리올(캐나다)에 본부를 두었다.

2005년에 맺은 유네스코 협정에 의거하여 정부와 스포츠 단체들은 서로 동등하게 WADA의 재정을 지원하는데, 해가 거듭될수록 IF의 관할권을 위협할 정도로 WADA는 자신의 권위를 증명해 보이고 있다. 특히 WADA는 도핑 분야에서 각 스포츠와 다양한 대회들에 고유한 수십여 개의 규정들을 법적으로 통합된 규정인 '세계반도핑규약'으로 대체하고 이에 대한 IF와 NOC의 순응을 확보하는데 주력한다. 세계반도핑규약은 WADA에 의해 처리된 도핑의 경우 최종적인 중재기관으로서 CAS를 인정한다.

하지만 WADA는 올림픽 시스템의 알리바이 역할을 원하지 않는다면 자신의 임무 범위에 비해 상대적으로 적은 재원 및 도핑 여부를 식별할 수 있는 테스트의 불충분함(랜스 암스트롱, 매리언 존스의 사례)이 해결해야 할 난제로 남아있다. 2015년 IOC는 예컨대 육상과 사이클 등에서 부딪힐 수 있는 문제들을 피하기 위해 자신의 산하에 IF에 관계없이 모든 스포

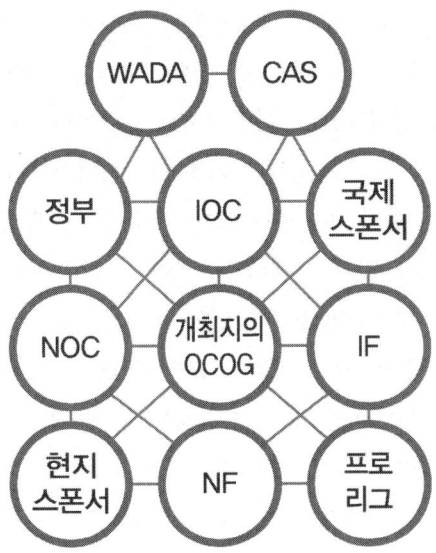

[그림 4] 규제된 올림픽 시스템

츠 선수들을 검사할 수 있는 조직을 만들 것을 WADA에 제안했다.

[그림 4]는 20세기 후반 11개의 이해관계자들에 의해 형성된 올림픽 시스템을 나타내고 있는데, 이는 전통적인 올림픽 시스템을 포함하면서 기능적인 또는 재정적인 관계에 의해 연결된다. IOC는 이 시스템의 심장부에 자리잡고 있지만 IF나 NOC와 마찬가지로 IOC의 결정도 WADA나 CAS에 의해 재검토될 수 있으며 실제로 재검토되었다. IOC의 행정은 이들 주요한 단체들의 모든 이해관계자들과 함께 처리되어야 하는데, IOC 위원이 이들 단체의 의석을 차지하고 있는 경우가 많기 때문에 잠재적으로 이해관계의 충돌이 발생할 여지가 있다.

제3절 총체적 올림픽 시스템

21세기 초반에 자신의 영향력이 줄어드는 것을 목격한 이해관계자들이 있는 반면 많은 수의 이해관계자들이 그 중요성을 획득하게 되었다. 스포츠어코드(이전의 GAISF)와 ANOC는 아시안게임, 범(Pan) 아메리카, 유럽 등 대륙 별 대회를 주관하는 단체들과 함께 이미 앞에서 언급하였다. 유네스코(국제연합교육과학문화기구)와 같은 유엔 산하 조직들의 경우, IOC가 2009년 유엔총회에서 상주 옵서버 자격을 획득하고 유네스코가 2005년 도핑에 대한 국제협약을 채택한 이래, 특정 올림픽 시스템과 관계를 맺게 된다. 유네스코가 IOC와 파트너로서 보다는 경쟁관계에 있었던1978년에 채택한 유네스코의 체육교육과 스포츠국제헌장은

Part 1 올림픽 게임: 성화 재점화하기

2015년 전면적으로 개정되었지만, IOC가 요구한 스포츠 조직의 자율성에 관한 개념을 포함하지는 않았다. 유럽연합과의 관계도 자크 로게 IOC 위원장 하에서 스포츠 담당 유럽위원회와의 정기적인 회합을 통해 강화되었고, 마찬가지로 유럽의회와의 관계도 특히 스포츠 결과의 조작 문제에 대한 대책에 관하여 서로 정기적으로 협력하였다.

   이런 기본적인 구조 이외에 여러 다른 카테고리의 올림픽 이해관계자들은 최근 들어 자신들의 지위가 변했다는 사실을 알게 되었다. 구체적으로 선수들, 선수 동반자, 소속 클럽(조직된 스포츠의 기본단위를 구성하는), 선수들의 용품제조자(간접적인 스폰서), 모든 종류의 스포츠 대회 주최자, 지역으로 통칭하는 종합스포츠 대회의 주최자(영연방 Commonwealth, 지중해 연안, 맹인을 위한 경기대회 등), 서포터들(그리고 시청자들), 매일 스포츠를 즐기는 모든 사람들(모든 사람들을 위한 국민생활체육), 학부모(자녀가 스포츠를 하도록 장려하거나 하지 않는), 미디어(중계권 소유자가 아닌, 국내 중계권을 소유한 국내 스폰서와는 구별되는 이들), 점점 더 많이 고려되어야 하는 NGO 및 여론(예를 들어 국제투명성기구, 앰네스티, 그린피스) 등이다.

   스위스법원 또는 해외 법원은 올림픽 시스템 구성들을 위한 최종의 분쟁해결기제(last resort)가 될 수 있다(예컨대 CAS가 자신의 절차를 충족하지 않았을 때 스위스 연방법원에 제소 가능). [그림 5]는 21세기 초에 올림픽의 24개 이해관계자들에 의해 형성된 (규제된

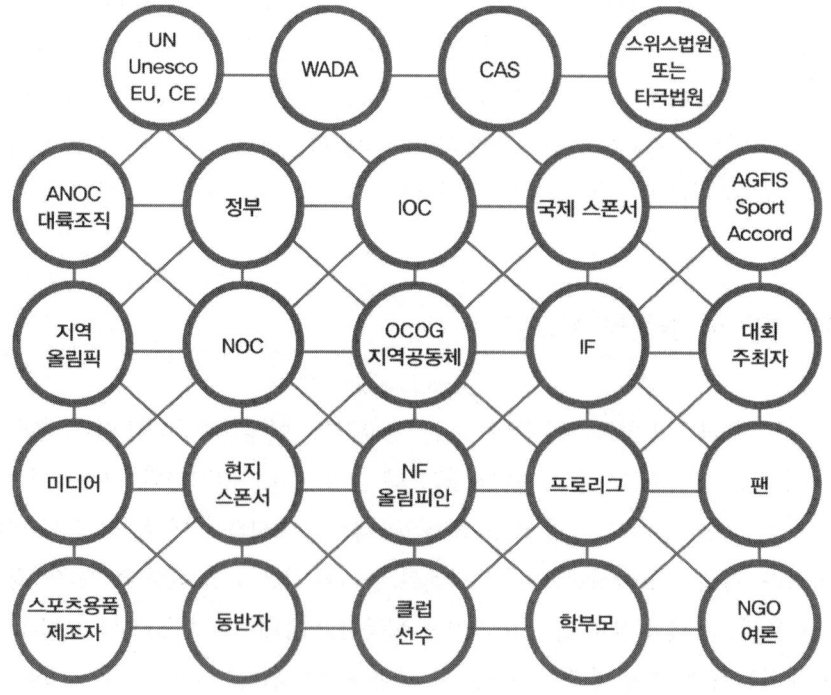

[그림 5] 총체적 올림픽 시스템

올림픽 시스템을 포함하는) 총체적 올림픽 시스템을 나타낸 것이다. 이들은 모두 서로 간에 기능적인 또는 재정적인 관계로 연결되어 있다. 이중 몇몇은 이들 전체를 감독하기 위한 스포츠의 총괄적인 세계기구를 계획하고 있다.

제4절 관리 부담의 증가

이상의 논의에서 알 수 있는 첫 번째 결론은 21세기 초 IOC는 총체적 올림픽 시스템에서 역할을 담당하는 유일한 조직이 아니라는 점이다. 이것은 1세기 전 IOC가 1915년 로잔에 자리잡았을 때 예상했던 상황과는 반대되는 것이다. 당시에는 다른 이해관계자들은 거의 존재하지 않았다. 다른 시스템과 마찬가지로, 시스템 구성원들(그림 5에서 원으로 표시한) 사이의 관계(그림 5에서 선으로 나타낸)가 핵심적이다. 우리는 전체가 부분들을 합친 것보다 더 큰 시스템에 직면해 있는 것이다. 때때로 IF가 NOC에 대해 혹은 그 반대의 경우에 대해서, 이들 많은 조직들 중 하나가 다른 이들 없이 올림픽을 조직할 수 있기를 바라는 것은 비현실적이다. 비록 IOC가 자신의 수입 중 많은 부분을 재분배하지만, IOC는 NOC, IF, NF들의 지원으로 개최되는 올림픽이 없었다면 그런 수입을 올릴 수 없기 때문에, 설령 그것이 재정적인 측면에서뿐이라 할지라도 각 당사자들은 필요한 역할을 하고 있으며 그들 중 어느 누구도 다른 이들 없이 관리될 수는 없다.

[표 12] 서로 얽혀있는 올림픽 시스템의 변화

기간	1894~1910	1910~1985	1985~2010	2010~ 현재
시스템	올림픽운동 재단	전통적 올림픽 시스템	규제된 올림픽 시스템	총체적 올림픽 시스템
주요 이해관계자	IOC	OCOG-IOC	IOC-IF-NOC-OCOG-정부	IOC-ANOC-정부-WADA-스폰서-미디어
이해관계자 총 수	1	5	11	24
쌍방향 관계 총 수	0	7	24	65
관리적 포커스	행정》			《 거버넌스

둘째, 올림픽시스템의 관리는 우리가 행정에 관해서만 말하던 지난 시대에 비해 비견할 수 없을 정도로 복잡해졌다. 이제는 각 나라의 정부 그리고 아직까지는 거리가 있기는 하지만 초국가적인 정부까지도 포함하여, 모든 이해관계자들을 고려해야 하는 네트워크 형태의 올

림픽 거버넌스가 요구되는 시대가 되었다. 토마스 바흐 위원장의 IOC는 이러한 변화를 인정하면서, 물론 스포츠 조직의 자율성과 국가의 주권이 각각 존중되는 가운데 정치와 스포츠는 상호 협력하여야 한다고 밝혔다.

　토마스 바흐가 2009년 올림픽 총회에서 제안한 바 있는 그의 선거 캠페인 연설 주제는 '다양성 속의 일체성', 즉 전체를 위한 각 부분의 다양성에 관한 것이었다. 이것은 올림픽대회의 정기적인 개최를 통해 '올림픽 가치'를 장려하고 전체 시스템을 위한 중요한 수입원을 창출하는 것을 말한다. 이러한 측면에서 어젠다 2020의 권고사항 13은 '올림픽 운동의 이해관계자들의 시너지를 최대화' 해야 필요가 있다고 주장한다(올림픽 운동과 시스템의 차이점에 대해서는 뒤에서 서술함). 이론적인 관점에서 보면, 보통 거버넌스의 개념은 전통적으로 공공행정에 의해 관리되는 영역에 민간 부문이 출현한 현상(민영화 또는 아웃소싱 등)을 전제로 하기 때문에, 전통적으로 민간조직에 의해 운영되는 영역에 공공조직과 정부가 뜻하지 않게 출현한 이같은 올림픽 시스템의 변화 사례는 무척 흥미로운 것이다.

　셋째, 실천적인 관점에서 보면 올림픽헌장은 시스템에서 필수적인 몇몇 이해관계자들 사이의 관계를 보다 명확히 규정하는 것이 바람직할 것이다. 실제 올림픽헌장은 올림픽 개최지 선정 관련 규정에 관해서는 세부사항을 제시하지만, 승인된 OCOG, NOC, IF에 대한 IOC 재정의 분배 문제나 (예전과 마찬가지로) IF나 NOC의 승인 기준에 대해서는 어떠한 언급도 없다. IOC가 OCOG로부터 얻어오는 수입액이 불확실했던 시기에는 IOC가 수입 분배 관련 사항에 대해 자세하게 밝히는 것을 원치 않는 것이 이해되었다. 하지만 IOC의 2009~2012 전략계획이나 어젠다 2020에서 밝힌 것처럼 (IOC 수입의 90%가 스포츠단체와 선수들에게 재분배된다), 현재는 파트너들의 재정지원과 수입의 재분배가 IOC의 주요한 목표 중 하나이다.

　넷째, 이렇게 서로 맞물려있는(embedded) 시스템의 출현 결과는 하나의 이해관계자의 평판이 모든 다른 이해관계자들과 스포츠 전반에 영향을 미친다는 점이다. 따라서 1998년 투르드프랑스(Tour de France) 경기에서의 도핑(페스티나 사건)이나 2002년 솔트레이크 시티 후보지 선정과 관련된 부적절한 행위들은 1999년 WADA의 창설과 IOC의 구조개혁을 몰고 왔다. 또한 국제축구연맹(2010~2015), 국제배구연맹(2004~2008), 국제태권도연맹(2003~2005) 그리고 국제육상연맹(2015~1016)에서 터져 나온 부패 스캔들은 당시 IOC 위원이었던 해당 단체 회장들의 사임을 몰고 왔다. IOC는 자신들의 '좋은 지배구조(굿거버넌스; good governance)'를 조건으로 스포츠 조직들의 '책임 있는 자율'을 주장하였다(4장 참조). 이것은 굿거버넌스(올림픽헌장의 5가지 기본원칙)에 대한 올림픽 이해관계자들의 순응을 확인할 것을 요구한다. 이를 위해서 IOC 집행부 내에 새로운 분과가 설치되었다(어젠다 2020 권고사항 31). IOC가 어젠다 2020의 여러 권고사항에서 제시하는 것처럼 투명성,

지속 가능성, 인권 등에 관한 모범사례를 제시해야 한다는 것은 자명하다.

마지막으로, 오늘날 올림픽 시스템은 프로스포츠를 포함하여 최고 수준의 스포츠를 선보이는 올림픽에 모든 초점이 맞추어져 있다. 이러한 엘리트 선수들 중심의 시스템은 올림픽 챔피언의 업적에 절대 필적하지 못하는 많은 스포츠 선수들을 배제하고, 시스템의 근본이 되는 올림픽 운동을 저해하게 된다. 따라서 오늘날의 젊은이들은 올림픽대회와 스포츠 경기에 점점 관심을 덜 가진다는 것을 우리는 발견하고 있다. 텔레비전 시청자들은 줄어들고 있으나 이것이 인터넷 활용 증가로 상쇄되지는 않는다. 이와 같은 올림픽 비즈니스 모델은 올림픽에 자신들의 대규모 광고예산을 지나치게 할애하고 싶지 않은 스폰서의 투자취소 위협을 받고 있다. 이러한 상황은 방송 중계권료와 재방영권료의 하락을 가져올 가능성이 높다.

물론 올림피즘이라는 '하나의 스포츠 이념'에 의해 권장되는 가치의 중요성에 대해 강조할 필요가 있다. 하지만 이러한 담론에 동화·동조하지 않는 특히 많은 젊은이들은 올림픽이 그 진정한 이상이 아니라 참가보다는 승리에 더 높은 가치를 두고 있으며 올림픽이라는 교육적 운동이 기능적·재정적 시스템에 의해 대체되었다고 생각한다. 따라서 올림픽 시스템이 풀뿌리체육인(grassroots)에서부터 엘리트 선수까지 모든 스포츠 애호가들에게 기회를 제공하는 역할을 한다는 것을 입증하기 위해 구체적인 증거가 제공될 필요가 있다. 실제로 올림픽 시스템은 보다 포용적(inclusive)이어야 한다. 이미 올림픽과 패럴림픽 대회가 올림픽 시스템 내의 우선순위로 여겨지고 있으나, 어쩌면 절대 올림피안은 되지 못하는 선수들을 위해, 하지만 이들이 기저에서부터 통합될 수 있도록 다른 종류의 종합 스포츠 대회들도 4년 주기로 조직될 수 있을 것이다. 이러한 모델의 설립이 이미 제안된 바 있는데, 예를 들어, 올림픽의 날(1983년부터 NOC에 의해 국가 차원에서 조직된 대중 경기), 청소년 올림픽(18세 미만 또는 이하), 최근에 IOC에 의해 만들어진 초등학생 올림픽(14세 이하), 대학생 올림픽 또는 유니버시아드(23~25세 이하), 그리고 IOC가 아닌 다른 조직에 의해 관리되는 마스터즈 대회(좀 더 나이가 많은 선수들을 위한)이 있다. 이런 관점에서 청소년 올림픽은 올림픽 운동의 교육적인 이미지를 상징한다는 측면에서 그 미래가 밝다고 할 수 있다.

[표 13] 2022년부터 각각의 올림픽 주기를 위한 일정 제안

	N	N+1	N+2	N+3
2월	동계올림픽과 패럴림픽	동계 유니버시아드	동계 마스터즈 대회	동계 청소년 올림픽
8월	초등학생 올림픽	하계 청소년 올림픽	하계올림픽과 패럴림픽	하계 유니버시아드

마스터즈 대회에 대한 협조와 마찬가지로(어젠다 2020 권고사항 6), 청소년 올림픽을 동계올림픽과 하계올림픽 사이에 개최한다는(위 표에서 나타낸 것처럼) 계획은 이미 IOC에 의해서 결정(어젠다 2020 권고사항 25)되었음을 참조.

제5절 시스템인가 운동인가

4년마다 올림픽을 준비한다는 것은 오늘날 서로 다른 24개의 이해관계자들을 연루시키는 것이다. 이 장에서는 올림픽대회가 점점 더 복잡한 시스템을 형성하고 있다는 것을 보여주었다. 이 시스템 속에서 우리는 지난 세기 동안 많은 변화·발전을 거듭한 전통적이고 기본적인 5개의 이해관계자들(IOC, OCOG, NOC, IF, NF/올림피안)을 발견했다. 이제는 더 이상 각 이해관계자들의 행정이 아니라 이 관계자들에 의해 형성된, 말하자면 그들의 상호작용을 고려하는 네트워크 거버넌스에 중점을 둘 때이다.

1950년대부터 IOC는 '올림픽 운동'을 주창하였고 절대 '올림픽 시스템'이라는 용어를 사용하지 않았다. 양자의 기본적인 차이점은 올림픽 운동이 '사람'(여기서는 올림피안, 선수들, 팬들)에 더 많이 중점을 둔다면, 올림픽 시스템은 (비록 올림피안과 스포츠 선수들이 일반적으로 자신의 클럽과 함께 올림픽 시스템의 이해관계자로 고려될 수 있다 하더라도) '조직'으로 특징지어진다는 점이다. 운동의 개념은 또한 적십자 운동, 보이스카우트 운동, 민권 운동 등 사회적 관점에서 더 잘 수용된다. 실제 이러한 운동의 개념은 인간을 주요 관심사의 중심에 놓는다. 21세기의 도전에 맞서기 위해서는 이러한 관점이 필요하며 특히 교육적 차원이 강화되어야 한다.

피에르 쿠베르탱은 '올림픽은 하나의 시스템이 아니라 하나의 정신상태다'라고 주장했다. 그렇지만 일상적인 경영 현실은, 우리가 원하든 원치 않든 간에, 복잡한 시스템의 조직망으로 관리되는 네트워크 거버넌스로 볼 수 있다. '시스템'이라는 명칭은 무엇보다도 쟁점을 이해시키려는 목적을 가진다. 하지만 그 목표는 인권의 존중과, 20세기 말부터의 자연을 존중하는 강력한 이념적 기초를 둔 운동을 구현하는데 있어야 한다. 이것을 위해 지속가능한 관리를 실천해야 할 필요가 있으며, 차후의 연구는 이러한 광범위한 분야에서 뒤따라야 할 방도를 제시해야 할 것이다.

Chapter 5

자율성, 거버넌스 그리고 스포츠 부패

앞서 살펴본 대로, 오늘날 올림픽대회는 올림픽 시스템을 구성하는 수많은 이해관계자와의 협조없이 개최될 수는 없다. 이러한 이해관계자들의 많은 부분이 비영리 스포츠 조직 또는 단체이며, 특히 이들은 대부분(특히 IOC, ANOC, 50여 개의 IF, ASOIF 등)이 본사를 스위스에 두고 있기 때문에 이들의 법적인 지위는 스위스 민사법을(60조에서 79조) 따른다. 전체 올림픽 시스템 내에서 이들의 옆에는 정부와 정부 간 기구, 또한 스폰서, 미디어 스포츠 용품 제조자 등과 같은 상업조직들이 있다.

19세기 말 창설된 이래 올림픽 시스템은 본래 상업 조직과 특히 정부당국에 대한 자율성을 표방하는 비영리 스포츠 조직에 의해 자율적으로 관리되었다. 1970년대에 들어 정부당국은 올림픽 시스템에 대해 심각하게 간섭하기 시작하였다. 따라서 왜 자율성이 올림픽 시스템을 위해 중요한지 그리고 어떤 점에서 이런 자율성을 스포츠 조직의 적절한 거버넌스에 연결시킴으로써, 어떻게 IOC의 지원 하에 네트워크를 구성하고 운영해야 하는지를 이해할 필요가 있다. 이러한 고찰은 특별히 올림픽 같은 대형이벤트에서 스포츠 조직의 부패 위험에 대응할 수 있도록 할 것이다. 예컨대 IOC의 스캔들(1998~99년), FIVB(2005년, 국제배구협회), FIFA(2010년, 국제축구연맹), IAAF(2015년, 국제육상경기연맹)의 스캔들이 대표적이다.

'자율성'이란 스스로의 법을 자신에게 부여하는 것을 가리킨다. 이것은 정신과학(moral sciences)에서 차용한 오래된 개념이며, 자기규제(self rule)와 자기통제(self governance)라는 표현으로 앵글로색슨 사상가들에 의해 다시 사용된 개념이다. 19세기와 20세기에 유럽 국가들로부터 식민지의 독립을 북돋았던 이 개념은 1990년대 신공공관리(New Public Management, NPM) 개념의 도입과 함께 경영학과 정치학에서 새로운 의미를 획득했다. 신공공관리 개념은 특히 공공행정의 전 부문에서 기존의 관료제 구조보다 더 능률적이고 효과적인 것으로 간주되는 특수법인 또는 민영기구의 형태(아웃소싱 등)로 권한부여(empowerment)를 권장했다. 전통적인 비영리 스포츠 조직(클럽, 협회)은 20세기 전체에 걸쳐 스포츠 경영 부문에서 강력한 자율성을 누려왔다. 몇몇 유럽 국가들(프랑스, 이탈리아 등)의 스포츠 조직들은 자신의 분야에서 마치 공공기관의 독점적인 임무와 같은 지위를 갖고 있는 것으로 여겨졌다.

따라서 이들 조직들은 스포츠와 스포츠 조직의 자율성을 근본적인 가치로 간주했다.

고전 프랑스어로 통치자가 지배하는 영토를 일컬었던 '거버넌스(지배구조; governance)'라는 단어는 1990년대 경영학과 정치학에서 중요한 개념이 되었다. 쿨만(Koolman, 1993), 레프트위치(Leftwich, 1994) 또는 로즈(Rhodes, 1996)와 같은 저자들에 이어, 이 단어는 여러 가지 개념으로 정의되어 왔고 여기서 모두 요약하기는 불가능한 분석들이 제시되었다. 뿐만 아니라 세계은행과 유럽연합 등 정부 간 기구들에 의해 '굿거버넌스'라는 이름으로 널리 알려지게 된 개념이다. 이와 같은 거버넌스는 기업, 공공조직, 비영리 스포츠 조직들이 정부, NGO, 상업적인 기업들(스폰서, 스포츠 용품업자 그리고 특히 미디어)과 함께 네트워크를 통해 공동으로 생산하는 것이다.

21세기 초 '자율성'과 '거버넌스'의 개념은 모든 수준의 스포츠에서 토론의 대상이 되었다. 이들 개념은 유럽연합의 기능에 대한 리스본조약의 165조에서 2009년 승인된 '스포츠의 특수성'을 많은 부분에서 대체하였다. 이들 개념은 또한 비영리 스포츠 조직뿐만 아니라 공공기관(기초, 광역, 중앙 정부 수준의), 정부 간 국제기구(유럽연합, 유럽의회, 국제연합, 유네스코 등) 또는 비정부 국제기구(IOC, IF, 국제투명성기구, 국경 없는 기자회 등) 등과 관계가 있다. 이 장에서는 최근의 국제 스포츠 담론을 통해 나타난 이러한 두 가지 개념의 역사를 되짚어 보고, 이것이 스포츠에서의 반부패 정책의 발전과 스포츠 조직의 더 좋은 관리방안에 어떻게 밀접하게 관련되어 있는지를 보여주고자 한다. 실제로 자율성과 거버넌스 개념의 준수(compliance)는 향후 스포츠와 올림픽 경영에서 중요한 이슈로 부각될 것이다.

제1절 자율성: 근본적 가치

자율성의 개념은 1949년 올림픽헌장에서 처음 나타났다. IOC 위원들은 당시 스포츠조직에 대한 정부의 간섭이 증대되는 상황에서 이를 배제하기 위해, 한 국가의 국가올림픽위원회(NOC) 승인을 위해서는 NOC의 자율성을 필요조건으로 간주했다. 특히 소비에트 연방이 1952년 헬싱키대회에 처음으로 참여한 이래 올림픽 운동에 참여하는 동유럽 국가들이 늘어나면서 스포츠 조직에 대한 국가의 개입이 문제로 부각된 것이다.

하지만 이제 자율성 개념은 그렇게 새로운 것이 아니며 올림픽 운동의 전 과정에 영향을 미친다. 이에 쿠베르탱은 1909년 다음과 같이 서술했다. '스포츠의 모든 자율적 집단의 구성원들의 선의에 의해 형성된 빔(beam)은 우리가 국가라고 부르는 이 위험한 형상의 거대하고 불명확한 형상이 나타나는 즉시 느슨해져 버린다.' 쿠베르탱의 계승자인 브런디지 IOC

위원장은 1972년 뮌헨올림픽에서의 팔레스타인 테러사건 직후에 논쟁이 되었던 자신의 연설 '대회는 계속되어야 한다'에서 이를 다시 한번 선언했다. '20번째 올림픽대회는(1972년 뮌헨) 두 번의 야만적인 공격 대상이 되었다. 우리는 노골적인 정치적 협박에 의한 로디지아 전투에서 패배했다.' 그는 여기서 인종분리정책을 펼친 로디지아(오늘날의 짐바브웨)가 바바리안 게임(Bavarian Games)에 참가하도록 허가한 IOC의 결정을 철회하게 만든 아프리카 정부들의 보이콧 압력을 언급했다.

1975년 유럽의회에서 채택된 〈모두를 위한 스포츠헌장〉에 기초한 1992년의 〈유럽스포츠헌장〉에는 자율성 개념이 다음과 같이 나타나 있다. '자발적인 스포츠 단체들은 법에 의거하여 자율적인 결정 메커니즘을 확립한다. 정부 측에서도 그리고 스포츠 단체들도 각자의 결정에 대해 서로 존중하는 것이 필요하다는 사실을 인정해야 한다(3.3조).' 이러한 원칙은 2000년 유럽 연합의 국가원수들과 내각책임자들에 의해 '스포츠의 독특한 특성에 관련한 니스 선언'을 통해 확인되었다. 즉, 유럽이사회(European Council)는 스포츠 단체들의 자율성 확보를 위해 헌신해야 하며, 이러한 자율성은 스포츠 단체들이 국가와 공동체의 법체계를 존중하면서 민주적이고 투명한 기능에 기초하여 적합한 조직구조를 스스로 결정하고 자신들의 경기종목을 장려할 수 있는 권리를 말한다.

1. 스포츠는 사법권에서 벗어나는가?

이러한 정부 간 기구의 선언들은, 유럽사법재판소의 결정으로 인해 유럽축구연맹과 FIFA의 선수 이적 규정에 대한 수정이 불가피하게 된 1995년 보스만 판결에서 작용하였다. 이 판결은 '스포츠의 특수성'을 내세웠던 스포츠 운동과 스포츠 산업에 대한 간섭으로 인식되었다. '스포츠의 특수성'이란 유럽연합(EU)법의 적용을 받지 않는 것으로 1999년 유럽연합의 기능에 대한 조약에서 최종적으로 승인된 개념이지만, 의미가 명확하지 않아 실질적인 결과를 가져오지 못하였다. 이에 IOC는 2004년 올림픽헌장을 통해 다음과 같이 재천명하였다. 'NOC들은 자신들의 자율성을 유지하고 올림픽헌장에 부합하고자 하는 것을 방해하는 정치적, 법적, 종교적 또는 정치적 압력을 포함하여 모든 압력에 저항해야 한다(28.6조).'

2. 유럽연합과 올림픽 시스템

오늘날 27개 국가들로 구성된 유럽연합(EU)은 프로페셔널리즘의 비약적 발전(특히 사이클과 축구)과 함께 스포츠가 경제적인 활동으로 인식되기 시작한 1970년대부터 스포츠에 관심을 가지기 시작했다. 따라서 이전에는 공동체라 불렸던 스포츠는 유럽연합법이 적용되는 기본적인 범주에 포함되었다.

하지만 1995년 보스만 판결에서부터 우리는 EU법이 올림픽 시스템에 전체적으로 영향을 준다는 사실을 알게 되었다. 보스만 판결이란 자신의 클럽 리에주(벨기에)에서 됭케르크(프랑스)로 이적하지 못하게 된 벨기에 축구선수 장 마르크 보스만의 제소에 대한 유럽사법재판소(European Court of Justice, ECJ)의 판결이다. 동 판결은 계약만료시점에 있는 선수에 대한 이적료의 요구 및 3명 이상의 외국인 선수(27개 EU회원국의 국적보유자조차도) 영입을 금지한 기존 규정은 위법이라고 선언했다. 여러 국가들과 맺은 EU협정들에 따라 보스만 판결은 스위스 등 EU 이외의 다른 많은 국가들에도 영향을 미쳤으며, 예컨대 2001년에는 유럽법과 양립할 수 있도록 하기 위해 이적에 관한 FIFA의 규정을 바꾸도록 강제하였다.

그 이후, 이 사건은 축구 선수들과 다른 프로스포츠 선수들의 연봉이 대폭 인상되는 결과를 낳았다. 하지만 많은 선수들의 제소(특히 유도선수 들리에즈와 농구선수 레토)를 받은 ECJ는 스포츠 단체들에 의해 추구되는 목표에 상응하여 정당하다고 판단된다면, 국가별 선발이나 이적 기간과 같은 스포츠 규정은 적법하다고 인정하였다. 2006년 ECJ는 메카-메디나(Meca-Medina)와 마이센(Majcen) 판결에서 두 명의 루마니아 수영선수들에게 내린 징계처분에 관하여 IOC와 FINA가 옳았다고 판단했다. 하지만 ECJ는 자신에게 회부되는 사건들에 따라, 모든 스포츠 규정들은 특히 경쟁과 관련하여 유럽법의 영향을 받게될 수 있다고 지적한다. 이에 IOC는 2006년과 2008년 스포츠 조직의 자율성, 특히 자신들의 스포츠 규정을 결정하는 자율성에 관한 두 번의 세미나를 개최했다.

2006년 유럽사법재판소의 메카메디나(Meca-Medina)와 마이센(Majcen) 판결은 판결의 명칭이 된 두 명의 수영선수에 의해 제소된 것으로서 스포츠 단체에 유리한 판결이었는데도 불구하고, '만일 문제가 된 스포츠 활동이 (유럽의) 협정 범위 안에 들어간다면, 그 실행 조건에서 협정의 서로 다른 개별 항목들로 인한 결과 역시 의무사항 전체에 귀속된다'고 언급했다. 다르게 말하면, 재판소는 모든 스포츠 규정들을 (상황에 따라 도핑도 포함하여) 유럽연합의 기본 협정 조약에 따르도록 해야 한다는 것이다. 이러한 의무는 니스선언과 관련하여 새롭게 추가된 것이 아무것도 없지만, IOC는 로잔에 스포츠 단체의 자율성에 대한 첫 번째 세미나를 소집하면서 반발했다.

2007년 유럽연합의 스포츠 백서는 스포츠 운동의 논쟁점을 확인하였다. 유럽연합집행위원회(European Commission)는 여기서 '스포츠 단체와 스포츠를 대표하는 기구들의 자율성을 인정'했음에도 불구하고, '관리의 책임은 기본적으로 스포츠를 후원하는 조직들의, 그리고 일정 부분에서는 회원국들과 사회적 파트너들의 몫'이라고 명시한다. 이러한 생각은 2009년 리스본 협정에서 다음과 같이 부분적으로 반영되었다. '유럽연합은 스포츠의 특수성, 자발적으로 창설

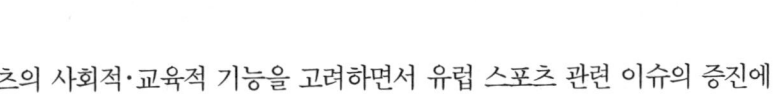

된 조직 구조와 스포츠의 사회적·교육적 기능을 고려하면서 유럽 스포츠 관련 이슈의 증진에 기여해야 한다.'

3. 유럽과의 힘겨루기

자율성에 관한 IOC의 두 번째 세미나는 2007년 유럽연합의 스포츠 백서가 발간된 직후 조직되었다. 이 세미나는 2008년 2월에 PUB(올림픽과 스포츠 운동의 올바른 통제의 기준이 되는 일반 원칙)로 발간되었다. 이에 따라 올림픽 시스템은 스포츠 단체의 굿거버넌스란 '올림픽과 스포츠 조직들의 자율성을 보장하고 이러한 자율성이 이해관계자들에 의해 존중되는 것을 보장하기 위한 근본적인 기초'라 강조한다(자율성에 대한 두 번째 세미나에서 채택된 해결방안 항목 6).

마지막 7번째 PUB 원칙은 '자율성 유지 속에서 정부와의 조화로운 관계'라는 제목을 달았다. PUB 원칙은 2009년 올림픽총회 당시 스포츠의 자율성과 굿거버넌스를 위한 진정한 호소를 주제로 한 토마스 바흐(후에 IOC 위원장이 될)의 연설인 '다양성 속의 통일성'에서 제시되었다. PUB는 총회에서 채택된 후(총회의 최종 문서 조항 41), 올림픽 운동을 위한 의무 조항으로서 IOC의 윤리 규약 속에 삽입되었고, 다음의 세 가지 원칙들이 강조되었다. '올림픽 운동과 스포츠 운동의 굿거버넌스를 위한 일반 원칙인 투명성(transparency), 책임성(responsibility), 책무성(accountability)은 올림픽의 모든 이해관계자들에 의해 존중되어야 한다(IOC의 윤리규약 조항 D11).' 토마스 바흐의 연설을 반영한 총회의 최종 문서는 '올림픽 운동은 스포츠의 자율성과 굿거버넌스의 개념에 기초를 두고 있으며, 이러한 개념은 개별성을 인정하고 존중하며 다양성을 통해서 통일성을 만드는 것'이라고 표명한다. 이와 함께 '존중, 책임, 신뢰의 원칙을 반영하는 스포츠의 자율성'은 '올림픽 운동 속에서 모두에 의해 채택되어야 한다(조항 3.27).'

이에 따라 2011년 수정된 올림픽헌장은 '올림픽 운동 속의 스포츠 조직들은 자율성에 내재한 권리와 의무를 가진다'고 규정하고 다음과 같은 사항을 포함한다. 설립의 자유와 규정의 관리, '조직의 구조와 거버넌스에 대한 결정', '모든 외부의 영향에 대한 자유로운 선택권' 그리고 '굿거버넌스를 위한 원칙들의 준수에 대한 책임성(올림픽헌장 기본원칙 5)'. 이러한 개정은 2008~2010년 유럽연합이사회(Council of Europe)에서 저자에 의해 제시된 자율성의 정의를 수용한 것이지만, 스포츠 조직들이 자율성을 권리로서 누려야 하는 근거를 입증하지는 않는다. 올림픽 시스템의 여러 조직들은 현재의 올림픽헌장에 의해 인정된 그들의 자율성을 이용하면서 자신들의 고유한 윤리규약을 채택해왔다. 예컨대, FIFA가 국제연맹(IF)

에 대해 채택한 규약(2004년 그리고 2013년 개정)이나 스위스올림픽협회(Swiss Olympic Association)가 국가올림픽위원회(NOC)에 대해 채택한 규약(2012년)을 들 수 있다.

4. 자율성의 한계

21세기 초 스포츠 조직들은 자율성을 존중하지 않았던 아프가니스탄, 감비아, 가나, 인도, 쿠웨이트, 멕시코, 나이지리아, 파키스탄, 파나마, 폴란드 등 많은 나라를 규탄하였다. IOC는 일정기간 동안 아프가니스탄과 인도의 NOC를 자격정지(suspension)시켜 각각 2000년 시드니올림픽과 2014년 소치올림픽에 참가하지 못하도록 하였다. 또한 쿠웨이트 정부의 쿠웨이트 NOC에 대한 간섭으로 인해 쿠웨이트 NOC가 자격정지되어, 쿠웨이트는 2016년 리우올림픽에 자국 국기가 아닌 올림픽 오륜기를 들고 출전하게 되었다. 1970년대에는 미의회에서 통과된 법률이 NOC(USOC)를 새롭게 창설하고 특히 USOC에게 미국 영토에서 오륜의 사용권을 부여하는 조항의 효력에 대해 IOC는 이의를 제기했다. 이처럼 역사적으로 올림픽이나 다른 국제대회에서 제외된 나라들은 국가 규모나 스포츠 성적의 측면에서 그렇게 큰 의미를 갖는 국가들이 아니었다. 이와는 반대로 2015년 러시아 육상연맹이 조직적으로 연루된 도핑 스캔들에도 불구하고, 러시아 NOC가 2016년 리우올림픽에 초청될 것이라는 점은 의문의 여지가 없다[4].

법치국가에서 자율성에 제한을 두는 것은 당연한 일이다. 다시 말하면, 완벽한 자율성은 불가능하다. 이와 관련하여 웨더힐(Weatherhill, 2007)은 '조건부 독립성(conditional independence)', 샤플레(Chappelet, 2010)는 '중재된 자율성(negotiated autonomy)' 그리고 지러트 외(Geraert et al., 2014)는 '실제적 자율성(pragmatic autonomy)'에 대해 말한다. IOC의 새로운 위원장 토마스 바흐는 2013년에 UN 총회에서 기존의 자율성의 개념적 한계를 보완하는 '책임 있는 자율성(responsible autonomy)'과 굿거버넌스 개념을 제시하였다.

서양의 전통 속에서 세계인권선언(20.1조)에 천명된 평화로운 결사의 자유 원칙은 자유로운 스포츠 조직의 창설을 가능케 한다. 이로 인해 스포츠 조직 스스로 원하는 규정을 적용할 수 있으며, 이들 규정이 공공질서에 위배되지 않고 조직의 본부가 위치한 국가의 법률에 저촉되지 않는 한 자신에게 부과된 의무로서 수용하게 된다. 이러한 조직들(클럽, 연맹)은 19세기 유럽에서 발생한 현대 스포츠 운동에 기초를 둔다.

---

[4] 이 책의 불어판 출판은 리우올림픽 개최 전에 이뤄졌다. 러시아 선수의 올림픽 재판소의 도핑판정에 있었지만, IOC는 러시아 선수단 전체의 출전금지라는 극단적 조치를 취하지는 않았다.(*임도빈-각주 추가)

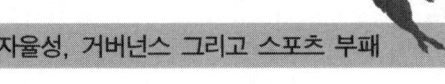

예를 들어, 스위스에 소재한 복싱 조직은 스위스 민사법 제60~79조를 존중하는 범위에서 자신의 회장을 선출하는 방식을 결정할 수 있으며, '사망에 이르게 할 정도까지'(스위스는 물론 다른 나라들에서도 용인되지 않듯이) 결투를 강요하지 않는 범위에서 자유롭게 복싱 규정을 제정할 수 있다. 반면에 스포츠 토너먼트의 일부 규정이 국내법 또는 국제법(국적법 또는 유럽 단일 시장에 대한 입법들)과 충돌할 수 있다.

또한 이미 존재하는 스포츠 규정과 모순되는 국내법이 채택될 때도 상호충돌이 발생할 수 있다. 이러한 잠재적인 충돌은 인도에서의 자율성의 충돌을 그 기원으로 볼 수 있는데, 2011년에 인도 정부는 인도올림픽협회(인도 NOC)의 의견에 반하여 자국의 스포츠 협회장들의 나이 제한과 임기를 정부가 정한대로 따라주기를 바랐다. 스포츠 규정은 또한 수정을 바라는 상업 파트너들(스폰서와 미디어)의 압력을 받을 수 있다. 아마추어 복싱에서 선수의 얼굴이 좀 더 잘 보일 수 있도록 헬멧 착용을 폐지한 것은 여러 다른 예들(테니스에서의 타이브레이크, 육상에서 두 번의 출발 부정 후의 실격 등) 중 하나이다.

스포츠의 자율성은 서방 세계에서 조차 확보하기 어렵다. 몇몇 저자들에 의하면, 자율성은 예컨대 덴마크에서는 하나의 '신화'라고 여겨지며, 영국에서는 정부가 스포츠 조직들을 재정적으로 지원하기 위해서 QUANGOs(준정부조직; Quasi Non Governmental Organization)의 명칭을 붙인 공공조직(UK Sport)을 설립하였다. 반대로, 중국에서 스포츠 조직은 GONGO(관제NGO; Governmental Non Governmental Organizations; 'GONG(公-*임도빈 추가)'은 다른 의미로 '대중'을 의미하는 중국어)라고 불린다. 이는 중국 정부의 체육부고위직들이 중국올림픽위원회의 책임자들과 거의 동일한 현실 속에서, (비록 축구의 경우와 같은 예외가 존재한다 할지라도) 중국 스포츠 조직들의 정부와의 밀접한 관계와 국가에 대한 자율성의 부족을 강조하는 표현이다.

대규모의 스포츠 행사를 개최하거나 도핑, 스포츠 폭력, 스포츠 승부조작(결과의 조작)에 대해 대응하는 것은 각 국가와의 긴밀한 협조 없이는 어렵게 되었고, 스포츠 조직들은 자율성이 보장되기만 한다면 이러한 협력이 더욱 필요하게 된다. 이처럼 양면적인 자율성을 정당화하기 위하여 흔히 제시되는 근거는 스포츠는 정치밖에 머물러야 한다는 것이다. 그렇지만 적어도 말할 수 있는 것은 그것은 실현가능성이 없는 이상이라는 점이다. 1980년대 올림픽 운동에 의해 최종적으로 아마추어리즘이 포기된 것도 이런 관점에서 이해될 수 있을 것이다. 신공공관리(NPM)는 자율성 확보에 유용한 훌륭한 논거를 도출할 수 있게 한다. 즉 21세기의 현대 국가는 모든 것을 다 할 수 없으며, 자유주의적 이념 하에서 보조성(subsidiarity) 원칙에 따라 국가는 다른 이들에 의해 실행될 수 있는 모든 것들을 위임해야 한다. 국가가 관련 부문의 입법과 규제에 대한 통제를 유지하는 한, 민간 조직들은 예컨대 스스로 재원을 마련하는 스포츠 단체들은 전적으로 그럴 자격이 있다.

　2009년 올림픽 총회에서, 4년 뒤 IOC 위원장으로 선출되는 토마스 바흐는 자신의 명연설 '다양성 속의 통합성'을 통해 (위원장 입후보 당시의 공약에 나타난 것과 마찬가지로) 스포츠 조직의 자율성을 강조했지만 자율성에 제한을 둘 필요성도 또한 인정했다. 그는 이러한 맥락에서 앞으로 올림픽 시스템과 IOC가 마주할 근본적인 도전과제들 중 한 가지를 다음과 같이 언급한다. 스포츠의 미묘한 균형을 유지해야 하는 '스포츠 조직들은 비정치적이 되지 않는 한에서 정치적으로 중립을 지켜야 하며, 항상 자신의 활동들의 정치적인 영향을 고려하고 염두에 두어야 한다.' 여기서 출발해서 바흐는 스포츠는 '정치적 영역과의 관계 속에서 자신의 자유로운 결정권을 유지하고 보호하며, 자주적이고 자율적인 방식으로 결정을 취하는 자유를 가져야' 한다는 의견을 개진한다. 2013년 자신의 IOC 위원장 선거공약을 통해 '올림픽 운동은 책임있는 자율성을 필요로 하며 또한 정치와의 협력을 필요로 한다'고 주장하면서 올림픽 운동, 국제연합, 정부 간 기구들과 각국 정부 등 서로 다른 정책결정기관들 사이에서 '서로를 존중하는 대화에 의해' 협력을 성공적으로 추구하고자 한다. 바흐는 '책임 있는 자율성'이라는 보다 분명한 개념 정의와 함께 '정치와 동시에 스포츠를 위해 득이 되는 최상의 의사소통을 추구한다. 올림픽 시스템 내의 행위자들 중 하나가 운동 전체에 영향을 미치는' 자율성 저해 사태가 발생할 경우, 올림픽 운동을 온전한 상태로 보존하기 위해 바흐는 보다 능률적인 제재 시스템을 가동하도록 다음과 같이 권장한다. '각각의 스포츠 연맹과 대륙별 연합들은 자율성 문제를 다루기 위해 가장 높은 수준의 실행 전문가를 임명해야 할 것이다. IOC에 의해 부과되는 제재는 가능한 한 IF들에 의해 존중되고 적용되어야 할 것이다. 왜냐하면 그러한 통일된 대응이 가장 효율적이기 때문이다.' 토마스 바흐는 IOC 위원장으로 선출된 후, IOC 집행위원회에서 NOC의 대표로 활동하던 아일랜드의 패트릭 히키(Patrick Hickey)를 IOC의 자율성 문제를 다루는 IOC 위원으로 임명했다.

　2014년 말에 IOC는 2013년 선출된 바흐 위원장의 전략 프로그램인 어젠다 2020을 만장일치로 승인했다. 이 어젠다의 많은 권고사항들은 자율성과 굿거버넌스의 개념에 대해 강조하였다. 같은 해 UN 총회에서도 '스포츠의 자율성과 올림픽 운동을 이끌고 있는 국제올림픽위원회의 임무와 독립성을 지지한다'고 밝혔다. 그러나 UNESCO는 2015년 체육, 신체활동, 스포츠에 관한 국제헌장(International Charter of Physical Education, Physical Activity and Sport) 개정 시 비록 스포츠 조직의 굿거버넌스에 관해서는 명시(조항10.4)하였으나, 자율성을 내용에 포함시키는 것은 거부하였다. 2015년 국제축구연맹(FIFA)과 국제육상연맹(IAAF)의 부패스캔들은 더 좋은 스포츠조직의 지배구조(better sport governance)를 위해 미비된 규제를 신설할 필요성을 나타내는 사건이다.

다음 [표 14]는 스포츠 세계에서 거버넌스 개념의 변화와 관련된 자율성 개념의 역사적 단계를 요약한 것이며, 아래에서 더 자세히 다룰 것이다.

[표 14] 자율성과 스포츠 거버넌스 개념에 관한 주요 결정 연대표

올림픽 시스템		관계 당국
	1948	■ 세계인권선언 속의 결사의 자유
■ NOC의 자율성이 처음으로 올림픽헌장에서 언급된다.	1949	
	1978	■ 미의회에서 미국의 NOC의 위상을 정립한다.
	1978	■ 유네스코가 체육 및 스포츠에 대한 국제헌장을 채택한다.
	1989	■ 유럽의회가 처음으로 도핑협정을 채택한다.
	1992	■ 유럽의회의 스포츠 유럽헌장에 의해 스포츠 조직의 자율성이 권고된다.
	1995	■ ECJ의 보스만 판결이 일부 스포츠 규정을 유럽법에 위법하다고 선언한다.
■ IOC가 처음으로 윤리규약을 채택하고 자신의 통제권을 개정한다. ■ IOC가 스포츠의 어젠다21을 채택한다.	1999	
■ 세계반도핑기구(WADA)창설	1999	■ 정부들은 IOC와 동일하게 WADA의 재정을 지원하기로 수락한다.
	2000	■ 유럽의회의 니스선언은 스포츠의 특수성(특히 자율성)을 인정한다.
■ 개정된 올림픽헌장 :모든 종류의 압력에 대한 NOC의 자율성을 요구한다(28.6조).	2004	
■ 여러 다른 IF와 NOC와 마찬가지로 FIFA가 (2013년에 개정될) 자신의 윤리규약을 채택한다.	2004	
	2005	■ 유네스코는 스포츠에서 도핑에 대한 국제협약을 채택한다.
	2006	■ ECJ의 메카-메디나와 마이센 판결은 스포츠 규정에 대한 유럽법의 우위를 확인한다.
	2007	■ 유럽의회의 스포츠에 대한 백서는 스포츠 조직의 자율성을 인정한다.
■ IOC는 올림픽과 스포츠 운동의 올바른 통제의 기준이 되는 일반원칙(PUB)을 채택한다.	2009	■ 스포츠는 유럽연합의 관할이 된다(리스본 조약 165조).

Part 1 올림픽 게임: 성화 재점화하기

올림픽 시스템		관계 당국
■ IOC는 올림픽헌장의 기본원칙 5에서 자율성을 정의한다.	2011	
■ FIFA는 자신들의 지배구조의 개선을 위해 독립위원회를 창설한다.	2011	
	2012	■ 유럽연합은 스포츠 지배구조에 관한 계획들에 재정적 지원을 하기 시작한다.
■ IOC의 새로운 위원장은 UN 총회에서 ≪책임 있는 자율성≫ 사상을 지지한다.	2013	■ 유네스코의 국가스포츠 장관회의는(MINEPS V) 베를린 선언에서 '스포츠 운동의 자율성은 스포츠의 공명정대와 바람직한 지배구조의 국제적인 일반 원칙과 규범의 준수에 관련하여 자신의 근본적인 책임성에 밀접하게 연결된다'라고 평가한다. ■ 유럽의회 소속 국가들의 한 전문가 그룹은 스포츠에서의 바람직한 통제의 원칙들을 채택한다.
■ FIFA 윤리위원회 의장의 사임을 몰고 온 2018년과 2022년 월드컵의 개최지 선정에 대한 윤리위원회 조사보고서는 발간되지 않았다. ■ 바람직한 지배구조와 자율성의 기본원칙을 재확인한(권고사항 27과 28), 어젠다 2020의 40개 권고사항이, IOC에 의해 채택된다.	2014	■ 유럽의회는 스포츠대회의 승부조작에 대한 협약을 채택한다. ■ 스위스 법은 스포츠 조직의 책임자들을 '정치적으로 노출된 개인들'이라고 식별한다. ■ UN총회의 한 결의안은 '스포츠의 독립성과 자율성 그리고 올림픽 운동을 이끌고 있는 올림픽위원회의 임무를 지지한다'고 밝힌다.
■ FIFA윤리위원회는 FIFA와 UEFA 회장의 자격을 8년간 박탈하였다. ■ WADA의 독립위원회는 러시아육상연맹을 자격정지한 IAAF(국제육상경기연맹) 내부의 도핑과 부패에 대한 보고서를 발간한다. ■ IOC는 러시아 NOC에 협회의 개혁에 돌입하도록 요구한다.	2015	■ 미법무부장관과 스위스 연방 검사장은 FIFA의 여러 책임자들을 상대로 검찰수사를 시작했다. ■ 유네스코는 스포츠 조직의 바람직한 지배구조를 언급하지만, 스포츠의 자율성에 대한 언급은 없이 자신의 체육 및 스포츠에 대한 국제헌장을 개정한다.
	2016	■ 유럽연합 소속 국가들의 한 전문가 그룹은 주요한 스포츠 대회들의 개최지 선정 절차의 진행과정에서 민주주의, 인권, 노동권에 관련된 지도방침을 채택한다.

제2절 스포츠 거버넌스

우리는 1998년 말에 처음 터진 이후 '솔트레이크시티 스캔들'이라 부르게 된 사태 당시 국제스포츠 담론에서 거버넌스의 개념이 출현하는 과정을 되새겨볼 필요가 있다. IOC는 2002년 동계올림픽 후보지였던 솔트레이크시티 유치위원회로부터 특혜(호화 휴가비, 학비, 일자리, 현물 또는 무상 서비스 등)를 받은 30여 명의 IOC 위원들을 조사해야 했다. 미국 유타주의 이 도시는 1995년 IOC 위원들에 의해 동계올림픽 개최지로 선정되었고, 2002년 새로운 조직위원장 하에서(고발로 인해 사임한 전임 위원장은 2003년 미국 법원에 의해 모든 혐의를 벗는다) 동계올림픽을 개최하였다. 유사한 상황이 이전의 올림픽 후보지 선정에서도 의심된 바 있다(1996년 애틀랜타, 1998년 나가노, 2000년 시드니 등).

4명의 IOC 위원이 이미 사망했거나 사임하였고, 6명의 위원이 제명되었으며, 10명의 위원이 징계를 받았다. 언론을 떠들썩하게 만든 이 스캔들은 IOC가 1999년 대대적인 관리 개혁에 착수해야 할 정도로 IOC 조직 전체를 뒤흔들었다. 그리고 윤리위원회와 더불어 윤리 규약을 신설했으며, 위원의 나이를 최고 70세까지로 정하고 임기를 12년(8+4)으로 제한하였다.

또한 IOC의 기본적인 이해관계자들을 대표하기 위한 선수, NOC, IF 출신의 새로운 위원들을 받아들였다. '거버넌스'의 개념은 특히 매스컴과 IOC의 스폰서들에 의해 사용되었다. 하지만 이 개념은 정부들에 의해서 사용되게 되는데, 각국 정부는 스포츠 조직에서 발생하는 일탈을 보다 잘 통제하기 위해 1999년, 올림픽 운동(Olympic Movement)과 어깨를 나란히 하는 세계반도핑기구(WADA)를 창설하였다. 스포츠 조직들은 정부의 이러한 통제 의지에 저항할 수 없었다. 이러한 새로운 시대정신 속에서 이루어진 1999년 IOC의 거버넌스 개혁과 IOC로 하여금 각국 정부들, 매스컴, 그리고 스폰서들의 집중된 관심에서 벗어날 수 있게 해 주었고, 결과적으로 2000년 시드니올림픽은 큰 성공을 얻을 수 있게 된다.

2001년 2월에 유럽올림픽위원회(유럽에서 IOC에 의해 승인된 50여 개 NOC들의 연합)는 브뤼셀에서 '경기의 규칙'으로 이름 붙인 회의를 한다. 이는 몇 달 뒤 위원장으로 선출될 자크 로게(Jacques Rogge)가 다음과 같은 자신의 선거 캠페인의 주제 중 하나를 펼쳐 보이는 기회가 되었다. '스포츠는 윤리와 페어플레이 경쟁에 기초한 것이므로, 스포츠 거버넌스는 투명성, 민주주의 그리고 책임성 측면에서 가장 높은 수준의 기준을 충족해야 한다.'

Part 1 올림픽 게임: 성화 재점화하기

1. 자율성의 대가

2004년 거버넌스라는 용어가 올림픽헌장의 다음 구절에 최초로 등장했다. 'IOC집행위원회는 자신의 조직과 관련된 모든 내부 거버넌스에 대한 규정들을 승인한다(조항 19.3.2).' 2007년에는 동 개념이 IOC의 첫 번째 임무에 더욱 분명하게 나타났다. '스포츠는 물론 스포츠를 활용한 청소년 교육을 위한 윤리 및 굿거버넌스의 증진을 장려하고 지원하는 것', '스포츠에 페어플레이 정신이 보편화되고 폭력이 금지되도록 노력하는 것(조항 2.1.).'

마지막으로 2011년 올림픽헌장 기본원칙 5는 '굿거버넌스'를 자율성을 부여받기 위한 필수적인 조건이라고 하였다. 이 기본원칙은 2012년에 IOC가 하계올림픽 프로그램에 남아있기를 바라거나(28개) 또는 다시 합류하기를 바라는 (7개) 국제연맹들을 평가할 때 부분적으로 적용되었다. 특히 이들 연맹의 책임자들 중 여성의 수가 너무 적거나, 연맹 내에 선수위원회가 없거나 혹은 '굿거버넌스'의 여러 원칙들을 따르지 않았다고 평가되었을 경우 이러한 연맹을 일시적으로 제명할 것을 제안하였다. 그러나 이와 같은 제명 방침은 2013년 IOC 총회에서 최종적으로 승인되지는 않았다. 2015년 말에 IOC는 '스포츠의 돈이 스포츠로 갔는지'를 알아보기 위해 IF, NOC, OCOG에 할당된 금액에 대한 회계감사를 명령하였다.

2004년 국제사이클연맹, 2005년 네덜란드 NOC와 미국 NOC, 2006년 코먼웰스게임연맹, 2008년 유럽스포츠팀협회 등은 '굿거버넌스를 위한 규정'을 채택하였다. 이러한 거버넌스 개념을 제안한 많은 수의 연구자들에 힘입어 정부 및 정부 간 조직들, 예컨대 UK스포츠(2004년), 유럽연합(2000년과 2007년), 유럽연합이사회(2004년과 2005년) 등도 관련 규정을 채택하게 된다. 스포츠 조직에서 통용되는 거버넌스의 개념적 범위는 1990년대부터 기업 부문에서 중시되었던 기업거버넌스(기업지배구조, corporate governance)와 공공분야

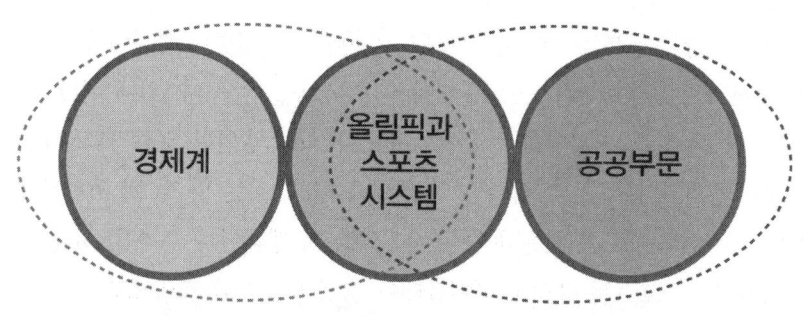

[그림 6] 스포츠 거버넌스의 위치

* 레프트위치(Leftwich, 1994)와 앙리(Henry, 2001) 참고하여 작성

에서 특히 세계은행에 의해 권장된 민주적 거버넌스(democratic governance) 사이에 위치한다. 즉, [그림 6]에서 살펴볼 수 있듯이 스포츠 거버넌스는 경제부문 및 공공부문의 거버넌스 사이에서 개념의 공통분모를 찾을 수 있다.

2000년대 초에는 총 35개 이상의 바람직한 스포츠 거버넌스에 관한 일반 원칙들이 공식화되었다. 하지만 스포츠 조직의 거버넌스 측정하는 도구에 대한 연구는 다음 몇 가지를 제외하고는 매우 드물다. UK스포츠(2014)의 11가지 거버넌스의 요건들, 호주스포츠위원회(2013)의 20가지 스포츠 거버넌스의 의무적인 원칙, 2013년 샤플레와 므르코니치(Chappelet and Mrkonjic)에 의해 제안된 63가지 BIBGIS(국제스포츠의 더 좋은 거버넌스를 위한 기본 지표; Basic Indicators for Better Governance of International Sport) 등. IOC는 체계적으로 자신의 PUB(올림픽과 스포츠 운동의 좋은 거버넌스의 기준이 되는 일반 원칙)에 따르는데, 이것은 100여 개 이상의 권고사항과 조건부 사항이 많이 포함되어 있어 실제 적용하는 데는 많은 어려움이 있다.

2010년 말, 2018년과 2022년 월드컵 개최지로 각각 러시아와 카타르를 선정했을 당시에 IOC가 1998년에 겪었던 일과 유사한 위기가 FIFA에 닥치게 된다. FIFA의 여러 집행위원들이 신속하게 제명, 자격정지 되거나 또는 사임하였다. 이 스캔들에 대한 대응으로 FIFA는 이듬해 독립거버넌스위원회(Independent Governance Committee)를 신설하였다. 동 위원회는 곧바로 'FIFA 관리방침(Governing FIFA)'이라는 제목의 현황분석보고서를 작성하였고, FIFA의 지배구조를 개선하기 위한 여러 보고서가 잇따랐으며, 이 보고서들 중 일부는 2012~2013년 FIFA 총회에서 채택되었다. 이 총회에서는 또한 FIFA 산하에 조사와 판결 등 두 개의 분과를 둔 윤리위원회가 신설되었다. 집행위원회(24명)가 월드컵 개최국을 결정했던 권한은 FIFA 총회(209명의 선거인단으로 구성)가 할 수 있도록 변경되었다.

2011년에서 2013년까지, 유럽위원회는 스포츠 거버넌스 분야의 여러 프로젝트를 지원했다. 예를 들면, AGGIS(국제스포츠에서 굿거버넌스를 위한 행동방침; Action for Good Governance in International Sports) 프로젝트와 ISCA(국제스포츠문화협회)의 풀뿌리(Grassroots) 스포츠에서의 굿거버넌스 프로젝트가 있다. 2014년 유럽연합의 회원국들 출신의 전문가 그룹은 '스포츠에서 굿거버넌스를 위한 기본원칙'을 도출했다. 그들은 스포츠 거버넌스란 '하나의 스포츠 조직이 정책과 전략적 목표를 정의하고, 주요 선수들이 함께 참여하며, 성과를 감독하고, 위기를 평가하고 관리하며, 구성원들의 활동과 성장에 대한 정보를 제공하는 한편 효과적이고 지속가능하며 적절한 스포츠 정책과 규정의 생산을 포함하는 환경과 문화'라고 규정한다. 이러한 유럽의 굿거버넌스 기본원칙들은 많은 수의 조건부 규범을 포함하고 있을 뿐, 현재 강제 규정이나 규정 준수 여부에 대한 감독은 거의 없다.

2. 거버넌스의 측정

이상과 같이 스포츠 거버넌스에 대한 다양한 접근들에서 다음 두 가지 논점을 생각해 볼 수 있다. 첫째는 스포츠 조직의 거버넌스가 진정으로 무엇을 의미하는지에 대한 개념들 간의 관계를 명확히 할 필요성이다. 즉, 다양한 개념들 중 무엇이 본질적인 것이고 무엇이 부차적인 것인지의 문제이다. 두 번째는 첫 번째 논점에서 도출되는 것으로 측정의 문제이다. 이미 공공조직이나 민간조직, 또는 국가(예컨대 1996년부터 매년 전세계에 발표되는 세계은행의 세계거버넌스지표 Worldwide Governance Indicators)의 경우 거버넌스의 측정이 일반화되고 있기에 스포츠 조직 역시 거버넌스의 수준을 측정하는 것이 시급한 과제가 되었다. 스포츠 거버넌스의 측정은 BIBGIS에 의해 제안된 것처럼 일련의 객관적인 지표들에 기초해야만 한다. 그럼에도 불구하고 지표의 사용이 만병통치약은 아니다. 왜냐하면 2015년에 국제경기연맹(IF)들의 거버넌스 수준을 측정한 스포츠 거버넌스 옵서버(Sport Governance Observer)라는 지표는 당시 FIFA가 심각한 거버넌스 문제에 직면해 있었는데도 불구하고, FIFA를 비교 대상 IF들 중 두 번째로 좋은 거버넌스를 갖고 있다고 발표했다. 이런 관점에서 '좋은(good)' 거버넌스보다는 '더좋은(better)' 거버넌스라는 용어가 더 적절할 것이다. 이것은 관련된 서로 다른 조직들 간의 비교가 목적이 아니라, 동일한 조직 내의 시간이 지남에 따른 변화에 초점이 있다. 스포츠 조직들의 거버넌스 수준은 실제로 매우 뒤처져 있다. 1998~1999년의 IOC와 솔트레이크시티, 2005~2008년 국제배구연맹(FIVB), 그리고 2010~2015년 FIFA의 스캔들에서 드러났듯이 그들의 거버넌스는 언제나 완벽하지는 않았다. 오늘날에는 스포츠 조직의 거버넌스가 더 나아졌다고 말할 수 있지만, 결코 완벽하다고는 볼 수 없다. 더욱이 누가 절대적으로 '좋은' 거버넌스라고 정당하게 주장할 수 있을 것인가? 조직들의, 특히 스포츠 조직들의 법적인 지위는 그들의 거버넌스 개혁이 이해관계자들의 절대 과반수로 표결되어야 함을 전제로 하며, 이러한 개혁을 결정하는 이들도 그 대상이 될 수 있어야 한다(본인-대리인 principal-agent의 딜레마). 바로 이러한 이유로 스포츠 조직의 거버넌스 개혁이 이토록 느리고 어려운 것이다.

제3절 어떻게 하면 더 좋은 스포츠 거버넌스를 만들 수 있을까?

FIFA와 국제육상연맹(IAAF)의 스캔들 등이 잇따른 이후, 주된 질문은 다음과 같다. 스포츠의 더 좋은 거버넌스를 위해 무엇을 할 것인가? 이에 대해 다음 두 가지 종류의 답변이 요구된다. 지체 없이 스포츠 조직 스스로에 의해 실행될 수 있는 것, 그리고 스위스 정부에 의해 즉시 실행될 필요가 있는 것.

국내 및 국제 스포츠 조직들은 우리가 기업 거버넌스와 민주적 거버넌스라고 부르는 것들 양자 모두에 관련되는, 잘 알려지고 명확한 기준에 바탕을 둔 더 좋은 거버넌스를 개발해야 한다. 스포츠 조직들은 상업적인 영역뿐만 아니라 공공의 영역에도 속하는 것이기 때문이다. 2013년 저자는 현행 스포츠 조직의 거버넌스와 그 개혁이 진행됨에 따른 변화를 평가하기 위해, 임기의 제한에서부터 회계의 공개까지 7가지 차원의 63가지 기준들을 제안하였다. 실제로 이러한 모든 개혁은 그 결과가 스스로에게 영향을 미칠 수도 있는 구성원들에 의해 (흔히 절대과반수를 따라) 표결에 부쳐진다. 바로 여기서, 예를 들어, 팬들, 스폰서 또는 텔레비전 등의 외부 압력이 불가피하게 가해진다. 내부적으로 스포츠 조직들은 자신들의 거버넌스를 일정 기준에 부합하도록 개선하지 않는 구성원이나 관련 조직들을 제명하고 자격정지시킴으로써, 그들이 국제대회에 참가하거나 대회 개최 경쟁에 입후보하는 것을 방지해야 할 것이다.

스포츠 단체의 지위를 정당화하기 위해 필수적인 개혁은, 자발적인 스포츠 단체로서 경기 및 토너먼트 규정을 결정하는 규제적 기능, 그리고 세금이 부과되는 일종의 공기업으로서 중계권이나 스폰서권의 판매 권한 등의 상업적인 기능 이 두 가지를 상호 분리시키는 것이다. 몇몇 스포츠 조직들은 규제적 기능과 상업적 기능 간의 지속적인 이해의 충돌을 피하기 위해 이러한 분리를 이미 부분적으로 실행하였다. 예를 들어, 월드컵 최종 참가팀을 24개에서 32개로 변경하는 (이미 오래된) FIFA의 결정은 상업적인 관점에서는 매우 긍정적으로 평가된 반면(중계할 게임수가 더 많아지므로), 건설하는데 많은 비용이 드는 스타디움이 더 많이 필요하게 되는 지역조직위원회측에서는 환영받지 못했다.

이러한 관점에서 2018년 러시아와 2022년 카타르를 월드컵 개최지로 같은 날에 결정한 것은 현재의 혼란을 가져온 실책이었다. 실제로 이러한 결정이 향후 두 번의 월드컵을 유럽과 중동에 동시에 배분하는 것을 가능케 하여 대륙 간의 균형적인 대회 개최라는 관점에서는 긍정적으로 볼 수 있다. 하지만 이러한 조치는 마케팅과 지리적인 이유(2018년의 러시아처럼)로 2022 월드컵 개최를 획득할 것이라고 여겼던 미국인들에게는 월드컵을 박탈당한 조치였다.

스포츠의 더 좋은 거버넌스를 위해서, 대규모 경기대회의 개최지 선정을 다시 살펴볼 필요가 있을 것이다. 이것은 거의 소수의 사람들에 의해 매번 결정되므로 부패의 위험이 높아질 수 있기 때문이다. FIFA는 최근 월드컵 개최국을 결정하는 투표를 다시 전체 209명의 위원들에 의해 실시하기로 했다. 이 같은 결정이 부패를 감소시키는데 도움이 될지는 시간이 지

Part 1 올림픽 게임: 성화 재점화하기

나면 알게 될 것이다. 우리는 인터넷을 활용하여 팬들 또는 은퇴선수들이 투표하는 시스템을 상정해 볼 수도 있다. 이것은 이미 일부 정치적 선거에서는 실현되고 있는 시스템이다. 투표인 수가 대규모로 증가하게 되면 내재된 부패의 위험은 그만큼 줄어들 것이다. 물론 이런 형식의 개혁은 중요한 기득권을 잃게 되는 이들에게 수용되기는 어려운 일이다.

스위스도 이들 규정에서 예외는 아니다. 60여 개의 IF 본사를 수용하고 있는 나라인 스위스는 스포츠의 더 좋은 거버넌스를 위해 적극적으로 헌신해야 한다. 자신의 명성에 있어서도 마찬가지이다. 연방의회는 반부패 국가그룹(GRECO; Group of States against Corruption)이 제안한 것처럼 우선 개인적인 부패를(예를 들어, 뇌물) 불법행위로 선포해야 한다. 이러한 조치의 일환으로 연방정부 또는 각 주의 검찰은 범죄의 의혹이 있는 경우 고소 없이도 형사사법제도에 고유한 구속 수단으로 이러한 의혹을 조사할 수 있도록 해야 한다. 그런 다음, 여러 다른 우선 과제들이 있겠지만, 이러한 조사를 진행하기 위해 연방 및 주 검찰에 인적, 재정적 자원을 제공해야 할 것이다. 미국이나 영국에서처럼 이러한 내부고발자(whistleblower)를 보호하기 위한 연방법의 제정도 바람직할 것이다. 실제로 형사조사의 근거가 될 수 있는 심각한 의혹은 지금으로서는 정보제공의 기밀유지에 대한 분명한 보장이 있어야만 표명될 수 있을 것이다. 또한 이러한 기본원칙으로서 언론에서의 정보원 기밀유지 역시 불가침한 조건이 되어야 할 것이다. 내부고발자 보호를 위한 관련법들이 부재하면 다른 분야에서와 마찬가지로 스포츠에서도 침묵의 계율이 유지됨은 물론이고, 내부고발자들은 특히 승부조작, 도핑, 뇌물 등에 관련되어 매스컴에 오르내림으로써 스포츠에서 상당한 이미지 손실을 입게 된다.

2015년의 위기 훨씬 이전에, 아무런 효력 없이 FIFA를 고발했던 수많은 기사와 저서들이 그것을 증명한다. 반부패를 위한 새로운 법적 장치로 인해 스위스를 떠나는 스포츠 조직들을 발견하는 경우는 거의 없다. 대부분의 국가들이 UN 또는 유럽이사회와 협정을 맺었기 때문에, 보다 적합한 새로운 국제기준들은 다른 분야와 마찬가지로 스포츠 분야에서도 자리잡아가고 있다. 그리고 스위스 역시 많은 스포츠 단체들에게 그런 기준들을 도입하도록 할 수 있는 많은 유리한 조건과 장점들을 가지고 있다.

자율성과 거버넌스의 문제는 스포츠 조직들이 맞닥뜨리는 유일한 문제는 아니다. IOC는 2014년 소치동계올림픽에 관련하여 비판받았고 FIFA는 2014년 브라질 월드컵 기간 중에 넓은 의미에서 대회의 지속 가능성에 대한 문제제기가 있었다. 그러나 IOC 또는 FIFA의 자율성이나 거버넌스가 어떠하건 간에 러시아 또는 브라질의 모든 문제들의 책임을 혼자서 떠맡을 수는 없다. 이 대규모 대회를 치른 지역 조직위원회도 그러한 문제를 홀로 다루기에는 역부족이다. 이처럼 스포츠에서 부패에 대한 투쟁은 거버넌스 논의에 의거해야 하겠지만, 또한 우리가 이하에서 접근하게 될 다른 개념들에 대한 논의 역시 필요하다.

자율성, 거버넌스 그리고 스포츠 부패

제4절 스포츠의 반부패 투쟁

1970~1980년대부터 재정적인 수단의 급증은 또한 프로선수가 아닌(이전에 아마추어라고 불렀던) 엘리트 스포츠에서의 부패의 확대를 가져왔다. 도핑, 승부조작(match-fixing), 스폰서나 텔레비전 네트워크에 대한 사기계약, 부정선거, 대회 개최지 선정의 부정 등은 스포츠 부패가 일어날 수 있는 각종 부정부패 형태이다. 이와 같은 스포츠 부패는 선수, 심판, 그 주변인 등 현장에서의 부패(on the pitch)와 경기장 외부에서 빈번하게 발생하는 경영진, 협회장 등의 부패(off the pitch)로 구분될 수 있다. 두 가지 경우에서, 많은 수의 국가들이 비준한 여러 국제협약들(2009년 UN, 1999년 유럽연합이사회 등)에 반하는 비교적 개인적인 부패에 관련된 사례들이 많다. 하지만 공직자들의 부패도 또한 존재하며 이것도 마찬가지로 퇴치되어야 한다.

스포츠 경기장 밖(off the field)의 부패는 기본적으로 거버넌스 문제에 관련된다. 많은 수의 국제스포츠 조직들이 자리잡고 있는 스위스에서, 부패는 스위스 민법 제102.2조에 의해 제재된다. 동 조항에 따른 처벌은 스포츠 조직들이 다른 단체들과 마찬가지로 만약 구성원들의 부패행위를 막기 위해 합리적이고 필요한 모든 조치를 취하지 않았을 경우 이루어진다.

벌금 규모는 위반의 정도, 조직의 결함, 발생한 손해의 심각성에 따라 조직의 경제적 역량에 비례하여 정해진다. 벌금 최고액은 500만 스위스 프랑에 달한다. 불행히도, 스위스 재판관은 해당 사건 관계자의 고소에 의해서만 판결에 개입할 수 있으며, 실제 고소가 이루어지는 일은 극히 드물다. 이러한 문제에 대처하기 위해서, 스위스 의회는 2015~2016년 스위스 검사가 이러한 위반사건에 대해 사전 고소가 없어도 기소할 수 있도록 하는 (정부에 의해 제안된) 민법 개정안을 검토한 바 있다. 그러나 스위스 형법(Swiss Penal Code; SPC)은 경기장 밖(off the field)의 사안에 경우에 돈세탁(SPC 305조) 등 형법상 기소할 수 있는 여러 형태의 부패 목록을 열거하고 있다. 전세계적 물의를 일으킨 FIFA의 전회장 제프 블라터(Sepp Blatter)는 '불성실한 경영'(SPC 158조)과 '배임'(SPC 138조) 혐의로 2015년 검찰 조사를 받았다.

하지만 매우 잘 관리되는 스포츠 조직과 그 선수들과 관련될 수 있는 스포츠 경기장 안(in the field)에서도 일련의 일탈행위들이 존재한다. 현재 이러한 일탈행위는 2005년 채택된 유네스코의 스포츠 반도핑협약, 2014년 채택된 유럽연합이사회의 스포츠 결과 조작에 대한 협약 등과 같은 국제 협약의 이의 규제대상이 된다. 단지 소수의 국가들, 특히 이탈리아와 독일에서만 이러한 위반행위는 선수들 개인차원의 비난받을 범죄로 여겨진다.

Part 1 올림픽 게임: 성화 재점화하기

더욱이 크고 작은 규모의 경기대회 개최국을 선정하고 개최하는 과정은 개최지 결정 투표나 대회 개최에 필요한 계약, 경기장 건설 등과 관련하여 잠재적인 부패가 발생하는 원천이 되고 있다. 이론적으로는, 이러한 대회에 관련된 모든 결정은 대회 개최의 책임이 있는 조직 또는 지역적으로 대회를 유치하는 조직들에 의해 자율적인 방식으로 취해질 수 있다. 하지만 실제적으로는, 여론은 이러한 결정들이 단순히 거버넌스와 경제적인 이익을 넘어선 복합요인들을 고려하여 바람직하게 이루어질 것으로 기대한다.

1. 경제적 측면과 동시에 사회적·환경적 고려

20세기 말 이래 다른 조직들과 마찬가지로 점점 더 많은 기업들은 3가지 성과기준(triple bottom line), 말하자면 경제, 사회, 환경 사이의 균형을 목표로 할 것을 요구받고 있다. 1994년, IOC는 환경(교육, 문화와 함께)을 올림피즘의 3번째 차원이라고 표명했으며, 스포츠에서의 지속 가능성을 장려하기 시작했다(올림픽헌장 2.13조). 물론 스포츠 조직들이 형성된 이유는 무엇보다도 사회적 친선의 목적에 있으며, 또한 그들의 목표가 올림픽헌장에서 선언한 것처럼 '인류에 공헌하는' 스포츠 실천의 장려에 있기 때문에 환경적 차원뿐만 아니라 사회적 차원도 잊혀져서는 안 된다.

이러한 관점에서 CSR(기업의 사회적 책임, Corporate Social Responsibility) 프로그램 그리고 많은 수의 스포츠 조직들에 의해 시행된 어젠다 21은 원래의 사회적 목적에 비해 부적합하거나 부적당하게 여겨질 수 있다. 왜냐하면 자칫 현실에 비해 매우 어긋난 겉치레(환경친화적 이미지 획득에 치중하는 그린워싱green washing 현상 등)로만 보일 수 있기 때문이다. IOC는 올림픽 개최가 15회를 넘어서면서 이러한 상황들을 잘 이해하게 되었고, 이에 올림픽 개최의 주요한 이유로서 올림픽의 유산과 지속 가능성을 고려하기 시작하였다(올림픽헌장 2.14조). 2003년부터 IOC는 OCOG에게 여러 지표들을 활용하여 올림픽의 경제적, 사회적, 환경적 영향을 측정하기 위한 OGGI와 OGI(Olympic Games Global Impact, 올림픽이 세계에 미치는 영향평가) 연구를 주도적으로 수행하도록 요구하였다. 그리고 IOC는 2012년 런던올림픽 OCOG와 함께 대회의 지속가능한 조직을 위한 ISO 20121 기준을 전면에 내세웠다.

결국 스포츠 대회는 공동체를 위한 투자로써 고려될 수 있기 때문에 우리는 투자의 장점을 판단하기 위해 금융계에서 고안한 ESG(환경, 사회, 지배구조) 요소들을 참고할 수 있을 것이다. 이러한 요소들은 책임 있는 투자를 위한 기본원칙들로서 UN에 의해 주장되었다. 이것은 환경적(기후변화, 유독성 폐기물, 핵에너지 등), 사회적(다양성, 고용안정성, 인권, 소비

자보호, 알코올 중독, 담배 중독, 과도한 게임, 동물 복지, 주거의 박탈 등) 그리고 거버넌스(경영구조와 책임성, 고용 관계, 경영진에 대한 보상 등)의 주요 관심사에 관련되며, 이 모든 것은 직간접적으로 스포츠 대회 개최지 선정 및 대회 조직에 연관되어 있다.

따라서 대규모 스포츠대회를 개최하는 국가들 내의 인권과 환경보호의 문제는 조직위원회의 거버넌스 문제보다도 더 중요한 우선순위를 차지하는 것 같다. 유럽연합 내의 한 워킹그룹은 2016년을 위한 '특별히 주요한 스포츠 대회의 선정 절차 속에서의 민주주의, 인권, 노동권에 대한 기본 방침'을 준비한 바 있다. 이러한 기본 방침은 특히 경제활동과 인권에 대한 UN의 기존의 원칙들 또는 국제노동기구(ILO)에 의해 주창된 바람직한 실천들을 강조하면서, 스포츠 조직들과 개최국들이 스포츠 대회 선정 전후에 걸쳐 인권과 자연권을 보다 잘 고려하도록 하기 위한 것으로 간주된다.

스포츠 조직들이 비록 대회의 개최와 조직은 물론 가능한 한 돌발적인 문제들의 출현을 피하거나 최소화해야 하는 책임이 있기는 하지만, 이들이 한 국가의 모든 부패의 문제에 대해 책임을 질 수는 없으며 대회 개최로 발생한 모든 문제들을 해결할 수도 없다. 이러한 점은 최근의 올림픽대회 후보지 등록에 앞서 주민들의 거부에 부딪힌 유럽의 4개의 NOC에 의해 제시되었다. 스포츠 대회의 개최지 선정 이후를 포함한 정기적인 순응평가(compliance monitoring)는 올림픽과 스포츠 운동에 대한 신뢰를 회복하기 위해서 필요한 듯 보인다. 이러한 평가는 대회의 유산과 지속 가능성의 문제를 포함한 최소한의 기준을 존중하지 않았을 경우, 결정된 대회 개최지를 철회하는 가능성도 열어두어야 할 것이다.

현재 대회 개최지 결정을 위한 투표가 제한된 숫자의 사람들에 의해 이루어지고 있으며 이들이 부당하게 투표결과에 영향을 미칠 위험이 있다는 점을 고려한다면, 올림픽과 같은 대규모 스포츠 대회의 개최지 결정 절차를 개정하는 것이 필요할 것 같다. IOC(후보지 지명위원회의 뇌물)와 FIFA(2006, 2018, 2022년 월드컵 개최지 결정, 카타르 월드컵 경기장 건설 관련 노동권) 그리고 IAAF(육상대회 개최를 위해 몇몇 경영진과 스폰서에 뇌물 공여)와 관련된 스캔들은, 대규모 대회의 개최지 선정이 잘못되고 있음을 말해 준다. 이를 위해서는 투표인 수의 확대(예컨대, 올림피안들에 의한 혹은 인터넷을 통한 투표)는 부패의 위험을 줄여줄 수 있을 것이다.

2. 균형을 찾아야

자율성은 전통적인 스포츠 운동의 원칙들 중 하나이다. 이것은 공식적으로 2차 세계대전 말부터 주장되었다. 최근에는 유럽연합과 다른 정부들의 압력에 저항하기 위해 자율성 문제가 다시 거론되고 있는데, 이들은 보편적인 이상으로 인정되는 법치국가의 틀 내에서 중요한 사회 분야의 하나가 된 스포츠에 대해 보다 엄격한 규제를 요구하고 있다. 스포츠의 자율성은 스포츠 조직들에 의해서 오래 전부터 주창되어 온 정치와 스포츠를 뒤섞지 않으려는 의지와 병행한다.

자율성의 중요성을 재확인하면서 스포츠 조직들은 정부 및 스폰서, TV 방영권자 등의 상업적 파트너들에 대한 자율성을 보장받을 필요가 있다는 것을 인식하고 있다. 따라서 스포츠 조직들은 21세기 초부터 기업조직 거버넌스와 민주적 거버넌스의 필수요소들에서 차용한 스포츠 거버넌스 개념을 우선으로 내세운다. IOC는 이러한 스포츠의 '굿거버넌스'를 자율성의 기본원칙에 연계하여 올림픽 운동의 기본원칙으로 만들었다.

2014년 소치동계올림픽과 같은 해 브라질에서 열리는 월드컵에서는, 2016년 리우올림픽 또는 2022년 베이징올림픽 역시 마찬가지로, 이러한 자율성과 거버넌스의 문제는 부차적인 것으로 여겨지는 것처럼 보인다. 지금으로서는 문제의 핵심은 대회 주최국과 스포츠 조직들이 직면한 부패와 지속 가능성의 문제들에 있다. 스포츠 조직들은 이러한 문제에 대한 전반적인 고려없이 그들의 경기대회를 개최할 나라를 미리 선정한다. 현재 매우 기술적으로 이루어지는 개최후보지 평가는 정치적인 측면을 보다 더 고려해야 할 것이다. 또한 FIFA와 IAAF 내부의 위기에 따른 가장 중요한 문제인 스포츠 부패는 스포츠관련 조직, 정부, 그리고 필요하다면 스폰서들과 같은 다른 이해관계자들과의 공동 노력으로 퇴치되어야 할 것이다. 정치, 경제, 스포츠 부문 간의 새로운 균형을 찾아야 할 것이다.

Chapter 6

올림픽대회의 수입과 비용

올림픽대회를 조직하는 데에는 비용이 많이 들지만 또한 상당한 수입도 낳는다. 실제로 우리는 부가세가 붙은 우표 판매와 후원자들의 기금에 의해 범아테네 제의 스타디움(Panathenaic Stadium)을 - 대리석으로! - 건설했던 역사가 전해 오는, 첫 번째 올림픽대회가 열린 시대에 있는 것이 아니다. 이 장은 동계올림픽과 하계올림픽의 수입과 함께 건설 또는 재건축되어야 하는 필수적인 제반 기반시설, 필요한 스포츠 시설물, 그리고 순수한 의미에서 대회의 조직에 필요한 비용에 대해 알아본다. 우리는 이 장에서 관계 행정당국과 OCOG(올림픽 조직위원회)의 수입과 지출에만 한정되어 살펴볼 것이다. 왜냐하면 이들이 각 올림픽대회마다 공동으로 대회조직에 관해 책임을 지는데 비해, IOC는 주최도시를 정하고 조직을 감독하고 올림픽대회 동안의 비용을 담당하는데 그치기 때문이다.

제1절 올림픽 자금을 조달하다

올림픽 주최국의 주요 수입원 4가지를 큰 것부터 순서대로 나열하면 국내 스폰서, 입장권 판매, IOC 할당금, 공적 보조금이다. 이들 수입은 다양한 종류의 수입원에 의해 보충된다. 일관성 있는 고찰을 위해 2012년 런던올림픽의 예를 들어 살펴본다.

먼저, 올림픽대회의 '현지 스폰서'는 각종 기업들이 주최지 올림픽위원회(OCOG)에게 그들의 광고를 올림픽대회에 연계하기 위해 지불한 현금 총액과 현물 가치를 말한다. 그런데 이 기업은 오직 대회가 개최되는 나라 내에 한정된 것이다. 즉, 이러한 기업들은 자국의 기업이거나 다국적 기업이 될 수도 있고, 규모가 크거나 작은 기업일 수도 있다.

하지만 이들 기업은 대회를 개최하는 영토/나라(2012년 런던대회의 경우 영국)를 벗어나서 홍보 활동을 할 수는 없다. 모든 NOC/국가들을 연계하는 국제프로그램(TOP, The Olympic Partners)은 IOC에 의해 운영된다. TOP를 통한 수입의 많은 부분이 OCOG, NOC 그리고 IF에 재분배된다(2, 3장 참조). 이 프로그램 통하여 올림픽대회를 스폰서 하는 기업들은, 이들

Part 1 올림픽 게임: 성화 재점화하기

이 활동하고자 하는 국가들의 NOC와 계약을 체결한 경우 대회 개최국 외부에서 홍보 활동을 할 수 있다. 다른 국가들은 실제 자신의 영토 내에서 특히 자신의 대표팀들을 위한 모든 상업적인 권리를 가지고 있다(IOC에 의해 중앙집중적으로 관리되는 국제 스폰서권과 텔레비전 중계권은 제외). 개최국의 NOC는 대회가 개최되기 4년 전부터, 계약에 의해 자신의 모든 상업적인 권리를 '자신의' OCOG에 양도해야 한다.

이러한 수입원은 1972년 뮌헨 대회 때부터 상당히 중요한 부분이 되었고, 오늘날 OCOG의 주요한 수입원이 되었다. 따라서 OCOG는 대회 준비기간 전체에 걸쳐 자신의 문양(logo)과 다양한 올림픽 표식(trademark)들(예컨대, 대회가 있는 해에 연계한 '올림픽', '메달', '금'이라는 단어들)에 대한 사용권을 보호하고자 한다. 사용권에 대한 비용을 지불하지 않은 기업들의 불법 마케팅(앰부시 마케팅, ambush marketing)을 피하기 위해 매우 엄격한 법률이 제정되기도 한다(예를 들어, 2006년 런던올림픽과 패럴림픽에 관한 법률, London Olympic Games and Paralympic Games Act). 오륜은 세계에서 가장 잘 알려진(대부분의 나라에서 인구의 93% 이상이 식별) 상징이기 때문에 가장 큰 상업적인 가치를 가진다. 따라서 오륜은 현지 스폰서에 의해 단독으로 사용되지는 못하며, 의무적으로 OCOG에 의해 만들어진 대회의 상징인 올림픽 로고에 오륜을 결합시켜야 한다. 올림픽 로고 이외에 여러 표식과 올림픽 '자산(properties)'은 매우 다양하며(올림픽기, 표어, 성화 봉송, 횃불, 포스터, 올림픽 테마곡, 메달, 알파벳 명칭 등), 이들은 스폰서에 의해서 이용될 수 있다. 개최국 나라 전체를 통과하는 올림픽 성화 봉송은 개최국 현지 스폰서의 몫이다.

런던올림픽의 두 번째 수입원인 입장권 판매는 약 6억 5,900만 파운드의 매출을 올렸는데, 이것은 약 1,100만 표(올림픽 821만 표, 패럴림픽 278만 표)에 해당하는 금액으로 총 입장권의 97%가 팔린 것이다. 이러한 결과는 순수하게 올림픽대회만을 위해 약 850만 표가 팔렸던 1996년 애틀랜타 올림픽을 제외하고, 올림픽 역사상 예외적으로 큰 규모였다.

실제로 발생된 매출액은 입장권 가격, 현지 주민의 구매력 그리고 OCOG의 판매 마케팅전략에 의해 강하게 영향을 받는다. 런던의 경우에는 입장권 76% 이상이 영국 주민들에게 팔렸다. 이러한 수입에 (OCOG에 의해 조직되어야 하는) 올림픽 문화 프로그램을 위한 1천만 장 이상의 입장권 판매액이 추가되었는데, 이 입장권 판매액 중 대부분은 문화행사를 준비한 단체들에게 돌아갔다. OCOG의 비용 부담이나 런던 시청의 콘서트를 위한 특별 후원 등에 의해, 런던 거리의 다양한 스포츠 행사와 런던 공원에서의 콘서트가 무료로 개방되었다.

스폰서 제도가 도입되기 전에는, 입장권 판매는 OCOG의 가장 중요한 수입원 중 하나였다. 그리고 텔레비전 중계가 이루어지기 이전에 IOC는 IF들과 함께 입장권 판매액의 1%의 공제를 통해 자신들의 재정을 충당하려고 계획했었다. 오늘날, 2022년 개최국과의 계약에 따르면, IOC는 각 판매액에 대한 7.5%의 수수료를 확보하였으며, 또한 모든 현지 스폰서 총액에 대해서도 물품후원(value in kind)을 제외하고, 거래된 가치의 5%의 수수료를 요구했다. 여기서 문제는 사전에 예선을 치른 경기나 비인기종목 그리고 패럴림픽 입장권 등의 판매가 부진하다는 데에 있다.

런던올림픽의 세 번째 수입원은 10억 7,000만 파운드에 달했던 IOC의 할당금이었다. 앞에서 살펴본 것처럼, OCOG의 예산에 대한 IOC의 할당금은 올림픽대회 중계권과 국제스폰서프로그램(TOP)에서 온 것이며, 이 두 가지 모두 IOC로부터 직접적으로 배분된다. 게다가 IOC는 2010년부터 주식회사 OBS(올림픽주관방송사, Olympic Broadcasting Services)를 통해 텔레비전 신호(영상과 소리)의 송출을 담당한다. TV 송출은 이전에는 OCOG가 맡았던 임무이다(OCOG는 채널 콘소시엄에 하청을 맡겼다). 2000년부터 IOC는 또한 IOCTMS사(국제올림픽위원회 텔레비전 및 마케팅 서비스, International Olympic Committee Television and Marketing Services)를 통해서 국제 스폰서들에 조력하는 임무를 담당한다. IOC의 할당금의 수준은 IOC가 결정하는 것이며, 대회 개최지 선정 시 IOC, NOC와 개최도시가 함께 서명한 계약(개최도시 계약)에 최소 금액이 정해져 있다. 이 할당금은 일반적으로 개최자(organizer)가 대회 소유권자(event owner)에게 경기대회 관련 모든 권한의 양도에 대한 대가로 계약 금액을 지불하여야 하는 국제 스포츠 대회(예를 들어, 유니버시아드)와 같은 성격의 것은 아니다. 2022년 베이징동계올림픽 개최도시와의 2015년 계약에서 IOC의 할당금은 6억 3,000만 달러로 추정되는데, 이는 2014년 소치동계올림픽의 약 5억 8,000만 달러의 할당금보다 높은 액수이다.

국가, 지역 또는 지방 공공단체의 보조금은 보통 OCOG의 네 번째 수입원이 된다. 2012년 런던대회의 OCOG는 특히 패럴림픽 대회조직을 위해 1억 900만 파운드를 받았다. 실제로 2004년 이래로 올림픽대회 개최 10여 일 후 개최되는 패럴림픽은 해당 OCOG와 동일한 위원회가 조직하는 임무를 맡는다. 각 올림픽대회에 따라 보다 많거나 보다 적은 금액으로 조직을 보조하거나, 잠재적인 적자의 경우에 지불보증을 한다. OCOG의 예산에 속하게 되는 이러한 잠재적인 보조금은 IOC의 보조금과 마찬가지로 엄밀한 의미에서의 OCOG 조직에 할당되는 것이지, 스포츠 시설물의 건설이나 대회 관련 기반시설에 쓰이는 것은 아니다. 이후에 살펴보겠지만, 후자를 위해서는 다른 공공 또는 민간 투자가 필요한 것이다.

결론적으로, 마지막의 매우 부차적인 재정에 불과하지만 다음에 설명하는 것이 재정의 나머지를 보충한다. 그것은 올림픽기념품 제작권, 대회 후 OCOG의 재화 판매, 대회기간 동안 제공하는 서비스, 복권 로열티 등이다. 머천다이징/라이센싱 프로그램의 성공은 대회 표장과 함께 올림픽 로고가 새겨진 상품의 품질에 많은 부분 달려있다. 1994년 릴레함메르와 같은 몇몇 대회는 이러한 측면에서 큰 성공을 거두었다. 올림픽을 기념하기 위한 법정통용력이 있는 동전/지폐 또는 주화와 우표 발매 프로그램은, 수집가들이 이러한 기념품들을 높이 평가할 때, 예컨대 1972년 뮌헨올림픽이나 1976년 몬트리올올림픽에서처럼 역사적으로 높은 수익을 올렸다. 오늘날에는 이런 경우가 거의 없어졌다. IOC는 그럼에도 불구하고 발행된 동전/지폐의 액면가의 3%와 판매된 우표 액면가의 1%를 로열티로 확보해 둔다. 올림픽 복권 수입은 1976년 몬트리올올림픽의 경우와 같이 대회가 끝난 후에도 지속적으로 상당한 수입원이 될 수 있다.

제2절 대회를 위해서 드는 비용은?

올림픽을 치르기 위해 발생하는 지출은 진행비, 필요한 스포츠 시설물의 건설비, 전반적으로 필수적인 기반시설의 건설/정비에 드는 비용의 3가지로 나누어 볼 수 있다.

진행 비용은 대회의 모든 지원체제(logistics)에 관한 것을 포괄한다. 올림픽선수촌의 선수와 선수 동반자들의 숙소(1988년 이후 OCOG에 의해 제공), 일부 임원들의 사전 예약된 호텔 숙소(IOC, 스폰서, 미디어 관계자들의 체류비는 자신들이 지불하지만, 많은 수의 경기 심판들과 전문기술자들은 OCOG에 의해 숙식이 제공되어야 한다), 대회 접근 허가권(accreditation)과 입장권 발매(ticketing) 시스템, 공식 운송수단, 안전, OCOG 직원들의 임금, 유니폼, (오버레이overlays라 불리는) 경기장과 훈련장의 건설, (있다면) 임시 시설물, 문화 프로그램, 성화 봉송, 선수단의 도시 이동 비용 등. 이들 중 몇몇은 특정 스폰서에 의해서 지원될 수도 있고, OCOG의 공급자이기도 한 현지 또는 국제 스폰서의 물품들을 현물의 형태로 사용해야 되는 경우도 있다. 예를 들어, 만약 자동차 회사가 OCOG를 스폰서 한다면, 이 회사의 차량만이 공식 운송 수단으로 사용되어야 할 것이다. 계약에 의해서 일정 수의 차량이 무상으로 제공되겠지만, 일정 수를 넘는 모든 차량은 OCOG가 추가비용을 지불하게 된다.

1. 안전과 인적자원: 결정적 요인

이와 같은 긴 지출 목록에서, 최근 몇 년간 가장 많이 증가한 것은 안전에 관계된 지출이다. 1972년 뮌헨올림픽에서 이스라엘 선수단에 대한 팔레스타인 무장단체의 테러 이후, 안전문제는 매우 강화되었고 테러리스트들의 위협과 함께 1996년 애틀랜타올림픽 공원 테러와 같은 맹목적인 테러의 증가로 인해 최근의 올림픽대회들은 새로운 대처가 필요하게 되었다.

오늘날에는 경기장, 올림픽선수촌에서 대회 장소까지, 훈련장, 호텔을 지나면서, 공원, 운송 시스템 등 점점 더 많은 장소의 안전문제에 철저히 대비하는 것이 필요하다. 금속탐지장치와 몸수색이 대회와 관련 있는 모든 장소의 입구에서 이뤄지고, 육·해·공을 망라한 군대가 동원되며, 지방과 국가의 경찰들이 새로운 장비들을 갖추고, 시설 경호원들이 고용된다. 이러한 모든 소모적인 서비스들은 기본적으로 OCOG가(그리고 일부분은 관계 당국에서) 부담하는데 그 비용이 오늘날 10억 달러를 가뿐히 넘어섰다.

실제 안전에 대한 대처는 끝이 없다. 한편으로 올림픽 도시 전체를 안전하게 한다는 것은 불가능하며, 또 다른 한편으로 어떤 형태의 테러든 올림픽 도시의 어떤 장소에서 일어나든지 간에 많은 수의 매스컴이 현장에 있기 때문에 전세계적인 반향을 불러일으키게 된다. 따라서 OCOG는 안전의 수준과 예산의 균형 사이에서 정확한 중간 지점을 찾을 수밖에 없다.

'인적자원'은 OCOG가 대회 개최 약 6년 전에 구성되고, 대회가 다가오면 수천 명에 이르게 될 인원들의 준비를 위해 직원을 배치해야 한다는 점을 고려하면 매우 중요하다. 1980년 레이크플레시드올림픽과 1984년 로스앤젤레스올림픽 이후, OCOG는 다양한 직종에서 올림픽 기간 동안 무보수로 일하는 자원봉사자들을 활용하고 있다. 이들 자원봉사자들의 대부분은 단순한 업무를 담당하기 때문에 가끔 경기를 관람할 수 있는 기회도 가질 수 있다. 그들은 유니폼을 지급받고, 가끔 식사도 제공받으며, 교통수단과 무료입장권의 혜택도 있으며, 드물게는 숙소를 지원받기도 한다. 자원봉사자들의 수는 1980년대 이후 엄청나게 증가하여 오늘날에는 3~5만 명에 이른다. 이러한 현상은 사회적 파급력을 가지며, 물론 이들 자원봉사자들에게 용품을 지급해야 하고 이들을 '소중히 여겨야(pampering)' 하는데, 그것은 재정적으로 비용을 상당히 절약하게 할 수 있기 때문이다. 실제로 이들은 올림픽 방문자들과 개최지 공동체 사이의 기본적인 만남의 장소 역할을 하고 있기 때문에 대회의 이미지에 크게 영향을 미친다.

2. 스포츠 시설: 건설 또는 정비

2016년, 하계대회에서 스포츠 프로그램은 40여 개(스타디움, 수영장, 체조장 등), 동계대회에서는 15 개(스케이트장, 스키 활주로 등)의 시설을 필요로 했다. 각종 격투기나 실내에서 하는 단체경기 등에 사용 가능한 체조장, 수영, 다이빙, 수구를 할 수 있는 수영장, 또한 육상과 단체경기는 물론이고 각종 기념식을 수용하는 대규모 스타디움 등의 시설들의 경우 다양한 스포츠를 위해서 활용될 수 있는 반면, 일부는 한두 개의 스포츠에만 한정되어 다른 스포츠 종목들이 사용하기에는 쉽지 않은 시설들도 있다(조정/카누 경기장, 벨로드롬, 카약 슬라롬 코스, 골프, 봅슬레이/루지 트랙, 스키점프대 등).

IOC에 따르면 올림픽 시설들은 건설되는 지역의 공공기관, 말하자면 개최도시와 그 주변

 Part 1 올림픽 게임: 성화 재점화하기

지방자치단체에 의해 재정이 지원되어야 한다. 이러한 시각은 올림픽 시설들이 올림픽 기간 뿐 만아니라 개최 후에도 오랫동안 지역 공동체에 의해 지속적으로 사용될 수 있다는 점에서는 논리적이다. 더욱이 30여 년 동안(통상적인 감가상각 기간)의 시설 관리비용은 건설비용을 초과하므로, 대회 이후 소멸되는 OCOG가 아닌 다른 미래의 소유자(공공 또는 민간)에 의해 시설이 관리되어야 한다. 그렇지만, 이러한 개념은 적어도 많은 경우에 올림픽 이외에서는 언제나 합리적인 것은 아니다. 예를 들어, 동계올림픽을 개최하기 위해 5개의 스케이트장이 필요하다고 하자. 하나는 남자하키, 하나는 여자하키, 하나는 피겨 스케이트와 쇼트트랙, 하나는 컬링, 그리고 하나는 스피드 스케이팅! 솔직히 어떠한 도시도 서로 근접한 곳에 있는 이 정도 숫자의 스케이트장을 필요로 하지는 않는다는 것은 상식적인 사실이다. 이러한 문제에 대처하기 위해 3가지 해결책이 있다.

첫째는 IOC에 의해 권장되는, 이미 존재하고 있는 시설들을 이용하는 것이다. 이것은 비용이 지출되지 않는 장점이 있고 대회 준비에서 건설 지연의 문제나 이로 인한 매스컴의 부정적인 시선을 집중시키는 현상을 초래할 염려도 없다. 이러한 시설은 올림픽 개최도시 내에 있거나 지나치게 멀지 않은 곳에 위치해 있어야 한다.

두 번째 해결책은 마찬가지로 IOC에 의해 권고되는 것인데, 올림픽대회 후에 해체될 수 있고 다른 단체에 의해 정비될 수 있는 임시시설의 건설, 또는 종합 체육관 내에 (임시 관람석과 함께) 올림픽 경기장을 설치하는 것이다. 이러한 구조에 드는 비용이 영구시설 건설에 필요한 금액보다 아주 많이 저렴한 것은 아니지만, OCOG의 시행예산에서 이전될 수 있다는 장점이 있고, 경우에 따라서는 차후에 동 시설을 준비하는 단체에 의해 구매되는 경우 비용이 상쇄될 수도 있다. 이러한 해결책은 미래의 개최지가 확정되었거나 종합 체육관이 준비되어 있는 한에서 건설비용을 절감할 수 있게 한다.

세 번째 해결책은 IOC가 어젠다 2020을 통해 제안한 것으로, 다른 나라까지 포함해서 개최도시에서 멀리 떨어진 곳에 이미 존재하는 시설을 활용하는 것이다. 이와 같이 두 나라에 걸친 올림픽 개최를 전제로 하는 해결책은 정치적인 이유로 민감한 사안이다(2018년 평창올림픽위원회는 분산 개최가 가능했던 일본의 1998년 나가노올림픽의 시설을 재사용하는 것보다, 한국에서 봅슬레이/루지 트랙을 신규로 건설하는 것을 선호했다). 또한 연속적으로 두 개의 스포츠가 같은 시설을 사용할 가능성(예를 들어, 유도와 태권도) 역시 있지만, IF는 일반적으로 이러한 공동 사용이나 지나치게 긴 프로그램을 선호하지 않는다.

시설 건설에 한정된 이런 해결책들을 잠시 접어두고, 시드니, 아테네, 베이징, 런던, 리우 그리고 차후의 도쿄와 같이 올림픽 공원을 갖추고 있는 도시들을 순서대로 개최지로 지정하는 문제로 돌아와 보자. 이러한 도시들은 예컨대 순환개최방식으로 영구적인 개최지들이 될 수 있다. 동계올림픽을 위해 소치와 그리고 어느 정도 캘거리가 올림픽 공원을 갖추고 있다. 하지만 카약의 슬라롬 코스 또는 봅슬레이/루지 트랙과 같은 특수한 설비들은 많지 않다. 이런 경우에는 해당 종목들을 올림픽 프로그램에서 제외시키거나 설치비용이 좀 더 적게 드는 형태(자연 급류에서의 카약, 도로에서의 루지 등)로 완전히 변형시키는 것을 시도해보는 것은 어떨지 생각된다.

대회 개최에 필요한 스포츠 시설은 매우 대규모의 지출이 요구된다. 따라서 특히 관중수용능력이나 종합적인 지속 가능성의 관점에서 올림픽 이후의 사용에 대한 체계적인 연구가 요구된다. 근래 들어 이러한 제반 시설들의 건설을 OCOG와 구별된 전문적인 기관/기업에 맡기는 사례가 생겨나기 시작했다. 2012런던올림픽의 ODA(올림픽조달청, Olympic Delivery Authority) 또는 2014 소치 올림픽의 Olympstroy가 그 예이다. IOC는 대회 조직 비용을 절감하기 위해 올림픽대회를 위한 신규 설비를 최소화하는 방안을 규정하는데 관심을 기울이고 있다.

3. 대회 주변시설

지원체계(logistics)의 조직과 스포츠 시설의 건설 다음에 오는 이 지출은 일종의 올림픽대회의 '세 번째 예산'을 구성한다. 실제 도시들은 올림픽 개최를 지역 전체를 변화시키고, 지하철을 개발하며, 도로를 신설하고, 공항을 현대화시키며, 호텔과 회의센터를 건설하는 등의 계기로 삼고자 한다. 이러한 건설의 일부분은 스포츠 시설에 관련된 것이지만, 대부분은 대회 개최를 목적으로 하여 올림픽과 패럴림픽 기간 동안(약 2달) 많은 수의 관광객들을 수용하는데 필요한 수준으로 도시개발과 미화하려는 의지를 실현하는 것이다. 2004년 아테네 올림픽을 예로 들면, 그리스의 수도는 새로운 공항과 우회 고속도로를 건설하고 노면전차를 설치하였으며, 해변가 주변을 재생시켰으며 아크로폴리스 주변에 도보 산책로를 만들었다. 그레노블 시는 1968년 동계올림픽을 위해 건설된 공공 시설물들(병원, 시청, 도로, 다리, 정수장, 소방서 등)에 의해 완전히 변모한 것으로 잘 알려져 있다.

이러한 대회 관련 기반시설에 대한 예산은 물론 대회예산으로 충당되어서는 안 된다. 즉, 해당 개최도시가 '일정 수준'에 미치지 못하는 것이 아니라면 지역 공공단체에서 부담해야 한다. '일정 수준' 이하의 개최지라면, 그것은 올림픽 도시로서의 선정된 것 자체가 문제가 되어야 할 것이기 때문이다. 이것이 명백한 사실이기는 하지만, 늘 그런 것은 아니다.

예를 들어, 우리가 잘 알고 있는 1976년 몬트리올 올림픽(이후 30여 년간 캐나다 퀘벡 지역에 의해 떠맡아진)의 대규모 적자는, OCOG의 예산이 올림픽 공원을 경유하는 두 개의 지하철역 건설과 몬트리올 동쪽을 향하는 노선의 연장에 충당되었던 것이 큰 원인이었다. 당시

Part 1 올림픽 게임: 성화 재점화하기

몬트리올 시장은 동쪽을 향해 도시의 균형발전을 회복하려는 의지를 가졌고, 그는 그러한 바람을 OCOG의 대회 비용으로 충당했다. 지하철역과 같이 비용이 많이 든 올림픽 공원은 여전히 오늘날에도 이용되고 있다.

이와는 대조적으로 1984년 로스앤젤레스올림픽은 상당한 이윤(당시 2억 2,500만 달러)을 남겼다. 이러한 이윤은 OCOG의 시행예산에 대한 것이었고, 다른 두 가지의 예산에 대한 것은 아니었다. 스폰서에 의해 충당된 3개의 시설들을 제외하고, 실제적으로 어떠한 올림픽 시설도 이 대회를 위해서 건설되지 않았고 특별한 기반시설의 확충도 없었다. OCOG는 자신의 운영 예산으로 이미 존재하던 시설물과 기반시설을 빌리는 비용을 지불하는데 그쳤다. 예컨대 두 개의 올림픽선수촌은 학생들이 방학 동안 비워둔 UCLA(University of California, Los Angeles)와 USC(University of Southern California) 캠퍼스에 설치되었고, 1932년 대회 때의 올림픽 주경기장을 간단히 재단장하고 임시 시설물들로 보완하여 그대로 다시 사용하였다.

선수들과 선수 동반자들의 일부에게 필요한 올림픽선수촌(하계올림픽 총 16,000개의 침대, 동계올림픽 총 5,000개의 침대)을 위한 캠퍼스의 사용은 흥미로운 사례다. 실제로 올림픽선수촌은 대회에서 필요불가결한 기반시설 중 하나이며, 모든 올림피안들이 같은 장소에서 모이는, 올림픽 시스템의 이상을 상징하는 것이다. 보통 여러 개의 올림픽선수촌으로 나누어지며, 특히 동계올림픽의 경우 선수들은 편의성 또는 (특히 고도 차이에 관련된) 신체적인 이유로 경기장 근처에 머물기를 원하는 경우가 많다. 여러 개의 선수촌이 있다 하더라도, 많은 사람들이 투숙하고 있으므로 이는 진정한 이웃이 되는 것이다.

일반적으로 올림픽촌의 건설은 OCOG의 소관이 되어서는 안 된다. 우선 드문 경우지만, 올림픽 개최도시에 충분한 규모의 사용가능한 숙소가 이미 있다면 그것을 빌리는 것이 가능하다. 또는 대회를 위해 건설된 올림픽촌 전체를 이후에 2012년 런던올림픽처럼 아파트로 전환하거나, 2002년 솔트레이크시티처럼 학생들의 기숙사로 전환하는 것이 예정되어 있는 경우이다. 가장 빈번히 이루어지는 이러한 두 가지 용도 전환의 경우, 건설비용은 미래의 소유주에 의해 충당되는 것이 논리적이다. 올림픽대회를 개최한 대도시들도 빈번하게 많은 잠재적인 요구가 뒤따르는 숙소 문제에 부딪혔는데, 일반적으로 올림픽 아파트 방법이 대회 후에 가장 좋은 평가를 받았다.

모든 대회 공식관계자들과 올림픽선수촌에 유숙하지 않는 사람들을 수용하기 위해 적시에 호텔시설을 제공하는 것은 중요하다. 즉, 이들을 위한 고품격의 숙소에 대한 수요가 상당히 많다는 점을 고려한다면 보다 민감하게 다뤄야 할 사안이다(하계올림픽 4만실, 동계올림픽 2만 3,000실). 매우 규모가 큰 도시의 경우만이 이런 역량을 갖추고 있다. 따라서 OCOG는 호텔 체인이나 개인소유주들에게 필요한 호텔의 건설에 투자하도록 장려해야 하며, 불충분할 경우 임시 호텔(1994년 릴레함메르)을 설치하거나, 2016년 리우올림픽과 같이 숙소를 위해 여객선을 이용할 수도 있다. 이 마지막 두 가지의 경우에만 OCOG의 예산으로 충당될 수 있다.

미디어를 위한 기반시설은 신문잡지를 위한 프레스센터와 라디오-텔레비전 방송센터의 형태로 이원화하여 준비해야 한다(2012년 런던올림픽의 경우, 에어컨이 구비되고 기타 제반 설비가 갖추어진 8만 4,000㎡ 공간이 준비되었다). 이를 위해 OCOG는 대회를 취재하는 신문사들과 올림픽 중계 계약권자인 방송사들, 또한 대회의 공식 비디오와 라디오 방송사들에 판매된 올림픽 신호를 제작하는 임무를 맡은 주식회사 OBS(올림픽 주관 방송사, Olympic Broadcast Services) 등과 함께 협력한다. IOC는 OBS의 제작비용을(장비와 함께 수백 명의 인원) 보조하는 반면, OCOG는 사용할 수 있는 기반시설을 준비하고 계약에 예정된 것보다 더 많은 공간을 원하는 신문사와 방송사에 그것을 임대해야 한다. OBS 사를 위한 공간은 무료로 제공된다. 미디어센터 역할을 하기 위해 보다 큰 규모의 회의센터를 임대하는 것이 가능하지만(1996년 애틀랜타올림픽과 2002년 솔트레이크시티올림픽의 경우), 일반적으로 충분한 규모의 임시건물(ad hoc)을 선호한다. 신문사나 잡지사들은 기술의 발전에 힘입어 점점 더 공간이 덜 필요한 반면, 방송사와 그들의 전문인력들은 그 규모가 더 크기 때문에 이전보다 더 많은 공간을 필요로 한다. 2012년 런던에서 미디어 센터는 처음에는 개인 투자자들에 의해 부담되기로 했었는데, 결국 대회비용으로 건설되어야 했다. 대회가 끝난 뒤 미디어 센터는 기업의 사무실로 전환되었다.

다음의 [표 15]는 최근의 대회에서 취재에 참여했던 보도진들의 숫자와 올림픽미디어 센터의 규모에 대한 추산액을 나타낸 것이다.

[표 15] 2000~2012 하계올림픽 보도진 수와 취재권 관련 납부액

	2000년 시드니	2004년 아테네	2008년 베이징	2012년 런던
취재진(명)	21,317	21,500	24,531	24,274
취재진 중 기자와 사진기자(명)	5,551	5,231	6,512	6,312
취재진 중 전자매체 고용인(명)	15,766	16,269	17,919	17,962
미디어권 총액(라디오, 텔레비전, 인터넷) (백만 달러)	1,331	1,494	1,739	2,569

Part 1 올림픽 게임: 성화 재점화하기

4. 대회 총비용

아래의 표는 2012년 런던올림픽의 수입원을 요약한 것이다(환산 문제를 피하기 위해 파운드로 표기). 이 금액들은 2012년 9월, 대회 개최 직후에 공공회계 감사관들에 의해(영국회계감사원, UK National Audit Office) 확인된 것이다. 이러한 수입원을 더하면, 우리는 2012 런던올림픽의 총비용이 110억 3,300만 파운드임을 알 수 있다. OCOG는 자신들의 수입과 지출의 균형을 맞추기를 원했지만, 그들의 예산은 대회에 소요된 총비용의 약 20%에 불과했다.

[표 16] 2012년 런던올림픽 수입과 지출

	백만 파운드	%
LOCOG(런던올림픽 조직위원회, London Organising Committee for the Olympic Games)의 수입*	2,410	21.3 %
영국중앙정부(사용되지 않은 공공기금 약 3억 7,700만 파운드 -추정액)	5,871	51.8 %
영국국립복권(National Lottery)	2,175	19.2 %
지역과 지방 공공기관(런던광역시와 런던개발청, Greater London Authority and London Development Agency)	875	7.7 %
2012년 런던올림픽 총비용	11,331	100 %

출처: 영국국립회계원(National Accounting Office), 2012년
* LOCOG의 수입은 현지스폰서(31%), 매표소(27%), 중계권과 TOP 스폰서십을 위한 IOC의 할당금(25%)과 커미션, 현물판매, 숙소(8%), 패럴림픽 보조금(4.5%), 머천다이징/라이센싱(3.5%) 등의 다른 수입원에서 나온 것이다. 이러한 수입은 LOCOG의 운영비용에 충당되었다.

많은 올림픽이 개최된 이래, OCOG의 실행 예산은 균형상태가 되었고, 대부분의 OCOG는 얼마간의 이윤도 실현하였다. 이러한 이윤은 IOC(20%)와 OCOG-NOC(80%)가 나누어 가진다. 1984년 로스앤젤레스올림픽의 OCOG가 상당한 이윤을 남긴 이후, 흑자를 거두지 못한 유일한 OCOG는 1992년 알베르빌 동계올림픽의 OCOG이다. 이 대회의 결산 결과는 2억 8,800만 프랑의 적자를 기록했고 이러한 적자는 프랑스 정부가 3/4, 사부아(Savoie)와 도청이 1/4을 책임졌다.

대회의 건설 예산은 신설되는 스포츠 시설과 신설되거나 정비되는 기반시설들의 규모에 따라 달라진다. 이러한 비용은 일반적으로 수익에 의해 상쇄되지 않으며, 사전에 개인 투자가가 관심을 보이는 경우를 제외하고, 이러한 시설들을 수용하는 공공단체에 의해 충당되어야 한다. 일반적으로 대회 후에 민영화되는 시설물은 올림픽촌, 호텔, 때로는 일부 스포츠 시설물들의 경우이다.

5. 청소년 올림픽: 별도의 사례

청소년 올림픽은 하계 또는 동계올림픽보다 그 규모가 훨씬 작으며 조직하는데 드는 비용도 훨씬 적다. 하지만 대회에 필요한 비용을 산출하기 위해 신뢰할 만한 자료가 부족하기 때문에 소요 비용 추정이 어렵다. 대부분의 대형스포츠경기 대회의 수입은 공공 보조금과 IOC의 할당금을 제외하고는 정확히 파악할 수가 없다. 청소년 올림픽의 경우 아직 잘 알려지지 않았기 때문에 실제 입장권 판매나 (여행 프로모션 이상의) 스폰서 지원을 받기가 매우 어렵다.

반면, 건설비용은 매우 적은데, 그 이유는 IOC가 청소년 올림픽을 주최하는 도시의 전반적인 기반시설물의 정비는 불필요하므로 기존시설들을 사용하도록 요구하고 있기 때문이다. 하지만 선수들의 숙소(약 4,000개의 침대)를 위해서는 올림픽선수촌을 건설하거나 정비해야 한다. [표 17]은 2012년 첫 번째 동계올림픽의 비용을 추산한 것이다. 문화교육 미디어 센터가 이미 건설된 인스부르크 회의센터에 자리잡은데 비해, 올림픽선수촌은 한 부동산 개발업자에 의해 곧바로 복합아파트로 고안되었다. IOC는 OCOG에 지급하는 현금 할당금 이외에도 일상적 TV중계 비용과 교통비용을 부담했다.

[표 17] 2012 인스부르크 청소년 동계올림픽 비용

수입원	총액(백만 달러)	%
인스부르크 시	6,495	21 %
티롤 정부(지방)	6,495	21%
오스트리아 연방공화국	6,495	21 %
스폰서(관광청 보조금 포함)	3,195	10 %
IOC 할당금	8,125	26 %
기타 (현물 판매 등)	598	1 %
총비용	31,403	100 %

출처: 2012년 인스부르크 OCOG

Chapter 7
올림픽의 파급효과

하계 또는 동계올림픽은 평화로운 시기에 가장 대규모의 정기적인 인류의 회합을 대표하는 것이다. 따라서 대회가 열리는 17일 동안, 그리고 대회 전후 2달간 대규모의 사람들이 이동하기 때문에 그 파급효과는 상당하다. 이 많은 사람들의 이동은 올림피안과 코칭스태프들 그리고 미디어의 도착과 함께 시작되고, 1988년 이후 올림픽이 열린 2주 뒤에 같은 장소에서 패럴림픽이 개최되기 때문에 장애인 선수들의 이동 역시 계속된다. 올림픽 초기에 빈번하게 연계되었던 만국박람회(1900년 파리, 1904년 세인트루이스, 1908년 런던)는 6개월간 계속되었는데도 불구하고, 사회적으로나 매스컴에서 올림픽과 동일한 파급효과를 가지지는 않았다.

좀 더 광의의 관점에서 보면, 올림픽의 효과는 올림픽 전후 2개월을 넘어서도 실현된다. 7년 전에 개최지가 결정되고 후보지가 되기 위해 최소한 2년의 노력을 쏟아야 되는 오늘날의 올림픽은 개최 전 8년과 개최 후 4년, 총 12년에 걸쳐 영향을 미친다. 개최 후 4년을 넘어서게 되면 올림픽과는 상관없는 다른 요인들이 영향을 미칠 수 있기 때문에 올림픽의 효과를 온전하게 파악하는 것은 불가능하게 된다.

이 장에서는 올림픽에서 기대되는 주요 파급효과를 최근의 대회들을 대상으로 살펴보고 올림픽 개최의 개연성을 평가해 보고자 한다. 실제 올림픽 개최에 필요한 상당한 비용이 단지 2주간의 스포츠 성적만으로 정당화될 수는 없다는 것은 당연하다. 올림픽의 기대효과는 그 자체로 후보지에 동기부여를 하고, 경우에 따라 필요한 재원의 투자를 정당화시켜 주기 때문에 분석해볼 만한 것이다.

우리는 우선 개인적인 단계에서 국가적 단계까지 올림픽을 조직하는 동기의 수준을 살펴보고, 이러한 동기의 본질을 올림픽에 요구되는 근간(올림픽헌장 2.13조)인 지속적인 발전의 전통적인 세 가지 영역(경제적, 사회적, 환경적)에 따라 알아보고자 한다. 여기서 이러한 동기들은 하나씩 차례로 분석되겠지만, 올림픽대회 조직자들(organizers)이 가지는 기대와 관련된 서로 다른 동기들은 각자 독립적이다. 예를 들어, 보다 나은 도시의 이미지(여기서는 사회적 동기로 분류)는 관광지로서의 매력(경제적 동기로 분류)을 증대시킨다. 그런데 관광

개발은 도시의 파급효과(환경 분야의 동기로 분류)를 가져온다. 일부 파급효과는 즉각적으로 나타남에 비해 일부는 상당한 시간(대회 개최 전후)에 걸쳐 일어나며, 또한 이러한 영향은 긍정적 혹은 부정적일 수도 있다. 부정적인 영향은 일반적으로 대회 조직에 관련된 것들(공사현장, 교통혼잡, 오염 등)이며 일시적인 것이기 때문에, 여기서는 지속적인 파급효과에 초점을 맞출 것이다.

제1절 왜 올림픽을 개최하려 하는가?

개최 후보지가 되고 올림픽을 조직하려는 동기들은 개인과 자신이 속한 그룹 그리고 거주하는 곳(올림픽 도시, 지역 또는 국가)에 따라 다양하다. 예를 들어, 올림픽 도시의 시장이 자신의 재선을 용이하게 하거나(개인적 차원), 한 스포츠클럽에 수영장을 갖추어 주기 위해서거나(집단적 차원), 도시의 한 구역을 재생시키기 위해(국지적 영토 차원, local), 지방을 경제적으로 개발시키기 위하여(지역적 영토 차원, regional) 또는 국가의 이미지를 개선하기 위해(국가적 영토 차원, national) 대회를 조직하고자 할 수 있다. 영토 개발에 연관된 마지막 세 가지 동기들은 보다 '고귀하게' 보이지만, 특히 후보지로 등록할 때에는 숨겨져 있다 할지라도 개인적 또는 집단적인 차원의 동기들도 평가절하 되어서는 안 된다. 다음의 그림은 기대하는 파급효과의 규모에 따른 동기들의 수준을 나타낸 것이다.

개인적인 동기는 올림픽 개최지 결정자들과 조직대표자들에게 뿐만 아니라 그 결과에 따라 이익을 볼 수 있는 다양한 사람들에게 분명한 역할을 한다. 예를 들면, 지역 호텔업자는 어쨌든 올림픽 기간 동안에는 자신의 호텔의 모든 것들이 가동되는 것을 볼 수 있을 것이기 때문에 대회에 호의적일 것이다(보다 장기적으로는 관광특수를 기대할 수 있다). 21세기 초,

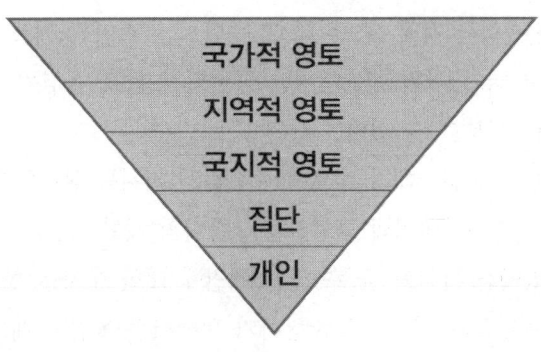

[그림 7] 파급효과에 따른 동기 수준

Part 1 올림픽 게임: 성화 재점화하기

민주주의 체제에서 선거로 뽑힌 정치인들은 미래에 다가올 대회의 개최는 다른 개인들(유권자와 납세자)이 만장일치로 찬성하지 않기 때문에, 유치에 필요한 절차를 착수하는 것을 점점 더 망설이고 있다. 더욱이 이러한 정치인들은 올림픽이 열릴 시점에는 더 이상 그 자리에 없을 경우가 많기 때문에, 긍정적이든 부정적이든 올림픽의 파급효과를 담당해야 하는 것은 그들의 후임자들이다.

더욱이 올림픽 개최는 예전만큼 인기가 있지 않다. 과거 올림픽 유치 경쟁에 뛰어들고자 했던 로마, 보스턴, 함부르크, 비엔나 등은 여론조사 결과가 부정적이었거나 또는 주민투표 부결로 인하여 후보지로 등록하지 못하였다. 같은 이유로 생모리츠, 뮌헨과 오슬로가 2022년 동계올림픽을 위한 후보지가 되지 못했으며, 동 대회는 결국 인구가 많지 않고 주민의 의견을 묻지 않은 알마티(카자흐스탄)를 상대하여, 베이징(중국)이 개최지로 최종 결정되었다.

집단적 동기도 또한 지극히 자연스러운 것이다. 예를 들어, 자신의 영토에서 올림픽이 개최되는 것을 지지하는 대부분의 엘리트 스포츠 선수들은 자신의 클럽(시설물을 통해), 자신의 스포츠(올림픽에 출전하기만 한다면) 또는 스포츠의 전반적인 활성화에 도움이 된다는 이유에서 그런 것이다. 여기서 스포츠 집단의 이해관계는, 특정 스포츠 단체에 속해 있지 않거나 지역공동체를 위한 올림픽 개최의 필요성에 설득되지 않는 주민들의 이해관계에 직면하게 된다. 따라서 영토적 차원에서 기대될 수 있는 보다 광범위한 파급효과를 연구하는 것이 바람직하다.

영토 수준(territorial level)에서 파급효과는 수준별로 구분할 수 있는데, 말하자면 올림픽 개최도시와 그 주변을 포함하는 국지적(local) 파급효과, 특정 영역(중앙, 광역, 지자체 단위 등)에 대한 지역적(regional) 파급효과, 국가 전체적(national) 파급효과, 그리고 올림픽에 연계된 프로그램에 참여하는 국가들에 대한 국제적(international) 파급효과로 나누어 볼 수 있다.

관광객의 방문 빈도에 대한 올림픽의 영향은 여러 가지 차원에서 파악될 수 있다. 도시 차원(예를 들어, 2000년 올림픽 때의 시드니와 그 주변), 지역 차원(시드니가 수도인 뉴사우스웨일스 연방주) 그리고 국가 차원(시드니에만 국한되지 않고 올림픽의 영향으로 관광객이 급증한 호주 전체)으로 구분할 수 있다.

이러한 국토의 개발은 올림픽 개최 후보지 주민들의 지지를 불러일으키기 위하여 필수적이다. 이것 없이는 지역, 지방, 국가의 구성원들은 올림픽 개최라는 대안과 학교나 병원과 같이 보다 즉각적으로 명백한 편익을 줄 수 있는 대안에 대한 투자를 상호비교하려는 경향을 가질 것이다. 따라서 주민들과 진실되게 소통하기 위해서는 올림픽 개최로 인해 얻을 수 있는 모든 종류의 편익들을 검토해야 한다.

제2절 스포츠의 이익과 경제적인 이익

경제적 발전은 보통 올림픽 주창자들이 가장 선두에 내세우는 첫 번째 편익이다. (올림픽이 지향해야 할 경향과는 반대에 위치한 경제적 저성장주의자들의 경우를 제외하고) 주민들은 직간접적으로 경제적 혜택을 입을 수 있다는 이유 때문에 올림픽 개최에 찬성하도록 설득될 수 있다. 경제적 파급효과는 관광산업과 다른 산업들에 대한 효과로 나눌 수 있다.

1. 관광산업에 대한 파급효과: 뒤섞인 평가

관광에 대한 파급효과는 방문객, 숙박객의 수에 의해, 또는 보다 일반적으로는 레스토랑, 상점, 택시 등에서 발생한 상업 활동에 의해 측정될 수 있다. 이러한 상업활동으로 인한 부가가치는 주민들에 의해 새롭게 부가되지는 않기 때문에 방문객(관광객)의 규모를 추산할 수 있다. 여기서 주의해야 할 점은 올림픽이 열리지 않았을지라도, 올림픽 도시의 주민들은 어쨌든 소비했었을 것이라는 사실을 고려해야 한다는 점이다. 올림픽 기간 동안에는 올림픽 개최도시가 엄청난 숙박 역량을 가졌거나 가격이 지나치게 비싼 것이 아니라면, 일반적으로 호텔들은 숙박객으로 가득 찬다.

반면에 해당 지역에 연관된 산업들은 일반적으로 활동의 감소를 보여준다. 방문객들은 올림픽 활동에 몰두하는 반면, 해당 지역주민들은 혼잡과 다른 장애들을 피해 개최도시를 떠나는 경향을 보이기 때문이다(따라서 개최도시에서 더 이상 소비하지 않는다). 2012년 런던올림픽 동안, 영국 총리는 런던은 '영업중'이라고 선언해야 할 것처럼 느꼈다. 왜냐하면 런던의 많은 극장, 레스토랑, 놀이시설들이 절망적일 만큼 거의 비어있었기 때문이다. 마찬가지로 많은 수의 아테네 주민들은 2004년 올림픽 동안 교통이 혼잡하지 않은 그리스의 다른 섬들로 떠났다.

올림픽 개최 전, 특히 개최 직전 몇 달 동안 올림픽 도시는 일반적으로 관광객 수가 줄어드는 것을 확인한다. 왜냐하면 잠재적인 방문객들과 여행사들은 기반시설을 정비하는 올림픽 공사현장을 피하기 위해 그들의 방문을 취소하거나 연기하는 경향이 있기 때문이다. 예를 들어, 중국의 수도에서 열리는 하계올림픽을 앞두고 베이징은 2007년과 2008년에 관광객 수가 감소했음을 발견하였다. 이러한 감소는 주최 측이 해결할 수 있는 문제는 아니지만, 컨벤션 산업(conference tourism) 캠페인 등과 같은 적절한 관광객 유치전략을 통해 완화시킬 수는 있다.

올림픽 후에 발생하는 효과는 매우 복잡한 경우가 많다. 약간의 관광사업의 증가를 보이기

Part 1 올림픽 게임: 성화 재점화하기

는 하지만 곧 하락하는 것으로 평가된다. 이러한 현상은 1994년 올림픽이 큰 성공을 거둔 이후에 널리 알려졌으며, 1994년 올림픽에 사용한 것과 동일한 시설로 2016년 청소년 동계올림픽을 개최한 겨울 관광지 릴레함메르의 사례를 연구했던 노르웨이 학자 올라브 스필링(Olav Spilling)에 의해 '인테르메조(intermezzo)' 현상으로 명명되었다. 마이크 위드(Mike Weed)는 잘 알려진 자신의 올림픽 관광 관련 저서(Olympic Tourism, 2007)에서 2000년부터 2012년 사이에 개최된 동계올림픽과 하계올림픽이 관광에 미치는 파급효과를 분석하였다. 동 저서에서 대부분의 올림픽 개최도시, 지방, 국가들은 올림픽이 열리는 15여 일 동안을, 특히 우선적인 목표가 올림픽 개최이지 관광산업의 발전이 아닌 OCOG와 여러 관광청들 사이의 미미한 협력으로 인해, 야심찬 관광정책을 펼치는 지렛대로 활용하는 기회를 놓쳤다고 결론 내렸다.

2000년 시드니올림픽이 다가오면서, 호주인들은 유럽과 아메리카에서 멀리 떨어진 이 국가의 관광산업의 부흥을 위해 올림픽을 활용하였다. 2000년 이후 몇 년간 관광사업에 있어 실망스러운 결과가 나왔지만, 호주는 15년 후 외국인 방문객이 새롭게 증가하는 것을 보게 된다. 이러한 결과는 호주 달러의 하락과 중국인들의 구매력의 상승에 기인하였을 수도 있고, 다른 분리하기 어려운 요인들이 있을 수도 있지만, 우리는 또한 올림픽에 연관된 관광장려 캠페인의 혜택을 보았다고 추정할 수 있다.

가장 자주 인용되는 올림픽 개최 후의 관광특수의 실례는 바르셀로나의 경우이다. 1992년 하계올림픽이 카탈로니아의 수도에서 개최된 지 20년 후, 1990년에 170만 명이었던 관광객의 수는 2001년 340만 명으로 두 배 증가하였다. 이처럼 바르셀로나가 유럽에서 주요한 관광지가 된 비결로는 올림픽에 의해 전달된 도시의 좋은 이미지(태양, 해변, 문화, 역사, 식도락)와 도시의 고유한 특성, 저렴한 항공편 그리고 체류 비용을 절감하는데 공헌한 올림픽 이후 (개인 투자자들 덕분에) 발전된 양질의 숙박시설 등에 의해 설명된다. 그렇지만 대회 개최 동안에는 숙소가 부족하여 많은 방문객을 수용하기 위해서는 유람선들이 항구에 정박해 있어야 했다. 오늘날 바르셀로나는 지역 생활의 질을 저하시키는 지나친 관광객들에 대해 불평하고 있다.

올림픽 이전에 관광의 측면에서 이미 매력적인 도시였다면 그만큼 일상적인 관광객의 효과와 올림픽 관광의 파급효과를 구분하기가 더 힘들어진다. 베이징, 런던, 리우, 도쿄, 파리, 로마는 이미 그 이전부터 주요한 관광지였다. 따라서 2008, 2012, 2016, 2020년 그리고 아마도 2024년 올림픽이 상황을 근본적으로 바꾸는 것은 아닐 것이다. 게다가 어떤 관광객이 단지 예전에 올림픽을 개최했던 도시라는 이유로 그 도시를 방문하겠는가?

그러나 동계올림픽의 경우는 상황이 다르다. 왜냐하면 새롭게 설치된 시설들 및 현대화된 시설물들과 함께 올림픽 개최는 '새로운' 겨울 관광지를 만들어 낼 수 있기 때문이다. 1994년 릴레함메르와 그리고 아마도 2014년 이후의 소치가 이런 경우라고 말할 수 있으며, 2018년 동계올림픽 개최지인 평창도 겨울 관광지로 도약할 수 있을 것인지 주목된다.

2. 두드러진 산업적 파급효과

관광에 대한 영향보다는 덜 언급되지만 올림픽 도시/지역의 다른 산업들에 대한 파급효과는, 비록 측정된 경우가 많지 않음에도 불구하고, 반드시 고려할 필요가 있다. 실제 올림픽 개최를 이유로 크고 작은 기업들이 올림픽 도시 및 지방에 자리잡는 것이 가능하다. 산업 부지의 매력성(attractiveness)에 대한 기준 중에서, 올림픽조직에 의해 강조되는 '지역의 역동성'은, 과세율 또는 부지의 사용가능성 등과 마찬가지로 고려되는 중요한 요인들 중 하나이다.

앤드류 로즈(Andrew Rose)와 마크 슈피겔(Mark Spiegel)의 잘 알려진 2007년 연구는 1952년부터 2006년까지 올림픽 개최국들의 수출이 대회 후에 지속적으로 약 30% 정도 증가하였고, 대회를 개최하지 않은 후보지들도 수출이 증가하였음을 확실한 통계자료를 통해 보여준다. 저자들은 후보 도시와 국가들이 다른 국가들에게 자신들의 역동성에 대한 긍정적인 신호(signal)를 보낸 것으로 결론 내린다. 그럼에도 불구하고 저자들은 개최 비용 대비 경제적 편익에 대한 대부분의 경제학자들의 회의적인 태도를 상기시킨다.

우리는 휴렛팩커드(Hewlett-Packard) 사가 1968년 동계올림픽 이후에 자신의 유럽 본사를 올림픽 개최를 위한 기반시설의 투자 덕분에 유럽에서 가장 매력적인 곳 중 하나가 된, 그레노블(Grenoble)에 설치했다는 것을 잘 알고 있다. 1996년 애틀랜타올림픽이 개최된 지 10년 후, 미국 남부의 이 대도시는 대회 이전보다 280개 이상의 많은 국제기업을 유치하였다. 2012년 런던올림픽 후, 영국에서 외국인의 직접 투자가 증가하였고 중국의 유명 기업이 런던올림픽공원 근처에 자리잡았다. 다른 예들도 있지만, 이러한 산업적 국지화(industrial localization) 효과(영구적인 일자리 창출 등)를 분석하기 위해서는 체계적인 연구가 필요할 것이다.

6년간의 준비기간 동안 올림픽의 경제적, 산업적 파급효과(관광산업의 효과를 포함하여)는 OCOG의 운영비용 투입과 함께 필요한 시설물, 기반설비의 건설을 위해 투자된 금액에 기인한다(5장 참조). 이러한 지출은 OCOG와 다른 단체들 내에 일자리를 만들고 이것은 다시 지역 경제를 성장시킨다. 올림픽의 경제적 파급효과에 대해 진행되었던 수백 개의 연구들은 대부분, 대회 이전에 불확실한 지역 경제에 투입된 금액에 기초하고 있다. 이러한 연구들은 거의 항상 대회 기획자들에 의해 후원을 받은 것들이어서 사용된 수치들이 일반적으로 과장되었거나 또는 방법론적인 오류를 포함하는 경우가 많기는 하지만, 어쨌든 도출된 연구결과는 모두 중요한 경제적인 가치 및 (대회기간 내로만 한정되는) 일자리의 창출로 귀결된다.

해당 지역 바깥으로 지나친 '유출'(예를 들어, 외국기업의 경우)만 없다면, 지역에 대한 투자가 많아질수록 경제적인 파급효과가 커지는 것은 확실하다. 따라서 편익을 최대화하기 위해 가능한 한 해당 지역에 지출하는 것이 필요하다. 하지만 이러한 접근은 올림픽 관련 조직들(OCOG 또는 해당지역의 공공단체)의 한정된 예산문제에 부딪히게 된다. 경제이론의 관점에서는 '외부'에서 투입된 통화만을, 말하자면 대회 없이는 존재하지 않을 IOC의 할당금과 현지 스폰서 등을 고려하는 것이 바람직하다. 실제로 매표소에서 산출된 그리고 지역 공공단체에 의해 지급된 총액(5장에서 살펴본 것처럼 올림픽 수입의 다른 두 가지 수입원)은 대회가 없었더라도 어쨌든 해당 지역에서 올림픽과는 상관없이 지출되었을 금액이다. IOC의 할당금(2012년 런던올림픽에 10억 달러 이상)과 현지 스폰서(10억 1,580만 달러)는 런던에서 올림픽이 열리지 않았다면 2012년 OCOG에 지급되지 않았을 것이다. 여기에 주민들 외의 방문객들(관광객, 대회관계자, 선수단)에 의해 발생한 소득을 추가하면 상당한 금액에 이르게 된다.

스포츠 대회의 전체적인 파급효과는 보통 연간 해당국 GDP(국내총생산)의 0.01%에서 0.02%를 넘지는 못한다. 그렇지만 올림픽의 경우, '사후ex-post' 효과에 대한 정교한 연구를 추진할 필요가 있다. 이러한 작업이 2008년 6월에 스위스와 오스트리아에서 개최된 유로컵(이들 국가에서 이전에는 개최된 적이 없는 가장 큰 규모의 경기) 직후에 실행되었는데, 이 연구에 의하면 대회 개최의 효과는 약 10억 스위스 프랑과 8,600개의 일자리에 맞먹으며, 이는 스위스의 2008년 GDP의 0.18%에 이른다. 이러한 수치는 특히 경제적인 상황이 좋지 않은 시기에는 상당한 중요성을 가진다.

제3절 사회적 발전

수많은 파급효과들이 보다 직접적으로 다양한 방식에 의해 대회에 참여하는 사람들 또는 올림픽이 개최되는 지역의 주민들을 전제로 하는 사회적 발전의 범주에 속한다. 우리는 여기서 대회 후에 스포츠 참여, 획득한 지식과 해당 지역의 국내외 이미지에 대한 효과에만 제한할 것이다.

1. 올림픽은 스포츠 활동을 장려하는가?

우리는 자연스럽게 올림픽과 같은 대규모 스포츠 대회를 통해 스포츠클럽 내외부에서 스포츠가 활성화될 것으로 기대한다. 올림픽 개최는 스포츠에 재능이 별로 없거나 비활동적인 개인을 의기소침하게 만드는 것이 아니라, 모든 이들을 위한 스포츠(sport for all)든지 스포츠경기(competition)든지 간에, 일상적인 스포츠 활동의 강력한 자극제가 될 것이다. 신체활동의 부족과 그 부정적인 결과들(과체중, 비만)이 수년 전부터 많은 국가들에서, 특히 젊은이들에게서 큰 문제가 된 오늘날, 올림픽의 스포츠 활동 장려 효과는 많은 주목을 받게 되었다. 2012년 런던올림픽은 다음과 같은 슬로건을 내세웠다. '(스포츠와 체육활동을 하도록) 세대에게 영감을(Inspire a generation)'.

불행히도 이러한 희망은 올림픽뿐만 아니라 스포츠 대회들의 경우에도, 적어도 역사적으로는, 비현실적인 것으로 드러났다. 마이크 위드(Mike Weed)와 여러 명의 동료들은 2013년 1월까지 동계올림픽과 하계올림픽을 대상으로 한 (우선 식별된 1,778개 중) 296개의 학술 연구를 검토하였다. 이러한 연구들 중 성인들이 스포츠 활동에 새로이 입문하도록 하는 '낙수효과(trickle-down effect)'를 보고한 연구는 없었다.

이러한 스포츠 진흥의 실패는, 2012년 런던올림픽을 포함하여, 공공정책과 적합한 재정에 힘입어 올림픽이 제공할 수 있는 지렛대 효과를 사용하지 못한데 기인한다. 이러한 문제를 인식한 영국정부는 자신들의 보조금을 스포츠 참여(대중 스포츠든 엘리트 스포츠든)에 연계시키기 위해, 2015년 8월 주민들(특히 저소득층)의 스포츠 참여를 개선하고 국가스포츠 조직의 재정전략을 새롭게 규정하기 위한 국가조사를 실시하였다. 반면에, 몇몇 연구는 올림픽 효과가 적합하게 이용된다면(2012년 런던올림픽에서는 관찰되지 않은 결과!), 개최국에서 이미 스포츠를 활용하던 사람들의 활용빈도의 증가가 가능하다는 것을 보여준다.

한편, '올림픽 효과'는 개최국 선수단의 경기 성적에 대해 매우 큰 영향을 미친다. 개최국 선수단은 '홈에서' 그 전후 올림픽 때보다 훨씬 좋은 결과를 얻는다. 예를 들어, 그리스는 2004년 아테네 대회에서 16개의 메달(금, 은, 동)을 획득했고, 2008년 베이징에서는 '단지' 4개, 2012년 런던에서는 2개, 2000년 시드니에서는 13개 그리고 1996년 애틀랜타에서는 8개를 획득했다. 이러한 차이는 정부의 재정지원이 OCOG외에 일반적으로 개최국의 올림피안들과 선수단의 준비에 투입되는 것에 기인한다.

개최국 올림피안들의 성공은 대부분 올림픽의 국가적인 성공에 달려있다. 2010 밴쿠버올림픽을 위해 연방정부가 '시상대에는 우리가'라는 프로그램을 대대적으로 지원했던 반면, 처음 며칠간 캐나다가 메달을 따지 못하자 미디어의 압력은 상당했다. 결국, 캐나다는 자국에서 열렸던 1988 캘거리와 1976 몬트리올올림픽에서 금메달을 하나도 따지 못했던 반면, 2010년 '자신의' 올림픽에서 14개의 금메달을 획득했다. 이와 같은 엘리트 스포츠에 대한 올림픽 효과는, 올림픽 성적 향상과 때로는 스포츠 참여 증진을 위해서는 지렛대(leverage)를 활용한 올림픽 프로그램 및 재정지원을 동원해야 할 필요함을 확인시켜 준다.

2. 역량 강화

개최국과 지역 차원에서 지식과 역량에 대한 올림픽 개최의 파급효과는 별로 확인되지 않았지만, 스포츠 참여에 미치는 효과보다 훨씬 유형적이다(tangible). 이와 같은 효과는 올림픽 개최에 참여하는 개인들, 즉 OCOG 및 다른 조직자들의 고용인 또는 대리인들과 올림픽 기간 동안 활동하는 자원봉사자들에 대해 작용한다. 이러한 '인적 자본'은 모든 종류의 역량을 올림픽이라는 독자적인 경험 속에서 취득할 수 있는 수십만 명의 사람들을 의미한다. 이는 올림픽 이후 다음과 같은 수많은 직업군에서 활용될 수 있다. 기획, 건축, 접객(hospitality), 스포츠, 마케팅, 운송, 티켓 판매, 안전 등.

올림픽과 같은 주요 이벤트를 경험하면서 획득된 지식과 역량은 사람들이 취업자격을 갖추는 데 유리하게 작용할 수 있다. 올림픽 개최 참여자는 자신의 이력서에 이러한 경험들을 기입하고 인맥을 개발한다. 젊은이들의 경우 참여를 통해 실무적인 학습이 가능하다는 점은 자원봉사의 중요한 동기가 된다. 몇몇 올림픽 도시에서 자원봉사자들은 자신들의 경험을 기념하는 조직을 결성하고 해당 지역의 봉사활동에 참여하기도 하였다. 1992년 알베르빌올림픽대회 이후에는 9,000명의 자원봉사자 중 일정의 인원들이 수년에 걸쳐 사부아(Savoie) 지방에서 1992년의 은빛 올림픽 유니폼을 입고 관광산업을 위한 안내서비스 활동을 펼쳤다. 또한 여러 OCOG는 많은 초등학생들에게 혜택을 주는 올림픽 교육 프로그램에 착수했다(중국 통계에 따르면 2008 베이징올림픽 때 약 4억 달러를 투입했다!).

많은 올림픽대회의 책임자들은 해당 대회 이후에 조직되는 OCOG 내부에서 유사한 자리를 맡기도 하고, 미래의 후보지 또는 올림픽조직을 위한 컨설턴트가 되기도 한다. IOC가 2000년에 미래의 OCOG를 위한 조직에 도움을 주는 서비스, 특히 올림픽대회지식경영(Olympic Games Knowledge Management)의 명칭으로 알려진 프로그램을 도입하여 직접 하기 시작했는데도 불구하고, 컨설턴트가 생기는 이러한 현상은 더 많이 확장되었다. 2000년 시드니 대회 후에 자신들의 올림픽 지식을 상업화한 많은 수의 컨설턴트들은 '오스트레일리아 트레일러(Australian caravan)'라는 이름이 붙여졌다. 따라서 이러한 인지 효과는, 대회조직에 필요한 최신 지식들을 보유하기 위해 새로운 OCOG 및 IOC와 정기적으로 교류해야 하는 개최국으

3. 명성과 이미지에 대한 파급효과

올림픽 도시와 지방 그리고 국가의 평판에 대한 파급효과는, 올림픽의 다양한 청중은 물론 올림피안의 수보다 2배 이상 많은 매스컴에 승인된 취재권의 규모만큼 상당히 다양하다. 대회가 성공인지 아니면 실패인지를 판단하는 것은 우선적으로 국내외에 비추어진 이미지와 평판에 대한 단순한 문제이다. IOC가 밝힌 자료에 따르면, 오늘날 약 40억 명의 텔레비전 시청자들(올림픽이 열리는 기간 동안 중계방송을 최소한 1분 이상 지켜본 것으로 파악되는 이들)이 올림픽을 지켜본다. 시청률 조사회사 닐슨(Nielsen)에 따르면, 2008년 베이징올림픽 개회식은 20억 명의 시청자가 지켜본 것으로 집계됐다(13억 중국인의 94%가 시청).

평판의 문제는 대회 이전에는 별로 알려지지 않았던 올림픽 개최도시들에 특히 적용되는데, 기본적으로 동계올림픽의 경우에 해당한다. 왜냐하면 하계올림픽은 대개 이미 잘 알려진 대도시에서 개최되는 경우가 흔하기 때문이다. 하계올림픽의 경우에 평판의 문제는, 그것을 강화하고 일종의 경쟁의식으로 인한 목적이 있을 때를 제외하고는(예를 들어, 파리가 런던에 대한 또는 도쿄가 베이징에 대한), 대회의 개최를 통해서는 입증될 수 없다. 반면에, 동계올림픽의 여러 대회들은 개최 도시들을 알리는데 공헌하였다. 이 도시들이 대회 이전에 여러 다른 평판을 받고 있었음에도 불구하고, 대회 이후에는 특히 동계 휴양지로서 알려지게 된다. 예컨대 1994년 릴레함메르, 1998년 나가노, 2014년 소치(소치는 오히려 해수욕장으로 알려져 있었다), 2022년 베이징(동계스포츠 휴양지가 위치하게 될 장자커우(Zhangjiakou) 지방과 함께) 등이다.

수년에 걸친 수행된 장기적 연구를 통해, 브렌트 리치(Brent Ritchie)는 1988년 동계올림픽 이후 캘거리의 평판이 상당히 올라갔음을 강조했다. 이러한 평판 효과를 활용하려는 의지는 3번의 도전 끝에 결국 (한국과 아시아에서의 동계스포츠를 위한) '새로운 지평선'이라는 슬로건과 함께 2018년 동계올림픽을 유치한 평창에서 가장 강하게 드러난다.

일단 한번 평판을 얻고 나면, 국내외의 이미지의 문제가 다가온다. 올림픽의 성공적 개최는 국민들 내부에서 자아존중감을 높이고, 대회를 조직한 나라와 지방에 소속감을 고취시키며, 대규모 기획에 직·간접적으로 참여했다는 기쁨을 가져다준다. 영어로 '기분좋은 요인(Feel good factor)'이라고 표현되는 이러한 요인들은 대회를 개최한 많은 수의 도시와 국가들에서 나타난다. 특히 자원봉사자들이 대거 대회에 참여했던 경우(1984년 로스앤젤레스 9,000명, 2000년 시드니 4만 7,000명, 2012년 런던 7만 명) 이들이 일반적으로 자신의 경험에 대한 매우 긍정적인 기억을 간직하기 때문에 이런 행복증가 현상이 중요하다. 또한 개최국에서의 성화 봉송 역시 국민들을 열광시키고 성공적인 대회 개최를 위한 내부적인 준비를 위한 목적을 가진다.

2012년 런던대회 이후, 가디언지(The Guardian)는 매년 실행했던 '크리스마스 여론조사'를 실시했다. 여기에 답한 영국인 중 78%가 (올림픽 비용이 공개됐는데도 불구하고) 올림픽이 '어려운 시기에 진정 나라를 즐겁게 했다'고 생각한다고 밝혔다. 한 해 전에 실시된 조사에서는 영국인 중 60%가 자국이 '2012년에는 더 불운한 장소가 될 것'이라고 답했었다. 마찬가지로 토리노 주민들은 2006년 동계올림픽 이후, 산업지역이었던 도시의 위상이 문화 수도로 바뀌면서 재정립된 것에 대해 무척 만족스러움을 나타냈다.

비록 이 문제에 관한 독립적인 연구가 부족하기는 하지만, 2012년 런던 대회는 또한 눈에 띈 성공에 힘입어 '영국 브랜드'를 향상시켰다고 할 수 있다. 정부기관인 Visit Britain이 의뢰한 2013년 1월의 한 연구에 의하면, 영국 상표는 국가브랜드지수(Nation Brand Index) 평가결과가 5위에서 4위로 상승했으며, 영국은 '방문자로서 환영 받는다'고 느끼는 12번째 나라에서 9번째 나라가 되었다고 밝혔다. 연성권력(soft power) 이론에 따르면, 이러한 올림픽 도시/지방 또는 국가 브랜드에 대한 파급효과는 중요한 경제적, 정치적 효과를 가져다 준다. 이러한 브랜드 이미지의 향상은 오늘날 대회를 조직하는 국가에게는, 권위주의 체제(중국, 러시아)이든지 혹은 민주주의 체제(영국, 일본)이든지 간에, '중요하게 여기는' 국가들 간의 협력 속에 안착 또는 복귀한 것을 의미하기 때문에, 올림픽 개최의 가장 근본적인 동기 중 하나가 된다.

성공적으로 대회를 개최하지 못할 경우에는 물론 개최도시와 국가의 이미지에 부정적인 영향을 미칠 수 있다. 하지만, 이것은 실질적인 현실보다는 인식(perception)의 문제로 커뮤니케이션의 영향이 크다. 올림픽은 매스컴에 너무 많이 등장하기 때문에 신문 잡지의 부정적인 기사의 대상이 되기 쉽다. 매스컴은 나쁜 소식에만 관심을 갖는다는 격언처럼 다양한 질문들이 잇따른다. 시설물들은 제시간에 준비될 것인가? 올림픽은 개최될 것인가? 지나친 비용이 들지는 않은가? 인권, 동성애 혐오, 소수집단에 대한 지역정책은 무엇인가? 안전이 보장될 것인가? 오염도는 어떨 것인가? 주민들의 퇴거가 발생했는가? 스폰서들은 흠잡을 데가 없는가? 이러한 각종 질문들이 대회를 앞둔 해에 쏟아져 나온다. OCOG와 IOC는 올림픽의 외부적 이미지를 손상시키고 싶지 않다면 이런 질문들에 대한 적절한 답변을 준비해야 한다.

2008년 베이징 대회를 앞두고 수단 내전과 티벳에 대한 중국의 개입 문제가 논란거리가 되었다. 이러한 문제제기는 올림픽의 성공을 기원하며 전세계를 순회하는 국제적인 성화 봉송 행사가 런던, 파리, 샌프란시스코, 캔버라 등에서 항의 시위로 바뀌면서 다시 한번 부각되었다. 어떤 전문가들은 2008년 대회는, 그 이전까지 중국의 대회 개최에 부정적이었던 미디어의 시선을 돌리게 만든 2008년 5월 쓰촨(베이징에서 3,000㎞ 거리) 대지진으로 인해 '구출'되었다고 밝혔다. 마찬가지로 2014년 소치올림픽은, 대회 15일 후에 강행된 크림반도 합병은 말할 것도 없이, 러시아의 동성애 선전 금지법과 대회에 앞선 위협적인 테러들이 대회 개최를 위태롭게 했었다.

우리는 내부 이미지와 외부 이미지는 서로 매우 다를 수 있다는 점에 주목할 필요가 있다. 예를 들어, 2008년 베이징과 2014년 소치의 외부 이미지는 상당히 좋지 않았던 반면, 중국과 러시아의 국민들은 '자신들의' 올림픽이 국가를 위해 중요하고 성공적인 단계를 대변하는 것이라고 여겼다(두 나라는 각각의 올림픽에서 국가별 메달집계 결과 선두를 차지하였다). 이러한 경우를 올림픽의 정치적 파급효과라고 말할 수 있을 것이다. 때로는 이와 같은 정치적 효과가 매스컴과 비정부 단체들의 압력 하에 체제를 변화시키는 계기가 될 수도 있다. 이런 경우는 특히 1988년 하계올림픽대회 전후의 서울에서 찾아볼 수 있다.

제4절 환경 개발

올림픽 도시를 찾는 수백만 명의 사람들을 고려한다면, 대회의 개최는 온실가스의 배출, 미세먼지, 폐기물 등에 관련되어 중대한 환경적 파급효과를 미친다. 하지만 이러한 효과는 한정된 시간(17일) 동안의 매우 제한적인 것이다. 이를 해결하기 위해 어떤 OCOG들은 금전적으로 보상하기도 하고 또는 예컨대 입장권으로 대중교통을 무료로 이용할 수 있도록 하는 등 효과를 감소시키려고 노력한다. 대회 준비를 위한 공사현장도 환경적 파급효과를 주지만, 대도시의 경우에는 그런 공사들이 예외적인 것이 아니며, 이러한 공사는 몇 년 동안에 집중되어 있다. 대회가 끝난 후, 환경적 파급효과는 '도시의 재생'과 '스포츠 시설물에 대한 영향' 두 가지 양상을 보인다.

1. 도시의 재생: 환영 받는 기회

도시의 광범위한 재생은 올림픽대회를 조직하는 근본적인 원인 중 하나가 되기도 한다. 이러한 도시재생은 불행하게도 때로는 관련된 지역 주민들의 거처를 따로 마련해주는 것에 의해 보상되어야 하는 대대적인 퇴거와 함께, 임대료 상승으로 원주민들이 내몰리는 현상인 젠트리피케이션(gentrification)을 불러오기도 한다. 런던이 2012년 대회를 위한 후보지로 등록했을 당시, 런던 시장은 스포츠에 의해 열광하는 것이 아니라, 당시 오염되고 저개발된 산업지대인 런던 동부 전체의 재개발에 의해 열광할 것이라고 선언했다. 런던올림픽의 개최는 올림픽 공원이 이 지역에 건설될 예정이었기 때문에 오래 전부터 기다려온 재개발에 박차를 가할 수 있도록 하였다. 마찬가지로, 바르셀로나 시는 1992년 대회를 계기로 하여 수십 년에 걸친 도시계획의 틀에서 완전히 새롭게 개조되었다. 올림픽선수촌이 산업지구를 대체하였고, 바다로 통하는 중앙 통로를 되찾았으며, 몬주익(Montjuic) 언덕은 1929년 전체적으로 개보수된 올림픽 스타디움 주변으로 도시교통을 연결하고 공항을 현대화하는 등 대대적인 재정비를 거쳤다.

이 부분에 대해서는 많은 예를 들 수 있다. 특히 2000년 시드니 대회 이후 대회에 필요한 여러 스포츠 시설물들을 결합한 올림픽 공원이 체계적으로 정비되었다. 2000년 이전에도 이런 경우가 있었는데, 예를 들어, 1972년 뮌헨 또는 1976년 몬트리올에서 올림픽 공원이 건설되었고, 동계올림픽에서는 2014년 소치 대회를 위해 첫 동계올림픽 공원이 건설되었다. 이런 올림픽 공원들과 그들 주변은, 몇몇 스포츠 시설물들의 사용이 때로 문제를 일으키기도 하지만, 주민들과 관광객들이 많이 찾는 새로운 장소가 되었다.

올림픽은 또한 대중교통(편리한 접근을 필요로 하기 때문에), 상업 및 주거의 기반시설들의 개발을 촉진시킨다. 2012년 런던올림픽 공원은 지하철 또는 기차 7개 노선이 경유하고, 이 지역에서 가장 큰 쇼핑몰과 새로운 주거단지를 갖추었다. 뮌헨, 몬트리올, 베이징, 리우에서는 주거지역을 동반하는 올림픽 공원에 접근을 용이하게 하기 위해 지하철 노선을 연장하였다. 2004년 아테네올림픽은 피레 북쪽 해변가 지역과 마찬가지로 아테네의 교통(지하철, 노면전차, 산책로)을 대대적으로 개선하는 계기가 되었다.

영구적인 올림픽 지구가 된 이런 공원들에서 돌아가면서 정기적으로 대회를 다시 개최하는 것이 합리적이라고 생각된다. 즉, 이미 올림픽을 치른 도시들이 다시금 후보지가 되도록 하는 것이 필요할 것이다. 후보지 부족을 염려한 쿠베르탱도 20세기 초 그가 '현대 올림피아'라고 이름붙인 로잔(스위스) 서쪽에 하계올림픽을 위한 영구적인 장소를 건설하려고 계획했었다.

2. 스포츠 시설에 대한 파급효과

올림픽을 위해 건설된 스포츠 시설은 대회 개최의 가장 분명한 흔적이고 때로는, 1896년의 범아테네제의 스타디움(Panathenaic Stadium)이나 또는 보다 최근에는 2008년 베이징 대회의 '새의 둥지(Bird Nest)' 대형 스타디움과 같이 많은 사람들이 찾는 기념비적 건축물이 되기도 한다.

새로운 시설들이 긍정적인 파급효과를 창출하기 위해, 그리고 버려지거나 유지비 때문에 재정적인 올가미가 되는 것을 피하기 위한 방법은 없을까. 그 해답은 정기적인 이용자들을 만들거나 지속적으로 대회를 유치함으로써 올림픽 이후에도 시설들이 충분히 사용되도록 해야 한다. 이것은 무엇보다도 시설물의 다목적성에 달려있다. 매우 (그리고 지나치게) 전문적인 시설들이 있는 반면, 어떤 시설들은 여러 스포츠/행사에 쉽게 활용될 수 있고, 보다 광범위한 용도(콘서트, 연극, 회의)로 활용될 수도 있다. 올림픽 경기를 위해 건설된 관람석의 규모는 이후의 사용이 문제가 된다. 개회식과 폐회식 그리고 육상경기를 진행하는 주경기장을 위해 OCOG가 채택하는 일반적인 기준인 8만에서 10만 명을 수용하는 스타디움은 대도시라 할지라도 정기적으로 쉽게 채우기는 힘들다. 바로 이것이 IOC가 올림픽 주경기장의 최소 규모를 낮추어서 새롭게 규정하고, 상대적으로 거리가 멀다 하더라도 이미 존재하는 경기장을 가능한 한 사용하도록 제안하는 이유이다.

'흰 코끼리(white elephant, 올림픽 이후 거의 이용되지 않는 주경기장을 이렇게 부른다)'라고 불리는 많은 사례들이 존재한다. 2014년 소치의 스케이트장, 2006년 토리노의 스키점프대(폐쇄), 2004년 아테네의 비치발리볼 스타디움(폐쇄), 2000년 시드니의 벨로드롬, 1992년 바르셀로나 대회를 위한 바놀레스(Banyoles)의 조정/카누 경기장 등. 2000년 시드니와 2012년 런던의 주경기장과 같이 여러 올림픽 개최지에서 관람객 수를 축소하기 위한 재정비사업이 추진되어야 했다. 때로는 대회 개최 후의 정비사업이 미리 예정된 경우도 있다. 2008년 베이징의 주 수영장은 임시로 회의센터로 변모하였다. 2006년 토리노의 링고토(Lingotto) 빙상경기장은 시를 위한 전시회장으로 탈바꿈했다.

올림픽 도시들에 의해 건설된 높은 수준의 스포츠 시설들을 사후에 활용하기 위한 가장 흔한 전략은 대회 후에 정기적인 스포츠 행사의 조직이다. 이것은 런던의 경우에서 볼 수 있는데, 예컨대 스포츠 행사와 함께 다른 행사들의 유치도 목표로 하는 주요행사(Major Events) 전략이다. 2014년 소치의 경우 포뮬러 원 경주와 함께 2018년 월드컵 경기를 유치하였고, 2006년 토리노는 TOP(Torino Olympic Park) 행사를 진행하였다. 그렇지만 이러한 스포츠 행사들은 자주 개최되지 않기 때문에 시설물이 잘 활용되고 있다는 것을 정당화하기는 어려운 것이 사실이다. 따라서 시설을 전환하거나 아마추어 스포츠 시설(예를 들어, 2000년 시드니 아쿠아틱 센터 또는 2010 리치먼드-밴쿠버의 빙상경기장 등)로 확장하는 것이 바람직하다. 동계올림픽의 봅슬레이/루지 복합 트랙 또는 카누 슬라롬 인공경기장과 같이 어떤 시설들은 매우 특수하기 때문에, 자신의 스포츠를 그곳에서 활용할 수 있는 몇몇 선수들을 위해 피해를 감소하고 활용하든지 아니면 강한 자극이 없어서 고민하는 몇몇 관광객들을 위해 사용하지 않는 한, 대회 후에 다시 사용하기는 매우 어렵다.

제5절 파급효과의 요점

다음의 [표 18]은 대회 전후, 그리고 대회 동안의 파급효과와 가능성을 요약한 것이다.

[표 18] 올림픽의 가능한 파급효과와 가능하지 않은 파급효과

파급효과	8년 전	2개월간	4년 후
가능한 효과	- 지역경제에 대한 대회 조직자들의 지출 - 대회를 추진하기 위한 직·간접적 일자리 창출 - 대회 조직자들에 의한 지식의 획득 - 수출의 증가 - 세수의 증가 - 공사현장의 공해 - 해당지역주민들의 퇴거/주거 옮기기	- 관광산업에 대한 방문객과 관람객들의 지출과 지역 경제에 이러한 지출의 반향 - 추가 세수 - 참가자의 복지 - 군중, 교통혼잡의 폐해 - 물가 상승 - 스포츠 활용의 매우 일시적인 강화 - 대회에서의 좋은 결과*	- 조직자들과 자원봉사자들에 의해 획득된 지식의 가치 부여 - 해당 지역의 평판/이미지의 상승 - 수출의 증가 - 새로운 기반시설(특히 교통), 승인된 투자에 따른 도시의 재생 - 이용하는 새로운 스포츠 시설*
가능하지 않은 효과	- 관광산업의 증가 - 새로운 기업들의 정착 - 스포츠 활용의 강화		- 관광산업의 증가 - 새로운 기업의 정착 - 스포츠 활용의 강화

* 주최국 또는 지역 공공단체의 추가 예산이 있는 경우.

요약하면, 대회 후에 보장되는 유일한 긍정적 파급효과는 (대회가 성공한 것으로 인식된다면) 대내외적 이미지와 평판, 조직자들 및 넓은 의미에서 그들의 조력자들(자원봉사자들과 간접적인 고용인들을 포함)에 의해 획득된 지식, 국가 수출의 성장에 관련된다. 관광산업에 대한 파급효과와 기업의 정착 또는 대중 스포츠의 참여는 가능성이 거의 없었다. (메달획득 또는 시설에 대한) 스포츠에 대한 파급효과는 무엇보다도 좋은 계획과 15여 일간의 올림픽 전후의 재정지원에 달려있다. 올림픽 기간 동안의 긍정적인 경제적·사회적 파급효과는 환경적 효과와 마찬가지로 매우 컸지만, 이러한 효과의 지속기간은 매우 짧았다.

Chapter 8
제1편의 결론

　올림픽과 패럴림픽이 열리는 두 달 동안 올림픽 참가자, 관계자, 관중 등 많은 수의 사람들이 대회가 열리는 지역을 방문하고 그곳에서 소비를 하며 세금(특히 간접세)을 창출한다. 앞에서 살펴본 것처럼, 해당지역의 평판과 이미지를 개선하는데 공헌하는 OCOG의 조력자와 대리인들, 자원봉사자들과 관중들을 통한 사회적인 파급효과가 존재한다. 하지만 관광객들은 자신들의 방문이 대회기간과 겹칠 경우, 방문을 빈번하게 취소하거나 연기하기 때문에 경제적인 파급효과는 사회적 효과보다는 명확하지 않다. 환경적 파급효과는 사용되는 교통, 소비되는 에너지, 폐기물 등을 통해 당장은 크게 나타나지만, 한시적이다. 그리고 이러한 효과는 OCOG에 의해 재정적으로 상쇄되거나 적합한 기술에 의해 제한되거나 회피될 수 있다.

　그러나 이상과 같은 서로 다른 효과들에 비해, 올림픽은 비용이 많이 든다는 사실을 인정하지 않을 수 없다. 올림픽의 효과는 두 달간의 대회기간 동안에는 전반적으로 긍정적이라고 인정할 수 있다. 하지만 총비용 수십 억 스위스 프랑이 드는 전체적인 기반시설과 스포츠 시설의 재정을 충당하기 위해 때로는 오랜 시간 동안 짊어져야 하는 부채가 정당화되기는 쉽지 않다. 따라서 후보지로서의 6~8년의 준비기간과 대회 개최 후의 4년간의 기간 동안에 미치는 올림픽의 파급효과를 고려해야 한다. 그 이상으로는 올림픽의 엄격한 효과를 평가하는 것이 어렵다. 따라서 우리는 올림픽의 유산(legacy)이란 개념에 관심을 기울여야 한다.

　후보지 단계(약 2년)에서 그리고 대회 준비 단계(6년)에서, 투자에 비례하여 경제적 파급효과를 생성하는 중요한 지출은 올림픽 개최지에서 발생한다. 사회적 파급효과에는 대회 개최에 직간접적으로 관계된 사람들에 의해 획득된 지식과 역량을 포함한다. 환경적 파급효과는 개최도시의 재생 규모와 함께 건설업계에 의해 실행된 대회시설 공사의 중요성에 달려있다. 이런 모든 결과들은 지역 경제에 외부 자본의 투입을 가능케 한 올림픽이 없었다면 존재하지 않았을 것이다. 올림픽의 개최에는 많은 어려움(토착주민들의 이주, 공사장의 공해, 다양한 오염, 물가상승 등)이 따르지만, 이런 어려움은 피해지거나 상쇄될 수 있다.

　앞서 살펴본 것처럼 올림픽 후에는, 기업의 설립이나 올림픽 관광객 방문 등에 달려 있는 경제적인 효과가 반드시 보장되지는 않는다. 그 반면에 조직자들에 의해 축적되는 지식 및 역량, 개최지의 평판과 이미지의 개선에 관련된 사회적 파급효과는 확실하다. 스포츠 시설과 기반시설들의 환경적 파급효과는 대부분 대회 후 시설활용 정도와 건설 시에 적용된 해결책에 달려있다. 역사적으로, 우리는 개최국(그리고 후보 국가들)의 수출 증가를 확인하였지만, 해당국가의 스포츠 참여에 대한 부분은 확인되지 않았다.

이 모든 효과들이 올림픽의 비용에 비길만한지를 가늠하기 위해서는 경제학에 잘 알려진 비용편익분석을 활용할 필요가 있다. 그렇지만 이러한 분석은 대회 전후에 대해서는 지극히 드물게 진행되었다. 실행하기도 어렵고 요구가 거의 없기 때문이다. 비용은 잘 알려져 있고 확실하지만, 편익은 계량화하고 화폐로 나타내기가 매우 어렵다. 획득된 지식은 얼마나 값어치가 나가는가? 평판과 이미지의 가치는 얼마인가? 인식된 지역의 역동성이란? 도시의 재생이란? 등과 같은 질문들에 대한 답은 최종적인 비용과 편익의 비교에 달려있다. 물론 경제학자들은 후생에 대한 경제 모델을 평가하기 위해 비물질적인 것을 화폐로 나타내는 방법론에 초점을 맞추지만, 그것은 끝나지 않는 논쟁을 요하는 것이다.

결론적으로 올림픽대회 개최의 정당성을 입증하기 위해서는, 수익성(profitability) 계산을 할 필요가 있을 것이다. 올림픽에 투자된 금액이 다른 일에 투자되었다면 동등한 가치로 평가될 것인가? 이러한 계산은 그 어려움으로 인해 실행된 적이 없다. 올림픽 개최지역에서 올림픽에 소요되는 지출액을, 올림픽만큼 중요하면서 시의적절한 다른 일에 투자하는 유사한 경우는 보기가 드물기 때문이다. 반면에 개최국의 총 예산에 대비한 대회 비용을 측정하는 것은 쉽다. 영국정부의 2012년 총지출이 약 6,950억 파운드(이 중 1,050억 파운드가 보건을 위한 비용)에 달했던 반면, 2012년 런던 대회는 6년에 걸쳐 총 11억 3,000만 파운드의 비용이 들었다.

예를 들어, 1998년 나가노 대회를 위해 도쿄에서부터 건설된 고속열차의 경우 또는 2014년 소치 대회에서 공항에서부터 기차, 고속도로까지 모든 교통수단을 정비한 경우와 같이, 올림픽을 위해서 집행된 일부 기반시설에 대한 지출은 일반적인 올림픽 개최에 기대되는 범위를 넘어선다는 점에 주의할 필요가 있다. 하지만 올림픽의 사회적 유용성-질적 연구의 방법으로 고려되어야 할-은 순수하게 경제적인 효과보다 더 중요한 것이 되었다. 유산(legacy)의 개념은, 즉 올림픽의 장기간에 걸친 파급효과, 이러한 사회적 유용성의 관점에서 의미를 갖는 것이다. 1896년 아테네올림픽의 대리석 스타디움, 1912년 스톡홀름의 붉은 벽돌 스타디움, 1972년 뮌헨 대회의 스타디움, 그리고 다른 여러 스타디움들이 유지되었고 오늘날에도 사용되고 있다. 이들은 각각 자신의 도시에서 상징적인 건축물이 되었는데 이것은 올림픽 유산의 예이다.

마찬가지로 런던, 시드니, 바르셀로나 또는 뮌헨에서 만들어진 올림픽 공원들은 지금 이 국가들의 명소가 되었다. 베이징의 올림픽 공원은 '자금성'에서 출발한, 도시계획의 매우 장기적인 전망에 따라 중국 수도의 역사적인 남북 축(north-south axis) 위에 건설되었다. 이 건축물은 파리의 에펠탑(1889년 만국박람회를 위해 건설)이나 시드니의 오페라하우스 또는 생루이스(St. Louis)의 아치교에 비견될 만하다. 이 건축물들이 그들의 도시에 그리고 국가에 가져왔던 사회문화적 편익에 대해 누가 그들의 비용을 문제 삼겠는가? 마찬가지로 뮌헨 대성당, 파리의 루브르 궁전 또는 리우의 구세주 그리스도상에 투자된 돈에 오늘날 누가 관심을 가지는가?

올림픽 도시는 자신의 주민들과 방문객들에게 관광과 이미지의 측면에서 새로운 효과를 갖는 기념장소를 창조하는 기회를 제공한다. 역사 속에 흔적을 남길 수 있는 이러한 가능성에도 불구하고, 많은 도시들이 그것을 개최하기 위해 엄청난 지출을 한 반면, 아주 적은 수의 도시가 올림픽의 유산을 활용한다. 지역주민들에게 즉각적으로 인식되는 학교나 병원에 가져갈 혜택 대신에, 지난 100여 년 동안 만들어진 전문적인 단체들의 도움으로 장기간에 걸쳐 준비하고 운영하며 재정을 충당한, 올림픽의 파급효과를 기억에 간직할만한 진정한 가치는 존재한다.

후기 - 2016 리우 이후

이 책은 2016년도 8월 5일부터 8월 24일까지 열렸던 리우데자네이루 올림픽과, 이어서 8월 7일부터 18일까지 브라질의 옛 수도에서 열린 패럴림픽 이전에 쓰여졌다. 이러한 이유로 이 저서에서 제시한 통계들은 쓰여진 당시에는 최신이라 하더라도 결국 2012년도 런던올림픽까지의 자료를 참조하고 있다. 이는 런던올림픽의 자료들이 신뢰할 만하고 최근에 발표되었는데 비해 리우올림픽의 자료들은 아직 그렇지 못하기 때문이었다.

리우올림픽은 개막식 전날까지, 심지어 올림픽 기간 중에도 발생했던 여러 사건들에도 불구하고, 중대한 불상사 없이 거행되었다. 예를 들면, 경기 시작 불과 며칠 전에서야 완공된 도심과 바라(Barra) 올림픽 공원을 연결하는 지하철 노선의 개통식, 해안가에 위치한 자전거도로 구역 붕괴, 올림픽빌리지(선수촌)의 몇몇 건물들 내의 결함, 올림픽 인프라 공사 관련 잠재적 비리에 대한 수사, 요트 경기장 부교의 붕괴, 프레스센터에서의 총격, 불분명한 패럴림픽 게임 예산 등이다. 도핑, 자원봉사, 매표에 관한 주최기관의 여러 가지 문제들이 드러났고, 이는 올림픽 조직위원회의 이미지와 콘셉트에까지 관련될 수 있기 때문에 곧 다시 살펴볼 문제들이다.

준비 기간의 마지막 6개월과 올림픽 경기 기간 동안 리우올림픽은 개최국가와 개최도시의 전례 없는 정치적, 경제적, 보건적 위기 상황 속에서 전개되었다. 개막 몇 주 전, 연방정부와 내각의 교체를 이끌었던 브라질 대통령이 정직을 당했고 (이후 올림픽이 지나고 탄핵되었다), 앞서 올림픽을 관장해온 체육부장관 역시 정부 자금의 원활한 조달이 필요했던 이 결정적 국면의 와중에 교체되었다. 올림픽은 전통에 따라 개막식 세레모니 시작 당시 대통령이 된 전 부통령(미셰우 테메르)에 의해 개최되었고[5], 야유를 받으며 개회사를 진행하였다.

경제적 관점에서 볼 때 브라질은 올림픽 개최지 결정 몇 해 전부터 누린 강력한 경제성장 덕분에 2009년에 올림픽을 개최할 권한을 부여받았음에도 불구하고, 정작 리우올림픽 개최는 심각한 경기 불황의 시기에 이루어졌다. 이러한 경기 불황은 브라질 국민들로 하여금 2016년 브라질 생활수준에 비해 과도하게 높은 가격의 올림픽 표를 살 수 없도록 하였고, 병원이나 학교에 투자하는 대신 올림픽 개최에 자금을 조달하는 것의 정당성 여부에 대한 의심을 불러일으켰다.

끝으로, 전세계의 미디어들이 태아에게 매우 심각한 기형을 유발하는 '지카바이러스'가 브라질에 만연하다고 확언하여 올림픽 개최를 위태롭게 하였다. 수많은 의사들이 올림픽의 취소나 연기를 촉구할 정도로 논란이 강력해졌지만, 세계보건기구는 (감염의) 위험이 매우 약하다는 것과 남아메리카의 다양한 국가들은 물론 심지어 플로리다에서도 지카바이러스 감염의 숱한 사례들이 나타났다는 것을 공식적으로 표명하였다. 리우 지역이 많은 방법들을 동원해 지카바이러스의 전달매개인 모기와 싸우고 있는 동안에도, 브라질의 의사들은 뎅기열을 옮기는 모기를 박멸하는 것이 브라질에 있어서 훨씬 더 중대한 일이라고 주장하였다. 결국 세계보건기구는 올림픽 이후에 지카바이러스에 의해 감염된 사례가 단 하나도 나타나지 않았음을 공표하였다.

이 마지막 예시는, 보건적 위험 또는 단순히 공사의 지체와 같이 대부분의 사람들이 올림픽 개최에 관해 알고 있는 '나쁜 뉴스'를 올림픽 개최 전 마지막 6개월 간 전파했던 미디어들의 성향을 보여준다. 이와 같이 조직위원회를 부정적으로 묘사하는 뉴스들은, 보통은 올림픽 개막이 가까워질 무렵이 되면 개최국 전역을 관통하는 올림픽 성화 봉송에 관한 이야기로 쇄신된다. 그러나 이 긍정적인 현지 보도가 브라질에서는 그 효과를 내지 못했는데, 왜냐하면 오히려 이 성화 봉송이 올림픽의 정당성에 관한 논쟁의 대상으로 자주 거론되었고, 심지어는 지역 시위로 인해 여러 번이나 짤막하게 방해받곤 했기 때문이다.

---

[5] 브라질 헌법에 의하면, 대통령이 탄핵심사 결정이 되면, 당시 부통령이 대통령직을 승계한다. -각주 첨가 임도빈(구체적인 것은 임도빈, 2016 개발협력시대의 비교행정학, 박영사, 브라질 편 참조)

제1편의 결론 Chapter 8

　이러한 정치적, 경제적, 보건적 혹은 조직위원회 차원의 위기들(적은 수임에도 불구하고 완전히 부풀려진)은 전세계적으로 올림픽의 이미지를 훼손시켰으며, 여러 도시들과 국가들을 미래의 조직위원회 후보자가 되도록 결코 자극을 주지 못했다. 브라질과 리우가 분명히 긍정적인 이미지를 획득하길 원했음에도 불구하고, 실제로 세계적으로 전파된 것은 오히려 부정적인 이미지였기 때문이다. 이러한 상황을 초래하게 된 책임의 일부는 몇몇 불운(정치적인 위기와 동시에 일어난 경제적 위기)에 기인한 것이지만, 그뿐 아니라 (이전의 올림픽들에서도 그랬듯) 당면한 문제들을 보다 잘 예측하고 한 눈에 조망할 수도 있었지만 그러지 못한 소통의 혼선에 기인한 것이기도 하다. 리우올림픽조직들은 올림픽이 제공하는 명성과 이미지 체계가 긍정과 부정의 양방향으로 작용한다는 것을 너무 뒤늦게야 실감하였다. 그리고 남아메리카에서 최초로 올림픽이 열렸다는 사실과 서구가 아닌 국가(1968년 멕시코, 1980년 모스크바, 2008년 베이징을 제외한)에서 열리는 것이 아주 드문 기회라는 사실에 비해, 리우올림픽이 올림픽의 보편성을 강화시킬 의의를 갖는 긍정적인 도전이라고는 여겨지지 못했다. 오히려 고도로 발달된 국가들에서 열렸던 이전 올림픽들만큼(만약 가능하다면 동일한 수준으로) 잘 해야 한다는 것이 마땅한 의무처럼 여겨지고 있었다.

　리우올림픽과 남아메리카에게 주어진 이러한 역할은, 실제로 2009년에 시카고, 마드리드, 도쿄와 같이 자격에 매우 부합하는 개최후보국들에 맞서 브라질의 수도가 승리를 거머쥘 수 있던 핵심 이유이기도 하였다. 국제올림픽위원회(CIO) 앞에서 미국의 도시(시카고)를 소개하기 위한 연설자로 움직인 오바마 대통령은, 최근 CIO의 결정에 부정이 개입하였다고 주장하였다. 이 주장은 CIO 위원들이 대조되는 것 가운데 선택을 해야 할 필요성, 즉 기회와 동시에 자료에 대한 불확실성을 지닌 새로운 나라들과 더욱 권위있는 나라의 도시들 사이에서 CIO가 이러한 선택을 해야 할 필요성을 제대로 이해하지 못하고 있음을 보여주는 것이었다. 이것은 2024년 개최지 결정 시에는 서류상 '최선인' 국가를 고르는 선택이 아니라, 유럽과 미국 사이(파리 혹은 로스엔젤레스)의 선택이 될 것을 의미하며, 또한 강력한 국가적 지지와 더욱 강력해질 것으로 예상되는 상업적 시각 사이에서의 선택이 될 것을 시사한다.

　리우올림픽이 남긴 것은, 이후의 올림픽들이 전반적으로 긍정적일 수 있도록 하기 위해서, 그리고 올림픽이라는 '상표'가 매력적으로 남을 수 있도록 하기 위해서 반드시 해결되어야 할 네 가지 문제들을 드러냈다.

　첫째로, 올림픽 조직위원회(CIO)는 러시아에서 알려진 국가 차원의 도핑 문제에 따라 러시아 팀을 제외시키지 않았으며, 국제경기연맹(FI)에게 각 연맹의 다양한 기준에 따라 러시아 선수들을 허용할지 말지에 대한 결정을 맡겨버렸다. 올림픽 며칠 전에 내려진 이 결정은 커뮤니케이션의 참담한 실패였는데, 왜냐하면 이것이 올림픽 경기의 공명정대함과 내부고발자(특히 러시아가 배신자로 여기는 율리아 스테파노바의 폭로)의 실리에 대한 의심을 하게 되었기 때문이다. 이 문제는 2016년 말 국가도핑관리기구들과 스포츠연맹들이 더욱 독립적일 수 있도록 세계적인 도핑 방지 시스템의 개혁을 추진하는 계기가 되었다.

두 번째로, 거의 30%에 달하는 자원봉사자들이 올림픽 도중에 그만두었는데, 이는 올림픽 참가자들과 관중들을 접대하기 위해 자원봉사자들의 원조를 대거 요청하기 시작한 이래, 즉 1984년 이래 가장 많은 수에 달한 것이다. 이러한 중도 탈퇴는 대부분 자신들의 시간을 할애하는 사람들에게 제공되는 열악한 조건들로 인한 것이었고, 이들은 오늘날 올림픽의 조직위원회 및 이미지에 필수불가결한 사람들이었다. 이제부터라도 이러한 자원봉사자들에 대한 처우를 더 잘 신경써야만 하며, 특히 자원봉사의 전통이 제대로 뿌리내리지 못한 국가에서는 더더욱 그래야만 한다.

세 번째로, 브라질 시장에게는 너무나도 높은 가격의 입장권 때문만이 아니라, 대부분의 경기장 내 과도한 관람석의 규모도 역시 원인이 되어, 경기 기간 동안 너무 많은 좌석들이 빈 채로 남아있었다. 규모가 더 작았더라도 그것이 경기 분위기에는 영향을 미치지 않았을 것이며(관중들은 특히 텔레비전과 인터넷으로 시청하므로), 무엇보다도 이는 경기장의 신설(또는 기존 경기장의 개축)에 있어 상당한 절약을 가능하게 했을 것이다. 또한 만약 표가 팔리지 않을 경우에는 상응하는 수익의 혜택을 얻을 수도 없으면서 조직위원회(COJO)의 예산에 부담만을 주는 '관중들의 접대를 위한 (임시적인) 인프라'에 있어서도 절약을 가능케 했을 것이다.

마지막으로, 올림픽 조직위원회(COJO)는 본래 제때에 올림픽을 개최하는 것에 치중되어 있는 일시적 조직체로서 폐막 후에는 사라지는 조직이다. 이러한 이유로, 올림픽 조직위원회가 올림픽의 유산과 도시에 남을 문화적 자산에 대해 전적으로 신경 쓰는 것이란 매우 어려운 일임을 리우가 증명하였다. 남겨진 유산의 혜택을 장기적으로 누리게 될 지방정부자금 지원을 받는 다른 기관에 올림픽 유산의 계승을 위임하는 편이 더 나았을 것이다. 바라(Barra) 올림픽 공원이나 조직위원회를 위해 필요 이상으로 크게 지어지고 별도로 설치된 데오도로(Deodoro) 올림픽 공원보다, 리우 도시 후원 하에 진행되는 항만 구역('올림픽대로'로 명칭이 변경된)의 재정비가 리우에게는 훨씬 더 중요한 문화적 유산으로 남게 될 것이다.

Part 02

한국의 올림픽과 국가행정

Chapter 9　　스포츠와 국가
Chapter 10　　우리나라의 체육행정
Chapter 11　　스포츠의 정치화
Chapter 12　　평창올림픽: 삼수 끝에 얻은 올림픽 유치
Chapter 13　　올림픽 총괄기구: 평창동계올림픽 조직위원회
Chapter 14　　평창올림픽과 얽힌 이해관계
Chapter 15　　서울올림픽과 평창올림픽의 비교
Chapter 16　　평창올림픽 개최, 과연 남는 장사인가?
Chapter 17　　올림픽의 진실된 손익계산서: 비가시적 효과
Chapter 18　　결론: 스포츠와 정부경쟁력의 제고

제2편은 교육부 재원 SSK(과제번호 NRF-2014S1A3A2044898)의 지원으로 연구되었음

Chapter 9
스포츠와 국가

　2011년 7월, 2018 평창동계올림픽 유치가 확정되었다. 그리고 국민적 염원과 함께 평창동계올림픽은 준비절차에 돌입했다. 그러나 최근에는 평창올림픽이 국가적 골칫거리가 된 모양새다. 한 민간인을 중심으로 한 국정농단 사태가 평창올림픽 사업에도 깊숙이 자리 잡았다는 의혹 때문만은 아니다. 평창올림픽이 한 개인의 이권 사업으로 전락했다는 것보다는 어쩌면 더 근본적인 물음 때문이었다. 그 물음은 바로 '평창동계올림픽의 개최 경험이 우리나라와 사회의 발전에 긍정적일 것이냐' 하는 질문이다. 이 질문이 등장한 것은, 질문에 대한 찬반 양 세력이 첨예하게 대립하고 있기 때문이다. 강원도에 동계올림픽을 유치하려고 본격적으로 시도했던 전 강원도 도지사의 말에 따르면 평창동계올림픽은 그간 소외되어 왔던 강원도의 발전과 국가 전체의 발전을 견인하는 중차대한 기회가 된다. 그러나 작금에 이르러서는 평창동계올림픽의 성공을 확신하는 국민보다 실패나 국가적 손해를 예견하는 국민이 더 많다.

　평창동계올림픽은 스키, 스케이팅, 컬링, 봅슬레이 등 15개 겨울스포츠 종목이 개최되는 대규모 스포츠 행사다. 전세계 6,500여 명의 선수 및 임원단이 참가하고 4만 5,000여 명의 각종 스포츠 관계자들이 참석하는 그야말로 체육인들의 축제다. 하지만 그렇다고 해서 평창올림픽을 단순한 체육행사로 접근해서는 안 된다. 강원도가 평창동계올림픽을 유치하면서 내건 가장 중요한 근거는 평창올림픽이 '대한민국의 이미지를 한층 더 높여주고, 강원도의 발전을 30년 이상 앞당기는 원동력이 될 것'이라는 주장이었다. 이는 동계올림픽을 순수 체육행사가 아닌 강원도의 경제성장과 국가 브랜드 제고의 촉매제로 여기고 있음을 알 수 있는 대목이다. 평창동계올림픽은 정치적·사회적·경제적·문화적·환경적 요인이 뒤엉켜있는 이른바 '메가스포츠 이벤트'다.

　정책을 사회문제의 해결 또는 사회의 진일보를 위해 정부가 결정한 행동지침이라고 정의할 때, 동계올림픽이라는 메가스포츠 이벤트를 국내에 유치하고 개최를 준비하는 모든 과정은 공공정책에 해당한다(임도빈, 2015). 유치가 확정된 순간 평창동계올림픽은 정책이라는 일견 딱딱하고 추상적으로 보이는 단어에서 벗어나 온 국민과 사회에 영향을 미치는 일종의

'생물'이 되었다. 평창동계올림픽이 우리에게 미치는 영향은 생각보다 크다. 개최 준비 과정에서 막대한 재정이 투입될 뿐만 아니라, 개최 후에도 상당한 액수의 재정을 요하는 거대한 스포츠 행사이기 때문이다. 또한 평창올림픽 개최 이후 평창 군민 등 강원도민의 생활은 크게 변할 것이다. 동계스포츠인들 또한 개최 이후 이전과는 다른 경험을 하게 될 것이다. 이와 같이 수많은 사람들의 삶에 영향을 미치는 정책을 집행함에 있어 정부의 각별한 주의가 필요하다. 그러나 정책은 아무리 좋은 목표를 갖고 있다하더라도 종종 실패한다. 동계올림픽이라는 거대한 정책이 실패할 때 우리도 막대한 대가를 치러야 할 것이다.

평창동계올림픽을 두고 여러 잡음이 있다. 특히 평창동계올림픽의 유치 그 자체에 대해서 의문을 품는 이가 많다. 하지만 과거로 시간을 돌릴 수는 없기 때문에 정부는 평창동계올림픽이 국민과 사회에 최선이 되도록 지금 이 순간부터 노력해야 한다. 평창동계올림픽의 발전적 개최 및 관리를 위해서 이와 관련된 현상의 본질과 원인, 그리고 과정과 발전방안에 대해서 탐색할 필요가 있다. 앞서 말했듯이 평창올림픽의 분류는 메가스포츠 이벤트다. 평창동계올림픽의 메가스포츠 이벤트로서의 의의를 논의하기 전에 먼저 스포츠의 행정적 의의와 변천을 살펴봄이 타당할 것이다. 스포츠가 국가적으로 어떤 의미를 지니기에 스포츠 정책이 중요한 국책사업으로 시행되는지를 알 수 있기 때문이다.

1. 근대 국가에서의 스포츠의 의의

고대 국가에서 힘으로 하는 전쟁은 병사들에게 남다른 체력을 요구하였다. 스포츠가 별도의 사회적인 기능으로 구분되지 않았던 고대에는 전쟁과 놀이가 국가에 의해 시민이 동원되는 활동의 일종이었다. 고대로마의 콜로세움에서 벌어졌었던 투사 간 시합은 열광을 통해 군중을 동원했던 측면이 있다.

그러나 기본적으로 근대 국가의 탄생 이전의 스포츠는 정부 개입의 영역이 아니었다. 스포츠는 참여인원의 자유로운 활동이며 그 자체로서 오락의 기능과 정신적 풍요의 기능을 수행하는 것이라는 이상이 있었다. 스포츠는 순수하게 참여와 정신의 고양에 의의를 두는 것으로 여겨졌었다. 따라서 스포츠는 인위적으로 국가가 개입하여 육성책을 펼치거나 규제를 가할 필요가 없었다. 1950~60년대에 IOC 위원장을 지냈던 에이버리 브런디지(Avery Brundage) 역시 스포츠에 대한 중앙정부와 지방정부의 개입에 대해 부정적인 의견을 피력한 바 있다. 스포츠 활동은 이기적이고 계산적인 세계와 구별되어 순수하고 인간적인 경험과 공간을 제공한다는 이상주의적 사고에서 보면 정부는 스포츠 활동을 제약하지 않아야 될 뿐만 아니라 지원조차도 하지 말아야 한다(정홍원, 2002). 근대 국가 이전에는 스포츠는 대개 사적 영역에 머물러 있었다. 스포츠의 순수성을 지키기 위해 국가가 의도적으로 개입을 안 한 것이 아니고 스포츠에 개입할 필요성을 느끼지 못했기 때문이다.

하지만 산업화 이후 올림픽과 같은 제도적인 스포츠가 등장하고 스포츠 프로리그 등이 탄생하며 스포츠에 대한 행정적 개입이 시작됐다. 사회 발전과 함께 점차 스포츠는 국가 개입의 대상이 되었고, 개입의 정도는 강해지고 있으며 범위 또한 확대되고 있다. 정부가 어떠한 영역에 정책적인 개입을 한다는 것은 그 영역이 국가와 국민에게 큰 의미를 지니고 있다는 것이다. 근대 국가가 스포츠에 주목한 것은 크게 5가지 이유로 나누어볼 수 있다.[6]

먼저, 정부는 보건상 이유로 스포츠에 개입한다. 19세기 산업화 시대의 영국의 도시에서는 열악한 환경과 보건시설로 시민들의 건강이 위협받고 있었다. 정부는 전염병 예방과 노동자의 체력 강화를 위해 공원과 체육시설 등을 건설하기 시작했다. 이와 같은 정책은 이후 다른 서구국가들에서 동형화되기 시작했다.

두 번째 이유는 군사적인 목적이다. 근현대 유럽에서는 1·2차 세계대전 등 대규모 전쟁이 많이 발발하였다. 전쟁에서 승기를 잡기 위해서는 동원되는 국민의 체력이 상대국에 비해 월등해야 했다. 따라서 국가는 앞으로 있을지도 모르는 전쟁에 대비하기 위하여, 혹은 진행되고 있던 전쟁에서 승리하기 위하여 청소년과 청년의 체력 강화를 위한 지원활동을 개시하였다. 정흥원(2002)은 이에 대한 예로 영국이 독일과 1937년에 전쟁이 있을 것으로 예상하여 청소년 체력 강화를 위해 체육단체에 재정지원을 했다는 것을 들었다. 유사한 사례로 1차 세계대전을 앞둔 미국과 2차 세계대전을 앞둔 캐나다의 경우를 들 수 있다.

세 번째 이유는 청소년 교육이다. 청소년들은 미래 국가 활동의 중축으로서 청소년에 대한 투자는 국가의 미래를 위한 준비 작업이라고 할 수 있다. 체육을 사회적 덕목을 추구하는 신체활동(MacIntyre, 1981)으로 보는 관점에서는 학교체육을 통해 청소년의 건강한 신체 발육과 인성 교육과 조화의 능력을 배양할 수 있다. 이와 같은 시각을 바탕으로 19세기 영국 및 서구의 정부와 교육자들은 학교에 체육교과를 도입했다.

네 번째로, 스포츠는 권위주의정권의 정치적 목적으로 사용된다. 독재자들은 스포츠를 통하여 국가 위상을 제고할 수 있다고 믿는다. 단적인 예로 독일의 나치 정권을 들 수 있다. 극단적인 인종차별주의자였던 히틀러는 올림픽이 수많은 인종이 섞여 시합하는 운동경기임에도 불구하고 올림픽에서의 국가 순위가 곧 국가 위상을 반영하는 것이라고 보고 각종 체육정책을 실시하였고, 1936년 베를린올림픽까지 유치하여 성대한 대회를 준비하였다. 개막식장

---

[6] 정흥원(2002)은 스포츠에 대한 정부 개입을 설명함에 있어 현대 국가와 우리나라의 사례를 들기도 하지만 상당 부분을 18~19세기 서구사회, 특히 영국의 경우에 주목하여 서술한다. 이 글에서도 정흥원의 논의를 일부 따른다.

에서는 각국의 선수단들이 모두 '히틀러 만세(Heil Hitler)'를 외칠 때 하던 경례를 하기도 했다(전윤수·주동진, 2007). 우리나라 전두환 정권 이후 서울올림픽, 아시안게임 등도 이러한 차원에서 유치되었다고 볼 수 있다.

마지막으로, 스포츠는 갈등을 완화하고 간접적 정치 목적을 가진 외교 수단으로 활용되어 왔다.7) 냉전시대의 미국과 소련은 자신의 진영을 통합하고 상대 진영을 거부하는 수단으로 스포츠를 사용했었다. 다른 국가와 스포츠경기를 유치한다는 것은 상대 국가의 존재를 인정하는 의미를 갖고 있다. 체육경기는 외교의 물꼬를 틀 때 사전적으로 열리는 식으로 외교에 활용되기도 하고, 상대 국가의 지도자나 정책 등에 적대감을 표현함에 있어서 체육경기를 거부하는 식으로 활용되기도 한다. 위 다섯 가지 이유에 덧붙여 정홍원(앞의 글)은 대중민주주의가 안착하기 전의 근대 국가에서 국가는 사회계층 간 차별성을 두기 위하여 체육활동에 개입하기도 했다고 주장한다. 예컨대 근대 유럽에서 사냥은 상류층을 위한 체육활동으로, 하위 계층에 대한 사냥을 국가가 엄격히 제한했다고 한다.

2. 현대 국가에서의 스포츠의 의의

현대 국가에서의 스포츠의 국가적 의의는 근대 국가에서의 스포츠의 의의를 거의 그대로 계승한다. 다만 크게 두 가지 차이점이 발견된다. 먼저 대중민주주의의 정착으로 계급 차별 방편으로서의 스포츠 정책이 폐기되었다.8) 두 번째로, 현대 국가의 외연확장과 복잡성과 함께 스포츠가 갖는 의의도 더욱 다양해졌으며 복잡해졌다. 스포츠가 경제성장의 수단으로 이용되기 시작한 것, 보건을 넘어 복지 분야의 하나로 인식된 것, 사회 통합의 수단으로 적극적으로 활용된 점, 그리고 문화와 관광 융성의 한 수단으로 이용되는 점 등이 이에 해당한다. 본 절에서는 현대 국가에서 추가되거나 정교해진 스포츠의 국가 행정적 의의를 논의한다.

(1) 경제성장의 수단으로서 스포츠

18~19세기, 산업화로 대중의 소비력이 증대되며 스포츠 프로리그가 등장했다. 그리고 국제화로 올림픽과 같은 국제스포츠행사가 등장하고 대규모의 스포츠가 등장했다. 산업화와 국제화는 스포츠를 단순 여가의 영역에서 산업과 시장의 영역으로 이전시켰다. 스포츠는 단

---

7) Strenk(1977)은 스포츠가 국제 관계에서 활용되는 방식을 다음과 같은 6가지로 분류했다. (1) 국가로 인정 또는 거부하는 수단, (2) 이념의 전파 수단, (3) 국가 위상 제고 수단, (4) 국가 간 우호 증진 수단, (5) 타국에 대한 저항의 수단, (6) 물리력의 행사가 배제된 전쟁의 수단.
8) 스포츠에 대한 마르크시즘적 시각에서는 스포츠가 여전히 지배계급의 이해를 반영하고 하위계급에 대한 조작의 수단으로 이용되고 있다고 본다(Brohm, 1978).

지 건강증진과 정신고양 등의 무형적인 이익만을 증진시킨다고 평가되어 왔었지만, 산업화와 국제화로 유형적·경제적 이익을 발생시키는 하나의 산업 분야로 재탄생한 것이다. 스포츠산업은 관람스포츠 및 참여스포츠에 관한 재화나 서비스를 생산 및 유통함으로써 부가가치를 창출하는 경제 활동이다(국민체육진흥공단, 1999). 스포츠산업의 특징은 몇 가지로 함축될 수 있다.

먼저, 스포츠 활동의 증가는 국가 경제의 성장에 크게 기여 한다(정홍익, 2002). 대표적인 스포츠산업인 프로리그를 예로 들어보자. 프로리그 산업 내에서만 해도 수많은 경제주체 그리고 행위자가 존재한다. 경기장에서는 선수와 지도자, 심판, 그리고 관람객 등이 스포츠관련 재화를 거래한다. 또한 스포츠 중계를 통해서 중계자, 스폰서십을 보유한 후원사, 시청자 등이 경제적 교환을 한다. 또한 프로스포츠 머천다이징과 광고 등의 스포츠 상품화를 통해 수요와 공급이 창출된다. 스폰서십을 예로 들자면, 타이거 우즈 광풍이 불었던 90년대 말, 나이키는 타이거 우즈의 골프 대회 우승으로 매출이 30% 이상 증가했다.[9] 이러한 세계적 추세에 우리나라도 예외는 아니다. 2014년 기준 우리나라의 스포츠산업의 매출액은 63조억 원을 돌파할 정도로 스포츠는 하나의 거대시장을 형성하고 있다.

[표 19] 한국 스포츠산업의 업종별 매출액(2012~2014) (단위: 십억 원, %)

구분	2012년도		2013년도		2014년도		증감률 (2013년 대비)
	매출액	비중	매출액	비중	매출액	비중	
스포츠시설업	11,973	20.8	14,221	23.0	15,095	23.9	6.1
스포츠용품업	27,233	47.4	31,103	50.3	31,376	49.7	0.9
스포츠서비스업	18,273	31.8	16,529	26.7	16,677	26.4	0.9
합계	57,479	100	61,853	100	63,149	100	2.1

출처: 문화체육관광부. (2015). 2015 스포츠산업 실태조사 보고서, 6p.

둘째, 스포츠산업은 경제활동의 한 유형으로서 국가 경제에 직접적인 영향을 미칠 뿐만 아니라 간접적인 방식으로도 국가 경제에 큰 기여를 한다(정행득·이상호, 2002). 스포츠 활동으로 인한 국민의 체력 증진과 삶의 질 증진은 산업인력의 생산성이 강화된다는 논리이다. 또한 스포츠맨십 함양과 협력과 경쟁의 경험은 국가의 인적자본의 수준을 높이는 하나의 방편이 된다. 나아가 스포츠는 대개 공동체 활동이기 때문에 사회신뢰 등 사회자본을 확보하여 경제 발전에

---

9) 김종, 미래산업-스포츠마케팅, 중앙일보 칼럼, 1998년 5월 20일자, 종합 6면.

이바지하는 계기가 된다. 즉, 인적자원의 질이라는 측면에서 국가행정이 관심을 갖게 된 것이다.

셋째, 스포츠산업은 다른 산업과 연계성이 매우 높다(안민석, 1999). 세계 대부분의 나라가 경제성장과 더불어 일자리 창출을 가장 중요한 정책문제로 보고 있는 가운데, 스포츠산업이 산업연관 효과가 높다는 것은 주목해야 할 점이다. 스포츠산업에는 경기시설 건설업, 스포츠시설 운영업, 스포츠용품 제작업, 스포츠 베팅업, 스포츠 마케팅업, 스포츠 미디어업, 스포츠 교육업 등 수많은 하위 산업들이 창출된다. 문화체육관광부(2015a)는 스포츠산업을 스포츠시설업, 스포츠용품업, 스포츠 서비스업 등 세 업종으로 대분한다. 이 업종은 다시 다음과 같이 20개로 중분류된다.

> 경기장 운영업, 참여스포츠 시설 운영업, 골프장 및 스키장 운영업, 수상스포츠시설 운영업, 기타스포츠시설 운영업, 스포츠 건설업, 운동 및 경기용품 제조업, 스포츠 의류 및 관련 섬유제품 제조업, 스포츠 가방 및 신발 제조업, 운동 및 경기용품 도매업, 운동 및 경기용품 소매업, 운동 및 경기용품 임대업, 스포츠 경기업, 스포츠 베팅업, 스포츠 마케팅업, 스포츠 미디어업, 기타 스포츠 정보 서비스업, 스포츠 교육기관, 스포츠 게임 개발 및 공급업, 스포츠 여행업.

나아가 현대에 이르러서는 제조업, 운영업, 건설업, 마케팅업, 복권업 등 수많은 분야를 망라하는 시장에서 스포츠 관련 시장이 형성되고 경제적 거래가 성사되고 있다. 스포츠산업의 경제적 영향은 스포츠산업 그 자체에서만 끝나는 것이 아니다. 정지명 외(2011)에 따르면 스포츠산업의 생산유발계수는 2008년 기준 2.148이다. 다시 말하자면, 스포츠산업에서의 수요가 1단위 발생할 때 이 수요를 만족하기 위해 직·간접적으로 유발되는 생산효과는 2.148로, 스포츠산업 자체를 뛰어넘어 다른 산업에서 파생되는 효과가 나타나는 것이다.[10]

마지막으로, 스포츠산업은 고용창출 효과가 크다. 스포츠 경기에 참여하는 선수와 감독, 심판 등은 모두 사람이다. 스포츠 경기에서만큼은 기계화와 자동화에 한계가 있기 때문에 인력이 자본으로 대체되는 현상이 상대적으로 낮다고 할 수 있다. 또한 스포츠는 하나의 문화상품과 관광상품으로 향유되는 경향이 커 간접적인 고용 유발 효과 또한 매우 높다고 할 수 있다(방지선, 2010). 주요 국정 지표의 하나가 일자리 창출인 정부도 일자리 정책의 일환으로 말 산업 육성, 체육 일자리 창출 확대를 목표로 내건 바 있다. 비록 특정인의 영향력이 컸었기 때문에 합리적 정책 결정이라고 보기는 어렵지만, 산업으로서의 스포츠를 보기 시작하는 것은 긍정적인 것이라고 하겠다.

신선윤 외(2015)에 따르면 우리나라 스포츠산업의 시장 규모는 연평균 성장률이 11.4%로 시장의 저변 확대 속도가 매우 빠르다. 따라서 우리나라에서도 스포츠의 산업가치가 부각되며 스포츠 관련 업종의 활성화를 위한, 법적 근거가 생기기에 이르렀다. 즉, 국가행정이 산업적 측면에서 체육정책에 적극적으로 개입하기 시작한 것이다. 2010년에 스포츠산업진흥법이 시행되기 시작한 것이다. 스포츠산업진흥법 제정으로 각 지방자치단체와 문화체육관광부는 스포츠산업 진흥계획을 수립하여 스포츠산업의 발전을 도모할 법적 근거를 갖게 되었다. 문화체육관광부는 '스포츠비전 2018'과 '스포츠산업 중장기 발전계획(2014~2018년)'을 발표하고 스포츠산업의 육성책을 적극적으로 실시하고 있다.

(2) 복지의 한 영역으로서의 스포츠

스포츠 복지는 전 국민의 스포츠 활동에 대한 접근을 보장하고, 삶의 질 향상을 위한 스포츠 활동 향유하는 것이라 개념 지을 수 있다(노용구, 2016). 스포츠 복지에 국가가 개입해야 하는 헌법적 근거는 헌법 제10조와 헌법 제36조의 제3항을 들 수 있다. 우리나라 헌법은 제10조를 통해 국민의 행복추구권과 기본적 인권을 보장하고, 제34조를 통해 인간다운 삶을 위한 국가의 의무에 대해 서술한다.11) 해석하자면, 헌법 제10조와 헌법 제34조는 국민의 삶의 질과 인간다운 생활을 할 권리라는 측면에서 광의의 스포츠 복지를 보장하는 것이다.

헌법 제36조의 제3항은 보건이라는 협의의 스포츠 복지를 보장하는 규정이라고 할 수 있다. 헌법 제36조의 제3항을 구체화시킨 법문으로 해석되는 국민체육진흥법의 제1조도 '국민체육을 진흥하여 국민의 체력을 증진하고, 건전한 정신을 함양하여 명랑한 국민생활을 영위'할 것을 목적으로 한다. 즉, 국가가 스포츠를 통하여 국민의 건강을 도모해야 할 의무가 있는 것이다.

스포츠 복지를 위와 같이 광의와 협의로 나누어 본다면, 협의의 스포츠 복지는 이미 근대 국가에서 시작되었다. 앞서 말했듯이 산업화 시기의 영국은 열악한 도시 환경과 보건시설로 인한 전염병 유행과 국민체력 약화를 방지하기 위해 체육정책을 실시한 바 있다. 그러나 20

---

11) 헌법의 규정 어디에서도 스포츠에 대한 언급은 없다. 그러나 스포츠가 국가와 사회에 갖는 의의가 중대함이 인정되기 때문에 헌법의 영역으로 인정되고 있다. 일반적으로 스포츠에 대한 헌법적 근거에 대하여 다음 3개의 조문이 언급되고 있다.
제10조: 모든 국민은 인간으로서의 존엄과 가치를 가지며, 행복을 추구할 권리를 가진다. 국가는 개인이 가지는 불가침의 기본적 인권을 확인하고 이를 보장할 의무를 진다.
제34조 제1항: 모든 국민은 인간다운 생활을 할 권리를 가진다.
제2항: 국가는 사회보장·사회복지의 증진에 노력할 의무를 진다.
제36조 제3항: 모든 국민은 보건에 관하여 국가의 보호를 받는다.

Part 2 한국의 올림픽과 국가행정

세기를 지나며 스포츠는 전염병 예방 등의 소극적인 보건정책에서 진일보하여 적극적인 사회복지 정책의 대상이 되었다. 사무직 비중이 증가하고 교통수단이 발달하며 운동 부족이 사회적 현상이 되면서부터다. 운동 부족은 각종 성인병과 만성질환을 폭증시키는 원인이다. 로봇, 자동화로 인하여 육체노동자가 줄어들고, 사무실 근무가 많아지는 고용구조 변화가 스포츠행정의 중요성을 가져오게 한 것이다.

스포츠는 운동 부족으로 인한 각종 육체적·정신적 질병을 조기에 예방할 수 있다. 질병 예방 방편으로서의 스포츠 복지가 국가정책으로 전격적으로 채택된 배경에는 질병 예방으로 국가예산이 절감된다는 연구 결과가 쏟아졌기 때문이기도 하다.12) 만성질환은 국가예산에 부담이 될 뿐만 아니라 국가생산성 손실을 초래하기도 하는데, 한 연구에 따르면 질병으로 소득기회를 상실함으로써 초래되는 생산성 손실은 GDP의 0.8%에 이른다고 한다(김종량, 1996).

협의의 스포츠 복지는 스포츠를 보건과 복지의 단순한 수단으로 활용되는 것이었다면, 광의의 스포츠 복지는 스포츠가 인간의 권리로 인정되고 국가가 이를 보장하는 것을 말한다. 즉, 광의의 스포츠 복지는 스포츠가 다른 정책목적의 실현을 위한 부차적인 수단이 아니라, 스포츠 그 자체가 하나의 복지권으로 인정되는 것이다. 이러한 관점에서 스포츠 복지는 전국민을 대상으로 하나, 그 중에서도 특히 우선순위가 되는 대상은 소외계층이 되어야 한다. 저소득층, 장애인, 외국인근로자 등 소외계층은 여러 가지 사회적·경제적·신체적 조건들로 인해 체육활동에의 접근이 제한되어 있다. 그렇기 때문에 실질적으로는 복지권이 보장되고 있지 않다고 볼 수 있다. 스포츠 향유가 형평성 원칙에 맞지 않는 것이다. 소외계층의 스포츠권을 보장하기 위해 국가는 공공 스포츠시설을 확보하고, 스포츠 기구 및 용품 대여를 지원하며, 스포츠 교육을 제공할 수 있어야 한다.

(3) 사회통합의 촉매제로서의 스포츠

스포츠는 사회를 통합하는 데에 매우 효과적인 수단이 된다. 스포츠가 사회통합에 일조하는 방법은 여러 가지다. Nixon & Frey(2002)는 국가발전에서의 스포츠의 역할을 기능주의적 시각에서 접근한다.13) 기능주의적 시각에서 볼 때 스포츠는 사회 내부의 운영을 강화하

---

12) 1978년 1,820억 달러에 이르는 미국의 국민의료비와 1984년 기준 12조 8,000엔에 달하는 일본의 국민의료비 모두 운동 부족으로 인해 소요된 의료비가 30% 정도 차지한다는 연구가 있었다. 또한 캐나다의 온타리오 주정부 위탁 연구결과에 의하면 35세 이상의 국민의 평균체력 유지를 통해 연간 130억 캐나다 달러의 의료비를 절약할 수 있다(김종량, 1996).
13) 스포츠사회학에서 기능주의는 스포츠가 사회의 정상적인 기능 유지를 위해 사회구성원들에 사회적 가치와 규범을 내재화시켜 사회를 통합하는 기능을 수행한다고 보는 이데올로기다.

는 수단으로 이용된다. Nixon & Frey는 스포츠는 크게 국가발전에서의 5가지의 역할을 한다고 분류했다.

먼저 첫 번째는 국내정세 안정과 국가정체성 확립의 역할이다. 스포츠는 격동의 시기에서 사회 안정을 이루는 데 중요한 역할을 한다. 국제경기에서 승리하거나 스포츠이벤트를 유치하는 것이 대내적으로는 국민통합을 유도할 수 있다면, 대외적으로는 자국의 우월함을 국제적으로 증명하는 하나의 지표가 된다. 쿠바의 피델 카스트로는 1959년 혁명 뒤의 혼란했던 정치와 사회의 질서를 회복하고 대중적 지지를 받기 위해 체육프로그램의 제도화를 시도한 바 있다(Arbena, 1993; Nixon & Frey, 2002에서 재인용). 관심의 대상이 사회에서 스포츠 행사로 이전이 되면, 국내 정세의 안정을 가져올 수 있다는 것을 발견했다. 유사한 사례로 우리나라 제5공화국의 스포츠 정책을 들 수 있다. 우리나라 제5공화국 당시 이른바 '3S(Sports, Screen, Sex)' 기조의 하나로 체육의 진흥을 추진했던 것도 국민단합의 일환이었던 것을 생각해 볼 수 있다. 미국에서는 농구, 미식축구, 야구 등이 국민들을 단합시키는 역할을 한다. 이렇게 보면 스포츠가 정부의 이해에 맞게 변형되는 유용한 도구가 될 수 있음을 알 수 있다.

둘째, 스포츠는 사회제도의 변화를 위한 소통의 통로 역할을 수행한다. 특히 대형 스포츠 시설은 대중에게 국가의 경제·사회적 변화를 알리는 공간이 된다. 현대 국가에서 불특정 다수가 모이는 공적 공간(public space)의 확장과 관리는 매우 중요하다(임도빈, 2016b). 아프리카의 지도자들은 농업, 보건, 출산 정책의 변화를 스포츠 경기장을 활용해 국민에게 전했고(Uwechue, 1978; Nixon & Frey, 2002에서 재인용), 냉전시대의 구소련은 사회주의 건설 과정의 주요 역할을 스포츠에 부여했다(Riordan, 1980; Nixon & Frey, 2002에서 재인용).

세 번째로, 스포츠는 사회조직을 조정하는 역할을 담당하기도 한다. 즉 스포츠정책 또는 행사의 기획과 집행을 두고 중앙정부와 지방정부가 협력과 조정의 활동을 해야 하기 때문에 스포츠는 관련 기구 간의 협력의 제도화를 촉진한다(Arbena, 1985; Nixon & Frey, 2002에서 재인용). 모든 국민은 스포츠 단체에 참여할 가능성이 있고, 이들은 스포츠 활동을 통해 서로 상호작용을 하는 것이다. 전국체전이나 도체전 등 각종 경기는 주민들 간의 의견조정과 협력을 가져오게 하는 계기가 된다. 조정과 협력이 하나의 네트워크로 제도화되면 후에 중앙과 지방정부 간에 민감한 정책을 공동으로 실행함에 있어 갈등으로 인한 낭비를 줄일 수 있다.

넷째, 스포츠는 인적자원을 개발하는 역할을 한다(Bailey, 2006). 스포츠조직의 지도자들은 의사소통과 기획의 능력을 향상시킬 수 있다. 또한 선수나 관람객은 스포츠 경기의 규칙을 알게 되고, 이를 지키는 범위 내에서 경기를 진행하며, 패배했을 때에도 깨끗이 승복하는 것을 배운다. 즉, 시민들은 스포츠를 통하여 표준 규칙에 의거하여 행동하는 방식을 함양하게 된다. 환언하면, 스포츠가 스포츠 인사와 시민들의 역량을 배양시켜 인적 인프라를 구축하고 사회발전에 이바지한다.

　마지막으로, 스포츠는 가치와 문화를 현대화하는데 일조한다(Elias & Dunning, 1986; Nixon & Frey, 2002에서 재인용). 오늘날 전 세계의 많은 국가들에서도 현대적 형태의 스포츠가 향유되고 있다. 자국 문화의 원시성을 줄이기 위한 하나의 방편으로 현대 스포츠를 적극적으로 받아들인 결과이다. 스포츠는 세계인의 공통관심사가 되고, 대화거리를 제공하는 것이다. 외국인과의 교류를 통하여 그 나라 국민의 교양과 문화수준이 높아지는 것이다. 또한 스포츠 이벤트의 개최를 시민의식을 고양시킬 수 있는 발로로 여겨지는 경우도 있다. 예컨대, 88서울올림픽 개최를 준비하며 우리나라는 국민들을 대상으로 도시환경 가꾸기, 질서 지키기, 친절운동 등에 자율적으로 참여할 것으로 홍보했었다(도명정, 1988).

Chapter 10

우리나라의 체육행정

근대 이전에는 체육활동은 개인의 자유로운 사적 영역으로서 행정의 대상으로 생각되지 않았다. 농업생산성이 낮고 귀족이 존재하는 사회에서 평민은 육체노동을 통하여 체육을 하고, 귀족들은 레저로써 체육을 한 셈이다. 그러나 현대에 이르러서는 체육은 모든 국민이 관련되는 것으로, 행정의 한 분야로 자리 잡았다. 행정의 한 분야로서 체육행정은 '스포츠에 관한 공적인 목적을 달성하기 위하여 계획을 수립하고 집행하며 관리하는 일련의 협동적 행위'라고 정의내릴 수 있다. 체육행정이 탄생한 근거는 제9장의 국가에서의 스포츠의 의의에 서술되어 있다. 이 장에서는 체육행정의 구체적인 모습을 포착하고자 한다. 해당 장에서는 우리나라의 체육행정을 자세히 살펴보기로 한다. 먼저 역대 정권의 중앙체육행정조직과 체육정책의 변천사를 통해 우리나라의 체육행정의 성격을 파악하겠다. 다음으로 지방자치단체의 체육행정 현황에 대해 알아봄으로써 평창동계올림픽 행정에 관한 배경지식을 채우고자 한다. 다음으로 정부조직은 아니지만 우리나라 체육행정에서 중요한 역을 맡는 대한체육회에 대해 탐색하고, 이후 체육예산에서 큰 비중을 맡는 국민체육진흥 기금에 대해 탐색함으로써 체육조직과 체육예산에 대한 지식을 습득하기로 한다.

1. 우리나라 체육행정조직의 변천

(1) 미군정기와 제1공화국의 체육행정(1945~1961)

제3공화국 수립 이전까지의 우리나라에는 체육정책은 거의 수립되지 않았다. 일제의 지배에서 갓 벗어나고, 이어 한국전쟁을 거치는 혼란의 시기에서 체육은 정책수립자의 큰 정책적 관심을 받지 못했다. 이때의 체육정책은 주로 학교체육 위주로, 학교에서 체육 교육을 강의할 것과 체육 교육 시간은 어때야 하는지 등에 대해서만 지침이 있을 뿐이었다.

광복 이후의 최초의 체육에 대한 행정조치는 미군정에 의해 내려졌다. 미군정은 1945년 9월 '신조선을 위한 교육 방침'을 각 도에 하달했다. 해당 방침에서 미군정의 학무국은 교육상 유의할 점의 8번 항으로 "체육을 적극적으로 장려하여 강건한 기우를 함양할 것"을 지시했다. 미군정기의 체육정책은 매우 간소한 형태였지만, 체육이 행정의 영역에 들어왔다는 데 중요한 의의가 있다. 체육이 행정의 대상에 들어온 것은 체육이 국가적으로 중대한 의의를 있음을 인정받았기 때문이다. 즉, 체육의 성과가 국방력과 생산력에 영향을 미치며, 애국심과 책임감을 발휘하게 할 수 있고, 단체적 협동을 숙달케 하는 등 체육이 국가의 운영에 크게 도움이 될 것이라는 생각에 기반한 것이다.[14]

제1공화국이 수립된 이후에도 체육에 관한 행정은 미군정기의 체육정책의 연장선상에 있었다. 즉, 체육행정이 학교체육 위주로 이루어진 것이다. 미군정기 종료와 대한민국 정부 수립 이후 체육과 교과과정이 두 차례 개편되는데, 주당 학교체육수업 시간에 관한 내용을 골자로 한 개편 조치였다. 정부조직도표 상에서 봐도 학교교육을 담당하는 문교부에서 체육을 담당하였다[15]. 체육행정 전담부서는 문교부 '문화국' 내의 '체육과'였다. 문교부에 있는 22개의 국 중 하나일 뿐이었다. 체육행정업무를 담당하는 공무원은 4명 내외였다. 체육행정에 매우 열악할 수밖에 없는 정부구조였음을 알 수 있다.

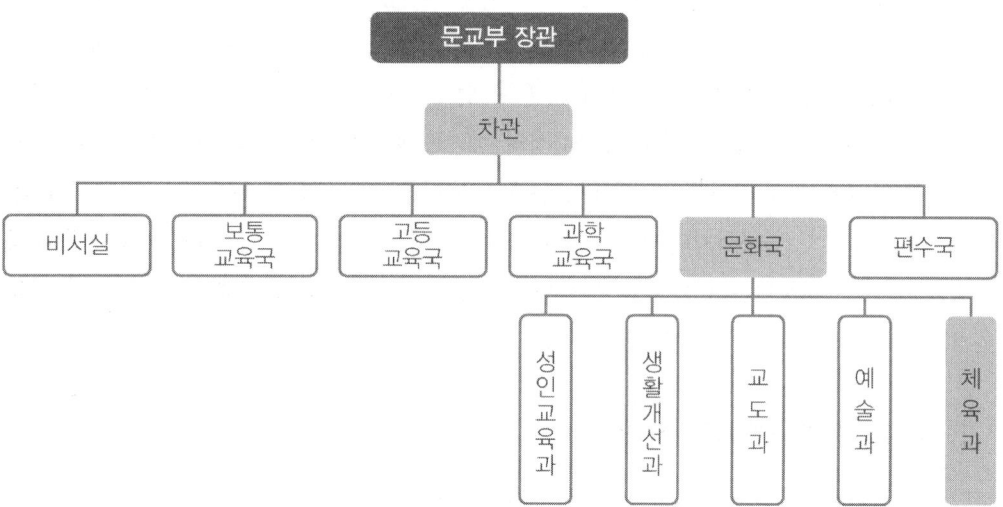

[그림 8] 1948년 11월 4일 문교부 직제(대통령령 제22호)

---

14) 김달우, 1992, 해방 이후 학교체육의 재편 및 정착과정에 관한 연구: 1945~1955년을 중심으로, 서울대학교 대학원: 체육교육과 박사학위 논문.
15) 임도빈, 2014b, 중앙부처조직의 개편에 관한 연구: 역사적 시각에서, 한국조직학회보, 11(1), 1-45.

(2) 제3·4공화국의 체육행정(1961~1979)

제3공화국은 한국 체육행정의 도약기로 평가된다. 박정희 정권의 정책에서 스포츠가 차지하는 비중은 매우 컸고 우리나라의 체육 수준이 매우 발전하였다. 박정희 정부가 이처럼 스포츠에 큰 관심을 두었던 것은 체육에 대한 박정희의 개인적인 관심 때문이기도 하지만, 체육을 통해 애국심을 고취하여 박정희 정권의 부족한 정당성을 보충하고 국민단결을 통해 경제성장의 드라이브를 제동하기 위함이었다(이학래·김종희, 1999). 즉, 체육을 통해 사회통합을 꾀한 것인데, 제3공화국의 스포츠 행정은 '스포츠 내셔널리즘'으로 요약된다.[16] '체력은 국력'이라는 구호는 이를 단적으로 보여준다.

1961년, 5·16 사태로 정권을 잡은 박정희 정권은 같은 해 8월 12일 법률 제681호를 제정하여 중·고등학교와 대학 입학시험에 체능 검사를 삽입함으로써 체육정책의 신호탄을 알렸다. 이어 과(課) 수준이던 체육조직을 국(局) 수준으로 승격하고, 아래에 국민체육과와 학교체육과를 신설하였다. 체육국의 인원은 20명이었고, 예산도 1억 원으로 대폭 확대되었다.

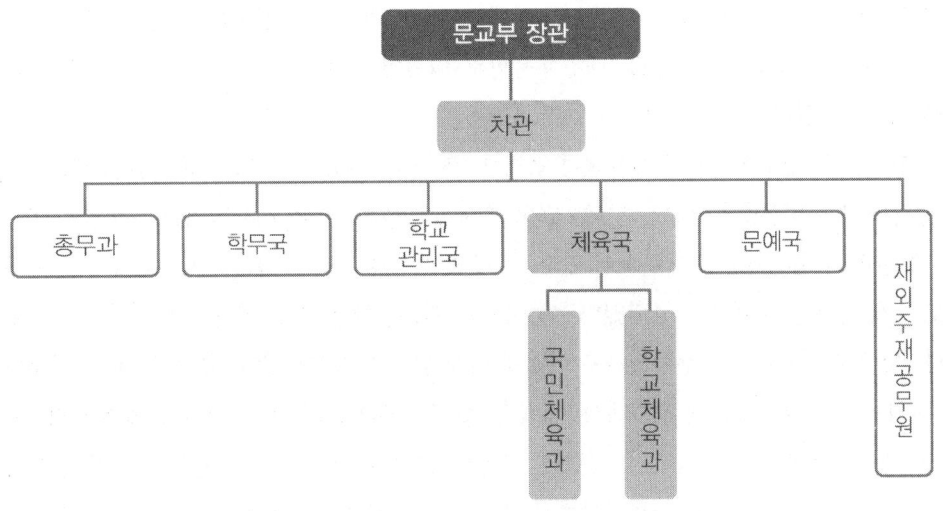

[그림 9] 1961년 10월 2일 문교부 직제(각령 제180호)

---

16) 스포츠 내셔널리즘이란, 스포츠가 민족주의적 요소를 강력하게 내포하는 것을 말한다. 자국의 스포츠 활동은 자민족의 우수성을 드러내는 것으로 받아들여지게 되고, 국제경기에서의 우승이나 국제스포츠행사 유치를 통해 국민들은 민족과 국가에 강한 자부심을 느끼게 된다. 스포츠 내셔널리즘이 성립되면 정권에 대한 국민의 반감을 축소·은폐할 수 있다.

이 때 추진된 대표적인 체육행정은 1962년 9월, 국가재건최고회의에 의해 제정된 국민체육진흥법이다. 국민체육진흥법은 국민의 체력증진과 건전한 전신의 함양을 목적으로 하는 것으로, 체육진흥에 관한 제도적 정비를 위한 법적 근거가 되었다. 국민체육진흥법의 제정과 함께 국민체육심의위원회가 설치되었고, 체육의 날과 체육주간이 설정되었다. 또한 국민체육진흥법에 따라 체육지도자 양성의 중요성이 공표되었으며 체육시설과 체육용구의 생산을 장려했다. 국민체육진흥법은 지방정부와 민간체육단체 등에 국고를 지원할 수 있도록 했다.17) 즉, 교육생인 학생뿐만 아니라 국민 전체를 대상으로 하는 생활체육으로 확대를 기도한 것이다. 비록 재원의 제약으로 실제 정책집행을 통한 효과까지는 가져오지 못했지만, 적어도 개념상으로 중요한 발전이 있었던 것은 사실이다.

그러나 정부조직 내 체육행정조직의 확대는 오래가지 못했다. 제3공화국의 정식수립 이후 정부조직법 개정에 따라 체육국은 다시 문예체육국 내의 체육과로 축소되었다.18) 이어 1968년 문예체육국의 명칭에서 '체육'이라는 단어가 사라지면서 사회교육국으로 개칭되었다. 이와 같이 체육행정조직이 '과' 수준에 머물러있던 7년 동안에는 실제로도 체육행정 활동은 미미했다. 이 시기에 이루어진 체육정책에는 대한체육회의 통합이 있다. 이전까지 대한올림픽위원회와 대한학교체육회, 대한체육회로 나뉘어져있던 3개의 체육 사단법인을 68년 대한체육회로 일원화한 것이다.

1970년 8월 31일에 이르러 체육전담 조직으로서 다시 체육'국'으로 승격되었다. 체육국으로의 승격은 체육전담행정조직이 다루는 일의 중대성과 양이 큰 폭으로 확대된다는 것을 의미한다. 즉, 조직과 활동과는 비례관계에 있다. 실제로 박정희 정권의 체육정책의 대부분은 체육국으로 다시 승격된 이후에 형성되었다. 이 시기의 체육정책은 주로 엘리트체육 진흥에 치우친 모양새였으나 학교체육과 생활체육도 이전에 비해 현저히 발전하였다. 학교체육과 관련하여서는 1971년 초·중·고등학교 수준에서 '체력장'을 도입하여 교과목에서 체육을 등한시할 수 없게 한 것이다. 체력장이란 달리기, 턱걸이, 윗몸일으키기 등 간단히 종목에서 일정 수준 이상이 되도록 하는 일종의 표준화된 체력시험이었다. 이를 통하여 학생들이 체육활동을 생활화하는 계기가 된 것이다. 또한 정부예산지원을 통하여 1972년 학교체육시설 5개년 계획을 수립하고 집행한 것도 중요한 발전으로 들 수 있다. 생활체육에 관해서는 1970년 체육시설 확충 3개년 계획을 수립하여 생활체육시설을 설치 및 확충한 정책이 있다(황수연, 2003: 84, 88).

---

17) 행정자치부 국가기록원 기록정보콘텐츠, "국민체육진흥법" 검색, http://www.archives.go.kr
18) 1963년 12월 16일 각령 제1737호에 의해 축소 조치가 단행되었다. 이후 1968년 7월 24일 대통령령 제3512호에 의해 문예체육국이 사회교육국으로 바뀌었다.

우리나라의 체육행정　Chapter 10

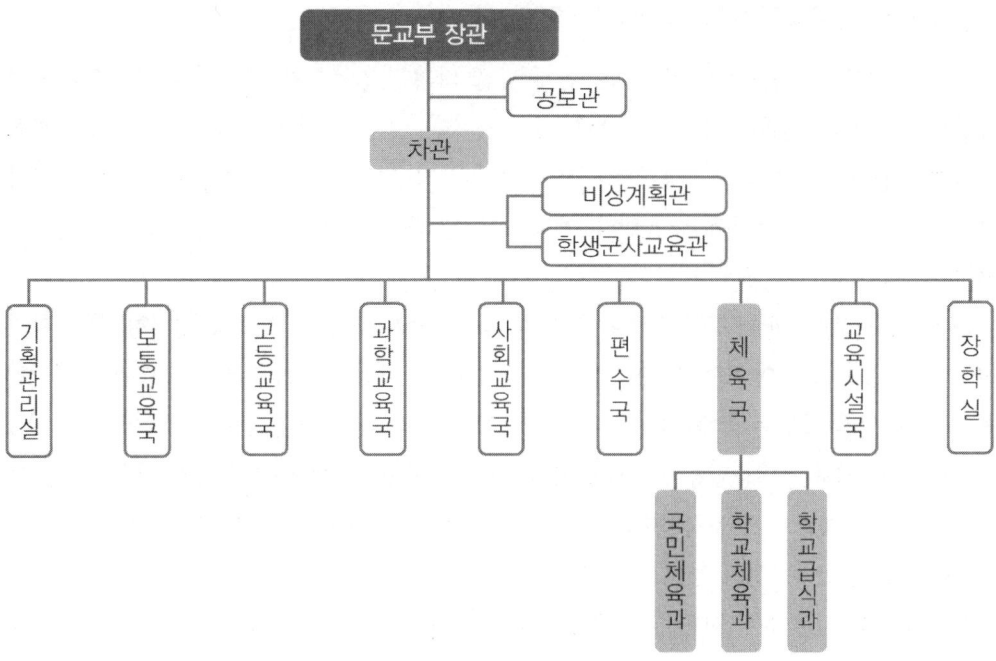

[그림 10] 1976년 2월 18일 문교부 직제(대통령령 제7991호)

　학교체육이나 생활체육으로 보이는 체육정책의 대부분은 엘리트체육을 위한 토대가 되었다. 일례로 체육중·고등학교 설치나 체육특기자 전형 신설, 국민체육진흥기금의 설치를 들 수 있다. 국제스포츠대회 입상자의 상당수가 체육학교 출신이라는 사실을 통해 이 정책이 엘리트체육을 위한 것임을 알 수 있다.

　국민체육진흥기금은 박정희 정권의 엘리트체육정책의 가장 큰 성과라고 할 수 있다. 1972년 국민체육 진흥과 스포츠 경기 수준의 향상을 위해 국민체육진흥재단을 설립하여 국민체육진흥기금을 운영케 하였다. 이는 3년 뒤 대한체육회에 인수되어 그 규모가 대폭 확대되었는데, 엘리트 체육 지원사업의 밑거름이 된다. 올림픽이나 아시안게임 등 대형국제스포츠대회에서 입상한 자들에게 연금을 지급하고 체육훈장을 수여하는 정책도 이 때 제정되었는데, 이는 엘리트체육정책의 정수라고 할 수 있다(김승영, 2004: 55). 박정희 정권의 엘리트체육정책은 76년 몬트리올 하계올림픽의 레슬링 종목에서 양정모가 금메달을 수상한 것을 시작으로 과실을 맺기 시작했다고 평가되었다.

(3) 제5·6공화국의 체육행정(1980~1992)

박정희 정권이 1979년 10월 급작스럽게 막을 내리고 전두환의 군사쿠데타로 새 정권이 출범했다. 전두환 정권은 박정희 정권을 계승하는 측면이 강했다. 전두환 정권 역시 박정희 정권과 마찬가지로 정당성이 약했기 때문에 부족한 정당성을 메울 무언가가 필요했다. 따라서 전두환 정권 역시 체육을 이용했다. 제5공화국은 제3공화국보다도 체육을 더욱 적극적으로 활용했다.

체육전담조직이 '과'나 '국' 수준이었던 과거와는 달리 체육전담부처를 신설한 것은 획기적인 변화이다. 즉, 1982년 3월 20일 1실 3국 10과의 체육부가 발족했다. 올림픽과 아시안게임 개최 준비 업무는 국제체육국이, 엘리트 체육 관리 및 육성은 체육과학국이, 학교체육과 생활체육 업무는 체육진흥국이 담당했다. 전두환 정부가 체육부를 설립한 이유는 무엇보다도 86아시안게임과 88올림픽대회의 개최준비 업무를 지원하기 위해서였다.

88서울올림픽은 박정희 정권 말기에 추진되어 오던 것이다. 1979년 국민체육진흥심의회에서 올림픽의 서울 유치 계획을 의결했고 박 전 대통령의 재가를 받았다. 그러나 1979년 대통령의 갑작스러운 죽음으로, 올림픽경기의 한국 유치 추진은 유야무야되는 듯했다. 전두환 정권은 집권한 해인 1980년 11월 IOC에 유치신청을 하며 박정희 정권의 계획을 계승했다.

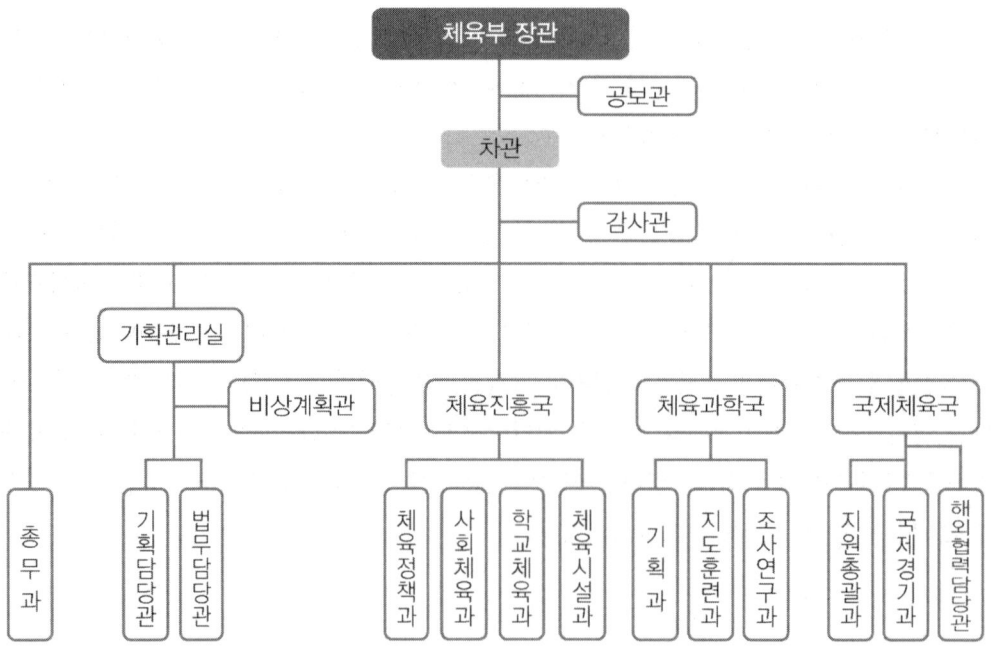

[그림 11] 1982년 3월 20일 체육부 직제(대통령령 제10767호)

1981년 9월 서울올림픽대회 개최가 확정되었고 같은 해 11월, 86아시안게임도 유치가 확정되었다. 그러나 이것도 군사정권이 일사천리로 아무 어려움없이 추진한 것은 아니다. 당시 부족한 정부 예산 등을 이유로 유치에 반대하는 목소리가 많았고, 우리나라가 유치권을 획득한 이후에도 이를 반납해야 한다는 의견이 있었다. 이런 비판과 우려를 의식한 듯, 정부는 연이어 개최될 두 메가스포츠 이벤트의 성공적이고 효율적인 개최를 위해 전력을 다 했다. 체육부 독립은 그 일환이었다.

1982년은 체육부의 발족과 함께 체육행정이 크게 변화한 해다. 국민체육진흥법의 전면개정을 통해 법의 목적 규정에 '체육을 통하여 국위선양에 이바지함'이라는 내용을 추가하였다. 이는 체육행정의 성격을 아시안게임과 올림픽대회의 준비를 위해 변질시켰다는 평을 받는다(심규훈, 2007: 89). 1982년에는 개최 예정인 두 메가스포츠 이벤트에서 승기를 잡기 위해 신인선수 발굴 업무를 재개했다. 엘리트체육의 성격을 강하게 띤 이 업무는 박정희 정권 때 1972년까지 약 7년간 진행되다가 중단되었는데, 체육부 발족과 함께 대대적으로 이루어졌다.

1982년은 또한 우리나라에서 프로스포츠가 탄생한 해이기도 하다. 1981년 올림픽 유치 확정과 함께 프로야구 창립을 위한 절차에 들어갔고 이듬해 프로야구가 출범했다. 이는 훗날 전두환 정권의 대표적인 우민화 정책이라는 비판을 받게 된다. 당시의 군사정권으로서 정통성시비가 일어나 혼란했던 정국에서 국민들의 정치무관심을 유도하기 위한 의도가 있다는 것이다. 1983년에는 씨름이 프로화되었고 1984년에는 농구대잔치가 시작되었다. 프로화된 스포츠들은 브라운관을 통해 전국민에 중계되었다. 이 때문에 전두환 정권의 스포츠 정책은 스포츠에서 직접 체육활동에 참여하는 것을 배제하고, 수동적으로 관람하는 스포츠로 전락했다는 비판도 있다. 그러나 스포츠를 향유하는 인원이 전폭적으로 확대되었고 스포츠산업이라는 신산업이 발굴되었다는 의의를 찾을 수 있다(이학래, 2003).

올림픽 유치는 우리나라 스포츠 외교사의 본격적인 시작을 알리는 것이었다. 이전 정권에서도 남북 체육회담이나 IOC와의 만남 등 스포츠 외교가 이루어지기는 했으나, 실질적인 성과를 거둔 것은 거의 없었다(박경호 외, 2011). 그러나 올림픽의 유치가 확정된 뒤에는 스포츠 외교의 물꼬가 터졌다. 1983년 미국올림픽위원회와 한미문화교류위원회를 설치하기로 한 체육협정 이후 도미니카공화국, 이란, 캐나다 등 유수의 국가들과 체육교류가 성사되었다.

한편, 생활체육 정책은 엘리트스포츠 정책에 우선순위에서 밀려 국가적 역량이 크게 투입되지는 않았다. 기존의 국민체조 도해와 카세트의 보급, 청소년체조 개발 및 보급 등의 조치 등이 이루어진 바 있다. 전두환 기의 생활 체육은 직장체육에 주력하는 모습이었다(정홍익, 1994). 국민체육진흥법 시행령에 의해 상시근무 100인 이상의 사업장은 체육시설을 구비해야 하며, 연 2회 이상 종합 경기대회를 가져야 했다. 제5공화국의 기본 생활체육 전략은 올림픽이 폐막하고 사회체육을 본격화한다는 것이었다. 제6공화국에 전략이 승계되어 생활체육이 융성하게 되었다.

1987년 대통령 직선제의 부활로 민주적 정당성이 높은 대통령이 탄생했다. 노태우 대통령은 1988년 2월 25일 임기가 시작되었는데, 올림픽 개최가 얼마 남지 않은 상황이었다. 그는 취임사를 통해 서울올림픽의 성공적 개최를 약속하고 이를 남북통일과 북방외교의 초석으로 활용하겠다는 의지를 밝혔다.[19] 노태우 대통령의 신년사는 체육정책으로 이행되었다. 서울올림픽의 폐막과 함께 스포츠 '북방외교'가 본격화되었다. 소련과 중국 등 공산권 국가 8개국과의 활발한 스포츠 교류를 시작하게 되었는데, 이 중 상당수가 공산권 국가의 국제친선경기대회였다(대한체육회, 1999: 31-32). 공산권 국가 외에도 서구나 아랍권과의 스포츠 교류도 6공화국 때 매우 활성화되었다. 이전 정권에서 스포츠 외교의 기틀을 마련했다면 6공화국은 스포츠 외교를 활성화했다고 볼 수 있다.

앞서 말했듯이 5공화국에서는 올림픽 개최 이후 사회체육을 활성화시키고자 하는 계획을 수립 중에 있었다. 노태우는 이전 정권의 실세 중의 실세로 5공화국 정책에서 핵심적인 역할을 하는 인물 중 한 명이었다. 때문에 5공화국의 정책을 그대로 계승하는 경우가 많았다. 1990년 7월의 '호돌이 3개년 계획'도 그러하다. 당시 세계적으로 "sport for all" 운동이 진행되고 있었는데, 호돌이 3개년도 세계적 추세에 맥을 같이 하는 운동이다. 즉, 대중들의 참여 스포츠에 대한 접근을 용이케 하고자 한 것이다. 호돌이 3개년 계획의 수립 직후인 1991년 2월 정부는 국민생활체육협의회를 출범시켜 생활체육에 관한 업무를 부여했다. 정부는 체

---

[19] 제13대 대통령 취임사(행정자치부 국가기록원 대통령기록관, 역대 대통령 연설문) 부분 발췌: "국민 여러분. 우리 겨레의 큰 경사인 서울올림픽이 눈앞에 다가오고 있습니다. 50억 인류의 평화대축제가 바로 이 땅에서 열리게 됩니다. 세계 속의 한국을 새롭게 드러내는 민족 재탄생의 자리에, 너와 내가 따로 드러나지 않습니다. 우리 모두 합심 협력하여 지구촌의 모든 사람들에 길이 기억될 가장 성공적인 대회로 승화시킵시다. 서울올림픽은 민족사적 의미에서, 이를 계기로 우리가 민족통일의 항로로 진입한다는 데 더 큰 뜻이 있다는 것을 우리 모두 직시할 필요가 있습니다. 긴장 완화와 평화 공존의 물줄기를 타고, 12년 만에 처음으로 동과 서, 남과 북의 세계 모든 나라가 참가하는 이 화합의 거대한 합창은 한반도에 마침내 통일의 시대가 열리고 있음을 전 세계에 알리고 있는 것입니다. 이 우렁찬 합창소리에 화답하여 우리 대한민국은 세계 모든 나라와 국제평화와 협력의 외교적 노력을 더욱더 하고자 합니다. 미국과 일본을 비롯한 서방과의 유대(紐帶)를 더한층 강화하는 한편 제3 세계와의 우의를 더욱 굳게 하겠습니다. 우리와 교류가 없던 저 대륙국가에도 국제협력의 통로를 넓게 하여 북방외교를 활발히 전개할 것입니다. 이념과 체제가 다른 이들 국가들과의 관계 개선은 동아시아의 안정과 평화, 공동의 번영에 기여하게 될 것입니다. 북방에의 이 외교적 통로는 또한 통일로 가는 길을 열어 줄 것입니다. 여기서 저는 분단의 조속한 해소를 열망하는 우리 동포들에게 호소합니다."

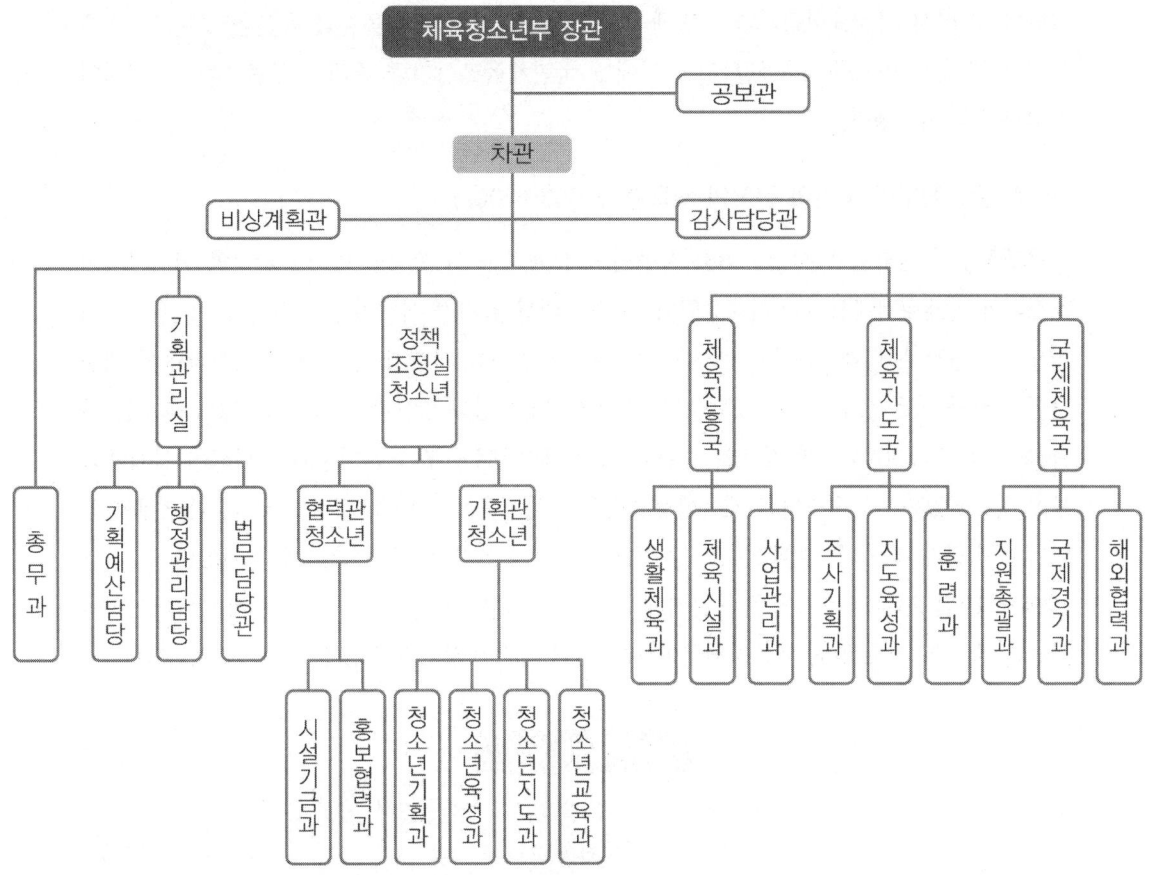

[그림 12] 1990년 12월 17일 체육청소년부 직제(대통령령 13284호)

육 인프라의 대대적인 확보를 위해 동네체육 시설 확충계획을 수립하고 개발에 들어갔다.

올림픽 개최 이후의 생활체육 강조 기조의 일환으로 청소년 체육도 강조되었다. 체육부가 '체육청소년부'로 확대 개편된 것은 이를 상징한다. 2실 3국 5관 16과 3관으로 부서단위 조직의 개수가 확대되었고, 정원 또한 5공의 체육부 정원 186명에서 257명으로 크게 증원되었다. 체육청소년부는 청소년 건전육성 임무를 맡아, 기존의 3국에 '청소년 정책조정실'과 '기획관리실'을 추가한 형태였다. 청소년정책조정실은 단독으로 6개의 과를 보유하여 그 규모가 매우 컸다. 5공화국에서는 학교체육행정업무가 교육부에 잔류하여 학교체육행정의 혼선이 초래되었다. 체육청소년부는 학교체육업무를 다시 통합하고자 했으나, 교육부와의 지속적으로 갈등을 빚었다(황수연, 2003).

6공화국에서의 체육행정은 그야말로 올림픽 유산을 적극 활용한 산물이었다. 올림픽의 즉각적인 과실을 경험한 6공화국은 올림픽 유산의 지속적인 관리의 중요성을 인식할 수밖에 없었다. 따라서 서울올림픽기념 국민체육진흥공단을 설립하여 올림픽 유산을 보존 및 활용하고자 했다. 국민체육진흥공단은 그 외에도 국민체육조성기금 확대 업무를 맡고 자체적인 수익사업을 시작했다.

(4) 문민정부와 국민의 정부의 체육행정(1993~2002)

문민정부가 출범할 당시에는 88서울올림픽이 폐막한 지 5년이 지났고 국민의 여가환경이 호전되어 국제경기에서의 국가대표팀의 성적에 대한 열기가 식어가던 시점이다. 이것은 구체적으로 문민정부의 체육정책에 두 가지 면에서 큰 변화를 가져왔다. 먼저 엘리트 체육에 대한 관심 저하와 작은 정부를 부르짖던 당대의 세계행정환경과 맞물려 체육행정조직의 축소를 가져왔다(김승영, 2004). 새 정부의 출현과 함께 체육청소년부가 문화부와 통합되어 문화체육부가 발족되었다. 부 수준이던 체육행정조직은 문화체육부 소속 10개 실·국 가운데 3개의 국만이 존속하게 되었다. 이때의 조직개편조치는 체육조직의 단순 축소에 불과했다. 그러나 1994년 12월 23일의 관광업무가 문화체육부로 이관되며 시행된 조직개편은 체육행정조직의 기능적 변화를 예고했다. 체육지원국이 폐지되어 체육행정조직이 2국 7과로 축소되었다.

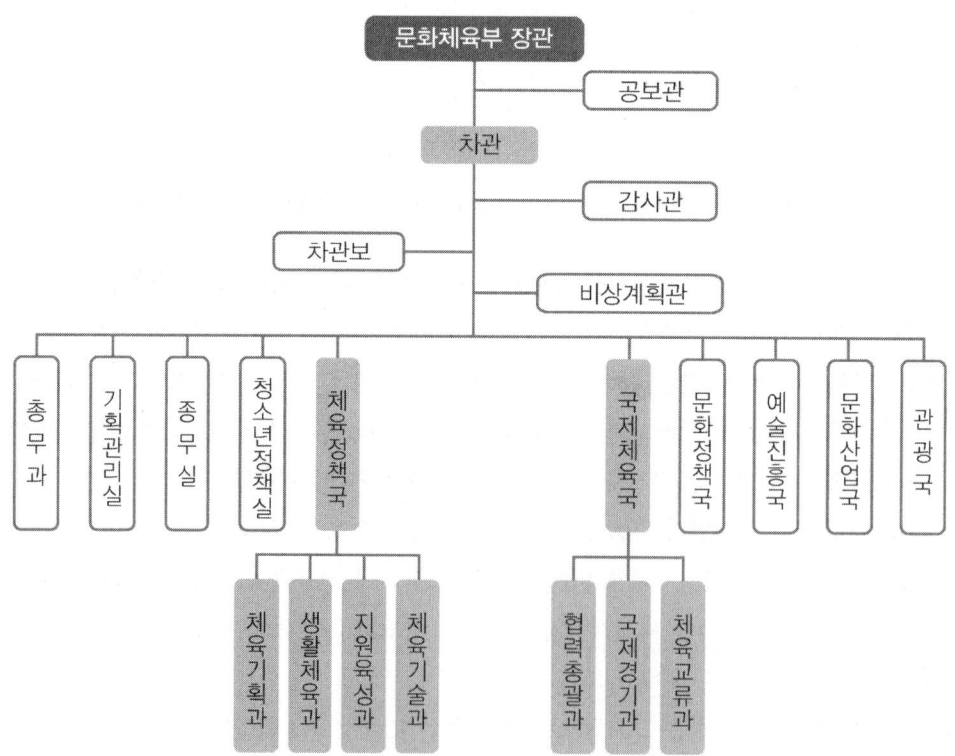

[그림 13] 1994년 12월 23일 문화체육부 직제(대통령령 제14442호)

두 번째로 체육의 자율성을 인정하는 추세로 변화되기 시작했다는 것이다. 체육에 대한 직접적인 국가개입은 지양하고 체육업무의 상당부분을 산하체육단체나 민간체육단체 등으로 이양했다. 또한 국가주도형 체육발전에서 시장주도로의 선회를 시도했다.[20]

생활체육 진흥이라는 체육부문에서의 정책목표는 이전 정부에서도 있어왔으나, 그것은 명목상의 구호에 불과했다. 체육활동은 대부분 국위선양을 위한 것으로 여기는 사고가 강하게 나타났다. 그러나 문민의 정부에 들어서는 생활체육에 박차에 가하는 모습이었다. 당시 전세계적으로 "모두를 위한 체육(Sport for All)"이라는 구호가 크게 지지를 받고 있는 상황이었다. 대중의 체육활동이 관심을 받았던 것은 체육활동으로 삶의 질을 끌어올릴 수 있다는 믿음 때문이었다. 문민정부의 "국민체육진흥 5개년 계획"은 이러한 시대적 맥락을 바탕으로 고안되었다.[21] 국민의 스포츠 참여율은 50% 이상으로 끌어올리기 위해 체육시설과 프로그램을 개발하는 등 각종 체육지원정책이 시행되었다.

문민정부에 뒤이어 국민의 정부가 발족했다. 문민정부와 국민의 정부는 여당의 당적도 다르고 행정환경도 매우 다르다. 국민의 정부는 1998년 외환위기라는 국가적 난제를 해결해야 하는 상황에 놓여있었다. 그럼에도 불구하고 두 정부의 체육행정의 성격을 한 범주로 넣을 수 있었던 것은 당대 유행했던 행정기조와 체육기조가 유사하기 때문이다. 신자유주의와 신공공관리의 물결은 문민정부에 이어 국민의 정부에도 큰 영향을 미쳤다. 국민의 정부는 문민정부에 비해 더 크게 신자유주의적 개혁을 단행해야했는데, IMF의 구조조정 요구를 이행해야 했기 때문이다. 국민의 정부가 추진한 작은 정부 개혁으로 체육행정조직도 추가적인 축소가 불가피했다. 국민의 정부 탄생과 함께 문화체육부는 문화관광부로 개칭됐고, 체육관련 부서 2국 7과는 1국 4과로 대대적으로 축소되었다. 이어 1999년 5월 24일에는 1국 3과로 한 차례 더 축소됐다. 하지만 체육행정업무가 전면적으로 삭제된 것이 아니고 중앙정부 수준에서 이루어지던 행정업무의 상당부분이 산하단체나 민간단체로 이양되었다.

또한 국민의 정부에서도 "Sport for All" 또는 "Sport for Lifetime"을 위한 정책이 세계 각국에 확산되어 시행되는 추세가 지속되었다. 때문에 국민의 정부 역시 생활체육을 강조했다. 국민의 정부에서 추진됐던 "제2차 국민체육진흥 5개년 계획(1998~2002)"은 사실은 김영삼 정부 때 수립된 계획이다. 국민의 정부는 이전 정권에서 세운 계획을 바탕으로 생활체육의 확산을 국정과제로 삼았다. 이어 2000년 1월, 국민체육진흥법을 개정하고 생활체육의 부담을 완화하기 위해 회원제로 운영되는 몇 개의 체육시설을 제외한 모든 체육시설 입장료

---

20) 연합뉴스. "정부수립후 48회 조직개편-1년에 한번꼴". 1999.05.17.
21) 국민체육진흥 5개년 계획의 5대 목표는 '생활체육의 범국민적 확산', '엘리트체육의 지속적 육성', '국제체육협력의 증진', '체육과학의 진흥', '체육행정 체제의 보강'이다.

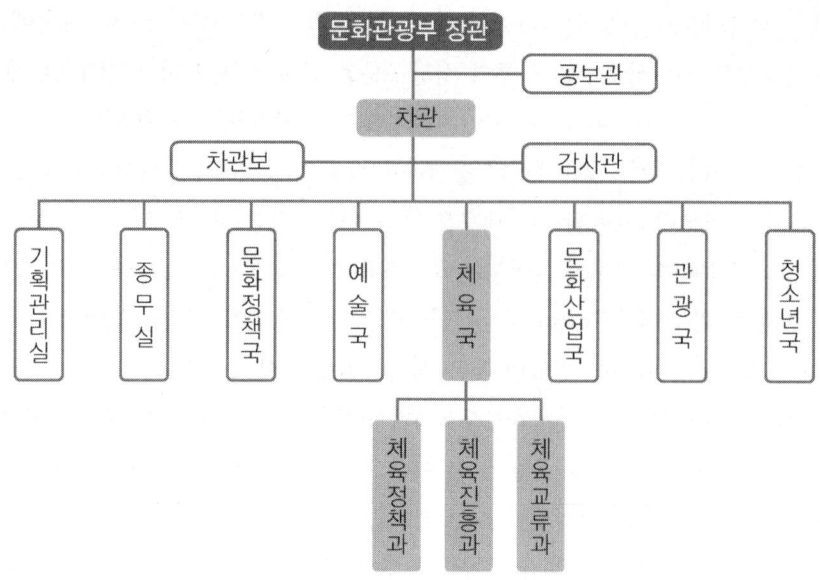

[그림 14] 1999년 5월 24일 문화관광부 직제(대통령령 제16346호)

에 대한 부가금을 폐지하는 정책도 펼쳤다.

2002 한일월드컵과 2002 부산아시안게임도 이전 정권에서 준비해오던 것을 이양 받았다고 할 수 있다. 2002 한일월드컵은 노태우 정부 때 논의되기 시작했다. 김영삼 정부의 선거 공약이 되고 김영삼 정부의 출범과 함께 본격 추진되었고 1996년 5월 31일 공동 개최가 성사되었다. 김대중 정부는 어려운 국가재정에도 월드컵의 성공적 개최를 위한 지원을 계속했다. 한일월드컵으로 국가경제 발전의 재도약의 전기가 되고 국가 위상을 강화하는 계기가 되길 희망했기 때문이다. 2002 월드컵은 민주화 이후 생활체육 쪽으로 점차 이양되던 당시의 체육정책을 다시 엘리트 체육 위주로 돌려놓았다는 평을 받기도 한다(김호민, 2010: 112).

국민의 정부의 체육정책이 직전의 정부의 체육정책과 가장 크게 차이 나는 것은 스포츠 국제교류 분야다. 김대중 대통령의 햇볕정책이 스포츠 정책에서도 시행된 것이다. 1999년 우리나라 정부는 현대 그룹과 함께 평양에 실내체육관 건설을 지원했다. 그리고 2000년 시드니올림픽에서 한반도기를 들고 남북 공동입장을 성사시켰다. 또한 2002년 부산아시안게임에 북한 측이 참가했던 것도 국민의 정부의 스포츠 외교의 성과라고 할 수 있다.

스포츠 외교 외에도 중요한 차이점을 하나 더 발견할 수 있다. 바로 국민체육재원의 조성이다. 김대중 정부는 2002 월드컵을 앞둔 2001년 10월, "한일월드컵 축구대회의 성공적 개최지원 및 국민여가 체육육성, 국민체육진흥재원 조성"을 목적으로 체육진흥투표권 제도를 도입했다(국민체육진흥공단 사업안내). 체육진흥투표권은 쉽게 말하자면 '스포츠토토'로, 스포츠 경기의 결과를 예측하고 적중 여부에 따라 수익을 배당받는 것이다. 체육진흥투표권의 발행은 체육재원에 보탬이 되고 있다.

(5) 참여정부의 체육행정(2003~2007)

참여정부 출범 초에는 직전 정권의 체육행정조직 직제 그대로 받아들였다. 그러나 참여정부 집권기 동안에 개편을 하게 된다. 이 시기에는 국민소득의 증가와 주 5일제 전면 시행으로 여가시간이 증대하여 생활체육과 스포츠여가에 대한 수요가 증가한 시기라는 점을 주목해야 한다. 이러한 국민의 수요의 변화를 반영하여 2004년 11월 체육진흥과를 폐지하고 '스포츠여가산업과'가 신설됐다. 스포츠의 상업적 가치가 정부에 의해 공식적으로 인정된 것이다.

이듬해인 2005년 12월에는 보건복지부의 장애인체육 업무가 문화관광부로 이관되어 장애인체육과가 추가 신설되었다. 체육행정이 본격적으로 장애인을 대상으로 체육복지 사업을 시행하게 된 것이다. 장애인체육과가 신설된 것과 병행하여 대한장애인체육회가 설립되었다. 한편, 2006년 7월 1일에는 고위공무원단제도 도입으로 공무원 직제를 정비하면서 '과' 단위를 '팀' 단위로 변경했다.

참여정부의 주요 체육정책은 위처럼 조직구조의 변화를 통해 알 수 있다. 위에 나열한 체육행정 외의 주요 체육행정 활동사례는 한국도핑방지위원회의 설립(2006년 11월 13일)과 2014 평창동계올림픽 유치를 위한 중앙정부의 지원을 들 수 있다. 한국도핑방지위원회는

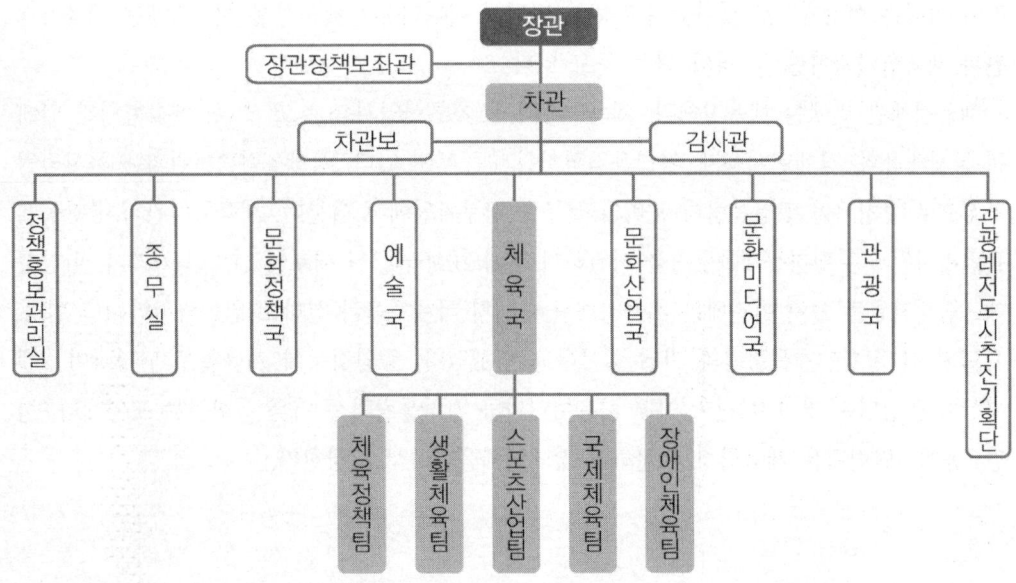

[그림 15] 2006년 7월 1일 문화관광부 직제(대통령령 제19596호)

2006년 11월 13일 국민체육진흥법 개정에 따라 설치된 문화관광부 소관의 특수법인이다. 발족 직후인 2007년 3월, 한국도핑방지위원회는 국가도핑방지기구에 46번째로 가입했고 같은 해 12월 세계도핑방지위원회(WADA)의 인준을 받아 한국도핑방지규정을 제정했다. 한국도핑방지위원회 설립은 강원도의 동계올림픽 유치 준비에 필요한 조치였다. 당시 강원도는 평창에 동계올림픽을 유치하기 위한 노력을 질주하고 있었다. 노무현 대통령도 자신이 직접 강원도의 2014 평창동계올림픽 유치에 도움을 주고자, 2007년 7월 IOC 총회에서 연설을 펼친 바 있다.

(6) 이명박 정권 이후의 체육행정조직(2008~2017년 7월)

현 문재인 정부에는 문화체육관광부를 두고 있다. 이명박 정부 이후로 채택한 대부처주의 조직체계는 가급적 여러 부처를 통합하여 큰 부처로 만드는 조직원칙이다. 장관이 너무 많으면 국무회의에서 조정이 어렵게 된다. 이때 두 개 이상의 부처가 통합되어 장관이 모든 문제를 조정하기 어려울 경우, 복수 이상의 차관을 둔다. 복수 차관은 부내의 업무를 각각 분장(分掌)한다. 즉, 장관을 많이 두어서 국무회의에서 조정이 어렵게 하기보다는, 대부처에 차관직을 복수로 두어 이들이 사전에 조정(coordination)을 하도록 하는 방법이다.

현 문체부는 장관 밑에 2명의 차관을 두고 있는데, 제2차관이 체육행정과 관광 및 홍보 정책을 담당한다. 차관 밑에서 체육정책을 담당하는 조직은 체육정책실장(고위공무원단)이나. 이러한 조직체계로 보면, 형식적으로는 과거 체육정책의 르네상스시기에는 장관급이었던 조직이 이제는 실장급으로 낮아졌다고 봐도 과언이 아니다.[22] 체육정책실장 밑에는 체육정책관과 체육협력관이란 두 명의 관을 두고 있다.

체육정책관 밑에는 체육정책과, 체육진흥과, 스포츠산업과를 두고 있다. 체육협력관 밑에는 국제체육과, 장애인체육과, 평창올림픽지원과를 두고 있다. 평창올림픽지원과는 한시적인 조직으로 설치되어 평창올림픽 준비의 실무를 정부차원에서 다룬다. 체육협력관과 평창동계올림픽지원과는 평창동계올림픽을 지원하기 위해 2015년 3월 새로이 신설된 직제다. 평창동계올림픽지원과 설치 이전에는 체육정책관 아래의 국제체육과 산하 평창올림픽팀(4급 팀장, 4 팀원)이 평창동계올림픽의 지원 업무를 담당했었다. 중앙정부에 체육업무 담당국이 2개 이상이 운영되는 것이 98년도 이래 처음이니만큼 평창올림픽 준비를 강화하는 모양새다. 한편, 동계패럴림픽은 체육협력관 산하의 장애인체육과에서 담당한다.

---

[22] 최순실 사건에서 밝혀진 바와 같이 체육계를 대표하는 김종 차관이 물의를 빚은 바 있다.

우리나라의 체육행정   Chapter 10

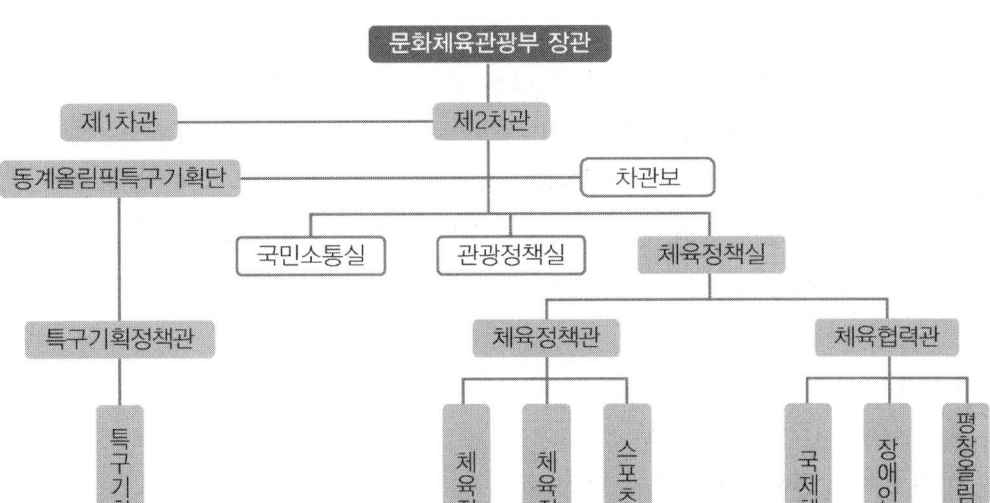

[그림 16] 문화체육관광부 체육행정 직제(현재)

(7) 평창올림픽 담당 행정조직의 문제

서울올림픽 개최를 위해서는 체육부가 있었다고 한다면, 평창올림픽은 '과'가 담당하고 있다고 할 수 있다. 서울올림픽은 처음 치르는 대표적인 큰 행사였으니 큰 규모의 조직이 필요했을지도 모른다. 이제 그동안 쌓아온 행정 경험도 이렇게 효율적인 조직으로 올림픽 준비를 할 수 있는 요인으로 작용하고 있을 것이다. 그러나 '과' 단위 담당도 그나마 올림픽 개막을 3년 남짓 남겨놓은 시점부터였고, 이전에는 '팀' 단위로 평창동계올림픽 지원을 전담했었다. 올림픽이라는 국제적인 메가스포츠를 단 4명의 인원이 전담하는 것은 아무리 효율적인 조직이라도 한계를 노정한 것이라고 볼 수 있다.

본 서에서 관심을 갖고 있는 올림픽 개최에 관한 행정을 담당하는 평창올림픽지원과의 주요관장 업무는 다음과 같다(출처: 문화체육관광부 웹페이지).

- 2018 평창동계올림픽대회 및 장애인동계올림픽대회 종합계획의 수립 지원
- 올림픽대회 조직위원회 운영의 지원에 관한 사항
- 올림픽대회 관련 시설의 설치·이용에 관한 사항 지원
- 올림픽대회 경기력 향상 지원 대책의 수립 및 시행
- 그 밖에 올림픽대회의 원활한 준비 및 운영을 위하여 필요한 사업의 지원

이 과에서 담당하는 핵심기능은 계획(planning)이다. 올림픽 종합계획을 수립하고 지원하는 것은 매우 복잡하고 포괄적인 안목이 필요한 것으로 행정만이 할 수 있는 것 중의 하나이다. 행정학에서 말하는 행정활동의 핵심기능인 POSDCoRB의 첫 번째 문자인 P에 해당하는 것이 계획이다(임도빈, 2014 a).[23] 이 과는 10명 내외의 작은 조직이지만, 우리나라 국가 이미지를 결정할 평창올림픽에 관한 중요한 업무를 담당한다. 이들의 업무 중 직원 2명의 업무를 예시하면 다음과 같다(출처: 문화체육관광부 웹페이지).

직원 1
  ○ 평창올림픽조직위 관련 지원
  ○ 올림픽 개·폐회식 행사 준비 관련 지원
  ○ 대회 운영인력 유니폼 디자인 개발 관련 지원
  ○ 법령 업무

직원 2
  ○ 대회 관련시설 업무총괄 및 지원
    - 총사업비 조정 등 총사업비 대상사업 관리
  ○ 경기장 및 진입도로 건설 지원 및 공정관리
    - 경기장 건설사업계획 및 예산 승인
    - 진입도로 건설사업계획 및 예산 승인
  ○ 부대시설 건설 지원
    - 개·폐회식장·선수촌·미디어촌 건립 지원
    - 국제방송센터(IBC) 및 메인프레스센터(MPC) 건립 지원
  ○ 교통 관련 업무
  ○ 환경올림픽에 관한 사항

유니폼 개발에서부터 시작하여 선수촌 건설까지 다양한 업무를 이 과에서 총괄하는 것이다. 필요시 정부차원에서 법령을 만들고, 예산을 확보하는 활동이 중심이 된다. 실제로 2018 평창동계올림픽대회 및 장애인동계올림픽대회 지원 등에 관한 특별법(이하 평창올림픽법)

---

[23] POSDCoRB는 Gulick을 위시한 행정관리학파에서 강조하는 행정의 주요 기능이다. Planning, Organizing, Staffing, Directing, Coordinating, Reporting, Budgeting의 약어로, 각각 기획, 조직, 인사, 지시, 조정, 보고, 예산이라는 뜻을 갖고 있다.

및 그 시행령의 제정은 평창올림픽지원과의 법령업무 전담반의 주도로 이루어졌다. 여야의 대립 등 국회의 입법과정이 점점 복잡해지고 있는 상황에서 법령작업은 생각보다 고도의 행정전문성을 요구하는 작업이다.

평창동계올림픽 지원예산의 확보는 법적 제약이 강한 일반회계보다는 탄력적 운용이 용이한 기금을 활용하였는데, 국민체육진흥기금을 통해 조달되었다. 또한 민간조직인 평창올림픽조직위원회는 국민체육진흥기금과 유기적으로 연결되어 활동을 한다.

중앙정부의 담당조직이 축소된 것은 올림픽에 대한 정부차원의 관심이 줄어드는 트렌드를 반영한 것이라고 해석할 수 있다. 그럼에도 올림픽은 여전히 중앙정부의 주요 어젠다 중 하나다. 이전 정권의 대통령 및 문체부 장관들은 모두 평창을 방문하여 관계자들을 독려하였으며 평창올림픽의 성공적 개최를 위한 적극적 지원을 약속한 바 있다. 2017년 당선된 문재인 대통령도 후보 시절 강원도를 방문하며 평창올림픽을 평화올림픽으로 만들 5대 구상을 약속했으며, 당선 이후에 열린 첫 수석비서관회의에서는 평창올림픽을 전폭적으로 지원할 정책을 강구할 것을 지시했다. 대통령의 첫 행보의 큰 상징성을 고려하면 올림픽이 국가적 어젠다로 그 중요성을 인정받고 있다고 할 수 있다. 뿐만 아니라 정권교체 이후 평창올림픽은 남북관계 개선을 위한 포문이 될 것으로 기대되고 있기 때문에 특별한 상징적 지위를 하나 더 부여받았다고 할 수 있겠다.

2. 지방자치 이후의 지방체육행정

(1) 단체장 업적과시용

우리나라의 지방자치제도는 법에 의해 보장되어 오기는 하였으나 박정희 정권 때 그 법적 효력이 정지되었다가 제6공화국에 들어서 부활됐다. 1991년 4월 지방의회가 구성되었고, 1995년 지방자치단체장과 지방의원을 선거로 선출할 수 있게 되었다. 지방자치제도의 부활 이전에는 지방의 체육정책을 중앙정부가 담당했었다. 그러나 중앙정부의 체육정책은 일반 국민들의 실생활에 대한 이해가 부족하여 다소 유리된 측면이 있다. 또한 지방정부마다 각기 다른 특성을 반영하지 못하고 획일적이며 권위적인 체육행정이 이루어졌었다. 그러나 지방자치제도의 부활로 지방체육행정은 새로운 전기를 맡게 되었다.

평창올림픽 유치활동의 주역은 중앙정부가 아닌 강원도였다. 이것은 서울올림픽의 유치가 중앙정부차원에서 이뤄진 것과는 대조적이다. 지방자치제도 부활 이후 대부분의 메가스포츠이벤트 유치는 민선 자치단체장에 의해 주도되어 왔다. 이벤트를 여는 것이 자치단체장이 자신의 업적을 과시하는 중요한 방법이기 때문이다.[24]

평창동계올림픽 유치는 시초부터 중앙정부가 기획한 정책이 아니고 김진선 강원도지사가 적극적으로 추진했던 사업이다. 인천아시안게임, 전남 영암의 F1 그랑프리대회 등 최근에 열린 메가스포츠 이벤트 역시 그러한 사례에 해당한다. 메가스포츠 이벤트의 본질을 알기 위해서는 지방의 체육행정에 대한 기본지식이 필요하다. 이 절에서는 지방의 체육행정에 대한 정확한 이해를 위해 지방자치제도의 도입으로 민선 단체장이 선출된 1995년 이후부터 살펴보기로 한다.

(2) 체육행정 담당 조직

지방자치단체의 체육행정은 중앙정부의 체육행정과 그 환경부터가 다르다. 그럼에도 지방자치단체의 체육행정직제는 중앙정부의 그것과 사뭇 닮아있다. 광역자치단체에서는 체육사무는 대체로 문화체육국 등 '국' 단위에 속해 있다. 체육행정 전담업무는 체육진흥과 등 '과' 단위에서 운영되고 있고 근무인원은 10~20명 안팎이다(2014 체육백서, 2016: 51). 지방자치단체의 군청에 속한 체육행정 조직 외에 따로 시설관리공단이나 체육시설관리사무소를 두기도 한다.

다음의 [그림 17]은 광역자치단체의 체육행정조직의 예로 서울시의 체육행정조직도이다. 2016년 말 기준 서울시의 체육행정은 관광체육국 내의 4개 과 중 '체육정책과'와 '체육진흥과'에서 전담하고 있다. 서울시는 시청 내에 설치된 체육조직에 별도로 체육시설관리사업소와 시설관리공단(서울월드컵경기장)을 운영 중에 있는데, 이들 조직까지 포함하면 서울시 공무원 중 체육행정에 관련되어 있는 인력은 200명을 초과한다.

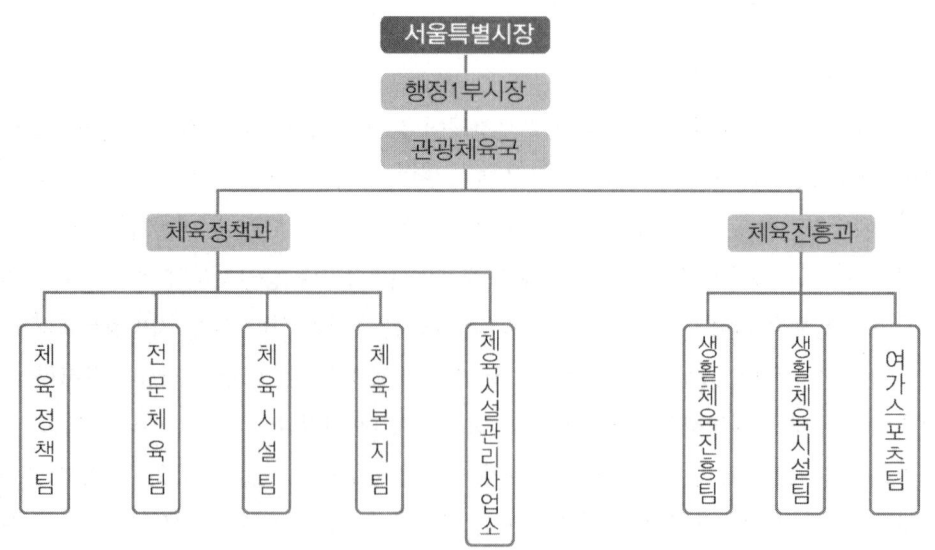

[그림 17] 서울시 체육행정조직도(2016년 말 기준)

---

24) 임도빈, 2004, 한국지방조직론, 서울: 박영사.

기초자치단체에서는 체육업무가 광역자치단체에 비해 한 단계 더 낮은 단위에서 처리된다. '체육'이라는 단어는 국 수준에서는 찾아보기 어렵고, 대개 과 수준에서 처음 그 명칭이 발견된다. 그리고 체육에 대한 실질적인 업무는 팀 또는 계 수준에서 이루어진다. 문화체육과나 체육진흥과, 생활체육팀 등의 명칭으로 체육조직을 운영한다. 보통 5명에서 15명 사이의 인원이 체육업무를 전담한다(전게서, 51). [그림 18]과 같이 서울시 관악구청의 사례를 살펴보면, 관악구 역시 체육업무를 문화체육과 소속의 생활체육팀에서 주도하고 있음을 알 수 있다.

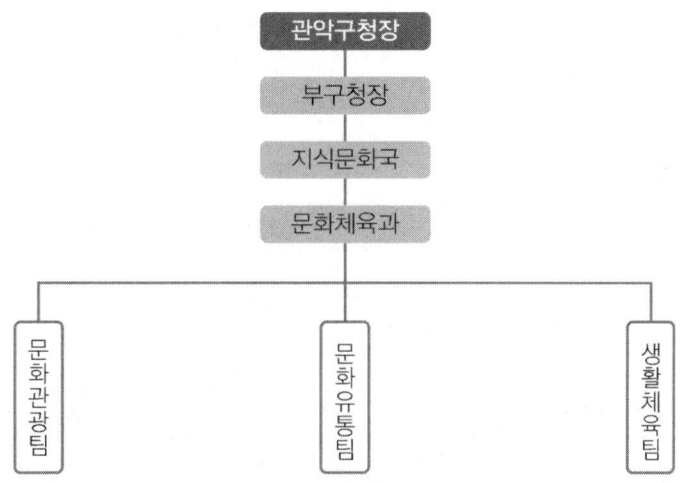

[그림 18] 관악구청 체육행정조직도(2016년 말 기준)

(3) 체육예산의 팽창

지방자치단체의 체육행정조직은 중앙의 체육행정조직을 모방하는 경우가 많다. 그러나 지방의 체육행정과 중앙의 체육행정이 가장 큰 차이를 보이는 것은 예산의 차이다. 중앙과 지방의 예산규모의 차이는 당연하게도 크게 차이난다. 따라서 예산규모의 단순 비교는 우리의 관심사가 될 수 없다. 체육예산에서 주목할 것은 전체예산에서 체육예산이 차지하는 비중과 예산의 구성이다.

먼저 중앙정부의 체육세입예산은 매우 단순하다. 문화체육관광부, 기재부, 그리고 국회 등에 의해서 적절히 타협된 액수가 다음 년도의 체육예산이 된다. 반면에 지방자치단체의 체육예산은 매우 복잡하다. 지방자치단체의 체육세입예산은 문화체육관광부 체육국의 국고예산, 국민체육진흥기금, 중앙의 교부세와 공공기관의 지원금으로부터 보조되는 부분이 많고, 지방자치단체의 지방비가 나머지 부분을 차지하는 매우 다원화되어 있는 형국이다(체육백서,

2016). 국고보조가 매칭펀드 형식으로 되어 있는 경우 지방비의 동시 지출을 필요로 한다.

한편 세출예산을 보면, 중앙정부의 경우 세출예산 구분이 고도로 추상화되어 있다. 그것은 중앙체육행정조직은 직접 사업을 수행하기보다는 계획의 수립과 산하체육단체를 관리·감독하는 업무를 맡기 때문이다. [표 20]에서도 확인할 수 있듯이 체육국의 세출예산구분은 '생활체육', '전문체육', '국제교류', '스포츠산업', '장애인체육', '기타(체육국 기본사업비)' 등 6가지 항목으로 구분되어 있다. 예산이 어떤 성격의 체육행정에 사용됐는지 파악하기에는 용이하지만 그 내역을 파악하기에는 다소 구체성이 떨어진다. 지방정부의 세출예산은 중앙정부에 비해 더 구체성을 띤다. '생활체육', '전문체육', '장애인체육', '국제교류', '기타' 등 중앙정부의 세출구분과 비슷한 분야도 있지만, '체육시설', '공공체육시설 위탁관리비', '직장운동경기부운영비' 등 더 실질적인 분야도 있다.

[표 20] 분야별 국고예산 현황 (단위: 백만 원)

구분	2009	2010	2011	2012	2013
생활체육	12,863	93,896	96,547	89,248	104,227
전문체육	177,563	42,404	43,128	40,845	47,131
국제교류	7,970	7,609	7,126	9,802	10,316
스포츠산업	8,269	3,244	3,444	3,759	3,496
장애인체육	6,610	5,550	5,401	7,747	6,307
기타	244	226	220	214	205
합계	213.519	152,929	155,866	151,615	171,682

출처: 2014 체육백서(2016: 116)

체육행정이 자치단체 수준별로 차지하는 중요도는 전체예산 대비 체육예산의 비중으로 대충 가늠해볼 수 있다. 먼저 [표 21]을 통해 중앙정부의 경우를 보면, 2008년부터 2013년까지 정부예산에서 체육부문 예산이 점유하는 비율은 0.07%에서 0.13% 사이에 위치하였다. 대체로 0.1% 정도의 정부예산이 체육행정으로 투입된다고 보면 되겠다.

그에 비해 지방자치단체의 체육예산을 보면, 그 비중이 훨씬 높다. 예컨대 2013년도 기준 지방자치단체 예산총액 대비 체육예산은 약 1.62%로, 0.1%였던 중앙정부의 체육예산 비중의 16배를 뛰어넘는다.[25] 지방자치단체에서 체육예산의 비중이 더 큰 것은 체육의 성격 때

---

25) [표 22] 참조. 지면상 서울특별시와 강원도, 그리고 전국 17개 시·도 총합과 평균 수치만 기입했다.

문이다. 체육은 기본적으로 특정한 장소에서 공동체 단위로 이루어지는 경우가 많다. 따라서 지역주민의 생활과 밀착되어 있는 지방자치단체에서 상대적으로 더 높은 비중의 예산을 체육행정에 투입하는 것이다.

[표 21] (중앙)정부 예산대비 체육예산 현황 (단위: 억 원, %)

년도	정부예산(A)	체육부문	
		예산(B)	점유율(B/A, %)
2008	1,782,797	2,343	0.13
2009	2,041,000	2,135	0.11
2010	2,053,312	1,529	0.07
2011	2,099,303	1,559	0.07
2012	2,231,384	1,516	0.07
2013	2,436,433	1,717	0.07

출처: 2014체육백서(2016: 117)

[표 22] 지방자치단체 체육예산 총괄표 (단위: 백만 원, %)

자치단체명	자치단체 예산총액(A)	2013년도 체육예산		자치단체 예산총액(A)	2014년도 체육예산	
		(B)	B/A × 100		(B)	B/A × 100
서울특별시	21,481,216	215,281	2.09	22,819,645	222,468	2
강원도	10,459,775	217,995	2.08	9,278,643	118,494	1.28
전국 시·도 합계 및 평균	198,059,516	3,213,049	1.62	189,848,544	2,758,471	1.45

출처: 2014체육백서(2016: 118)

3. 대한체육회: 정치화?

(1) 분열과 통합의 역사

우리나라의 스포츠 거버넌스는 관 주도의 중앙권력 집중형 구조를 보이고 있다. 세계화 이후 민간의 스포츠 거버넌스 참여가 점점 많아지기는 했지만, 여전히 중앙정부를 중심으로 계서제적으로 조직된 각종 체육단체들이 체육행정의 중추를 이룬다. 중앙정부를 스포츠 거버넌스의 컨트롤타워라고 한다면, 대한체육회나 국민체육진흥공단 등의 체육조직은 체육의 현장에서 중앙정부의 의지를 실현하는 집행조직이라고 할 수 있겠다. 특히 대한체육회는 우리나라 스포츠 거버넌스에서 빼고 설명할 수 없는 대표적인 체육행정조직이다.26)

'세계는 서울로, 서울은 세계로'라는 구호로 성공적으로 치른 88서울올림픽을 처음 기획한 것도 당대 박종규 대한체육회장이라고 전해진다. 1979년 취임한 대한체육회장은 취임 직후 전문위원회를 설치하여 올림픽 유치를 위한 구체적인 계획에 착수했다. 대한체육회는 올림픽 유치를 위해 당시 체육행정업무를 담당하던 문교부와 긴밀히 공조했다. 대통령이 올림픽 유치를 위한 의지를 공적으로 표명한 뒤에도 대한체육회는 문교부와 서울시 관계자들과 함께 올림픽 유치대책협의회를 구성했다.27) 이것은 대한체육회가 우리나라 스포츠 거버넌스의 거대한 축이라는 것을 단적으로 말해 준다.

대한체육회의 전신인 조선체육회는 1920년 7일 13일에 창립되었다. 조선체육회 창립취지서를 보면 조선체육회가 국민 체력 증진을 통한 국가와 사회의 발전을 이루기 위해 창립되었다. 그러나 조선체육회 평의원 대부분은 언론인, 실업인, 교장, 체육인, 민족지도자 등 명망 있는 사회유지였다. 또한 창립 배경에는 국제경기대회에 우리나라 체육인이 참가할 수 없었던 안타까움이 있었다. 대중들이 생활 속에서 체육활동을 향유하는 것보다는 엘리트 체육의 발전에 더 무게를 두고 있었음을 알 수 있다. 조선체육회는 일제의 치하에서 간신히 명맥을 유지하다가 1938년에 강제로 해산되었다. 그러다 해방 직후 체육인과 민족지도자들을 중심으로 재건되었다.

조선체육회는 1945년 자유해방 경축 전국종합경기대회를 개최했고, 1947년에는 IOC에 가입하여 1948년에는 열악한 여건에서도 런던올림픽에 참가했다. 이때 대한올림픽위원회(KOC)는 IOC로부터 정식 승인을 받았고, 대한올림픽위원회의 초대위원장은 대한체육회장이었던 여운형이다. 1953년에는 사단법인 인가를 받아 대한체육회의 이름으로 재산을 소유하고 법률 행위의 주체가 될 수 있어 운신의 폭이 넓어졌다(대한체육회, 2010a: 185). 이 때 채택된 대한체육회 정관 제2장(목적)은 대중체육의 발전을 목적하는 것처럼 보이기도 한다. 그러나 "아마추어 체육 운동단체를 통할 대표"라던가 "유능한 국민을 배양" 따위의 문구를 통해 엘리트체육에 집중하고 있음을 알 수 있다.

---

26) 대한체육회는 1954년 사단법인으로 인가되었고 88서울올림픽을 6년 앞둔 1982년에는 국민체육진흥법에 의거하여 특수법인으로 지정됐다. 국민생활체육회도 1991년 비영리 사단법인으로 출범했다. 그러나 비영리 사단법인이라고 해서 순수민간단체라고 볼 수 없다. 대한체육회와 국민생활체육회 모두 '공공기관의 운영에 관한 법률'의 적용을 받는 공공기관이다. 이후 대한체육회와 국민생활체육회를 통합한 대한체육회도 마찬가지다.

27) 서울올림픽대회 조직위원회, 1988, 국가기록원에서 기록물 검색, http://www.archives.go.kr

이후 대한체육회는 여러 단체로 쪼개지기도 하고 다시 통합되는 등 지속적인 변화를 겪었다. 내부에 권력정치적 요소가 작용한 것이다. 1964년 대한올림픽위원회와 대한체육회를 분리했다. NOC의 국가로부터의 자율성을 강조한 IOC의 헌장에 따른 것이다. 그러나 1966년 제6회 방콕아시안게임에서 대한체육회와 대한올림픽위원회가 주도권 경쟁을 벌이며 반목하는 사건이 있었다. 1968년에는 체육단체 간 대립을 방지한다는 이유로 대한체육회, 대한올림픽위원회, 학교체육회를 통합했다. 학교체육회는 대한체육회와 완전히 융합했지만 대한올림픽위원회는 대한체육회 소속의 특별기구로 통합되어 두 기구 간 업무의 구분이 엄격했다. 대한체육회장은 대한체육회장이라는 직함과 대한올림픽위원장이라는 직함 두 개를 사용해야 하는 이상한 형태의 통합은 2009년에서야 해소되었다(대한체육회, 2010b: 32). 2009년 6월 16일 대한체육회가 대한올림픽위원회를 완전히 흡수한 것이다.

한편 1983년 1월 국민체육진흥법의 개정으로 대한체육회는 특수법인이 되었다. 이는 88 서울올림픽 개최준비 작업을 위해서였고, 그로 인해 88서울올림픽의 성공적 개최에 기여했다. 서울올림픽 개최 이후 국민생활체육협의회가 발족됐다. 서울올림픽 이후 체육활동에 대한 국민적 관심은 높아졌지만 대한체육회의 활동은 엘리트체육에 치중되어 있어 생활체육을 지원할 별도 기구의 신설이 필요했기 때문이다. 대한체육회는 올림픽을 중심으로 하는 소위 엘리트 체육분야에 중점을 둔다. 이에 비하여 1991년 창설된 국민생활체육협의회(후에 국민생활체육회로 개칭)은 일반 국민의 체육진흥을 바탕으로 하는 것이다. 과거 대한체육회만 존재했을 때는 엘리트체육이 곧 스포츠정책이라고 할 수 있었다면, 정치민주화가 되면서 생활체육의 중요성이 강조되기 시작되었다. 특히 각 종목별 동호회가 있는 생활체육은 '표'를 의식하는 정치인들에게는 가장 관심거리가 많이 가는 조직이었다.

하지만 국민생활체육협의회의 창립에 대해 대한체육회는 부정적인 입장을 견지해왔다. 창립 이후에는 국민생활체육협의회의 법정법인화에 대해서 부정적인 견해를 피력해왔다. 반대에 대해서는 표면적으로는 세 가지 이유를 들었다. 첫 번째 이유는 국민생활체육회의 법정법인화는 한국 체육의 선진화 역행과 대외적 신뢰도 실추시킨다는 것이다. 두 번째로는 국가올림픽위원회(NOC)의 업무에서 생활체육이 배제되는 것은 IOC의 올림픽 헌정에 위배된다는 이유를 들었다. 마지막으로 유사 기능을 가진 단체가 난립되는 것은 예산 및 인력의 비효율성을 심화시킨다는 이유를 들었다(대한체육회, 2010b: 81).

그러나 이 외에 다른 이유도 생각해볼 수 있다. 관료들은 승진할 수 있는 직위가 많을수록, 그리고 다른 기관에 대하여 행사하는 영향력이 클수록 효용이 극대화되는데(Dunleavy, 1989) 국민생활체육협의회의 창설은 이를 침해하기 때문에 반대한다는 것이다. 국민생활체육협의회는 2009년 국민생활체육회로 개칭했다.

대한체육회는 2006년부터 국민생활체육회의 통합을 추진해왔다. 여러 번의 추진 실패가 있었으나 2016년에 드디어 두 기구가 대한체육회로 흡수 통합되었다. 새로운 대한체육회장이 선출되기 전까지 통합된 대한체육회는 구 대한체육회의 회장과 구 국민생활체육회의 회장이 공동으로 회장직을 유지하는 공동회장체제였다. 이 사실만 놓고 본다면 새로이 탄생한 단체는 이전 두 단체가 대등하게 조합된 것으로 보일 수도 있다. 그러나 단체명을 이전의 대한체육회의 명칭을 그대로 쓰고 있다는 것은 두 단체가 대등하지 않다는 것을 보여준다. 이는 새로운 대한체육회의 조직도를 봐도 할 수 있다. 대부분의 조직들은 구 대한체육회 4개의 본부 중에서 구 국민생활체육회에서 맡았던 업무를 처리하는 부서는 아쉽게도 1개 본부에 지나지 않는다. 생활체육이 홀대를 받는다는 불평이 나올만하다.

(2) 통합 대한체육회

통합과정에서 대한체육회와 국민생활체육회 두 조직 간 대립이 있었을 뿐 아니라 중재 역할의 문화체육관광부와도 상당한 마찰이 있었다. 어려운 진통 속에서 구 대한체육회장과 구 국민생활체육회장이 통합된 대한체육회의 공동회장 직을 맡는 이원적 체제로 출범하게 되었다. 과도기를 거친 후 통합된 단일 체육회의 40대 이기흥 회장이 취임하였다.

일단은 물리적 통합을 통해 두 가족 한 지붕 체제로 출범하여, 점차 화학적 통합을 진행하고자 하는 의도였을 것이다. 그러나 공동회장 체제는 이원적 리더십으로 인해 의사결정의 효율성과 신속성을 담보하기 어려웠다. 2016년 10월에는 5명의 후보가 출마한 대한체육회장 선거가 열렸고 제40대 대한체육회장이 선출되었다. 40대 대한체육회장은 연 4,000억 원의 예산과 600만 명에 이르는 등록선수를 관리하는 체육계 거물이 된다.[28] 단일 회장이 체육계 분파 간 갈등을 정리하고 통합된 행정체제로 거듭날 수 있을지 귀추가 주목된다.

통합출범한 대한체육회는 명칭은 '회'이지만, 법적인 지위는 공공기관이다. 즉, 명칭 상으로는 순수민간조직이라는 인상을 줄 수 있으나, 공적 재원을 사용하고 공공기관운영에 관한 법률의 통제를 받고 있는 행정기관이다. 사실상의 행정조직이면서 그렇지 않게 보이는 그림자행정조직(shadow public organization)인 것이다.[29]

---

28) 일요신문, "스포츠 대통령…연 4000억 600만 명 등록선수 관리", 2016년 10월 3일자.
29) 조석준·임도빈, 2016, 한국행정조직론, 법문사.

우리나라의 체육행정 Chapter 10

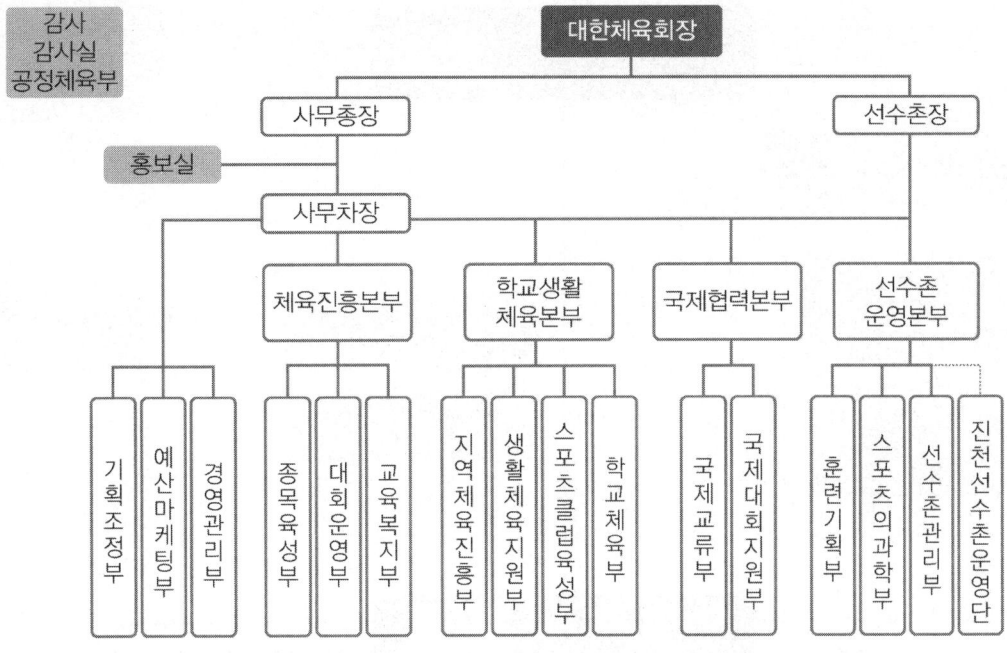

[그림 19] 대한체육회 조직도(2016년 11월 기준)

출처: 대한체육회 웹페이지

    2016년 4월, 스포츠 관련 양대 준정부조직인 대한체육회와 국민생활체육회가 통합되어 대한체육회가 출범했다. 체육행정에서 거대한 조직이 탄생한 것이다. 통합 대한체육회의 영문 명칭은 Korean Sport & Olympic Committee(약칭 KSOC)이다. 그런데 제1편에서 설명한 국제올림픽위원회(International Olympic Committee)에 대해서는 Korean Olympic Committee(약칭 KOC)로 사용하기로 하면서 두 가지 영문 명칭을 가진 조직이 되었다.

    통합된 대한체육회는 국가대표 훈련 지원, 은퇴 선수 복지 지원, 국제 종합대회와 전국체전 등 종합체육대회 총괄, 학교체육대회 등 체육과 관련된 업무를 관장한다. 가맹경기종목의 선수와 심판, 경기운영 등에 대해서 대한체육회가 총감독 역할을 맡는다고 할 수 있겠다. 대한체육회는 대한축구협회, 대한스키협회 등 70개의 중앙가맹단체를 두고 있다. 가맹경기단체는 56개의 정가맹 경기단체와 5개의 준가맹 경기단체, 그리고 9개의 인정단체다. 준가맹단체와 인정단체는 1980년대부터 스포츠 다변화를 위해 동호인 수가 많은 종목에 부여하기 시작한 자격이다. 일반적으로 인정단체에서 준가맹단체로 승격하거나 준가맹단체에서 정가맹단체로 승격하는데 2년 내외가 소요된다(대한체육회, 2010b: 70). 대부분의 중앙가맹단체는 산하에 시·도 가맹단체를 두고 있다. 시·도 가맹단체는 대한체육회의 지부인 시·도체육회에 가맹되어 있다. 시·도체육회는 또한 시·군·구체육회를 보유하고 있다.

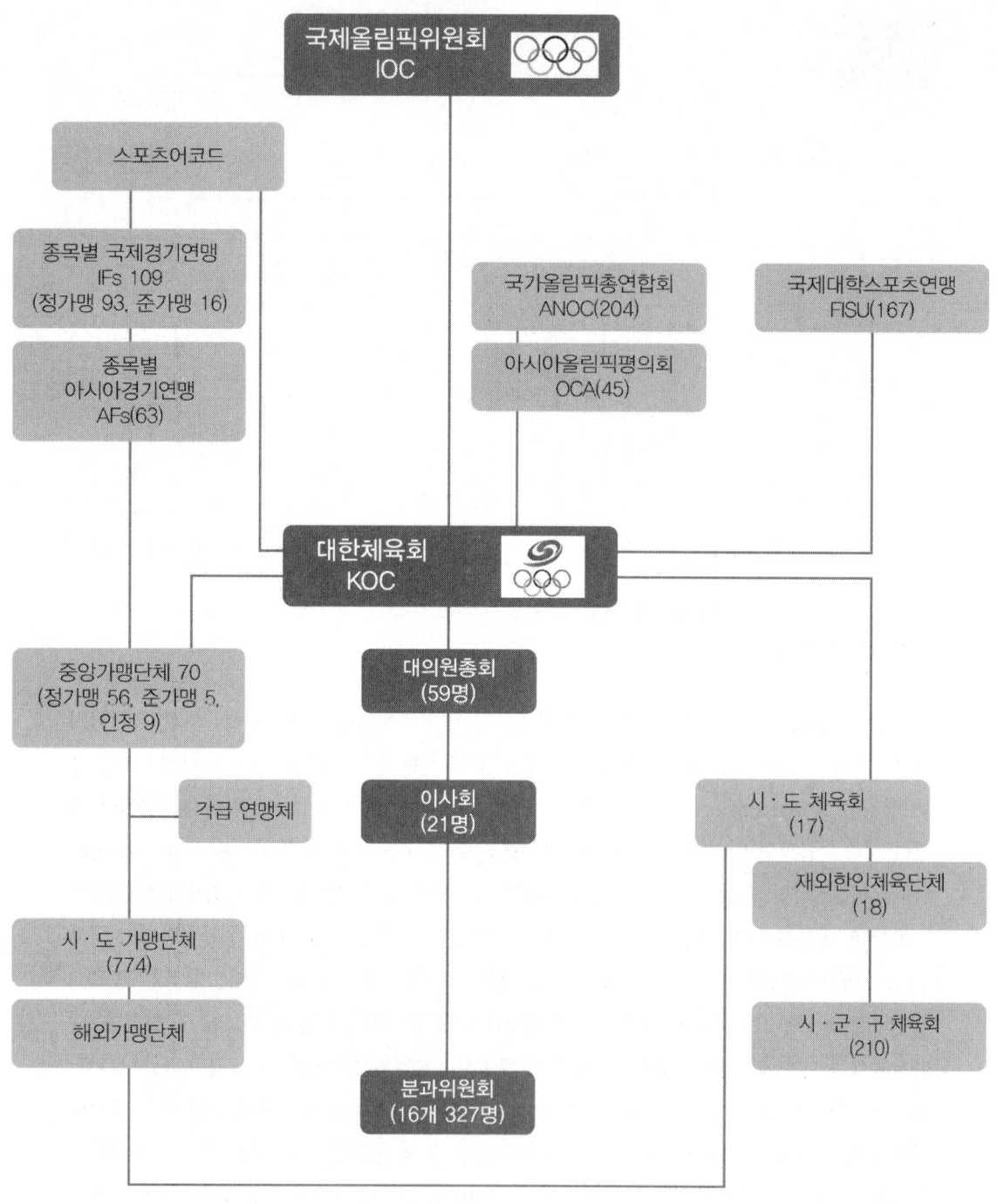

[그림 20] 대한체육회 관계도

출처: 대한체육회(2014).

[표 23] 대한체육회 선수육성 지원기준(2015년도 기준)

구분	세목		2015년도 지원기준(1인 1일 지원단가 / 단위: 천 원)			
			국가대표	후보선수	청소년대표	꿈나무선수
훈련수당	선수		60	20	-	-
	지도자		(유직장) 4,500/월 (무직장) 5,000/월	(전임) 4,500/월 합숙훈련 100/일 (전문지도자)	(전담) 500/월 합숙훈련 100/일 (전문지도자)	(전담) 500/월 합숙훈련 100/일 (전문지도자)
합숙훈련	숙박비		40	40	22	22
	식비(간식비)		35	28	23	23
	훈련복		230 (1,500명기준)	120(동계) 110(하계)	200	200/2회 (동, 하계)
	기타	훈련용구	-	7,245/1종목	100/1인	160/1인/2회
		시설사용료	-	3/1일	5/1일	2,700/1종목/2회
		약품구입비	-	3/1인	5/1인	5/1인
		지도자활동	-	30/1인	30/1인	-
		목욕비	-	3/1회/1인(3회)	5/1회/1인(4회)	-
		현수막	-	100/1종목	200/1종목	200/1종목
		상해보험	-	49/1인	20/1인	10/1인/9개월
		교통비	-	-	40/1인	20/1인 (도서지역 실비)
		강습비	-	-	200/1종목	200/1종목
국외훈련	예산액		3,578,000	583,000	902,000	-
	항공료		2등 정액 (실비 범위내)	2등 정액 (실비 범위내)	2등 정액 (실비 범위내)	-
	체재비 (간식비 포함)		$110 ~ $150	$70 ~ $90	$110 ~ $150	

출처: 대한체육회(2014: 19)

대한체육회는 이들 가맹단체들에 예산을 지원해줌으로써 영향력을 행사한다. 대한체육회의 예산이 특히 많이 투입되는 가맹단체들은 올림픽이나 아시안게임 등 메가스포츠 이벤트에 국가대표로 선수를 출전시키는 가맹경기단체들이다.

[표 24] 대한체육회 재원별 예산 (단위: 백만 원, %)

년	계(A)	재원별				자체예산비중 (B/A)×100(%)
		국고	기금	공익사업적립금	자체(B)	
2009	134,931	67,835	56,023	2,575	8,498	6.3
2010	141,078	35,604	82,801	9,256	13,417	9.5
2011	188,661	36,105	128,912	7,613	16,031	8.5
2012	154,020	41,211	87,4890	7,781	17,539	11.39
2013	174,510	40,215	112,990	6,781	14,524	8.3

출처: 체육백서(2015)

대한체육회의 예산은 임대수임료 등 자체수입, 국고, 국민체육진흥기금, 공익사업적립금 등으로 구성되어 있다. 대한체육회의 자체수입은 전체예산의 6~11% 수준으로 그 비중이 크지 않다. 대한체육회 예산의 가장 큰 비중을 담당하는 것은 국민체육진흥기금이다. 국민체육진흥기금이 차지하는 비중은 점차 커지고 있는 추세로, 2013년 기준 전체예산의 약 65%에 달한다. 2015년 대한체육회는 국민체육진흥기금으로 [표 25]와 같은 사업들을 운영할 계획을 세웠다. 한편 시·도체육회의 예산은 지방자치단체나 교육청, 대한체육회로부터 보조받는 금액이 예산의 대부분을 차지하고 있다.

[표 25] 대한체육회 국민체육진흥기금 투입사업안(2015년) (단위: 백만 원)

사 업 명	'14년(A)	'15년(B)	증감 (B-A)	증감률 (%)
대한체육회 운영비	11,413	13,192	1,779	15.59
경기단체 지원	25,268	30,570	5,302	20.98
후보선수 및 청소년대표 육성	11,367	13,111	1,744	15.34
전국소년체육대회	3,492	4,742	1,250	35.80
전략종목 활성화	2,354	3,904	1,550	65.85
진천선수촌 운영	9,630	9,611	△19	△0.2
한국동계스포츠 육성	11,862	15,874	4,012	33.82
국가대표 종합훈련장 건립(2단계)	52,174	45,994	△6,180	△11.84
국가대표선수양성	41,914	45,353	3,439	8.2
전국체육대회	2,148	2,148	-	-
소 계	171,622	184,499	12,877	7.5

사 업 명	'14년(A)	'15년(B)	증감 (B-A)	증감률 (%)
국제체육교류	2,961	2,971	10	0.3
국제대회 개최지원	3,008	2,929	△79	△2.6
개도국 스포츠발전지원 (ODA)	1,846	2,004	158	8.6
국제대회 참가	5,555	5,364	△191	△3.4
평창동계올림픽 계기 국제스포츠역량 강화사업	-	200	200	-
소 계	12,692	13,468	776	6.1
합 계	184,992	197,967	12,975	7.01

출처: 대한체육회(2014).

4. 돈의 행정: 국민체육진흥기금

(1) 국민체육진흥공단의 설립

2018 평창동계올림픽과 재정적으로 관련된 공공부문 조직은 문화체육관광부, 국민체육진흥공단, 통합체육회 등이 있고, 민간부분으로는 평창동계올림픽 조직위원회, 가맹경기단체 등이 있다. 평창동계올림픽 조직위원회의 법적 신분은 민간이기는 하다. 그러나 중앙과 지방정부에서 발탁된 공무원인사가 대다수를 차지하고 문화체육관광부의 엄격한 통제를 받는 사실상의 국가기구처럼 기능하고 있다. 가맹경기단체도 비록 정도는 약할 지라도 문화체육관광부와 대한체육회의 지도 및 감독을 받고 있어 정부조직과 완전히 독립된 민간단체라고 보기는 어렵다. 즉, 스포츠 거버넌스가 정부주도형으로 이루어지고 있다는 것이다.

체육행정조직뿐 만 아니라, 체육인들의 관련 조직도 복잡하게 발달되어 있는 상황에서 이들 간에는 권력의 불균형이 발생하고 있다. 문화체육관광부의 장관이나 스포츠 행정을 실질적으로 총괄하는 제2차관과 같은 중앙정부 핵심기관과의 친소관계 및 거리에 따라 스포츠 거버넌스가 역동적으로 움직이는 모습이다. 중앙이 공공기관 뿐만 아니라 독립성이 보장되어야 하는 순수 민간 스포츠 활동기구까지도 장악하고 있기 때문이다. 이와 같은 중앙정부의 장악력은 단순히 업무상 지도관계에서 기인하는 것만은 아니다. 인사와 예산이 핵심적인 변수로 작용한다. 예컨대 평창올림픽 제2대 조직위원장은 자신의 사퇴 배경에 중앙정부의 입김이 반영됐다는 의혹을 인정하는 듯한 발언을 해 화제가 된 바 있다. 또한 대한체육회가 통합체육회로 거듭나기 이전부터 문체부와 마찰이 있었던 것으로 인해 통합 이후 공동회장 체제에서 실권을 상실했다는 의혹이 제기되기도 했다.[30]

정부는 인적 관계뿐만 아니라 돈을 통하여 체육을 진흥하는 정책을 추진한다. 우리나라 공공체육재원은 크게 세 가지 범주를 지칭하는 것으로, 중앙정부의 국고예산과 국민체육진흥공단에서 관리 및 운용하는 국민체육진흥기금, 그리고 지방자치단체의 체육예산이 이에 해당한다(권순용, 2009). 이밖에 체육단체가 직접 조달하는 자체 재원이 있으나 그 비중은 크지 않다. 중앙의 체육재정에서 특히나 주목할 만한 재원은 국민체육진흥기금이다. 기금은 특정목적을 위한 특정자금으로, 일반회계나 특별회계와는 달리 세입세출예산에 의하지 않아 국회의 직접적인 통제로부터 비교적 자유롭다. 기금을 설치할 경우 탄력적이고 안정적인 재원 운용이 가능하지만 투명성과 통합성이 저하된다는 단점이 있다. 국민체육진흥기금은 1974년 체육진흥을 위한 재원 마련방안으로 조성되었다. 조성초반에는 체육시설 입장료 부과금으로 시작되었다가 현재는 복권수익금과 경륜·경정사업 수입금 등까지 포함됐다. 국민체육진흥기금은 국민체육시설 확충, 선수 및 체육지도자 양성, 체육인 복지, 스포츠산업 지원 등의 체육행정과 관련된 많은 사업에 지원되고 있다.

서울올림픽기념 국민체육진흥공단은 88서울올림픽대회를 성공적으로 치룬 직후인 1989년 4월 20일, 서울올림픽 잉여금 3,110억 원과 기존 국민체육진흥재단 청산금 411억 원을 합해 발족한 기금관리형 준정부기관이다. 이는 노태우 정부 때 서울올림픽대회를 기념하고 체육진흥기금을 관리하여 체육진흥에 이바지하기 위한 목적으로 설립되었다. 국민체육진흥법 제36조는 국민체육진흥공단은 제24회 서울올림픽대회 기념사업, 기금의 조성·운용 및 관리와 이에 딸린 사업, 체육시설의 설치·관리 및 이에 따른 부동산의 취득·임대 등 운영사업, 체육 과학의 연구, 그 밖에 문화체육부장관이 인정하는 사업을 하도록 규정했다.

국민체육진흥공단은 국민체육진흥뿐만 아니라, 우리나라의 올림픽경기 출전에도 중요한 역할을 하고 있다. 이 조직은 문화체육관광부의 전신인 체육부의 인가를 받아 공익법인으로 설립된 것으로, 공적 재원인 기금을 운용하고 사용하는 '공단'이다. 실제로는 체육행정의 일선기관(street-level bureaucracy)으로써 역할을 하는 '그림자 행정조직(shadow public organization)'이다(조석준·임도빈, 2016).

---

30) SBS 뉴스, "김종 차관-김정행 회장, 리우 부단장 놓고 감투 싸움", 2016. 7. 8. http://news.sbs.co.kr/news

우리나라의 체육행정　Chapter 10

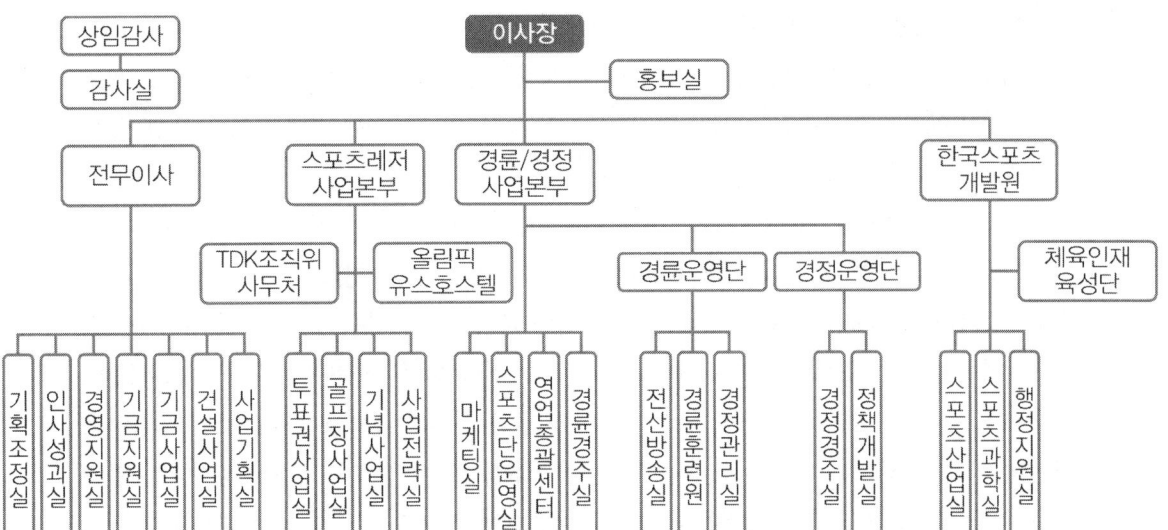

[그림 21] 국민체육진흥공단 조직도

　공단은 공공기관운영에 관한 법률의 적용을 받는 공공기관이다. 국민체육진흥공단은 임원 3명을 비롯하여 2본부, 1원, 4단, 38실, 7 6팀(25실 17지점 72팀) 등 총 124개의 조직 단위를 가지는 큰 조직체이다. 직원으로는 정규직 800여 명, 무기계약직 1,000여 명을 두고 있다.[31] 즉, 88올림픽 당시에는 체육부라는 조직이 우리나라의 체육행정을 담당했다고 한다면, 현재에는 중앙정부의 체육정책실 외에도 2,000명에 가까운 직원을 둔 국민체육진흥공단을 가진 매머드급으로 확대된 셈이다.[32]

(2) 권력과 돈: 국민체육진흥기금

　국민체육진흥공단은 기금을 운영하고 독점적 수익을 창출할 수 있다는 점에서 일반적인 공공기관과는 다르다. 따라서 공단의 회계는 국민체육진흥기금을 관리·운용하는 기금회계와 경륜, 경정, 체육진흥투표권 사업을 관리·운영하는 법인회계로 구분되어져 있다. 경정사업과 경륜사업 각각 발매수득금에서 경주개최경비를 제외한 액수의 40%가, 그리고 체육진흥투표권 수익금 전액이 국민체육진흥기금으로 배분된다. 이와 같은 주요사업들의 수익금은 국민체육진흥기금 뿐만 아니라 문화예술진흥기금이나 지방재정지원 등으로 환원되기 때문에 국

---

31) 자세한 것은 홈페이지 참조 http://www.kspo.or.kr/?menuno=167.
32) 국민체육진흥공단의 규모가 이렇게 큰 것은 국민체육진흥공단의 탄생이 서울올림픽 조직위원회에 참여했던 민간인들의 개최 이후 직장 대책을 정부가 마련해야 했기 때문이다.

민체육진흥기금의 당기순이익은 회계상 0원에 가깝다.

  기금은 매년 수립되는 일반예산과는 달리, 특수목적을 달성하기 위해 안정된 재원을 확보할 수 있기 때문에 정책추진에 매우 유리하다. 기금 이외에도, 경륜, 경정사업을 통한 수익, 복권을 통한 수익 등 많은 예산을 창출하도록 허용받고 있다. 위 3개의 주요사업 중에서 가장 먼저 시작된 것은 경륜사업으로, 1993년 발족했다. 2000년에는 경륜사업과 체육진흥투표권사업이 발족되었다. 국민체육진흥공단의 사업이 점차 확대되며 국민체육진흥기금도 급속하게 성장했다. 2003년에는 국민체육진흥기금이 체육국고의 액수를 추월했다. 2016년 경우, 총 예산이 1조 3,243억 원이나 된다. 동기 체육예산(문화체육관광부 체육국 국고예산)의 규모가 1,355억 원임을 감안하면, 국민체육진흥기금은 정부의 체육예산의 10배에 육박하는 것이다. 여기서 '배보다 배꼽이 크다'는 비유가 나오며, 체육행정에서 정부의 영향력이 얼마나 큰가를 짐작할 수 있다. 즉, 국고와 체육기금을 합하면 광의의 체육예산이 된다.

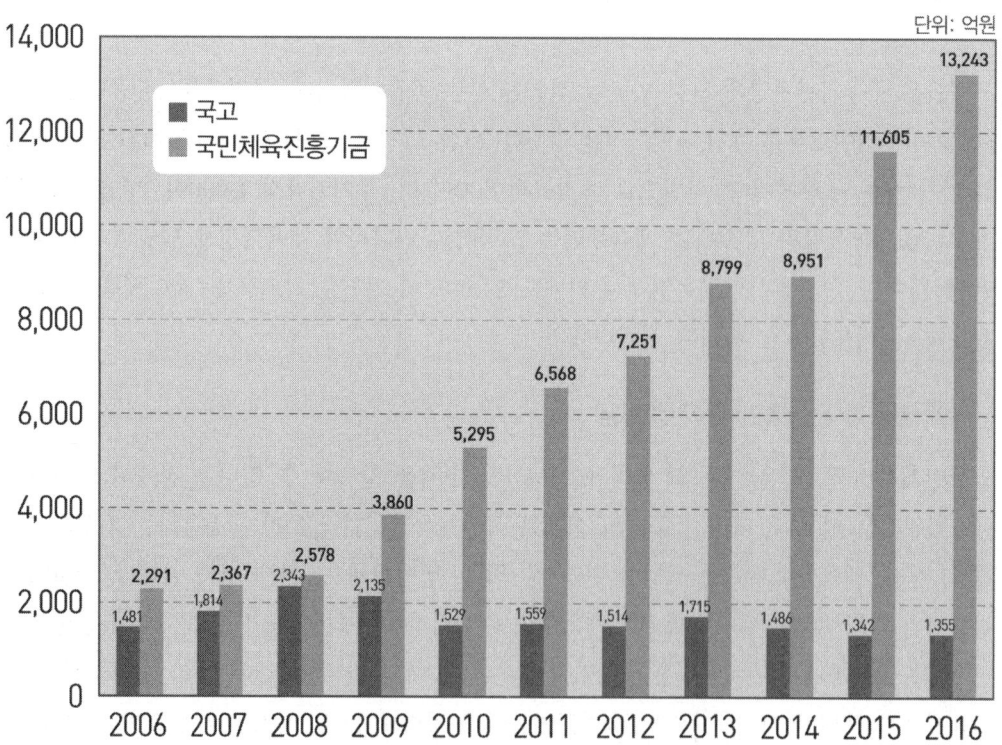

[그림 22] 체육예산과 국민체육진흥기금 연도별 추이

출처: 국민체육진흥기금

국민체육진흥기금의 지원계획은 국민체육진흥공단 그 자신과 소속기관인 문화체육관광부, 그리고 기재부에 의해 조정되고 국회에 의해 확정된다. 기금은 생활체육, 전문체육, 국제체육, 장애인체육으로 구분하여 보조금을 지급한다. 기금의 급격한 상승과 더불어 기금의 보조금 지급도 그 액수가 급속도로 증가했다. 과거에는 생활체육분야에 가장 많은 액수가 배정되었지만, 2010년 부로 스포츠산업을 포함한 국제체육분야에 역전되었다. 2015년 기준 국제체육 4,511억 원, 생활체육 3,305억 원, 전문체육 3,262억 원, 장애인체육 527억 원으로 총 보조금 지출규모는 1조 1,605억 원에 달했다.

[표 26] 국민체육기금 조성 추세

구분	'05년	'06년	'07년	'08년	'09년	'10년	'11년	'12년	'13년	'14년	'15년
가. 총조성액	2,629	3,314	8,259	5,526	6,224	6,144	5,987	8,512	9,016	12,294	13,262
- 민간출연금	0	0	0	0	0	0	0	0	0	0	0
- 골프장부가금	350	364	414	373	200	195	433	459	12	440	467
- 법인회계 전입금	1,013	1,632	3,745	4,113	4,337	4,680	4,558	7,204	7,923	10,705	11,686
・경륜	487	475	640	353	279	336	386	361	268	218	412
・경정	24	0	136	200	117	76	87	66	61	37	80
・투표권	502	1,157	2,969	3,560	3,981	4,248	4,085	6,777	7,594	10,450	11,194
- 복권수입 (복권기금 포함)	391	362	336	235	268	260	375	413	506	529	528
- 기금투자 등 사업수입	56	250	198	159	119	432	191	284	404	374	209
- 이자수입	225	216	258	376	370	328	261	67	60	71	61
- 기타 (유가증권 처분 등)	594	310	3,308	270	890	249	169	85	111	175	311
나. 총 지출액	2,183	2,713	3,088	3,713	4,246	5,520	6,911	7,587	9,116	9,339	12,012
- 보조금	1,747	2,291	2,367	2,578	3,860	5,295	6,568	7,251	8,799	8,951	11,605
・생활체육	1,144	1,520	1,462	1,434	1,931	1,692	1,951	2,228	2,814	2,089	3,305
・전문체육	566	646	667	640	771	1,080	1,587	1,237	1,322	2,072	3,262
・국제체육 등	37	55	127	288	879	2,303	2,761	3,424	4,199	4,161	4,511
・장애인체육	0	70	111	216	279	220	269	362	464	629	527
- 기금관리비 등	436	422	721	1,135	386	225	343	336	317	388	407
다. 순조성(가-나)	446	601	5,171	1,813	1,978	624	-924	925	△100	2,955	1,250
라. 순자산 조정 (이연법인세 등)	0	0	0	77	△487	788	169	16	△36	△1	
마. 기금 누계액(다+라)	7,745	8,345	13,515	15,328	17,384	17,521	17,383	18,477	18,393	21,312	22,562

※ 매년도 결산서(손익계산서) 기준으로 작성 '02년부터 공공기금으로 편입
출처: 국민체육진흥공단 웹페이지

국민체육진흥기금의 평창동계올림픽경기대회 지원금 규모도 2013년 이후 지속적으로 증가하고 있다. 2013년에 1,000억 원에서 꾸준히 증가하여 2016년에는 3,400억 원 이상으로 지원규모가 약 3.5배 증가하였다. 따라서 평창올림픽 담당 조직의 축소는 정부차원의 관심부족의 반영이 아니라, 조직 슬림화를 통해서 효율적으로 평창올림픽 관련 업무를 추진하고자 하는 의지를 보여주는 것이라고 할 수 있다. 또한 1988년 서울올림픽 당시 상황과는 달리 민간부분이 상대적으로 성장해 있기 때문에, 민간부문과의 파트너십을 통해 업무를 진행할 수도 있을 것이다. 따라서 과거처럼 대규모 조직이 필요하지는 않다. 그러나 민간은 민간대로 정부에 손을 벌리고, 기금은 기금대로 조직 축소를 통한 감량을 하려고 하지 않는다.

[표 27] 국민체육진흥기금의 2018 평창동계올림픽경기대회 지원금 (단위: 백만 원)

	2013년	2014년	2015년	2016년
지출	100,000	134,550	297,561	343,838(예산)

출처: 문화체육관광부 공시 연도별 체육예산기금사업현황 자료

주체별로는 대한체육회(통합 이후)에는 약 1,849억 원, 2018 평창동계올림픽이 열리는 강원도에는 1,329억 원, 한국도핑방지위원회에는 약 420억 원, 대한장애인체육회에는 약 391억 원, 평창동계올림픽 조직위원회에는 16억 5,000만 원 등이 지원되었다. 따라서 이 기금의 운용에 관하여 최종적으로 의사결정하고 관리·감독하는 문화체육관광부의 힘은 막강하다고 할 수 있다. 한 마디로 말하면 돈줄이 곧 권력인 것이다.

문화체육관광부는 산하기관이 운용하는 국민체육진흥기금을 통하여 2018 평창동계올림픽경기를 지원하는 등 국제 체육교류 및 국제대회 개최·참가 등을 지원하고 있다. 특히 평창올림픽 조직위원회 대부분의 운영예산을 중앙정부로부터 지원받기 때문에 외형상 민간단체이지만 실질적으로는 중앙정부의 입김이 크게 작용하게 된다. 조직위원회의 핵심적인 인사구성이 친(親)정부인사들로 이루어져있다는 측면에서도 중앙정부가 조직위에 미치는 영향력은 클 것이다. 일례로 전 조직위원장인 조양호 한진그룹 회장은 조직위원장으로서의 권한인 인사권을 자유롭게 행사하기 어려웠다고 전해진다.[33] 정부의 압력과 입김이 작용하고 있기 때문이다. 또한 대한체육회와 국민생활체육회의 통합을 강력하게 주도한 것 역시 예산과 인사 및 정보 부문에서 압도적인 힘을 가지고 있던 문화체육관광부였다.[34]

---

33) 조선일보. "조양호 회장 '평창 조직위원장 사퇴, 문체부 압력설 90%는 사실'". 2016년 11월 04일자.
34) 통합된 대한체육회의 재정자립도는 2%(81억 원/3,800억 원)이다.

이러한 기금의 흐름과 관련된 권력관계는 대한체육회와 가맹경기단체 간에도 나타난다. 대한체육회에서는 국민체육진흥공단의 기금 지원을 받아 매년 각 가맹경기단체에 경기단체 운영비, 경기력 향상비, 가맹경기단체 법인화, 국가대표 후보선수 육성을 위한 훈련비 및 전임 지도자 운영 등을 지원하는 사업을 실시하고 있다. 2014년도에 가맹경기단체 지원에 쓰인 집행액은 251억 원을 넘었고, 국가대표 후보선수 육성에는 약 84억 원이 지출되었다. 대한체육회는 보조금 배분의 반대급부로써, 가맹경기단체를 관리·감독하기 때문에 권력관계가 형성되는 것이다. 최근에 대한수영연맹이 불법비리로 인하여 대한체육회의 관리단체 지정을 받은 바 있다.35) 이로 인하여 대한수영연맹의 모든 임원들은 자동 해임되고 모든 자격과 권한이 정지되었으며, 예산지원도 중단되므로 대한체육회의 힘은 막강하다고 할 수 있다. 이러한 권력집중은 구조적 부정부패를 초래하기도 한다. 대한체육회 직원들이 대한레슬링협회로부터 정기적으로 금품을 수수했다는 의혹이 강하게 제기되기도 하였다.36)

최종적으로는 대한체육회의 예산을 쥐락펴락하는 문화체육관광부의 힘이 가맹경기단체까지 미치게 된다. 최근 문화체육관광부는 대한체육회 정회원단체 종목을 선정하는 과정에서 동계스포츠인 봅슬레이·스켈레톤과 루지의 통합을 가맹경기단체의 반대에도 불구하고 일방적으로 결정하였다.37) 사실 문화체육 분야에서 통하는 소위 팔걸이의 원칙(arm's length principle)은 '지원은 하되 간섭하지는 않는다'는 것을 의미한다. 그러나 실제로 지원대상이 많고, 이들은 국민의 세금을 '눈먼 돈'으로 알고 경쟁하는 상황에서, 만약 '간섭'을 하지 않으면 이들 단체 간의 약육강식의 세상이 될 것도 예측가능하다. 진정으로 합리적인 자원배분 방법이 무엇인가를 고민할 필요가 있다.

---

35) 스포츠조선. "대한수영연맹 결국 관리단체 지정". 2016년 3월 25일자.
36) 일요시사. "대한레슬링협회 30억 미스터리: 감사까지 했지만... 수십억 사라졌다". 2016년 5월 18일자.
37) 중앙일보, "봅슬레이스켈레톤연맹·루지연맹, 통합 추진에 '이해할 수 없는 탁상행정적 발생'", 2015년 12월 21일자.

Chapter 11
스포츠의 정치화

흔히들 '스포츠는 정치 밖에 있어야' 된다거나 '스포츠는 정치적으로 중립적이어야' 한다고 말한다. 스포츠의 정치적 중립성의 의미는 스포츠가 스포츠와 상관이 없는 외적 목적인 정치적 목적을 위한 수단으로 전락하여서는 안 되고, 인간의 순수하고 내적인 경험으로만 남아있어야 한다는 것이다(Novak, 1978). 그러나 현실에서는 스포츠는 정치적 동기에 의해 좌우되곤 한다. 특히 현대에 이르러서, 그리고 국가 간 스포츠에 관해서는 국가의 정치적 의지가 크게 개입된다(송병록, 2004). 그렇다면 스포츠가 정치적 목적을 위해 사용되는 것은 언제나 그른 것일까? 스포츠의 정치적 중립성은 누구의 말처럼 '가능하지도 않고, 항상 바람직한 것도 아니다.' 스포츠를 정치적으로 활용함으로써 종종 더 나은 결과를 낳을 수도 있다. 반목하던 국가들이 스포츠를 통해 화해 분위기를 조성하고 평화를 일군다거나, 저개발국가가 스포츠를 통해 비약적인 성장을 한다거나, 낮은 국가인지도를 스포츠를 통해 극복하는 등의 긍정적인 결과가 가능한 것이다. 스포츠가 정치에 종속되어 오로지 정책 결정자의 의중에 맞게 왜곡된다면 문제가 있다. 그러나 스포츠가 그저 비정치적이어야 한다는 당위적인 주장만으로 스포츠의 정치적 활용을 반대하는 것 역시 경계해야 할 태도다.

1. 경색된 남북관계를 연화하는 것은 스포츠였다

스포츠가 정치와 무관하지 않은 것처럼 올림픽대회도 정치적이다. 고대의 올림픽 경기는 종교와 예술, 그리고 군사훈련이 결합된 경기로, 고대 그리스의 도시국가들의 국력 과시 및 군사훈련의 수단이 되었다(Spivey, 2005: 19). 19세기 말에 부활된 현대의 올림픽도 마찬가지로 국가 정치에 깊게 활용되고 있다. 현대적 올림픽의 창시자인 쿠베르탱은 순수 아마추어리즘을 주창했으나, 그가 올림픽을 창시한 배경에는 프랑스 국민들의 사기 진작을 위한 동기가 결부되어 있다는 세간의 평이 있다(정홍익, 2002). 쿠베르탱은 독일의 올림픽 참가를 저지하고자 시도했으며, 독일은 1936년 베를린올림픽을 나치 정권 홍보의 수단으로 사용했다. 평창올림픽도 스포츠를 정치적 목적으로 사용한 예라고 할 수 있겠다. 강원도지사였던 김진선 도지사에 대해서 자신의 지지기반 강화를 위한 수단으로 평창동계올림픽 유치를 추진했다고 해석될 여지가 있다.

우리나라는 광복 이후의 짧은 스포츠행정 역사를 통해 스포츠 정치화의 순기능과 역기능 모두 경험했다. 우리나라에서 자주 발견되는 스포츠 정치화의 사례는 여러 가지가 있겠지만, 이 책의 다른 장에서 자세히 다루게 될 내용을 제외하면 다음과 같은 3가지로 구분될 수 있다. 남북 관계에 스포츠가 활용되었다는 것, 스포츠행사가 지방자치단체장의 이해에 따라 기획되어 왔다는 것, 그리고 체육단체장을 정치인이 자주 맡아왔다는 것이 이에 해당한다.

(1) 외교수단으로서 스포츠

앞서 제9장에서 설명했듯이, 스포츠는 종종 외교적 수단으로 사용된다. 스포츠 친선경기는 한 국가에 대한 승인에 준하는 효력을 갖기도 하고 경기의 거부 등은 정치적 저항의 수단이 되기도 한다. 스포츠가 외교에 있어 발전적으로 사용된 예는 중국과 미국의 '핑퐁 외교'를 대표적 예로 들 수 있다. 미국과 중국의 관계는 1971년 중국 측의 미국 탁구선수단 초청을 시작으로 급진적으로 공고화됐다. 냉전시대의 영향으로 미국과 중국은 교류가 거의 없는 상황이었으나, 1971년 탁구경기 교류로 1979년의 국교수립까지 이어진 것이다.

스포츠가 정치·외교적 수단으로 사용되는 이유는 아이러니하게도 스포츠의 비이념성 때문이다. 문학이나 예술 등은 이념이나 가치 등에 밀접하다. 그러나 순수 스포츠는 단련과 경쟁의 세계이기 때문에 다른 분야에 비해 가치중립적이다. 비이념적이면서도 양측의 직접적 만남과 상호작용을 요한다. 또한 스포츠의 대중성은 다수의 관심을 모을 수 있게끔 하며, 역동성은 참여자와 관람자 모두에게 일종의 흥분을 유발한다. 따라서 갈등관계에 있던 두 국가가 첫 물꼬를 트기에 스포츠만큼 적합한 분야를 찾기 어렵다. 한편 국가 간 갈등에 스포츠가 사용되는 경우에도 마찬가지다. 상징이 중요한 외교 정치에서 어떤 국가와의 스포츠 교류를 거절함으로써 항의와 무시의 메시지를 던질 수 있다. 외형적으로 비정치적인 스포츠를 정치적 메시지의 전달 수단으로 삼음으로써 외교 분쟁을 최소화하면서도 확고한 신호를 보내는 것이다.

우리나라에서도 스포츠는 국제정치의 장에서 외교적 수단으로 활용된다. 88서울올림픽 전까지만 해도 국제초청경기는 거의 전무했으나 서울올림픽을 계기로 스포츠 교류가 비약적으로 확대되었다. 올림픽 유치가 결정된 이후인 1983년 3월 도미니카와 체육교류협정을 맺은 것을 시작으로 1988년 올림픽 개최 중에 이란과 또 교류협정을 맺고 이후 아시아, 유럽, 아프리카 등 다양한 국가와의 스포츠 교류협정이 증폭했다. 이와 같은 국제스포츠교류협정도 매우 큰 의미가 있다.

(2) 스포츠를 통한 남북교류의 역사

남북 분단이라는 우리나라의 특수한 상황을 고려했을 때, 이제 스포츠 외교의 하나로 남북 간 스포츠 교류에 초점을 맞추어 보기로 하겠다. 남북 간 체육회담은 1983년의 도미니카 공화국과의 체육교류협정보다도 먼저 이루어졌다. 남북 간 스포츠 교류의 첫 포문을 연 것은 1964년 동경동계올림픽에서의 남북 단일팀 출전 협의를 위해 IOC를 통해 진행한 대화였다.38) 이후 1979년 판문점에서 열린 남북한탁구협회회담, 1984년 로스앤젤레스올림픽과 1988 서울올림픽 단일팀 구성을 위한 체육회담 등 주로 올림픽대회 등 국제대회에서의 단일팀 구성이 주 협의대상이었다(김창수, 2007).

1984년 로스앤젤레스 남북단일팀 구성의 경우에는 공산권 불참으로 인해 북한이 이탈하게 되어 무위로 돌아가게 되었다. 1988년 서울올림픽 공동 개최의 경우에서도 북한의 분산 개최 주장으로 남한과 이견을 보여 수포로 돌아갔다. 1990년 베이징아시아경기대회에서는 무려 9차례의 회의를 진행하면서 단일팀 구성을 위한 양국의 강한 의지를 보였으나 해당 대회에서는 결실을 보지 못하였다. 남북 간 스포츠 교류에 관한 대화는 국제대회의 개최 주기와 더불어 주기적으로 재개되었으나 1990년까지 성사된 것은 단 한 건도 없었다.

그러다가 1990년 냉전의 종식과 세계적인 평화의 분위기 속에서 남북 간 체육교류는 급진전을 보이기 시작했다. 1990년대 이전은 남북 간 스포츠 교류를 위한 '대화'를 했다는 것에 의의를 둘 수 있다면, 1990년대는 단순 대화에서 한걸음 더 나아가 실질적인 스포츠 교류를 성취했다는 의의가 있다. 1990년 베이징 아시아경기 이후 개최된 회담에서 세계탁구선수권대회와 세계청소년축구대회에서의 단일팀 구성에 합의하였던 것이다.

2000년대 초반은 햇볕정책을 추진했던 DJ 정부가 집권하던 시기다. 국민의 정부는 남북화해모드 조성이라는 정권의 기조를 스포츠에도 반영했다. 이른바 스포츠 햇볕정책의 일환으로 현대와의 합작으로 평양에 실내종합체육관을 건립했고, 남북통일 농구대회 및 축구대회를 개최했다. 이어 2000년 시드니올림픽 남북공동입장과 2002 부산아시안게임 공동입장이라는 쾌거를 일구어내었다. 이어 집권한 참여정부도 이전 정권의 체육외교정책의 기조를 이어 받아 2006 아시안게임 및 2008 베이징올림픽의 남북단일팀 구성에 합의했고 토리노 동계올림픽 공동입장 등을 논의했다. 또한 북한 측 IOC 위원인 장웅 위원은 2014년 평창동계올림픽 유치에 적극적으로 지원할 것을 표명하기도 했다(전개서).39) 그러나 2008년 금강산관광객

---

38) 광복 직후인 1946년에는 아이스하키대회, 농구대회, 축구대회 등 남북 간 체육교류가 있었다고 하나 이후 남북 간 교류가 중단되었다(대한올림픽위원회, 1996: 80).
39) 2006 도하아시안게임에서 남북 단일팀 구성은 결렬되었으나 공동입장에 대해서는 합의가 되어

피살사건으로 남북간 스포츠 교류도 여타 남북관계와 마찬가지로 경색 국면에 접어들었다.

최근 들어서는 새로운 정권의 출범과 함께 약 10년간 막혀있던 스포츠 교류의 물꼬가 트일 것으로 기대되고 있다. 문재인 대통령은 후보 시절 강원지사를 만나 평창올림픽이 평화올림픽이 될 수 있도록 하는 5대 구상을 논의한 바 있다. IOC와 북한선수단 참가를 협의하고, 금강산 육로를 통해 북한 선수단 이동, 북한 응원단 입항, 북한 동계스포츠 인프라 활용, 금강산 일대에서 올림픽 전야제 개최 등이 5대 구상에 해당한다. 5대 구상을 최대한 착실히 수행하여 평창올림픽이 남북관계 개선의 계기가 되도록 한다는 것이 현 정부의 청사진이다. 이번 계획이 순조로이 진행된다면 스포츠는 외교의 윤활유뿐만이 아니고 외교의 기점이 될 수도 있다는 것이 다시 한번 증명된다.

남북 간의 관계에 체육이 개입됨으로써 양자의 관계에 긍정적인 영향을 미쳤다고 할 수 있다. 먼저, 체육회담은 남북의 접촉을 확대시킨다. 대표적인 예로 1990년 베이징아시아경기대회의 단일팀 구성을 위한 남북체육회담을 들 수 있다. 베이징아시아경기대회를 앞두고 남과 북은 단일팀을 구성하기 위해 9차례에 걸친 회의를 진행한 바 있다. 비록 결실을 보지 못하기는 했으나, 9차례의 회담은 베이징아시아경기대회 직후의 회담에 건실한 자양분이 되어 세계탁구선수권대회와 세계청소년축구대회 단일팀 구성이라는 결실을 맺을 수 있도록 했다.[40]

두 번째로 체육의 대중성으로 인해 양자의 스포츠회담이 실질적인 스포츠 교류로 이어졌을 때 그 효과는 더 커진다. 2000년 시드니올림픽대회의 개·폐막식에서의 남북공동입장은 당시 뜨거운 화제가 되었고 남북 간 데탕트 분위기 조성에 크게 기여했다. 또한 2008 베이징올림픽도 비록 남북 단일팀이나 남북 공동입장 논의는 무산되었지만 북측 선수의 경기에 우리측 응원단은 적극적인 응원활동을 펼쳤고, 북측 선수들은 이에 고마움을 표한 바 있다(송병록, 2004). 체육교류를 통해 남북 시민 간 상호존중과 이해를 도모할 수 있는 것이다.

셋째, 스포츠의 높은 파생성으로 스포츠 교류는 다른 분야의 교류를 낳는다. 2000년 7월 평양에서 개최된 평양통일탁구대회를 우리의 언론·방송사들이 취재했던 것을 계기로 방송언론분야의 교류가 본격화됐으며, 2004년 아테네올림픽과 2006년 독일월드컵 경기의 북한 중계에 방송위원회가 지원했던 것도 일례로 들 수 있다(이화여자대학교 통일학연구원, 2009).

그러나 역시 한계점은 존재한다. 남북 간 스포츠 교류에 국가가 매우 강하게 개입하기 때문에 스포츠가 정세에 따라 크게 왜곡되는 모습을 보이고 있다. 남북 모두 체육교류의 필요성에 대해서는 공감하는 것으로 보인다. 그러나 국내정세와 국제정세를 모두 고려해야 하기

성사되었다. 2008 베이징올림픽에서는 3차례에 걸친 회담이 진행되었으나 남북 단일팀은 물론이고 남북 공동입장도 무산되었다.
40) 행정자치부 국가기록원 기록물 검색 "남북체육실무자회담".

때문에 체육교류는 시기에 따라 빈번하게 성사되기도, 때로는 전무하기도 했다. 정세와 상관없이 스포츠 분야에서만큼은 지속적인 교류가 있었더라면 남북 간 관계는 작금보다는 훨씬 진전되어 있었을지 모른다. 앞으로의 한반도 평화와 통일을 진정으로 바란다면 스포츠 교류에 다시 행정력과 정치력이 투입되어야 할 것이다.

2. 메가스포츠 이벤트는 지방자치단체장의 인기관리 수단

88년의 서울올림픽과 2002년의 한·일월드컵을 성공적으로 개최한 경험은 메가스포츠 이벤트 개최에 대한 환상을 갖게 하기에 충분했다. 두 경기를 '성공적'이라고 평하는 이유는 단지 행사의 재정운영이 흑자를 달성했기 때문만이 아니다. 그보다 더 중요한 효과가 있었는데, 그것은 두 경기로 인해 국민적 자부심, 국가브랜드 고취, 지역경제 활성화 등 무형적 가치 측면에서 매우 큰 성공을 거두었다는 것이다. 우리나라와 같이 오랜 동안 세계정치에서 소외되었다가, 상당한 정도의 경제성장을 경험한 나라는 국제적 명망을 얻는 것을 주요 정치과제로 생각하는 경향이 있다(Glazebrook, 1947; Gordon, 1966). 다른 개발도상국도 메가스포츠 이벤트를 경쟁적으로 유치하려는 것은 이런 기능이 있기 때문이다.

그런데 이런 정치적 수단이 국가차원이 아니라, 지방자치단체 수준으로 내려온 것은 우리나라 지방자치제의 부활과 관련성이 높다. 2002년 월드컵 때까지만 해도 이와 같은 대형 국제행사 유치의 추진주체는 국가, 즉 중앙정부였다. 이후 서울올림픽과 한·일 월드컵과 같은 메가스포츠 이벤트는 일종의 성공신화로 자리 잡았고, 지방자치단체장들에게는 매력적인 인기관리수단으로 여겨지게 되었다. 역량이나 여건이 미흡한 지방자치단체들도 우후죽순 국제경기를 유치하기에 이르렀다.

전라남도는 2011년 전남 영암 F1 코리아그랑프리대회를 유치했고, 충주시는 2013년 충주세계조정선수권대회를, 인천광역시는 2014년 인천아시안게임을 유치했다. 그리고 평창은 1999년부터 평창동계올림픽 유치 준비에 나섰고 3번의 도전 끝에 2014년에 이르러서 2018 평창동계올림픽 유치권을 따냈다. 전남의 F1 코리아그랑프리는 중앙정부의 승인없이 지방자치단체가 독자적으로 진행한 사업이었고, 나머지 대회들은 경제적 효과를 비정상적으로 부풀리는 방식으로 중앙정부의 승인을 얻어낸 것들이었다.[41] 지방자치단체가 자신의 지역에 각 대회를 얼마나 유치하고 싶어 하는지를 알 수 있는 대목이다.

지방자치단체가 국제스포츠행사에 큰 매력을 느끼는 근본적인 이유는 행사 유치로 단체장의 지지도/인지도가 올라갈 것을 예상하기 때문이다. 메가스포츠 이벤트 유치가 단체장의 지

---

41) 경향신문. "단체장 치적용 국제대회에 지자체, 주민 '골병'". 2013년 7월 29일자.

지도 상승으로 이어지는 연결 고리에는 메가스포츠 이벤트가 지역사회에 긍정적인 작용을 한다는 가정이 깔려있다. 그렇다면 메가스포츠 이벤트는 지역사회에 어떠한 긍정적 파급효과를 낳는 것일까?

먼저, 메가스포츠 이벤트는 도시브랜드를 확산하는 데에 확실한 수단이 된다(Andranovich et al., 2002). 특히 지방이 유치에 성공한 이벤트가 올림픽이나 월드컵과 같은 인지도가 높은 국제경기일수록 지역의 인지도도 덩달아 높아진다. 평창의 경우에도 올림픽 유치운동 이전까지만 해도 사람들이 잘 알지 못하는 소외지역이었다. 그러나 동계올림픽 유치과정을 통해 이제는 국민 대다수가 아는 유명지역이 되었고, 앞으로 개막식이 가까워질수록 국제적으로 이름이 자주 언급될 것이다.

둘째, 지역 인지도가 부상했다는 사실 그 자체만으로도 지역주민의 자긍심이 고취될 수 있다. 지역주민의 자긍심은 해당지역의 사회적 자본이다. 사회적 자본은 거래비용을 감소시키고 생산성을 높이는 효과가 있다(Putnam, 1993). 뿐만 아니라 사회갈등을 조기에 종식시켜 각종행정의 효율화 및 지역단합의 효과가 있다.

세 번째로, 대형이벤트는 도시의 관광산업을 활성화시킬 수 있다. 대회기간 동안은 체육인과 관계인들, 보도단, 그리고 관광객 등 외부인의 유입이 커진다. 유입된 외부인원들은 숙박과 식사, 교통시설 이용 등의 활동을 할 것이기 때문에 개최기간만큼은 지역경제에 확실한 도움이 된다. 그러나 개최 이후의 관광효과에 대해서는 평가가 갈린다. '역사상 가장 비싼 올림픽'이라는 2014 러시아의 소치올림픽도 개최 이후 이른바 유령도시로 전락해버렸다.[42] 하지만 대회기간 동안 해당지역 고유의 지역성이 외부 주민들에게 잘 전달이 되고 사후관리가 잘 된다면 개최 이후에도 지속적인 관광객의 유입이 가능하다. 일본의 중소도시였던 삿포로는 1972년 삿포로 동계올림픽 이후 국제적인 관광도시로 변모한 바 있다.[43]

넷째, 메가스포츠 이벤트는 관광산업뿐만 아니라 여러 가지 연계산업을 동시에 부양할 수 있다. 노르웨이의 릴레함메르는 동계올림픽 사상 가장 성공적이라는 평을 받고 있는 1994년 동계올림픽대회의 개최지다. 개최 이후 릴레함메르 일대는 문화예술 산업과 건설업, IT와 미디어 산업 등이 융성되었다.[44] 평창군도 2018 평창올림픽을 계기로 관광사업 외에 스포츠재활산업, 스포츠인재육성산업, 농산물산업, MICE산업[45] 등을 활성화할 계획에 있다(평창

---

42) MBC. "소치는 이제 '유령도시' … 애물단지 된 올림픽 시설". 2014년 10월 25일자.
43) 2017 동계 삿포로 아시아 경기대회 홈페이지. (2016년 10월 19일 검색). https://sapporo2017.org/site/overviews-ko/koareasko.html
44) 시사인천. "릴레함메르에서 배우다". 2011년 11월 16일자.
45) MICE란 Meetings(회의), Incentives Travel(포상관광), Conventions(컨벤션), Exhibitions/Events

군 동계올림픽추진단, 2015).

다섯 번째로, 메가스포츠 이벤트를 준비하며 건설했던 각종 기간시설들은 이후 지역민들의 편의시설로 이용되며 지역 경제성장의 기반이 된다. 메가스포츠 이벤트를 성공적으로 개최하는 데에는 스포츠 시설도 필요하지만 도로, 철도 등 SOC도 필요하다. 스포츠시설들은 대회 이후에는 지역민들의 생활운동시설이 될 수도 있고, 각종 스포츠동호회활동을 하는 장소가 될 수도 있다. 또한 도로와 철도 등은 지역 내의 경제활동에 큰 보탬이 된다. 이와 같은 사실은 역으로, 각종 기간시설을 건설하기 위해 메가스포츠 이벤트를 유치하는 계기가 되기도 한다. 중앙정부의 재정적 지원없이 이와 같은 대형 건설사업을 시행하기 어렵기 때문에 국제스포츠행사 지원이라는 이름 아래 그간 지연되어 왔던 각종 대형 건설사업을 추진하는 것이다. 이에 대해서는 이후 다시 상술하겠다.

3. 실패해도 유치하는 이유

우리나라의 경우, 메가스포츠 이벤트의 실패를 예견하는 사람은 많지도 않고, 그런 예견은 무시되는 경향이 있다. 왜냐하면, 88올림픽과 2002 한일월드컵의 잔상이 깊게 자리잡혀있어 메가스포츠 이벤트는 항상 성공적일 것이라는 일종의 신화적 믿음이 존재하기 때문이다. 메가스포츠 이벤트 자원의 주 지원자인 중앙정부는 상대적으로 보수적으로 성공과 실패 여부를 점치지만, 지방정부는 어떻게 해서든 자신의 지역에 메가스포츠 이벤트를 유치하고자 하는 경향이 높다.

하지만 메가스포츠 이벤트가 항상 성공하는 것은 아니다. 메가스포츠 이벤트를 개최하기 위해서는 천문학적인 재정 부담이 지어지는데, 이는 대회가 끝난 뒤에 성장동력에 장애가 되는 부작용을 낳는다. 이와 같은 메가스포츠 이벤트 개최지의 재정부담은 이른바 "승자의 저주"라고 불리우며 개최지가 해결해야 할 가장 중요한 과제가 된다(Andreff, 2012). 최근에 개최된 행사들만 보더라도 그렇다. 가장 유명한 사례는 2014 인천아시안게임이다.

인천아시안게임은 기존의 시설을 개보수하여 사용하지 않고 경기시설을 무리하게 신설함으로써 재정부담을 낳았다. 이에 인천시의 채무가 급증하여 대회 직후 인천은 지방재정위기단체 기준인 채무비율 40%에 육박하기에 이르렀다. 인천아시안게임 대회 도중 인천시 정무부시장은 "아시안게임 뒤 나온 건 빚뿐이다"라고 말했을 정도로 인천아시안게임은 메가스포츠 이벤트의 무리한 유치사례라고 할 수 있다.[46]

(전시/이벤트)의 약자로, 대규모 조직이 특정한 목적과 전문성을 가지고 관광하게 될 때 이용하는 산업이다.

그렇다면 지방자치단체는 왜 대회의 예상 수익성이 낮을 때에도 자신의 지역을 각종 국제스포츠대회를 유치하고자 하는 것일까? 이에 대해서는 세 가지 경우가 있을 수 있다. 첫 번째는 바로 메가스포츠 이벤트가 대회 그 자체로는 적자라고 하더라도 긍정적 파급효과는 더 크다고 보는 경우다. 앞서 말했듯, 먼저 88올림픽과 2002월드컵에서의 성공신화가 뇌리에 깊숙이 박혀있다는 점이다. 두 대회 모두 흑자를 달성하기는 했으나, 흑자는 이를 적자를 간신히 면한 흑자라고 표현하기도 한다. 또한 월드컵은 긍정적 파급효과가 크기는 했지만, 대회 사후에는 경기장 사화관리에서는 지속적으로 적자를 보고 있기도 하다.47) 이후 메가스포츠 이벤트를 유치하는 것은 유치 조건과 무관하게 지역발전으로 이어지는 것처럼 여겨지는 경향이 있어 왔다. 그러나 전남 광주 F1 코리아그랑프리나 2014 인천아시안게임 등 최근에 국내에서 개최된 국제스포츠행사는 대체로 실적이 좋지 않았고 나아가 지역재정에 심각한 악영향을 끼쳤다. 이와 같은 사례가 많이 회자되면서 무조건적인 스포츠행사 유치를 지양하는 추세로 전환할 수 있음을 예상해볼 수 있다.

두 번째 경우는 대회 그 자체가 적자고 국가에도 부정적인 결과를 낳지만, 대회를 개최한 해당 지역에서만큼은 대회 개최가 더 우월한 전략일 경우다. 이는 특히 해당 지역이 낙후된 지역일수록 더 잘 들어맞는다. 낙후된 지역에 국제경기대회라는 커다란 충격을 주어 변화의 물꼬를 트고 지역 발전을 유도할 수 있을 것이라고 예상하기 때문이다. 대회를 준비하면서 중앙정부의 지원과 민간투자 등이 개최지역으로 몰림으로써 지역 경제가 활성화된다는 인식에 기반한 것이다. 따라서 지자체는 최대한 많은 자원을 유도하고자 한다. 그렇기 때문에 기존시설을 이용할 수 있음에도, 사후관리나 경제성 논란이 있음에도 불구하고 새로운 경기시설과 SOC 등을 건립하고자 한다.

국제스포츠 이벤트를 유치하고 나면 중앙정부의 도움을 받을 수 있을 것이라고 생각하는 것이다. 성공적인 개최를 위해서는 막대한 사업비를 원활히 조달할 수 있어야 한다. 그러나 그 재원의 규모가 너무 커 지방자치단체로서는 자체적으로 조달하기가 어렵다. 때문에 대부분의 자치단체의 경우 유치신청 단계부터 중앙정부의 재정지원을 받을 것을 고려하고 신청단계에 들어간다. 지방자치단체가 10억 원 이상의 국고를 국제스포츠 행사에 지원할 것을 요청할 때에는 문화체육관광부와 기획재정부의 심사를 받게 되어있다. 중앙정부는 대회의 경제적 효과, 지역주민의 유치 희망도, 운영비의 적정성 등의 항목을 검토함으로써 유치 타당성을 타진한다.

---

46) 한겨레, "'경제효과 20조' 허공 속으로…인천시, 남은 건 빚뿐", 2014년 10월 5일자.
47) 2002년 월드컵은 10개 도시에 건립한 월드컵 경기장 중 절반이 넘는 6개 경기장이 현재 누적되는 적자를 경험하고 있다(국회예산정책처, 2013). 그러나 2002년 월드컵대회 자체는 흑자로 마감되었다.

그런데 지방자치단체가 제출하는 자료는 지역주민의 유치 희망도나 경제적 효과 등 승인에 유리한 항목은 부풀리고 소요경비는 실제 경비보다 낮게 산정하는 경향이 있다.

일단 유치에 성공하면 중앙정부도 국제대회의 성공적 개최를 원할 수밖에 없기 때문에 유치를 우선의 목적으로 하는 것이다. 전남 영암의 F1 행사가 대표적인 예인데, F1 대회는 신청단계에서 중앙정부의 재정지원 없이 도 예산과 민간자본 유치로 대회의 재원을 조달할 계획을 세웠었다. 그러나 민자 조달에 난항이 있자 결국에는 중앙정부가 재정을 지원했고, 총 1,001억 원의 국비가 지원됐다.[48]

유치 이후 대회 준비 기간에 중앙정부가 지방자치단체장이 생각하는 만큼 협조적이지 않을 경우 지방자치단체는 국회를 통해 중앙정부가 재정을 지원할 수밖에 없게 구속한다. 즉, 자신의 지역구 출신이나 관련 종목의 체육계 출신 국회의원을 통해 해당 대회 지원에 관한 특별법을 제정하게 하는 것이다. 전남의 경우에도 '포뮬러원 국제자동차경주대회 지원법'이 제정되었었고, 평창동계올림픽의 경우에도 '2018 평창동계올림픽대회 및 장애인올림픽대회 지원 등에 관한 특별법'이 통과되었다.

마지막으로, Charles Wolf Jr.(1988)의 정부실패이론을 적용하여 해석하자면 정치인의 짧은 시계와 비용과 수입이 절연된 구조로 인해 자신의 임기가 끝나고 난 뒤 대회가 개최되었을 때의 상황은 그다지 깊게 고민하지 않는다는 해석이 가능하다. 정치인들에게는 정치생명 수기가 있기 때문이다. 당기에는 해당 지자체의 장으로 재임하지만 차기 선거에서 또 다시 당선될지는 누구도 확신할 수 없다. 그렇기 때문에 정치인으로서는 일단 이번 임기에 좋은 결과가 나와야 다음 선거를 기약할 수 있을 것이다. 장기적으로 벌어질 일은 좀처럼 정치인의 행보에 영향을 주지 않는다. 단기적으로 이익이 예상되면 장기적으로는 피해가 예상 되어도 정치인은 개입한다. 정치인의 높은 시간할인율(discount rate)은 정치적 보상체계의 왜곡과 결합해 필요치 않는 사업에 비합리적인 개입을 하게 된다.

비용과 수입이 분리되어있다는 것은 이와 같은 불필요한 대회의 유치를 증폭케 한다. 다시 말하자면, 정치인들은 대회 준비에 필요한 비용을 자신이 지불하지 않는다. 그렇기 때문에 정책결정자들은 비용을 덜 고려하게 된다. 막대한 자금은 일단 유치가 된 이후에 법안이나 지역주민의 여론을 동원하여 유치할 수 있을 것이라는 셈법이 숨어있는 것이다.

4. 왜 체육단체의 장을 정치인이 맡았나?

일견 생각했을 때 체육단체장은 체육인 출신만 맡을 것 같지만 실상은 그렇지 않다. 체육

---

[48] 동아일보. "한치앞 못 본 F1 유치… 4년 적자 레이스 벌이다 결국 펑크". 2013년 12월 06일자.

인보다는 정치인과 기업인이 체육단체의 장을 맡는 경우가 더 많았다. 광복 직후 첫 대한체육회장도 당시 독립운동가이자 정치인이었던 여운형이 맡았고, 이승만 집권 이후 이승만은 대한체육회의 총재를, 17대 대한체육회장은 이승만 비서 출신인 이기붕이 맡았다. 대표적인 정치인 출신 체육단체장은 노태우다. 노태우는 1984년 10월 2일부터 1985년 4월 25일까지 제28대 대한체육회장직을 맡았고 2년 후 대통령에 당선된 바 있다.

대한체육회장 같은 거대 체육행정단체보다 조금 더 작은 단위의 단체를 들여다보아도 마찬가지다. 가맹경기단체에서도 정치인이 단체장을 맡는 경우가 비일비재했다. 박정희 정권의 경호실장 출신이었던 박종규는 대한사격연맹 회장을 연임한 바 있다(박경호 외, 2011). 멀리 갈 것도 없이 이명박 전 대통령도 대한수영연맹회장을 12년간 맡아왔으며, 정몽준 전 국회의원도 1993년부터 2009년까지 대한축구협회장을, 2009년부터는 대한축구협회 명예회장을 맡고 있다.

정치인은 본래적으로 '한 표'가 아쉬운 사람들이다. 그렇기 때문에 무엇이든 표를 얻는 것이면 정치인에게 매우 소중한 정치적 자원이 된다. 이에 비하여 순수체육인 출신들은 체육에 대한 자신의 전문성을 더 활용하고자 하는 경향이 있다.[49] 이런 순수한 마음에 표심을 잡기 위한 정치인들이 접근하는 것은 스포츠 관련 조직의 장을 맡으면서 훨씬 용이해진다. 스포츠는 특히 그 대중성과 현장성으로 인해 정치인으로 하여금 대중에게 친숙하게 다가갈 수 있게끔 해준다(김정렴·전종우, 2016).

정몽준 전 국회의원이 대표적인 예인데, 그가 2002 월드컵 유치 및 준비과정에서 보여준 공로로 그는 대중의 지지를 받게 되었다. 유럽 위주의 축구경기를 아시아에서 할 수 있게 한 것은 획기적인 일이기 때문이다. 또한 스포츠조직은 대개 전국적인 조직망을 보유하고 있어 인지도가 낮은 정치인의 지명도를 올리는 데에 유리하다. 해당 체육단체가 국제단체에서 좋은 성적을 거둘수록 정치인의 인지도에 큰 영향을 준다.[50]

나아가서 전국적인 거대한 조직망을 구성하는 인력들은 정치인들의 사적인 유세활동에 동원되기도 한다. 일부 열성적인 체육인, 그리고 정치 진출에 관심있는 체육인들이 도를 넘어서 지원하기도 한다. 때로는 체육단체의 보직에 선거활동 중 자신에게 도움이 되었던 인사를 전문성과 상관없이 보은인사를 하는 등으로 활용되기도 한다. 체육단체의 조직망뿐만 아니라 체육단체의 예산도 정치인에게 매력적인 자원이다. 대부분의 정치인들은 윤리규정상 체육단체장을 형식상 '무보수'로 겸직하고 있었으나, 실제로는 판공비 유용 등으로 금전적 혜

---

49) 국민일보. 첫 선수 출신 체육회장 나오나. 2013년 2월 6일자.
50) 김경무, (2013). "체육단체장에 몰려드는 정치인들 '유감'", 한겨레 스포츠오디세이, 2013년 1월 16일자.

택을 누리고 있었던 것으로 밝혀졌다.51) 꿩 먹고 알 먹는 셈이 된다.

하지만 체육단체장의 직이 단순히 정치인의 이익을 위해서만 희생되는 것은 아니다. 체육단체로서도 정치인이 단체장의 직을 맡게 되면 여러 혜택을 볼 수 있다. 정치인은 법과 예산에 영향력을 행사할 수 있는 막강한 권력을 갖고 있다. 따라서 체육단체들은 정치인에게 단체장 직을 맡김으로써 단체의 현안을 해결할 수 있다. 한 가맹경기단체의 경우 다선 의원을 단체장으로 두고 있는 동안 의원의 인맥을 동원하여 해당 단체에 내려진 국제경기단체의 징계 취소 결정을 이끌어 낸 바 있다.52) 정치인이 이른바 방패막이로 활용되는 예다. 예산결산특별위원회 의원과 같이 예산권한이 큰 정치인이 체육단체장을 맡을 경우 해당 경기단체로 큰 액수의 예산을 끌어줄 수도 있다. 윤리기준으로서 통용되는 이해충돌(conflict of interest)의 원칙에 위반되지만 공공연하게 용인되어온 권력형 비리인 것이다.

한편 비인기 종목의 경기단체는 단체장을 맡겠다는 사람이 거의 없어 정치인이 사명감을 발휘하여 맡아야 한다는 주장도 있다.53) 양자의 이해가 맞기 때문에 체육단체에서는 실세 정치인을 모셔오고자 하는 경쟁이, 정치인들끼리는 인기 체육종목의 단체장을 맡기 위한 경쟁이 벌어지기도 한다.

그러나 근본적 문제는 정치인은 보통 체육인 출신이 아니기 때문에 체육이나 해당 종목에 대한 이해도가 낮다는 점에 있다. 낮은 전문성에 더해 국회의원의 의정활동 및 지지도 관리 활동 등으로 인해 해당 종목에 대한 관심을 많이 쏟을 수 없다는 현실적 문제가 더해지기도 한다. 이러한 틈을 타서 오히려 실무자나 다른 사람들이 조직운영을 파행적으로 함으로써, 때때로 조직운영에 심각한 차질을 빚게끔 한다. 단체장의 낮은 관심으로 조직관리는 엉망이 되기도 한다.

또 다른 문제는 단체장의 이른바 '셀프 감사'가 발생할 수도 있다는 점이다. 국회의원으로서 정부 지원을 받는 단체에 대해서 감사를 할 의무가 있는데, 단체장으로서는 감사로 인한 피해를 최소화할 의무감이 또 있기 때문에 이해가 충돌하는 문제가 발생하기도 한다. 따라서 정치인 단체장을 둔 체육단체는 감사의 사각지대에 놓이게 되는 경우가 있다.54) 다른 한편으로는 정치인은 기업인 출신 단체장에 비해 체육단체의 재정적 기여도 미흡하다는 지적도 있다.

---

51) 일요시사, "국회의원 '체육단체장 겸직' 집착 이유: 의원님은 표밭 챙기고~ 체육계는 예산 챙기고~", 2014년 6월 2일자.
52) 한겨레, "정치인이 사랑한 체육단체장 자리, 이제는…", 2015년 2월 22일자.
53) 월간조선, "[이슈추적] 누가 의원의 겸직 금지 대상을 줄였을까?", 2014년 8월호: 88~99.
54) 김양종, "정치인의 '체육단체장 명함' 없애야", 한국일보 칼럼, 2014년 6월 16일자.

와중에 2013년 7월, 국회의원 겸직 금지 국회법이 국회를 통과했다. 주 배경은 국회의원의 의정활동의 질 저하 등의 폐악이 우려된다는 것이었다. 당시 국회의원 중 체육단체장을 겸직하는 의원은 24명에 달한 것으로 밝혀졌다. 그러나 국회의원이 체육단체장을 맡는 것이 전면 금지된 것은 아니었는데 의정활동에 영향이 적거나 국가적으로 의미 있는 직에 대해서는 겸직을 허용하는 예외를 두었다. 이로써 IOC 위원의 국회의원 겸직과 정몽준 전 국회의원의 대한축구협회장 및 국제축구연맹 부회장직 겸직이 허용됐다.55) 겸직이 허용되지 않은 국회의원 중 일부는 법에 저항하여 여전히 체육단체장을 겸하고 있다.

중앙이 아닌 지방단위로 내려가 보자. 시도체육회장은 지방자치단체장이 당연 겸직을 하고 있다. 예를 들어, 서울체육회장은 서울특별시장이, 경기체육회장은 경기도지사가 역임하고 있는 것이다. 마찬가지로 지방체육회도 특정 정당에 대한 지지표명을 하거나 단체장의 보은인사의 장으로 전락하면서 정치적 중립성 논란이 일기도 했다.56)57) 이에 지방자치단체장의 체육회장 겸직 금지 법안이 발의되기도 했으나 아직까지 지방단체장의 겸직은 허용되고 있다. 중앙정부의 수장인 대통령의 경우에는 대한체육회나 국민체육진흥공단 등 체육관련 단체들을 실질적으로 장악하고 있어 효율적인 체육행정이 가능한 반면에, 지방자치단체장의 경우에는 지방체육회장직을 통해서 그나마 지방의 체육행정을 통솔할 수 있다는 주장 때문이다. 이른바 지방행정 '현실론'이라고 이름붙일 수 있겠다. 하지만 현실이 그러하다 해서 개선이 불가능한 것은 아니다. 지방체육회가 단체장의 잇속에 맞게 변형되는 것을 미연에 방지해야 체육행정의 진정한 발전이 가능할 것이다.

---

55) 연합뉴스, "국회의원 체육단체장 겸직 전면금지…100여 명에 통보", 2014년 5월 23일자.
56) 장달영, "○○체육회 감투가 그렇게 대단한가요?", 미디어오늘 칼럼, 2015년 6월 13일자.
57) 경기일보, "시·군체육회, 단체장 선거 보은자리? 직원 중 체육전공자 29%뿐", 2014년 10월 15일자.

Chapter 12
평창올림픽: 삼수 끝에 얻은 올림픽 유치

제1절 힘난한 유치과정

우리나라가 동계올림픽에서 처음으로 메달을 수확한 것은 1992년 프랑스 알베르빌 동계올림픽이었다.[58] 1988년 서울올림픽 유치 등 주로 하계올림픽에 쏠려있던 시선이 이를 계기로 확대될 수 있었다. 이러한 동계스포츠에 대한 관심은 1993년 '1999 강원동계아시안게임' 유치로 이어졌다. 동계아시안게임 유치에 성공한 이후 2006 동계올림픽 유치까지 전망했으나, IMF 위기가 닥치면서 2006년 올림픽 유치 노력은 중단되었다(조직위, 2013:16).

강원도는 1999년 강원동계아시안게임 폐막 후 2010년 동계올림픽 유치를 선언하였다. 김진선 전 강원도지사의 인터뷰 기사에 따르면, 1993년부터 막연하게 올림픽 유치에 대한 의견이 나왔었지만, 구체적인 검토는 민선 1기 1996년부터였다고 한다(조직위, 2013:16; 송정록, 2015a). 당시 실무진에서는 올림픽 유치에 회의적이었으나 당시 행정부지사였던 김 전 도지사는 나가노 올림픽 개최지 등을 방문하면서 개최 가능성을 확인했고, 민선 2기 도지사로 당선된 이후 이를 실행에 옮긴 것이다.

2010년 동계올림픽 국내 유치신청 후보지는 전라북도(무주)와 강원도(평창)이었다. 2000년 당시 호남 출신인 김대중 대통령이었기 때문에 정치적 지지는 전북 쪽이 우세했다. 하지만 국내 동계올림픽 유치에서 주도적인 역할을 할 수 있는 대한스키협회 회장에 친(親)강원 인사가 선출되면서 평행추가 맞춰져 갔다(송정록, 2015b, 2015c). 이후 KOC 실사과정에서 무주의 경기장 시설이 적합하지 않다는 판단이 나왔지만, 정치적 고려로 전북과 강원의 동시개최가 우선적으로 결정되었다.

하지만 단독도시 개최라는 IOC 헌장에 위배된다는 의견에 따라, 2002년 초 다시금 총회가 열려 주 개최지는 평창으로 하고 일부 종목을 무주에서 개최하는 것으로 조정되었다. 그렇지만 무주와 평창의 거리가 너무 멀어서 유치하는데 경쟁력이 떨어진다는 여론이 거세졌

---

[58] 행정자치부 국가기록원, "동계올림픽대회" 검색.

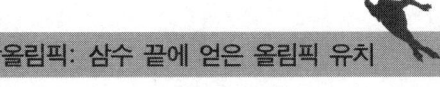

다. 2002년 5월 "2010년 유치는 평창이 단독으로, 2014년은 전북이 IOC의 공식시설 기준 충족 시 우선권을 갖는다"고 결정되어 평창 단독후보가 결정되었다.

2010년 동계올림픽 유치를 신청한 도시는 평창 외에도 사라예보, 하카, 잘츠부르크, 밴쿠버, 하얼빈, 베른, 안도라였다. 이 중 최종 결선투표 후보는 오스트리아의 잘츠부르크, 캐나다의 밴쿠버, 한국의 평창이었다. 평창은 IOC 총회 1차 투표에서 51표로 가장 많은 득표를 했으나, 2차 결선투표에서 밴쿠버에 53대 56으로 패해 탈락하게 되었다. 패인은 여러 가지가 있겠지만, 당시 김운용 IOC 위원이 IOC 부위원장에 선출되기 위해 적극적인 유치 노력을 하지 않았다는 비판이 제기되기도 하였다(송정록, 2016a, 2016b).

강원도는 좌절하지 않고 오히려 2010년의 유치활동 성과를 바탕으로 하여 2014년 동계올림픽 유치를 연이어 준비하는 전략을 택했다. 하지만 국내 후보지 선정에서 전북이 2010년 강원도의 실패로 당연히 우선권을 갖는다는 주장으로 갈등이 빚어졌다. 그러나 전북의 스키시설이 국제스키연맹(FIS)의 검증을 통과하지 못하면서, 다시 강원도로 일단락되었다. 이후 IOC 실사에 대비해 횡성, 원주 등으로 분산되어 있던 경기장을 평창, 강릉에 집중하는 계획을 마련하여 본선 경쟁력 확보를 위해 노력하였다(조직위, 2013:18).

2014년 최종 후보도시 결정도 낙관적으로 보였다. 최종 후보지는 오스트리아의 잘츠부르크, 러시아의 소치, 평창이었다. 1차 투표 결과 평창 36표, 소치 34표로 과반을 넘는 도시가 없어 2차 투표가 이어졌다. 그 결과 평창은 47표, 소치는 51표로 소치로 2014년 동계올림픽 개최지가 선정되었다. 2번 연속, 1차 투표에서는 1위를 했으나 2차에서는 밀린 것이다. 여기에는 국제정치적 요인이 작용했다는 해석도 있다(김동훈, 2007).

그러나 평창은 좌절하지 않고, 오뚜기처럼 일어선다. 2014년 유치 실패 후 실망감에서 벗어나지도 않은 얼마 지나지 않은 시기에 강원도는 또 다시 2018년 동계올림픽을 준비하였다. 국제역학 관계상 아메리카 대륙, 유럽이 이미 하계 및 동계올림픽을 두 차례씩 마쳐 아시아 유치에 유리하며, 두 차례의 경험으로 유치를 위한 많은 노하우가 축적되었다는 것이 세 번째로 유치를 선언한 배경이었다(조직위, 2013:19). 또한 그 사이 평창 알펜시아 리조트를 완공하여 스포츠 인프라를 확충하고, 동계스포츠 확산을 위해 세계청소년을 대상으로 실시하는 드림프로그램 운영 등으로 국제스포츠계에 신뢰 및 인지도 향상을 위해 노력해 온 것이다.

그러나 국내 정치는 강원도에 항상 우호적인 것은 아니었다. 강원도가 2018년 동계올림픽 유치를 선언한 이후 부산시에서 강원도의 독점을 문제삼으며 유치를 희망하였다. 그러나 2009년 4월 KOC 위원총회 투표를 통해 평창이 국내 후보지로 결정되었다. 이번엔 독일의 뮌헨, 프랑스의 안시 등 막강한 유럽의 경쟁도시들이 개최의사를 표명한다.[59] 너무도 쟁쟁한 이들 도시와의 유치전에서, 우리나라는 국제무대에서 통할 거물급 인사가 부족하다는 약점이 지적되었다. 올림픽 유치는 전국가적 외교망뿐만 아니라, 민간외교를 포함한 광의의 외교가 필요하다는 주장이 제기되었다. 이에 논란 끝에 이건희 IOC 위원 사면을 통해 국제스포츠 외교력을 보완하려 하는 등 본격적인 유치 경쟁을 하였다.

또한 국내에서도 동계올림픽에 대한 관심이 제고되기 시작하였다. 2010년 밴쿠버올림픽에서는 한국이 금 6, 은 6, 동 2로 전체 5위라는 역대 최고의 성적을 거두며 올림픽 유치 성공 가능성에 대한 긍정적인 분위기가 연출되었다. 특히 피겨에서 압도적인 실력으로 세계적인 명성을 가지고 있던 2010년 밴쿠버 동계올림픽 피겨스케이팅 금메달리스트 김연아 선수가 유치위원회 홍보대사로 임명되었고, 적극적으로 유치활동을 벌여 평창올림픽 유치에 많은 보탬이 되었다.60) 이러한 노력 끝에 2011년 7월 IOC총회에서 1차 투표 결과에서 과반인 63표를 획득해 2018년 동계올림픽 개최지로 평창이 선정되었다.

제2절 올림픽 유치실패에 치른 비용

2018 동계올림픽 유치는 우리나라가 세계스포츠 그랜드슬램61)을 달성했다는 것을 의미하고, 선진국가로의 진입을 알리는 신호탄이 될 것이라는 등 긍정적인 평가가 많다. 그동안 메가스포츠 이벤트에 대한 객관적이고, 냉정한 평가가 없이, 피상적인 장밋빛 평가가 지배적이었기 때문이다. 하지만 삼수에는 비용이 드는 것이다. 기뻐할 것만은 아니다. 이러한 세 차례에 걸친 유치 과정으로 희생되었던 것도 많다는 것을 잊지 말아야 할 것이다. 현실을 객관적으로 평가하는 것이 성공을 위한 전제조건이라는 점을 잊어서는 안 된다.

먼저 세 차례의 노력에서 많은 자원이 소모되었다. 올림픽 유치를 위해서는 많은 물적, 인적 자원이 투입되어야 한다. 유치 신청을 위한 계획서 작성, 국내의 사업타당성 평가, IOC 실사준비 등이 그것이다. 이를 위해 문광부, 외교부를 비롯한 정부, 유치위원회, KOC, 대한스키연맹 등 각종 스포츠 연맹 등 국내의 많은 조직들이 노력해야 했다.

이러한 노력이 헛되지 않기 위해서는 정확한 비용을 추계해 보는 노력도 필요하다. 후보도시는 단순히 유치의사만을 표명할 것이 아니고, 국제정세까지 고려하여 많은 것들을 분석할 필요가 있었다. 그러나 비판적 분석 없이 무모하게 유치를 시도한 측면이 있다. 비록 두 차례

---

59) 주간경향. "삼세판 기회, 또 놓칠 수는 없다". 2009년 5월 12일자.
60) 뉴시스. "김연아 이상화 밴쿠버 영웅들, 평창 동계올림픽 유치 돕는다". 2010년 5월 13일자.
61) 세계스포츠 그랜드슬램이란 하계올림픽, 동계올림픽, 월드컵축구, 세계육상선수권대회 등 4대 주요대회를 개최하는 것을 의미한다.

의 유치 도전이 안타깝게도 근소히 실패한 측면이 있지만, 실패에 치르는 비용을 생각했다면 3차 유치 도전에 대해서는 좀 더 냉정히 판단할 필요가 있었다. 이러한 유치 실패 비용에 대한 분석은 그 어디에서도 이뤄지지 않고 있다. 오히려 실패의 원인으로 서로를 탓하며 정치적 분쟁으로 이어지기도 했다. 실패에 대한 사례관리가 중요해진 현대행정에서 단지 정책 성공에 따른 환상만을 좇기보다는 정책 실패를 냉정히 분석하여 소모된 자원이 미래의 거름이 될 수 있도록 노력할 필요가 있다.

둘째, 민주적인 절차가 없이 유치신청이 이뤄졌다. 즉, 우리나라 정책결정 과정에서 열악한 민주화의 수준을 보여준 것이다. 1995년 지방자치제가 재개된 이후 많은 민선자치단체장들은 지역주민들에게 가시적인 성과물을 보여주기 위해 많은 이벤트를 기획하였다(윤견수, 2006). 작게는 지역 축제로부터 크게는 국제행사까지 이러한 행사를 선거공약으로 제시함으로써 지역발전에 신경 쓰고 있다는 호소력을 높일 수 있었기 때문이다. 특히 국제행사의 경우 광역자치단체와 국가의 지원을 받아 지역 발전의 전환점이 될 수 있었기 때문에 이를 유치하기 위해 많은 노력을 기울이고 있다. 평창동계올림픽 역시 이와 같은 맥락에서 해석해볼 수 있다. 1998년 2기 민선도지사로 취임한 김진선 강원도지사는 1999년 강원동계아시안게임 후 동계올림픽 유치를 선언하고 준비를 시작하였다. 개인 차원의 정치적 계산이 국가적 스포츠 행사유치의 결정적 요인이었던 것이다.

이는 주민들의 동의를 모은 아래로부터의 결정이라기보다 도지사와 일부 엘리트 계층에 의한 정치적 결정이라 할 수 있다. 동계아시안게임을 개최한 인프라와 자신감은 동계올림픽 유치를 위한 충분한 여건이 될 수 있지만, 그것인 강원도민 나아가서 대한민국 국민 전체의 의견수렴을 한 것과 같은 것은 아니다. 막대한 비용이 드는 동계올림픽이라는 훨씬 커다란 규모의 행사를 추진하면서 주민이나 기초자치단체의 의견을 수렴하는 공청회나 토론회가 개최되지 않았기 때문이다(정희준, 2008).

특히나 올림픽은 지역사회에 관광객 등 외부 손님을 초대하는 행사이기 때문에 지역주민의 허락을 받는 과정이 필요하다. 그러나 평창올림픽은 도지사의 일방적인 선언으로 유치가 결정되었으므로 민주성이라는 중요한 가치가 상당히 훼손되었다고 볼 수 있다. 올림픽 개최를 통해 강원도에 창출될 경제적 이익이 이를 정당화할 수 있는 것인지는 따져봐야 할 일이다. 이러한 맥락에서 볼 때, 김진선 전 도지사의 경우 월드컵 개최로 정치적 성공을 거둔 정몽준 의원의 뒤를 따라, 올림픽을 통해 정치적 입지를 다지고자 도전을 계속 하는 것이 아니냐는 비판을 받기도 하였다.[62]

---

[62] 프레시안. "아! '제발' 올림픽 없는 세상에서 살고 싶다". 2007년 8월 3일자.

셋째, 유치과정에서 국내의 갈등수준이 올라가 국민화합을 저해하였다. 갈등이 해소되거나 국민화합이 이뤄지기보다는 거꾸로 새로운 갈등이 유발되었다. 국내 후보지 선정과정에서 전북 무주와 강원도 평창 간의 갈등은 개최가능성이라는 기술적 논의보다는, 지역발전이라는 경제적·정치적 논의가 주가 되면서 지역갈등이 심화되었다. 즉, 행정적 합리성이 결여된 것이다.

이러한 지역갈등은 강원도 내에서도 나타났다. 2010년 유치 당시에는 경기장의 사후활용 등 다른 요소를 고려하여 춘천, 횡성, 원주 등 강원 지역 내 다른 도시의 분산 개최를 계획하였으나, 실사 시 경쟁력을 강화한다는 명분하에 평창과 강릉으로 시설물을 집중시킨 것이다. 강원도 내에서는 제외 지역의 대승적인 결단과 지지가 있었다고 발표했지만(조직위, 2013:18), 지지여론 속에 갈등이 잠복되어 있다고 할 수 있다. 또한 경기장 건설과 관련하여 가리왕산의 보호구역을 파괴하는 것과 관련해 환경단체 등의 반발을 불러일으켰다.

두 번의 유치과정에서 투입된 가시적, 비가시적 비용은 누구도 거론하지 않는다. 또한 정치적 비용과 특정인에 대한 정치적 이익 등 보이지 않는 비용에 대해서 생각을 하지 않는 것이다. 그러나 이는 모두 우리나라에 남겨진 비용임은 누구도 부정할 수 없다. 앞으로 메가스포츠 이벤트 유치에는 이런 점을 타산지석으로 삼아야할 것이다.

제3절 김진선 강원도지사의 유치전략

평창올림픽 유치 논의가 시작된 이래 실제로 유치되기까지 많은 인물이 강원도지사 직을 지냈다. 동계올림픽 유치에 대한 구체적인 논의가 처음 나온 것은 민선 1기 강원도지사를 지낸 최각규 전 강원도지사부터였다. 최각규 전 지사는 강원도의 동계올림픽 유치 가능성을 알아보기 위해 김진선 당시 행정부지사 등을 나가노에 파견했다. 그러나 1998년 외환위기로 동계올림픽 유치 준비 작업에 박차를 가하지 못했었다. 시간이 흘러 평창이 동계올림픽 개최지로 선정된 것은 2011년으로, 최문순 강원도지사가 보궐선거로 강원도지사에 선출된 지 3개월도 채 되지 않은 때였다.

반면 1998년 민선 2기로 당선된 김진선 전 강원도지사는 총 3선에 성공하여 2010년까지 약 12년 동안 도지사 직을 지냈다. 법이 허용한 3선 제한을 모두 채웠다. 김 전지사의 보직기간은 강원도의 동계올림픽 유치 도전사(史)의 기간과 거의 일치한다. 김 전 지사는 도지사로서의 첫 취임 직후에 열린 동계아시안게임 개막사를 통해 동계올림픽 유치 도전의 포부를 밝히면서 동계올림픽 유치 준비를 본격화한 인물이기도 하다. '올림픽 유치 지사'라는 별칭을 붙일 수 있을 정도로 김진선 전 도지사가 동계올림픽 유치에 가장 핵심적인 역할을 담당했다고 할 수 있다.

강원도지사에 첫 당선된 1998년부터 강원도지사로서의 마지막 임기가 끝난 2010년까지의 시기를 대상으로 김진선 전 강원도지사의 전략을 분석해 보기로 한다.[63] 그는 동계올림픽을 둘러싼 다양한 이해관계자들에게 자신의 뜻을 관철시키기 위해 꾸준한 노력을 쏟았다고 평할 수 있다. 그의 노력은 삼수 끝에 결실을 맺었지만, 그 결실은 이해관계자들과의 진정한 협력과 소통을 통해 맺어진 열매라기보다는 김 전 지사가 고군분투하여 얻은 결과물이었다.

강원도지사의 입장에서 동계올림픽과 관련된 주요 이해관계자들은 IOC 및 회원국 관계인들, 대통령과 중앙정부, 대한체육회, 전라북도 및 무주, 도민 및 도 국회의원, 국민 일반 등으로 정리할 수 있다. 동계올림픽 유치를 위해 김 전 지사는 이해관계자에 따라 각기 다른 전략을 구사했다.

먼저 전라북도 및 무주를 대상으로 김 전 지사는 상대방의 허점을 찾고 거래를 제안하고 필요시에는 직접 사과를 하는 등의 전략을 사용했다. 전라북도는 강원도가 동계올림픽 유치를 위한 3번의 도전 중에서 첫 두 번의 도전에서 이겨야만 했던 경쟁상대였다. 김 전 지사는 경쟁에서 우위를 점하기 위해 전라북도의 약점 및 강원도의 강점을 지속적으로 언급했다.[64] 그러나 대한체육회가 강원도 단독 개최가 아닌 전북과의 공동 개최라는 미온적 결정을 내리자, 이에 불복하며 전라북도 측에 거래를 제안했다. 이번 유치 지원에서는 전라북도의 양보를 요구하는 대신 강원도가 유치에 실패할 경우 다음 도전에서는 전라북도가 우선권을 가질 것을 제안한 것이다. 그러나 유치권을 획득하는 것에 실패하게 되자, 김 전 지사는 재도전을 선언했다. 김 전 지사는 전라도의 우선권은 IOC의 공식시설기준을 충족할 시에 인정된다는 거래조건을 근거로 들었다.[65] 결국 강원도가 개최 후보지로 선정되었고, 김 전 지사는 전라북도와의 갈등을 해소하기 위해 직접 무주에 방문해 사과하는 포용적인 면모를 보이기도 했다.[66]

다음으로, 김 전 지사는 대한체육회에 대해서는 회유와 불복의 전략을 구사했다. 대한체육회에 대한 불복과 회유의 전략은 강원도가 전라북도와 경쟁해야 했던 동계올림픽 1차 도전과 2차 도전 때 주로 사용됐다. 특히 1차 도전 때 대한체육회가 평창과 무주의 공동 개최를 결정한 직후에 매우 왕성하게 이용됐다. 김 전 지사는 대한체육회에 공동 개최 결정에 불복

---

63) 전략분석법에 대해서는 임도빈(2004), 한국지방조직론, 박영사 참조.
64) 시사저널. "평창 동계올림픽 남북 공동 개최 못 해". 2011년 7월 26일자.
65) 강원도민일보. "[평창동계올림픽 유치비화] 5. 아! 프라하. 눈물의 서막". 2016년 1월 26일자.
66) 노컷뉴스. "김진선 강원지사 '전북도민 여러분, 사과드립니다.'". 2005년 3월 21일자.

하여 재심의를 요구했다. 그는 공동 개최라는 대한체육회의 정치적 결단이 국내 올림픽 유치에 매우 불리한 조건임을 내세워 회유하였고, 단독 후보지라는 성과를 얻어내었다.[67]

김 전 지사는 대통령과 중앙정부가 적극적인 지원을 할 것을 지속적으로 요청했고, 주도권 이양을 제안하기도 했다. 대통령과 중앙정부는 대한체육회와 마찬가지로 국내 개최후보지 선정에 의사결정권이 있기 때문에 김 전 지사는 평창 단독 후보지 선정의 정당성을 설득했다. 국내 단독 개최후보지로 결정된 이후에는 국제 경쟁에서 우위를 점하기 위해 대통령이 국가차원의 지원을 약속할 것을 요청했다. 나아가 그는 동계올림픽 유치 세 번째 도전에 이르러서는 지방자치단체 주도의 한계를 느끼고 평창동계올림픽을 국가적 의제로 설정할 것을 요청했다.[68] 성공적인 유치를 위해 주도권을 포기하고 중앙정부 수준으로 넘긴 것이다.

강원도지사로서 대변해야 할 강원도민과 도국회의원에 대해서는 호소와 동원의 전략을 사용했다. 김 전 지사는 동계올림픽 유치의 정당성을 주장하기 위해 유치로 인해 강원도가 얻게 될 각종 경제적 이익을 설명하는 한편 강원도민의 애향심에 호소했다. 강원도민의 지지를 이끌어낸 뒤에는 다른 이해관계자를 설득하기 위해 도민을 동원하기도 했다. 몇몇 이장은 삭발을 단행하기도 했고, 서울시에서 강원도민 가두행진을 하는 등의 평창올림픽 유치를 위한 행사에 도민들이 동원됐다.[69] 도민의 지지가 IOC에서 평창이 올림픽 개최지로 선정되는 것에 큰 영향을 미치기 때문에 도민들의 열정을 이끌어내는 것은 매우 중요하다. 김 전 지사는 '100만 서명운동' 등으로 도민과 국민의 지지를 유도하기도 했다. 도민들이 자발적으로 참여한 것이기는 하지만, 도지사의 적극적인 설득과 호소의 결과물로 해석할 수 있다. 한편 김 전 지사는 강원도 국회의원들을 소집하여 강원도 단독 유치에 대한 강원도 국회의원들의 정당을 초월한 의견의 일치를 확인하고 결의문을 주도하기도 했다.[70]

마지막으로 IOC와 IOC 위원들에 대해서는 김 전 지사는 강원도의 평창의 매력을 최대로 끌어올리고 부족한 점은 보완하는 식으로 대응했다. 그는 동계올림픽 유치를 위해 '지구의 네 바퀴 반을 돌 정도'로 해외 각 도시를 방문하며 평창의 강점을 설명하기 위해 출장을 다녔다.[71] 그는 최종개최지 결정권이 있는 IOC 위원들에게 강원도의 가치를 보여주기 위해 각종 동계스포츠 국제대회를 유치했다. 2004년에는 2008 평창바이애슬론월드컵과 2009 평창

---

67) 한국경제. "'동계올림픽 공동후보지 선정 무효'... 강원지사 재심의 요구". 2001년 11월 21일자.
68) 데일리안. "'2018동계오륜 국가 아젠다로 설정, 지원을...'". 2009년 1월 7일자.
69) 동아일보. "강원주민, 동계올림픽 공동유치 반대 시위". 2001년 11월 22일자.
70) 동아일보. "[평창 겨울올림픽]도민은 물론 대통령까지... 이런 유치 열기는 없었다". 2011년 2월 18일자.
71) 동아일보. "평창 유치 실패가 누구 한 사람 잘못인가?" 2003년 7월 8일자.

바이애슬론 세계선수권대회를 유치했고, 2009 세계스노보드 대회를 유치하는 것에 성공했다. 2007년에는 2008 강릉세계쇼트트랙대회를 유치하는 등 각종 동계 국제대회를 유치함으로써, 동계스포츠대회 개최지로서 강원도의 가치를 극대화하기 위해 노력했다. 나아가 평창에 동계스포츠 경기 시설이 미흡하다는 결점을 보완하기 위해 알펜시아 복합관광휴양단지를 조성하여 스키점프대, 바이애슬론, 크로스컨트리 등의 경기시설을 구비했다.

이와 같은 김진선 전 강원도지사가 맡았던 역할로 미루어보건대, 김 전 지사가 강원도의 동계올림픽 단독 개최를 위해 수많은 노력을 쏟았다는 것을 확인할 수 있다. 그러나 강원도 동계올림픽 유치는 강원도민이 희망해 김 전 지사에게 요청한 것이 아니었다. 김 전 지사가 강원도 동계올림픽 유치라는 생각에 매료되어 일방적으로 강원도 주민에게 동계올림픽 유치에 대한 염원을 심었다고 보는 게 더 정확할 것이다. 즉, 하향식(top-down) 결정이었다. 강원도가 국내 단독 후보지로 선정된 이후에는 국민적·국가적 의제로 설정되게끔 하였다. 김 전 지사는 유능했으나, 동계올림픽 유치과정에서 그가 보여준 역할은 아래로부터의(bottom-up) 민주주의를 구현한 것이라고 보기는 어려웠다.

제4절 유치 성공 이후가 더 문제다: 행정의 과제

무려 3차례 도전한 결과 평창은 동계올림픽 개최지로 선정될 수 있었다. 2013년 7월 6일 남아공 더반에서 올림픽 개최지 발표가 있기 직전에 동계스포츠선수, 정치인, 강원도민 뿐만 아니라 온 국민은 평창이 낙점되기를 염원했다. 그리고 평창이라는 단어가 더반에서 흘러나오자 온 국민은 다같이 기뻐했다. 그러나 강원도가 올림픽 개최지로 선정되기 위해 거쳤던 역경은 개최권을 획득하는 것으로 끝나는 것이 아니다. 선정과정보다 더 중요한 과정이 선정 이후의 과정이기 때문이다.

우선, 평창올림픽 조직위원회를 꾸려야 하고, 전 정부적 지원을 위한 법적 근거를 마련해야 한다. 법치행정이라는 관점에서 볼 때, 평창올림픽 지원에 관한 특별법을 제정을 하는 것이 가장 강력한 지원을 할 수 있는 근거가 된다. 그리고 행정의 고유기능은 기획(planning)을 통해, 적절한 시한 내에 차근차근 준비를 해야 한다. 그에 필요한 인력과 재원을 조달해야 하며, 부처 및 기관 간 협력체계를 구성해야 한다. 성공적으로 올림픽을 마무리할 때까지의 실행계획을 세워야 하는 것이다. 유치결정은 정치적인 행위라고 한다면, 준비는 행정행위를 통해서만 가능한 것이다. 행정은 말로만 하는 것이 아니고, 실행(즉, 집행)을 통해 현실을 바꾸는 것이다. 예컨대 각종 공사에 참여할 시공사를 입찰해야 하는 조달행위는 행정의 가장 핵심적인 활동 중 하나이다. 정부조달(public procurement)은 항상 부정부패의 가능성이 높은 분야로, 이를 방지하기 위한 많은 장치가 있는 행정의 고유영역이다. 각종 스폰서와의 계약을 진행해야 하기도 하며, 자원봉사자들을 모집해야 하며 홍보활동을 구상해야 한다. 이 모든 사항은 오랜기간 숙고를 통해 진행해야 할 것이 아니라 신속하게 진행되어야 한다. 올림픽 개막 전에 필요사항을 완비하지 않으면 6년간의 준비과정이 허투루 돌아갈 수 있기 때문이다.

IOC와 맺은 계약상에서 평창올림픽 조직위원회는 '계약 후 5개월 이내'에 구성되어야 했다. 하지만 구성을 신속하게 할 필요성으로 평창올림픽 조직위원회는 계약상 규정된 기한보다 2개월 정도 빨리 조직위원회를 구성했다. 개최지 선정 3개월여 만에 평창올림픽 유치위원회를 해산하고 2011년 10월 19일 평창동계올림픽 조직위원회를 출범시킬 수 있었다. 평창올림픽 조직위원회보다 국회의 반응은 더 빨랐다. 국회는 2011년 8월 23일, 기존의 '국제경기대회 개최 및 유치특별위원회'를 '평창동계올림픽 지원을 위한 특별위원회'로 전환하기로 합의했고 해당 특위는 같은 해 9월 16일부터 본격 가동됐다.

반면에 평창동계올림픽대회 지원특별법의 제정은 그리 신속하지 못했다. 우리나라의 정치가 선진화되어 있지 않았기 때문이다. 평창올림픽 특별법은 조직위 출범으로부터 약 3개월이 훌쩍 넘은 시점인 2012년 1월 26일에야 비로소 제정되었다. 그 이유는 조정과 협의의 부족 때문이라고 할 수 있겠다. 국회가 제대로 기능하지 못하는 때가 많다는 비판을 받고 있는 것도 이 때문이다.[72] 평창올림픽 후보지 선정 직후인 2011년 7월, 여당의 한 의원이 먼저 특별법안을 발의했다. 이어 8월 3일 대한장애인체육회장을 맡고 있는 여당 의원이 앞서 발의된 특별법안에는 장애인 올림픽을 위한 내용이 들어있지 않다며 새로운 특별법안을 제출했다. 그리고 일주일 뒤 강원도의 요청으로 야당 의원이 새로운 특별법안을 또 제출했다. 국회는 세 법안이 내용상 충돌의 여지가 적다는 판단 하에 세 법안을 병합심의하였다.[73] 그렇지만 강원도 지역구 출신 의원 상당수가 협의과정에 포함되어 있었기 때문에 여야 간의 갈등은 크지 않았다. 이들은 국회가 정부의 지출을 견제하는 역할이 아니라, 오히려 돈을 더 쓰자는 입장이었기 때문이다.

협의가 필요했던 것은 정치권과 행정부의 관계였다. 조직위원회의 구성, 올림픽 관련 예산과 제도 등에서 정부가 맡아야 할 부분이 매우 컸기 때문이다. 정치인들이 자신의 지역구 또는 소관분야의 발전을 위해 가능한 많은 지원을 투입하고자 했다. 반면에 예산동원 및 실질

---

72) 임도빈, 2014a, 행정학, 박영사, 224~235쪽.
73) 한겨레. "강원도·정치권은 평창올림픽 규제완화 특별법 추진하고… 환경부는 '가리왕산 환경평가 간소화 없다'". 2011년 8월 18일자.

적 집행을 총괄해야 하는 행정부는 평창올림픽의 성공적 개최 외에도 동시에 추구해야 하는 행정목표가 산재해있기 때문에 지원을 제한할 필요를 의식한 것이다. 이것은 한정된 자원을 어떻게 합리적으로 배분하느냐라는 행정의 본질적인 문제에 관한 것이었다. 원래 행정부는 돈을 쓰자는 입장이고, 국민의 대표로서 국회를 이를 견제하는 역할을 해야 하는 것인데, 역할이 바뀐 셈이다. 매년 국회 예산심의에서 국회는 정부안에서 삭감하는 견제자 역할을 하는 이치에서 보면 그렇다는 것이다.

구체적으로 평창올림픽 특별법 논의 과정에서 정치권과 특히 갈등을 빚었던 부처는 기획재정부와 환경부였다. 특히 기획재정부는 경기시설 및 SOC 건설비용에 대한 국고보조율을 놓고 대립했다.[74] 강원도와 평창특위 의원들은 강원도의 미흡한 기간시설 및 열악한 재정상황 등을 근거로 중앙정부가 최소 70%에서 최대 100%까지 지원해야 한다고 주장했다. 그러나 기재부는 동계국제경기대회 때 국고보조가 도로시설에는 70%를, 경기시설 건설에는 30%를 지원하는 것이 관례라며 법과 형평성을 근거로 보조율을 제한하고자 했다.[75] 결국 정치권의 주장이 받아들여져, 정부가 경기장은 75%, 진입도로는 70%를 보조하기로 하였으며, 그 외 대회 직접관련 시설은 기재부장관이 정하도록 함으로써 갈등이 종결됐다.[76]

환경부와의 마찰은 주로 환경영향평가와 관련하여 일어났다. 발의된 3개의 특별법안은 모두 환경영향평가 등을 간소화하거나 더 나아가 생략할 수 있도록 하는 내용을 포함하고 있다. 환경영향평가가 간소화될 경우 특히 논란이 되는 곳은 알파인 스키장이 예정된 정선 가리왕산이다. 가리왕산은 멸종위기종과 희귀식물이 많은 곳인데다 산림법에 의해 개발이 금지된 곳이다. 환경부는 환경영향평가를 원칙대로 실시하겠다는 의지를 표명하며 특별법안에 완강한 태도를 취했으나, 얼마 되지 않아 다소 유보적인 입장으로 돌아서며 특별법안 통과의 한 계기를 마련했다. 그러나 왜 유보적인 입장으로 돌아섰는지는 알 수 없다. 환경부가 본연의 임무에 충실하면서 이런 입장변화가 있었는지 아니면 특별한 정치적 이유가 있었는지는 의문으로 남아있다.

이와 관련하여 Müller(2015)는 메가이벤트 신드롬 중 하나가 예외를 허용하는 것이라고 분석했다. 올림픽 개최도시가 되면, 대회의 준비와 운영을 촉진하는 한시적 법과 규칙들이 범람하게 된다. 각종 세제혜택, 이민법, 토지소유권, 도시계획 등 여러 분야에서 예외 조항이

---

74) 연합뉴스. "평창겨울올림픽 특별법 시행령 국무회의 심의 마쳐". 2012년 8월 14일자.
75) 서울신문, 2011.11.01., "평창올림픽특별법 조속 제정을"
76) 다만 개폐회장에 대한 지원비율은 언급하지 않았는데, 이후에 정부가 50%를, 강원도가 25%를, 평창조직위가 25%를 부담하는 것으로 합의되었다(출처: SBS. "[취재파일] 분산개최 논란 강원도의 자업자득". 2014년 12월 9일자.)

생긴다. 예외조항들은 모두 대회의 수익창출과 성공을 촉진시키기 위하여 현행법령과 모순됨에도 불구하고 제정된다. 앞서 논의한 국제메가이벤트 지원법 변경이나, 환경영향평가와 예비타당성조사 면제 및 간소화 조항 모두 이에 해당한다. 비록 예외조항을 두어 행사의 성공을 촉진할 수 있을 지는 의문이다. 만약 예외조항으로 행사의 성공적 개최에 더 가까이 다가갈 수 있다고 하더라도, 예외조항이 생긴 분야에서 부작용을 노정할 뿐만 아니라 법적 안정성을 심각하게 훼손할 것이다.

Chapter 13
올림픽 총괄기구: 평창동계올림픽 조직위원회[77]

제1절 조직위원회의 설치

 올림픽을 총괄하는 것은 유치국가나 유치도시에 한시적으로 설치되는 올림픽 조직위원회이다. 2018 평창동계올림픽대회 및 장애인동계올림픽대회 조직위원회(이하 평창올림픽 조직위원회)는 IOC와 체결한 올림픽 개최도시협약서(Host City Contract)에 의해 협약 서명 5개월 이내에 구성하도록 규정되어 있다.

 이 협약서는 국제법에 따라 작성되고 합의된 사항으로서 국제적 구속력을 지니고 있기 때문에 평창올림픽 조직위원회는 협약서의 내용을 충실히 이행할 의무가 있다. 다시 말해 올림픽대회와 관련된 모든 독점적 권리는 IOC가 소유하지만, 대회준비와 운영의 권한을 평창올림픽 조직위원회와 평창이 속한 국가의 올림픽위원회(NOC)에 법으로 위임함으로써 양자 간의 관계를 명확하게 규정하고 있다.

 올림픽 개최는 막대한 예산이 소요되는 국가적 행사로 다양한 인적, 물적 재원이 동원된다. 주어진 자원을 효율적으로 관리하여 성공적인 대회 개최로 이끌기 위해서는 대회와 관련된 모든 제반사항을 준비하고 운영하는 기구가 필요하다. 평창올림픽 조직위원회는 이러한 체계적인 대회 계획 및 준비 업무를 위해 2011년 10월 19일 설립되었다. 평창올림픽 조직위원회는 크게 재원의 확보와 예산, 사업의 승인 등 정책결정 기능을 갖는 위원총회와 집행 및 운영을 담당하는 사무처로 나누어져 있다.

1. 위원회의 총회

 올림픽조직위원 전체로 구성되는 총회는 올림픽조직에 관한 최고 의사결정기관이다. 이들은 각계를 대표할 뿐만 아니라, 전문성도 있어야 한다. 위원회의 운영을 규율하는 정관을 제

---

[77] 원고를 작성하던 당시는 2016년으로, 현재 세부내용은 다소 다를 수 있다. 그러나 글을 읽고 올림픽 총괄기구를 이해함에는 무리가 없을 것이다.

개정하는 등 중요한 의사결정을 하기 때문이다.

2016년 7월 현재 평창올림픽 조직위원회의 위원총회는 96명의 당연직 위원과 34명의 선출직 위원을 포함한 총 130명의 위원으로 구성되어 있다. 96명의 당연직 위원에는 조직위원회를 비롯해 정부, 국회, 강원도, 체육회, 언론, 문화예술, 종교 등 각계각층의 인사들로 구성되어 있으며, 선출직 위원들의 경우 체육계 인사들을 중심으로 이루어져 있다.

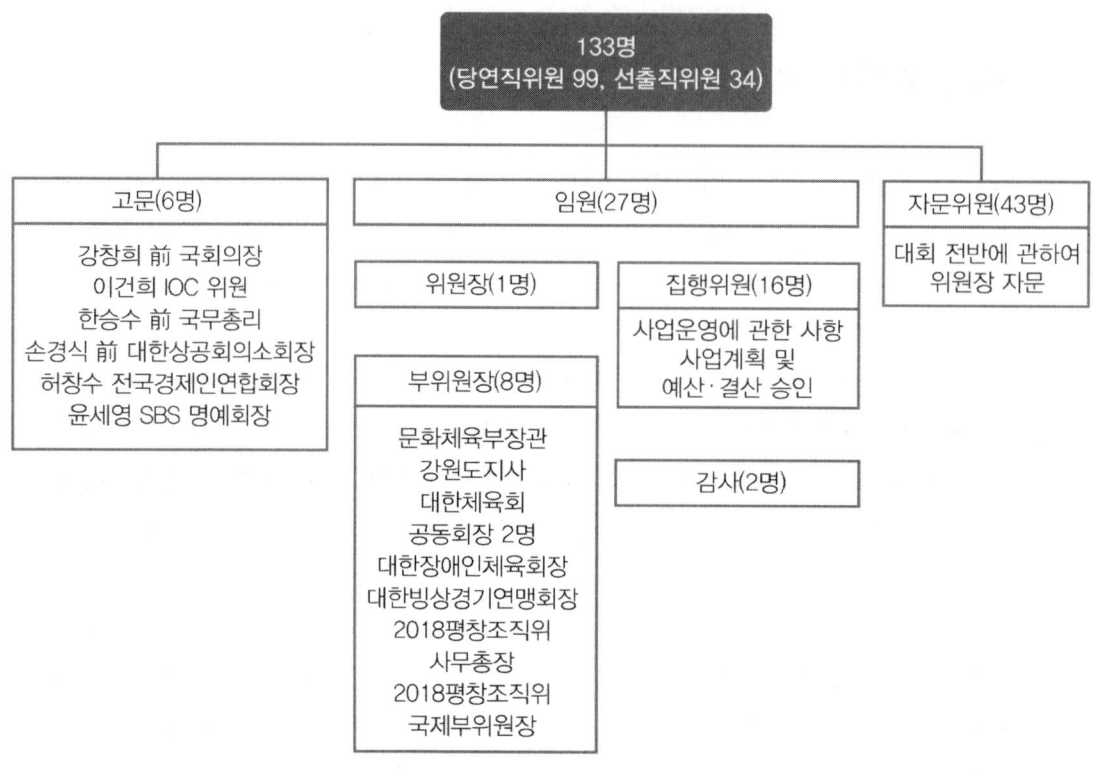

[그림 23] 위원총회의 구성

출처: 평창올림픽 조직위원회 홈페이지

96명의 당연직 위원 중 정부 인사 비중은 약 10% 정도에 해당한다. 주로 기획재정부, 안전행정부, 문화체육관광부 등 유관부서의 장관이 포함되어 있으며, 장관이 아닌 인사는 국무조정실장과 문화체육관광부 체육정책관 2명이다.

위원 중에서 중요한 인사는 임원진이라고 할 수 있다. 총 27명으로 구성된 임원진은 1명의 조직위원장과 8명의 부위원장, 16명의 집행위원, 2명의 감사 등으로 이루어져 있다. 이 중에서 위원장, 사무총장, 국제부위원장 등 상임부위원장의 역할이 중요하다. 이밖에 6명의

올림픽 총괄기구: 평창동계올림픽 조직위원회 Chapter 13

고문단과 43명의 자문위원, 12개의 전문위원회가 존재하며 각각의 역할과 기능은 다음의 [표 28]과 같다.

[표 28] 조직위원회의 구성 및 기능

조직위원회의 구성 및 인원	역할 및 기능
위원총회 (130명)	• 임원의 선임과 해임, 위원회 해산, 정관 제·개정 • 기본재산의 취득·처분사항, 주요 사업계획 승인 등
집행위원회 (16명)	• 제 규정의 제·개정 및 폐지에 관한 사항 등 • 사업운영에 관한 사항 및 예산·결산 승인
자문위원회 (43명)	• 정부, 국회, 체육계, 언론계, 경제계 인사 등으로 구성되어 해당 입장을 대변 • 대회 개최 종합계획 및 관련분야 등 종합 자문
전문위원회 (12개)	• 문화행사, 홍보, 경기, 의무, 정보기술, 경기장 건설, 환경, 수송, 선수, 장애인올림픽, 주파수 지원, 라이선싱, 분야별 자문 및 주요 사업계획 수립 참여

출처: 조직위원회. 2015. p.87.

제2절 조직위원회 사무처

각종 실무는 위원회보다는 사무처에서 담당한다. 평창올림픽 조직위원회 사무처는 실질적인 대회 준비업무와 기획, 운영을 담당한다. 조직위원회 사무처는 출범 시부터 고정되어 있는 조직형태가 아니라, 시기별로 변화를 줄 수 있도록 융통성을 갖게 되어 있다. 즉, 출범 초기 단계에서부터 대회 개최에 이르기까지 단계별 핵심기능 영역을 검토하고, 이에 근거해 조직구성의 방향을 설정하고 조직을 편제할 수 있도록 하고 있다. 2016년 현재에는 3단계(본격추진단계)로 조직을 대폭 확대하는 시기에 해당한다. 당초 계획했던 3단계의 최대 정원은 600명이었지만, 업무 추진 과정에서 각 부서의 의견을 수렴한 결과 정원의 확대수정이 불가피함이 인식되었다. 이후 조직 내·외부의 검토 및 협의를 거쳐 2016년 말까지 사무처 조직 정원을 876명으로 확대할 예정이다(조직위원회, 2015). 이러한 조직 확장이 적정한가는 알 수 없다. 다만, 기회가 있을 때마다 조직을 늘리려 하는 관료제의 팽창과 관계있는 것은 분명하다(Im, 2016).

1. 사무처의 조직구성

평창올림픽 조직위원회에 사무처는 강원도에 위치해 있다. 그러나 서울에도 사무소를 두고 있다. 현재 사무처 직제는 1위원장, 3사무차장, 1실, 1대변인, 4담당관, 14국, 59부, 176팀으로 구성되어 있다. 이러한 조직의 구성은 우리나라 중앙행정조직(즉, 정부부처 내부조직)과 유사한 형태로 이뤄져 있음을 알 수 있다(자세한 것은 조석준, 임도빈의 "한국행정조직론"(2016, 법문사) 참조). 나아가서, 우리나라 중앙정부의 권력구조가 대통령 1인에게 권력이 집중되어 있는 구조인 것처럼 이 조직위원회 역시 1위원장에게 권한이 집권화될 수 있는 피라미드식 구조를 보이고 있다. 즉, 독임제 행정기관의 조직형태를 띠고 있다고 하겠다.

조직위원회 사무처의 인적구성을 살펴보면, 행정의 비중이 크다는 것을 알 수 있다. 2014년까지 정원의 약 13%의 인력이 중앙정부로부터 파견되었고, 약 32%가 지방자치단체 공무원, 나머지 약 55%의 인력이 민간 인력으로 구성되어 있었다. 이 중에서 중앙 및 지방공무원의 비율은 점차 증가하여 2016년 말까지 약 47%로 증가할 것으로 예상된다. 이는 수치상의 비율이고 사실상의 중앙정부의 영향력은 상당히 크다고 하겠다.

이러한 현상의 이유는 동계올림픽의 규모상 단순히 지방자치단체에서 모든 일을 처리할 수 없기 때문이다. 준비과정에서 이뤄지는 일들은 법적인 범위 내에서 가장 효율적인 방법으로 이뤄져야 하고, 유관 기관과도 협조를 얻어야 한다. 이는 행정가만이 할 수 있는 행정의 전문영역이다. 또한 중앙정부 차원의 행정적, 재정적 지원이 중요한 요인이기 때문으로 보인다. 체육 관련 분야의 전문성뿐만 아니라 개최도시, 유관 기관들과의 신속하고 효과적인 협업 체계가 중요한 상황에서 행정경험을 갖춘 우수한 공무원들의 지속적인 투입과 참여가 요구되고 있다. 이를 흔히 일반가(generalist)라고 하여, (분야별) 전문성이 부족하다고 비판받기도 하지만, 실제 현실에서는 이러한 일반가적 전문성이 매우 필요하다는 것은 겪어본 사람이면 누구나 인정하는 사실이다. 즉, 광범위한 지식과 경험으로 난관을 극복하고 일을 진행시키는 능력을 말한다.

파견되는 공무원 중 4급 이상의 공무원들은 중앙 및 지방으로부터 투입되고 있으며, 5급 이하 공무원들은 강원도의 공무원들로 충원되고 있다. 이들을 위한 별도정원 확보를 위해서는 행정자치부와 강원도가 협의절차를 수행하고 있다. 다른 파견절차와 같이 복잡한 과정을 거쳐 조직이 이뤄지고 있다. 중앙 및 지방정부 공무원들의 조직위원회로의 파견절차는 다음의 [그림 24]와 같다.

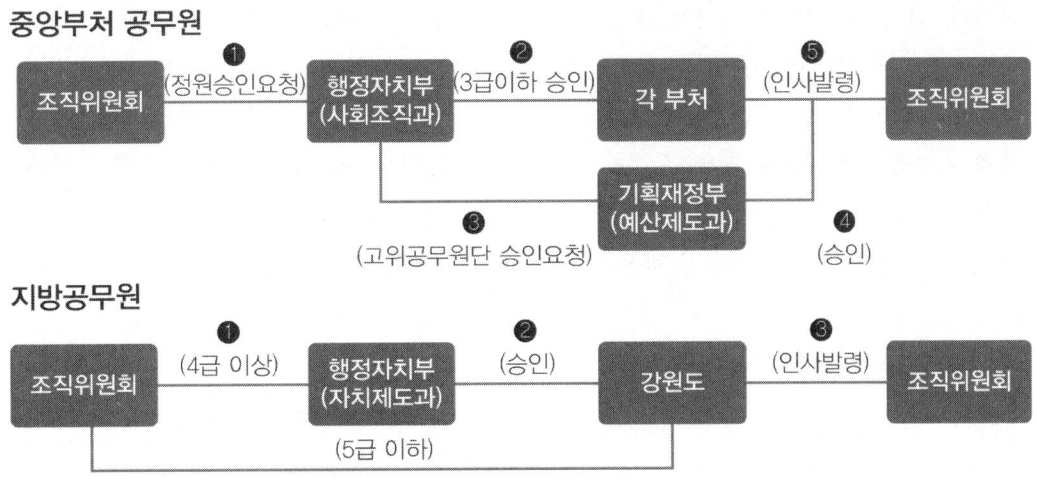

[그림 24] 중앙 및 지방공무원들의 파견절차

출처: 조직위원회. 2015. p.28.

2. 잦은 조직개편

동계올림픽과 같은 대규모 행사의 성공여부는 장기간에 걸친 기획과 준비에 달려있다고 할 수 있다. 특히 대회가 가까워져 올수록 행사 운영에 직접적으로 필요한 전문 인력 수요가 증가하게 되며, 준비 단계별로 어떻게 인력을 충원하고 적재적소에 배치할 것인지 조직설계 및 정원 확보 계획이 요구된다. 우리나라에서는 일하기에 충분한 조직이 일단 설치가 되어야 비로소 일이 진행되기 때문이다.

처음부터 대규모로 확정된 인력으로 조직을 운영하지 않고, 시간이 지남에 따라 점점 강화하는 것은 조직의 효율성을 유지하고 유휴인력을 최소화한다는 측면에서 보면 바람직하다. 그러나 이와 같이 융통성있는 조직은 적시에 조직이 보완되지 않으면 치명적인 문제가 생길 수 있다는 점도 주의해야 한다.

특히 조직위원회 출범 초기부터 지적되어 온 파견 공무원 및 전문 계약직원들의 동계올림픽 관련 경험 부족 문제를 극복하기 위하여 인력의 조기 확충의 필요성이 꾸준히 제기되었다(조직위원회, 2014). 어떠한 업무든지 해당 분야의 전문성과 능력을 배양하여 업무를 숙지하기까지는 어느 정도 시간이 소요되기 마련이며, 우수한 인력들을 적절한 시기에 유치하기 위해서라도 체계적인 조직설계 및 인사관리가 요구되어 왔다.

또한 동계올림픽 유치과정에서 국제올림픽위원회(IOC)와 맺은 협약에 따라 조직이나 인력 확대가 권고되는 상황이었고, 이를 이행하기 위해 지금까지 총 3단계에 걸친 조직개편을 실시해왔다. 현재에는 2016년 4월에 확정된 3단계 조직개편에 따라 조직이 구성된 상태이다.

조직위원회(2015)에 따르면 대회준비 완료 시기는 프레대회가 개최되는 2017년 2월이다. 따라서 대회까지 남은 기간은 일종의 '골든타임'으로써 최근의 조직개편을 통해 기존 조직구조와 기능을 세분화하여 조직효율성을 향상시키고, 대회운영에 실질적으로 필요한 부서와 인력들을 추가적으로 편성하는 데에 목적을 두었다. 또다시 4단계의 조직확대가 예상된다. 각 단계별 핵심기능과 조직구성 방향은 다음의 [표 29]와 같다.

[표 29] 단계별 조직개편과 중점기능

단계별	조직개편의 내용	중점기능 및 목표
준비단계 (2011.10~ 2012초)	• 기존 유치위원회 잔류인력 및 계약직 등 50여 명 규모로 업무개시 - 기획(총무), 홍보, 마케팅, 국제협력, 대회준비, 시설 등 위주	• 사무처 법인등록 및 운영계획 수립 • 국제올림픽위원회(IOC)와의 연락체계 유지
1단계 발족단계 (2012)	• 대회 개최준비에 공통으로 필요한 조직(기획, 경기, 시설, 마케팅, 문화홍보, 국제국) 6국 체제 확립	• 단계별, 분야별 대회준비 기본계획 및 종합마스터플랜, MPA*체결,[78] 대회시설 확보계획 수립 등
2단계 기반조성단계 (2013~2014)	• 부단위 세분화로 조직력 및 집행력 강화 - 문화행사(개·폐회식, 성화 봉송, 시상식) - 대회운영지원(기술, 환경, 안전, 숙박, 수송, 인력, 물자) - 국제관계(국제올림픽위원회(IOC) 및 NOC 협력, 의전)	* 업무분야(FA)별 프로그램 수립, 대회기 인수, 경기장 인프라 건설, 문화행사 등 사업별·기능별 세부운영계획 수립
3단계 본격추진단계 (2015~2016)	• 부 및 팀 세분화 운영 - 수익사업 및 입장권 사업, 방송, 안전, 인력, 물자, 홍보, 의전 등 강화	• 분야별 대회준비 가속화, 대외홍보 강화, 인력 및 물자확보와 배치, 경기시설 구축 마무리 • 프레대회 개최준비, 제반 개최여건 조성 등 현장운영 중심 조직으로 편제
4단계 개최단계 (2017~2018)	• 국 확대(안전, 입장권 사업 등 강화) • 종목별 경기운영인력 포함 실행조직 최종 확보	• 대회 시설 및 부대시설 확보완료 • 프레대회 개최 등 최종점검, 미비점 보완 후 대회 운영 - 경기운영, 문화행사, 안전, 수송 등 선수 및 관람객의 편의 제공에 중점 • 대회 이후 청산단계로 전환(대회 결과, 기록, 결산 등)

* MPA는 IOC가 올림픽 자산의 국내 마케팅 활동 권한을 조직위원회에 위임하기 위하여 맺는 협약
출처: 조직위원회. 2013. p.33.

---

78) 마케팅 플랜 협약(Marketing Plan Agreement)의 약자. MPA는 IOC가 올림픽 자산의 국내 마케

3. 끊임없는 사무처 조직 팽창

그동안 조직위원회 사무처는 3명의 상근부위원장이 사무총장을 보좌하는 역할을 담당해 왔다. 하지만 이번 3단계 조직개편을 통해 3명의 사무차장(운영, 기획, 시설) 체제로 확대 개편하였다. 또한 기존 체제에서 독립적인 역할을 수행하지 않았던 비서실과 대변인을 분리하였다. 대외적인 활동을 강화해야할 필요성이 있기 때문이었다. 결국 최종적으로는 1사무총장, 3사무차장, 14국, 1비서실, 1대변인 체제를 갖추었다.

나아가 하부조직과 관련해서는 역할이 유사해 업무 연계를 강화할 수 있거나, 조직규모 자체를 확대할 필요성이 있는 경우 각각 통합과 기능 강화를 실시했다. 그 결과 그동안 각각 독립적으로 운영되던 부서 간 조정, 상황총괄, 운영 및 준비, 위기관리 기능이 '대회조정관'으로 통합되었다. 또한 기획사무차장의 종합적 기획, 재정계획 수립, 인력관리 업무의 총괄 등 기능강화를 위해 산하에 기획총무국과 재정국, 인력운영국이 신설되었다. 또한 대회가 가까워짐에 따라 문화행사 기능, 홍보 및 보도 기능의 중요성을 반영해 홍보국과 홍보담당관, 방송통신협력관 등이 신설되었다.

한편 운영사무차장 산하의 조직체제는 베뉴(venue)중심으로 전환하도록 하여, 베뉴운영국을 신설하였다. venue란 장소(place)를 의미하는 프랑스어이다. 그 결과 운영사무차장은 베뉴운영국과 함께 경기국, 마케팅국, 미디어운영국 등을 총괄하게 되었다. 특히 2016년에 들어와 본격적인 업무에 들어가는 프레대회의 스폰서 및 재원확보 등을 용이하게 하도록 마케팅국을 운영사무차장의 담당으로 이관시킨 점이 주목할 만하다.

대회시설사무차장의 경우 기존에 담당해오던 시설국의 필요시설 구축 업무를 이어나가며, 산하에 숙박국, 수송교통국, 정보통신국을 두어 물자, 교통, 기술과 관련된 기능을 총괄하게 되었다. 수송교통국의 경우 대회의 원활한 수송, 교통 운영을 위해 계획을 수립하고 정책을 집행할 수 있도록 신설되었다. 특히, 각종 스마트기술을 적용한 ICT 환경을 조성하기 위해 정보통신국이 신설되었다.

이와 같은 3단계 조직개편을 거쳐 구성된 현재 조직위원회 사무처의 조직도는 [그림 25]와 같다. 기본적으로 1위원장, 1사무총장, 3사무차장, 14국 체제이다. 특히 3명의 사무차장 중에서도 기획사무차장의 권한이 가장 크다고 할 수 있다. 14국 중 6국을 거느리고 있으며, 이외에 최고재무책임자(CFO), 대회조정관, 안전관, 패럴림픽통합부를 휘하에 두고 있다. 지

팅 활동 권한을 조직위원회에 위임하기 위하여 맺는 협약으로, 평창올림픽조직위는 IOC의 지적 자산권인 오륜마크(올림픽 엠블럼)의 독점적인 사용권을 국내 후원사에 판매하여, 수익을 창출한다.

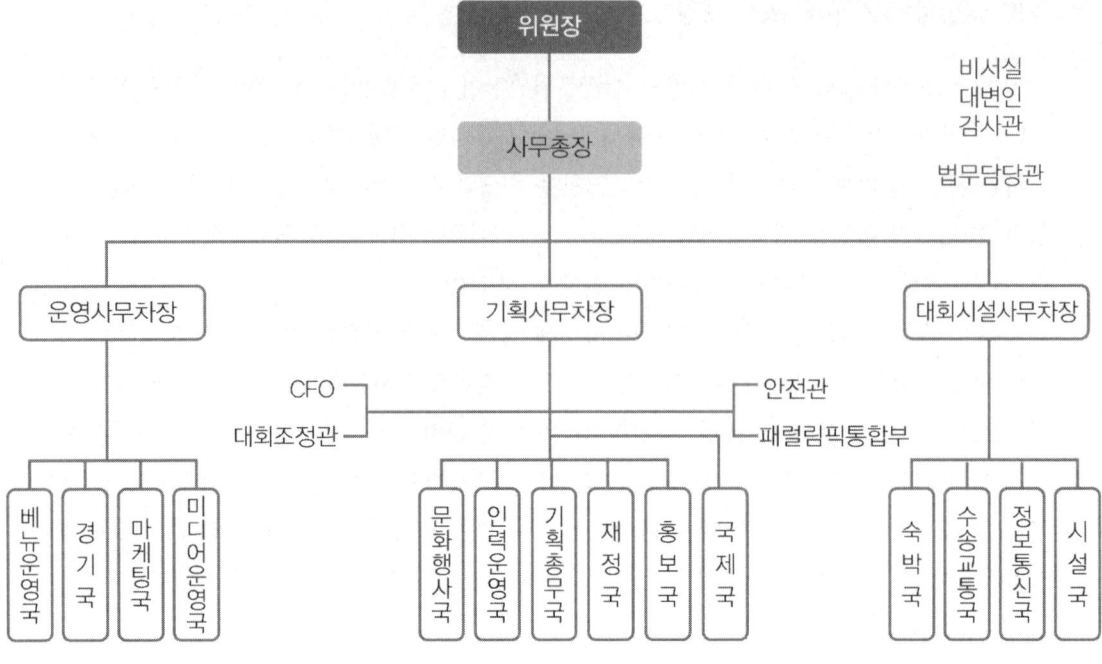

[그림 25] 조직위원회 사무처 조직도

출처: 조직위원회 웹사이트

휘하는 조직규모가 가장 크다. 또한 기획총무, 재정, 인력운영 등 일반적으로 권력이 큰 핵심적인 행정기능을 수행한다.

제3절 자원봉사가 관건이다

1. 자원봉사자의 중요성

사무처 조직이 아무리 크다고 해도, 대회의 운영을 모두 직원들에게 의존한다면 직원이 수만 명이 필요하고, 그럼에도 불구하고 원활히 수행한다는 보장을 할 수 없다. 선수단, 심판 등 경기보조자, 관중 등의 여러 가지 불편사항을 해결해 줄 사람들이 필요하다. 이런 일들은 자원봉사자들에 의존하는 방법밖에 없다. 행정학에서 자원봉사는 비용이 덜 들면서 질이 높은 서비스를 제공하는 하나의 방법으로 통한다.

88서울올림픽이 성공적으로 진행될 수 있었던 숨은 주역으로 자원봉사자들이 꼽히는 경우가 많다. 88서울올림픽에는 총 2만 7,000여 명의 시민이 자원봉사자로 참가했다. 88서울올

올림픽 총괄기구: 평창동계올림픽 조직위원회

림픽의 전체요원 대비 자원봉사자들의 비율은 약 58%로 역대 올림픽 중 최고치다.[79] 이들은 행사기간 내내 100%의 참여율을 보이며 성실하게 봉사에 임했고, 숙소 및 화장실 청소 등 궂은일을 마다하지 않았다고 한다.[80] 또한 선수단과 외국 관중들에게 친절한 태도를 유지하여 서울올림픽에 대한 긍정적인 인상을 남기는 데에 큰 공헌을 했다. 이들은 서울올림픽의 질을 높였을 뿐만 아니라 부족한 예산문제를 효율적으로 해결할 수 있도록 했다. 하계올림픽이라는 메가스포츠 이벤트를 진행하는 데에는 막대한 인력이 필요한데 인력의 절반 이상을 봉사동기가 높은 자원봉사자로 충당할 수 있었기 때문이다.

성공적 올림픽 개최를 위해서는 자원봉사자의 중요성이 매우 크기 때문에 조직위원회는 인력운영국 산하에 자원봉사부를 설치하여 운영하고 있다. 사무처조직 면에서 볼 때, 자원봉사자를 관리하는 자원봉사부의 직원 수는 약 30여 명 정도다. 이들은 현재 평창 횡계리의 평창올림픽 조직위원회 사무소에서 다른 800여 명의 조직위원회 임직원과 함께 근무 중이다. 자원봉사자는 전국에서 모집하기 때문에 이들이 굳이 평창에서 근무할 필요는 없다. 그러나 이들의 근무지역 이면에는 정치적 의미가 숨어있다. 올림픽 조직위원회가 평창올림픽 준비를 효과적으로 감독한다는 신호를 발송하고자 하기 때문이다.

조직위는 자원봉사 문제를 전담하는 사무처 직원 외에 자원봉사 전문위원회를 따로 구성하여 운영하고 있다. 약 10명 내외의 전문가로 구성된 자원봉사 전문위원회는 자문적 성격을 갖는 위원회다. 그러나 단순자문의 역할만 하는 것은 아니다. 자원봉사자의 선발, 교육, 배치 및 운영, 사기 진작 등 과정에 직접 참여하기도 할 것이다. 뿐만 아니라 조직위 임직원의 교육프로그램을 구성하거나 직접 강의에 나서기도 할 예정이다. 아직까지는 전문위원회는 회의를 하는 정도로만 기능하고 있다. 작년 12월에 구성되어 올 1월 첫 회의를 가진 이래 여러 번 회의를 가졌다.

조직위원회의 입장에서는 자원봉사자를 충분히 확보하여 효율적인 경기를 진행하는 것이 매우 중요하다. 다양한 실무수요를 조직위원회 사무처 조직으로 감당하기 불가능하기 때문이다. 조직위는 올림픽 자원봉사자를 올림픽 일반 자원봉사자와 올림픽 종목 전문 자원봉사자로 나누어 운영할 계획이다.

종목 전문 자원봉사자는 특정 경기종목의 운영 전반에 투입되어 활동하게 된다. 그러므로 그 특정 경기종목에 대한 지식이 있는 인원을 뽑는 것이 원칙이며, 만약 선지식이 없는 경우 해당 종목에 대한 교육을 통해 경기운영에 투입될 예정이다. 한편 올림픽 일반 자원봉사자는

---

[79] 대한체육회는 대회운영에 9만 3,000여 명이 소요되며 이 중 자원봉사자들은 전체의 28%(2만 6,000여 명)로 가장 많은 비중을 차지한다고 밝혔다(월간 체육, 1988).
[80] 한국중앙자원봉사센터 블로그, 2015.07.23., http://vc1365.tistory.com/577.

대회 전반에 걸쳐 모집된다. 일반 자원봉사자의 규모가 전문 자원봉사자의 규모를 훨씬 초과한다.[81]

평창올림픽위원회는 당초 약 2만 2,400명(올림픽 1만 6,000명, 동계패럴림픽 6,400명)의 일반자원봉사자 모집을 목표로 설정하였다. 이를 위해 평창올림픽 조직위원회는 행정자치부와 협조하고 있다. 즉, 한국자원봉사센터협회와 업무협약을 맺었다. 또한 전국시도자원봉사센터에서 선발과 교육을 위탁하기로 한 것이다. 이에 한국자원봉사센터협회에서는 2016년 7월 1일부터 자원봉사자 모집에 돌입했고, 9월 30일 현재 약 7만여 명으로 지원자로 받아 모집업무를 마감했다. 마감 이후에도 자원봉사 신청은 가능하나 대기자로 등록된다. 한편 전문 자원봉사자 모집은 일반 자원봉사자 모집보다 먼저 시작하여 모집이 완료되었다.

자원봉사자 모집, 선발, 교육, 배치도 모두 행정업무로써 그리 간단한 것은 아니다. 인사행정의 지식이 필요한 분야이다.[82] 자원봉사센터는 2016년 9월부터 지원서를 토대로 자원봉사자 선발절차에 돌입하였다. 선발을 마치면 2017년 3월경부터 선발인원에 대하여 12시간의 기본교육을 실시할 것이다. 외국어가 필요한 직종은 한국자원봉사센터가 아닌 평창조직위원회의 파트너사인 파고다 아카데미에서 영어 교육을 실시하기로 하고 있다. 선발과 교육은 학생과 직장인 등 최대한 많은 자원봉사자 지원자를 고려하여 주말에 진행할 예정이다.

자원봉사자 운영에 있어 자원봉사센터의 주도권은 여기까지이고, 이후 인력을 배치하고 운영하는 것은 조직위원회에서 관할한다. 그러나 자원봉사센터가 선발된 인원을 통합관리하게 될 것이므로 여전히 자원봉사에 관여할 것이다. 한국자원봉사센터와 조직위원회는 유기적인 협조를 해야 이 업무를 성공적으로 완수할 수 있다. 동계올림픽이 폐막하고 자원봉사 기간이 끝나면 자원봉사자에 대한 한국자원봉사센터의 역할 비중이 다시 커지게 된다. 센터가 자원봉사인증서와 포상을 지급하고 해단식을 주관한다. 자원봉사자 운영에 관한 흐름도는 다음 [그림 26]에 설명되어 있다.

---

81) 이하 특별한 언급이 없으면 자원봉사자는 일반 자원봉사자를 일컫는 것이다.
82) 유민봉·임도빈, 2016, 인사행정론, 박영사.

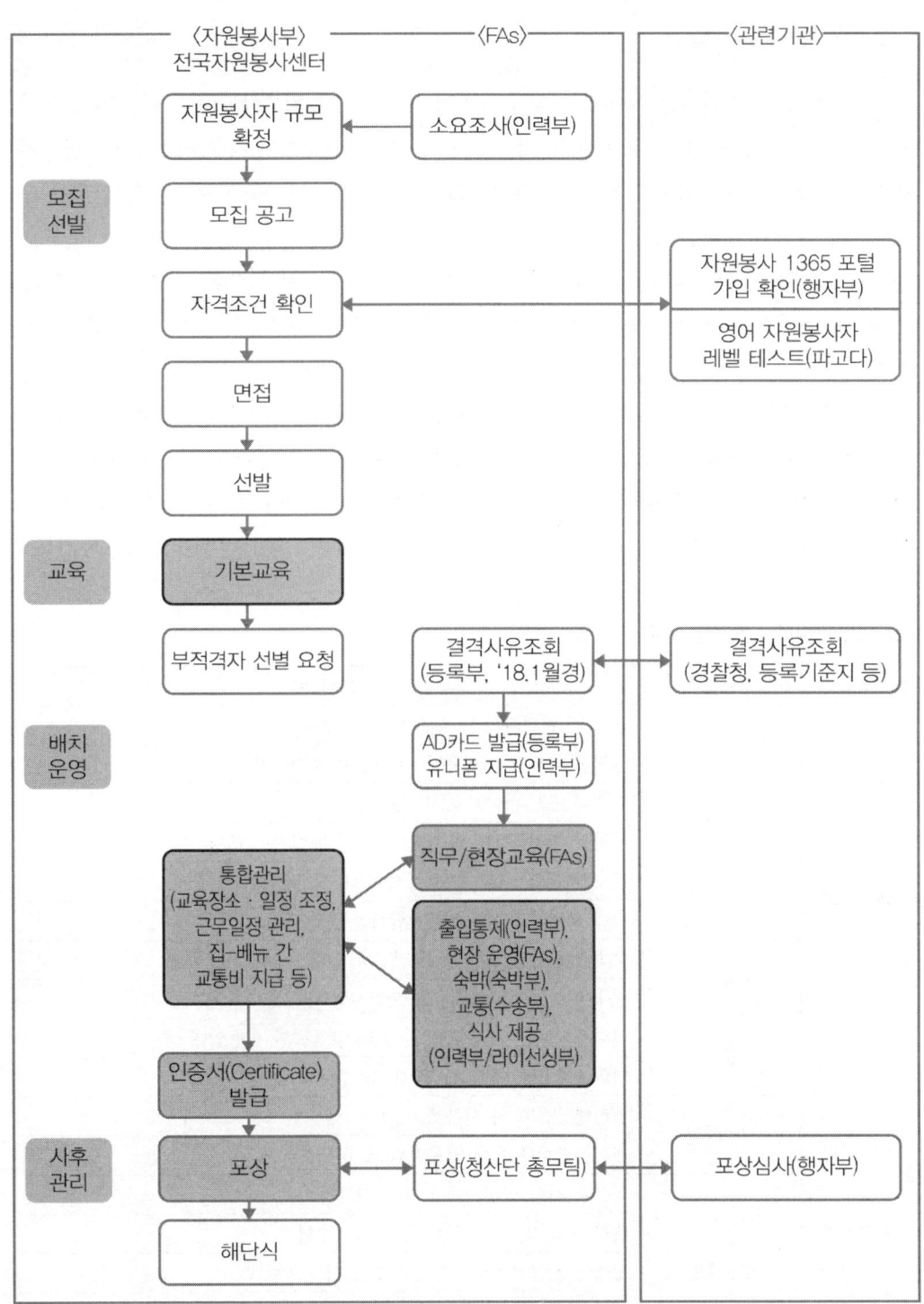

[그림 26] 자원봉사 운영 흐름도

출처: 평창올림픽 준비위원회 자원봉사 전문위원회 회의록

2. 자원봉사자의 일

자원봉사 일을 부과하는 데에도 일종의 규칙이 있다. 즉, 자원봉사 근무는 주 5일 근무가 원칙이며, 하루 8시간(통상 오전 9시부터 저녁 6시), 야외 근무자의 경우 하루 4시간 근무가 원칙이다. 조직위는 올림픽 21일 이상, 패럴림픽 14일 이상의 기간을 모두 근무할 인원을 우선적으로 선발할 계획을 갖고 있다.

투입되는 업무분야가 다양하기 때문에 모집단계부터 자원봉사자의 직무분야를 나누고 있다. 대회안내, 운영지원, 미디어, 기술, 언어 및 의전, 경기, 의무 등 크게 7개 분야다. 대회안내 직종은 경기장, 홍보관, 숙박시설, 대회운영차량 등에 대해 안내를 담당한다. 운영지원 직종은 일반행정 업무나 사무보조업무를 수행한다. 미디어 직종에서는 국내외 언론취재와 방송제작을 지원하고, 기술 직종은 각종 시설물과 장비를 관리 운영한다. 언어 및 의전 직종은 국내외 고위인사와 선수단을 수행하며, 경기 직종에서는 경기 진행과 관련된 일을 담당한다. 마지막으로 의무 직종은 환자를 진료하고 도핑검사를 하는 등의 임무를 맡는다. 직종별 주요업무는 [표 30]과 같다.

[표 30] 자원봉사 직종별 업무

직종	주요업무	세부업무
대회안내	관중안내	경기장, 지정좌석 및 편의시설 등 안내
		경기관람·퇴장 질서유지, 비상상황 초기대처
		안내데스크, 미아보호 및 분실물 관리
		입장권 발권, 검표 및 입장권·좌석 관련 문제해결
		홍보관 대회, 종목, 문화행사 안내 및 질서유지
		관중 체험부스 및 야외 관람시설 운영 등
	숙박	숙박시설, 경기일정 및 주변관광 안내
		선수촌, 미디어촌, 외국인 숙박시설 내 각종 운영지원
	교통안내	대회운영차량, 대중교통 및 기타 교통수단 이용안내
		대회운영차량 배차, 승·하차 및 주차 안내 등
운영지원	사무지원	일반행정업무 및 사무보조 업무수행
		대외종합상황실 내 업무지원 및 통역
	일반운영	식음료 시설 안내, 관리 및 질서유지
		대회 물류 및 공항 통관 관련 업무수행
		장애인 접근성 및 관중 만족도 조사
		각국 학생 동계종목 체험캠프 운영
		차기 대회 관계자 등을 위한 참관 프로그램 운영

직종	주요업무	세부업무
운영지원	인력관리	등록카드 발급 및 대회시설 출입권한 부여
		대회인력 유니폼 사이즈 확인 및 배부
		대회인력 근태관리 및 뉴스레터 작성 등
미디어	취재	경기장 내 취재지원 및 사진기자 활동지원
		프레스센터 내 안내데스크 운영
		국내외 언론 취재지원(경기정보, 보도자료 제공)
	방송	방송제작 관련 정보 및 자료제공
		경기장내 방송제작 지원 및 방송구역 관리
		방송 관련 통역 및 각종 행정업무 지원
		방송센터 내 안내데스크 운영
기술	정보기술	유무선 통신장비 운영, 관리 및 접속장애 해결
		경기정보 입출력을 통한 원활한 경기진행 지원
		공식 경기기록 계측 및 경기결과지 배포
	기상	경기장별 기상관측업무 수행 및 기상정보 전달
의전 및 언어	의전	국내외 고위인사 의전 및 업무지원
		외국정부, 국제연맹 고위인사 등 통역지원
		IOC 총회 개최지원 및 행사 현장안내 등
	선수단 지원	각 국가별 선수단 수행 및 통역지원
		선수단 운영 및 대회 참가 관련 업무지원 등
	통역	대회 운영에 필요한 각종 외국어 통역 지원
경기	경기	경기 진행, 경기용품, 경기장 관리
		경기 관련자료 작성 및 배포
		장애인 선수 등급분류 및 기타 경기운영 필요업무
	시상	시상자 안내 및 시상식 개최 지원
		메달, 국기 등 시상 관련물품 및 시상시설 관리
		국기계양 지원 및 기타 메달플라자 운영지원
의무	의료	간호, 물리치료 등 진료 보조 및 환자 후송 지원
		의료시설 및 의료물자 관리
		적정한 의료 서비스 제공을 위한 통역 및 행정지원
	도핑	도핑검사 대상 선수에게 검사통지 및 도핑검사 동행
		도핑검사 유의사항 안내 및 도핑 관련 통역지원

출처: 2018 평창동계올림픽대회 자원봉사 안내 홈페이지

주목할 점은, 자원봉사자라고 조직위 입장에서 비용이 한 푼도 들지 않는 공짜 인력은 아니라는 것이다. 자원봉사가 아무리 개인의 열정(passion)에 의거한 것이라 하여도, 봉사를 위해 개인이 부담해야 하는 비용이 너무 크면 여유가 없는 사람들이 봉사하는 것은 거의 불가능하다. 따라서 자원봉사자에게도 봉사에 따른 실비를 제공하는 것이 보통이다(이강현·정진경, 2006).

또한 직장을 갖지 않은 젊은 층이 대다수일 것인데, 이들은 개인적인 관심, 봉사심뿐만 아니고, 요즘 취업에 요구되는 스펙을 쌓는 차원에서도 지원한다. 이들에게는 봉사한 사실이 이력서에 들어갈 수 있기 때문에 도움이 될 것이다. 그러나 평창에서 개최되는 이 대회에 봉사하기 위해 교통비, 숙박비 등 자원봉사활동에 소요되는 경비를 자비로 부담하게 하기에는 무리가 있다. 인건비는 아니더라도 다른 부대비용과 복지혜택을 적절히 제공하지 않으면 자원봉사자들의 중도이탈률이 크게 늘어날 것이고, 이는 성공적 대회운영에 치명적 결과를 초래할 수도 있다.

자원봉사자에 대한 복지혜택의 중요성은 올해 열린 브라질 올림픽대회에서도 확인할 수 있다.[83] 브라질 올림픽의 자원봉사자 대회기간 중도이탈률은 30%에 육박한다고 한다. 이렇게 많은 인원이 대회 중간에 이탈한 것은 열악한 자원봉사 환경 때문이다. 자원봉사자들에게는 임금이 지급되지 않기 때문에 주최 측에서는 단순히 공짜 인력이라고 치부하기 쉽다. 그러나 대회인력 중 자원봉사자의 비율이 높은 것으로도 미루어 볼 수 있듯이 자원봉사자는 대회의 성패를 좌우할 수 있다. 따라서 자원봉사자를 단순 도구가 아닌 복지 대상으로 보는 관점이 필요하다.

조직위원회에서는 자원봉사자들에게 유니폼을 지급하고 봉사기간 중 숙소와 근무시간 내의 식음을 제공하기로 하였다. 개최지 내 셔틀버스 서비스도 제공하기로 결정했다. 이에 더해 배지, 기념 스카프 등의 기념품을 1인당 2만원 한도로 지급할 예정이다. 자원봉사자에 대한 지원은 현금으로 지급되는 것은 없고 모두 다 현물로 지급된다. 또한 자원봉사자들에 대해서 상해보험을 제공하고 자원봉사 실적을 인정해준다.

하지만 이러한 것을 감안하더라도 자원봉사자들에게 주어지는 것은 다소 부족하다고 생각된다. 지금 제공되는 것들은 근로에 대한 당연한 대가로 생각되지만 이마저도 부족하다. 식사는 근로일에만 제공된다. 즉, 근무가 배정되지 않은 날은 식음이 제공되지 않는 것이다. 교통편은 근로기간 중 숙소와 개최지를 오가는 셔틀버스 서비스만 제공된다. 자원봉사자의 상

---

[83] 허핑턴포스트. "리우 올림픽의 자원봉사자들이 사라지고 있다. 가장 큰 이유는 '밥'이다.". 2016년 8월 19일자.

당수는 강원도 외부 거주인일 텐데 강원도 외부에서 강원도에 접근하기 위한 교통편에 대한 비용을 보조하지 않는 것은 자원봉사자에게 큰 부담으로 작용할 것이다. 또한 자원봉사자들에게 제공되는 상해보험과 봉사실적은 자원봉사기간 중 체감하기 쉽지 않다. 자원봉사자들의 몰입수준을 높이기 위해서는 자원봉사자들이 피부로 느낄 수 있는 복지혜택이 필요해보인다.

조직위 측도 자원봉사자에 대한 지원이 부족하다는 것을 인지하고 있다. 따라서 강원도 외부에 거주하는 인원의 강원도로의 교통편에 대한 지원 논의와 근무하지 않는 날에 대한 식사 제공 논의를 진행 중에 있다. 그럼에도 이 비용이 아직 논의 중인 것은 턱 없이 부족한 예산 탓이다. 조직위원회 측은 기획재정부가 책정한 예산에서 5,000억 원을 더 배정할 것을 요구하고 있다.[84] 최소한 지금 예산에서 2,000억 원은 더 있어야 동계올림픽을 치를 수 있을 것이라고 예상하고 있다.

---

[84] 강원일보. "[이제는 평창이다 D-536] 5천억 예산 부족 정부는 나몰라라". 2016년 8월 22일자.

Chapter 14
평창올림픽과 얽힌 이해관계

평창동계올림픽은 2조 2,000억 원의 비용이 드는 메가스포츠 이벤트이니만큼, 이해관계인 역시 매우 다양하고 복잡하다. 이 중 어느 하나의 측면만 보는 것만으로는, 전체의 모습을 이해하기에는 역부족이다. 여기서는 먼저 올림픽의 이해관계인 유형에 대해 살펴보고, 구체적 사례를 통해 실제 이해관계인들을 이해해보고자 하였다.

제1절 올림픽의 이해관계인 유형

1. 정부

일반적 올림픽 유치의 주체는 시(city), 즉 지방자치단체이다. 적어도 국제올림픽위원회에서 상정하는 일차적인 대상은 도시이다. 지방자치단체는 IOC에게 올림픽 유치를 신청하고, 예산과 재정지원, 협력에 대해 다른 주체들과 협상하며, 지역주민들의 의사를 모으면서 성공적인 올림픽 위해 노력하는 중심 추진체계라고 할 수 있다. 그리고 재정을 직접적으로 부담하면서 지역사회와 함께 올림픽의 효과를 가장 많이 누린다는 점에서 지방자치단체는 올림픽의 가장 기본적인 행위자라고 볼 수 있다.

그러나 그 나라의 정치행정체제가 어떻게 제도화되어 있느냐에 따라, 중앙정부가 실질적인 주체가 될 수도 있다. 연방국가의 경우, 지방의 역할이 크지만, 중앙집권적 정치행정구조를 가진 나라에서는 중앙정부의 영향력이 크다. 유럽의 대부분의 나라도 오래전부터 지방자치가 실시된 역사가 있지만, 중앙정부의 영향력도 여전히 크다.[85] 우리나라도 지방자치를 실시한 나라이지만 여전히 중앙정부의 영향력이 큰 나라이다.

올림픽과 같은 메가스포츠 이벤트에서는 지방자치단체가 중앙정부를 배제하고 완전히 독자적으로 개최한다는 것을 생각하기 어렵다. 즉, 지방자치단체 못지않게 중앙정부의 영향력이 크다. 첫째 행사의 예산규모가 지방자치단체가 단독으로 진행하기에는 매우 크고, 둘째

---

[85] 임도빈, 2016a, 개발협력시대의 비교행정학, 박영사.

각종 건설 등에서 정부의 승인·보증이 필요하기 때문이다. 중앙정부가 지방의 행사가 아니라 전국적인 차원에서 행사를 주도 또는 지원해야 성공할 수 있는 것이 현실이다.

평창올림픽 삼수과정에서 보았듯이 지방자치단체는 중앙정부로부터 다양한 지원을 받아야 현실적으로 스포츠 이벤트를 유치할 수 있다. 국제 네트워크가 부족한 지방이 이런 일을 자체적으로 추진한다는 것은 불가능하다. 아울러 성공적 개최도 여전히 중앙정부의 역할이 필요하다. 적어도 우리나라의 경우는 중앙정부가 실질적인 주체라고 봐도 과언이 아니다. 다음의 [그림 27]은 국제스포츠행사 유치과정에 관한 흐름을 나타낸 것인데, 유치과정을 통해 문화체육관광부, 기획재정부와 같은 중앙정부가 참여하게 됨을 확인할 수 있다.

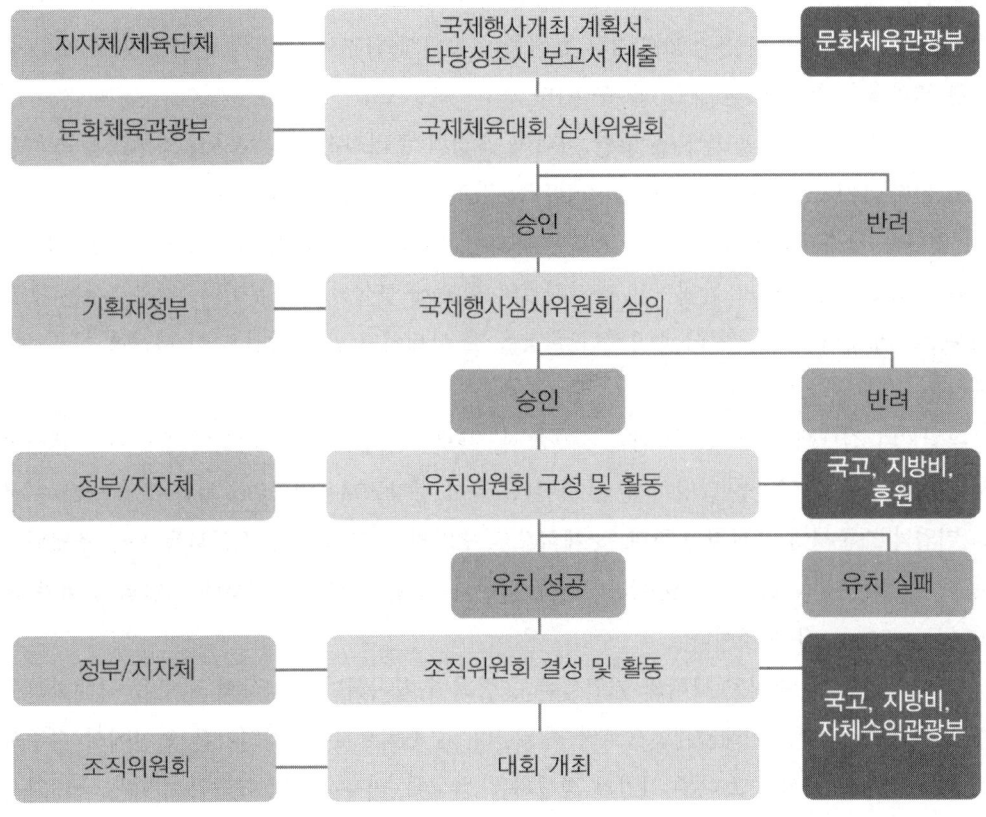

[그림 27] 국제스포츠행사 유치과정 흐름도

출처: 한길수·김상우, 2013에서 재인용

2. 기업

최근 올림픽은 기업의 홍보장으로 되는 상업화(commercialization) 현상이 두드러지게 나타나고 있다. 아울러 개최준비 등에서 각종 시설물 건설 등에서 기업들이 돈 벌 기회를 노리고 있다. 올림픽을 준비하고 진행하는 데에서는 다양한 기업들의 참여와 역할이 점점 중요해 지고 있다. 이윤창출이 목적인 기업들은 올림픽을 통해 자신의 이윤을 극대화하고자 한다. 먼저 올림픽을 준비하는 데 있어서는 경기장 시공, 설계, 홍보와 같은 활동을 위해 정부는 공기업뿐만 아니라 민간 기업에게 발주하게 될 가능성이 크다. 정부가 직접 수행하기에는 전문성과 업무의 규모 측면에서 적절하지 않기 때문이다. 따라서 정부가 올림픽 관련 사업을 발주하게 되면, 민간 기업은 정부와의 다양한 계약 형태에 따라 사업에 참여하게 된다. 대표적인 예로 '대림산업'이 올림픽 경기장 건설을 수주하게 되면서, 올림픽 준비에 있어 매우 중요한 역할을 수행하게 된 것을 들 수 있다.

이들은 중요한 역할을 맡았을 뿐만 아니라 올림픽 준비과정에서 상당한 영향력을 행사할 수도 있다. Müller(2015)에 따르면 기업은 올림픽 행사준비에 치르는 비용을 통제할 수 있다. 왜냐하면 개최국과 개최도시가 제한된 개최 준비 기간 동안 IOC가 요구하는 상당한 정도의 완성도를 도달하기 위해서는 참여기업의 협조가 절실하기 때문이다. 정부로서는 소요 비용보다 개최의 완성도가 더 중요하다는 것을 잘 이해하고 있는 기업은 이 사실을 이용하여 폭리를 취할 수 있다.

올림픽의 진행에 있어서도 올림픽 진행요원, 자재의 조달 역할과 더불어 올림픽 스폰서로서 기업은 중요한 역할을 담당하게 될 것이다. 특히 평창동계올림픽위원회의 수입 구조는 국내 기업의 스폰서에 크게 의존한다. 구체적으로 수입의 38%가 국내 스폰서를 통해 조달되어야 하며, 스폰서 목표액은 약 9,800억 원에 달한다. 올림픽의 성공 여부에 기업의 참여가 적지 않는 역할을 하는 것이다.

이 때 올림픽에 관여된 각각의 기업들은 올림픽에 참여하면서 그들의 이익을 극대화하고자 노력하고, 강력한 이해관계인으로써 작용한다. 구체적으로 각 기업들은 입찰에서 수주하기 위해 정부와 협상하고 다른 기업과 경쟁하는 동시에, 비용은 최소화하고 수익을 극대화시키고자 사업을 계획한다. 그러나 실제로 이들이 도덕적·윤리적 책임감을 가지고 사업에 임하는 것은 아니다. 항상 검은돈의 유혹이 있고, 막후 실력자를 이용한 거래가 이뤄질 가능성이 있는 것이다.

3. 개최로 이익을 보는 사람들

국민의 이목을 끌기 쉬운 올림픽과 같은 메가스포츠에는 정치적 이해관계가 개입될 가능성이 크다. 지역 균등개발, 역차별, 환경파괴, 경제적 효과와 예산 낭비 등 다양한 정치적 의제(agenda)가 관련되어있기 때문이다. 그 결과 지역 국회의원과 같은 정치인 역시 각각 다른 입장에서 주요 이해관계인으로 등장하게 된다.

앞서 언급했듯이, 올림픽 유치에서 가장 중요시되는 것은 올림픽 행사가 낙후된 지역의 개발 수단으로 이용될 수 있다는 것이다. 김진선 전 지사도 이러한 점을 강조하며, 평창올림픽이 소외된 강원지역의 획기적인 발전을 불러일으킬 것이라고 주장했다. 희망을 불어넣는 것이다. 낙후지역의 개발을 가장 소리높여 부르짖는 것은 해당지역의 국회의원과 지방의원 등 지역기반 정치인들이다. 이들은 서로 자신의 공을 내세우고, 사진으로 남기기에 바쁘다. 올림픽 유치에 공헌을 했다는 것을 알림으로써 지역주민의 표를 얻을 수 있기 때문이다.

지역주민 역시 올림픽의 중요한 이해관계인이다. 실질적으로는 지역주민이 가장 직접적인 이해관계자라고 할 수 있다. 이들이 원하는 것은 자신의 수입증대, 행복증대 등 다양한 가치가 있다. 그러나 이들이 조직화되지 않는 한 결정적인 영향력을 미치기는 어렵다(Stigler, 1971). 주기적인 선거에서 표를 통해 지역 정치가를 움직이고, 이를 통해 의회나 지방자치단체에 영향력을 행사할 수 있을 뿐이다.

이들은 성공적인 올림픽 유치로 인해 부수적인 경제적 효과를 누릴 수 있고, 올림픽 경기장 및 기타 인프라 개선과 같은 지역 개발 효과를 누릴 수도 있다. 예를 들어 숙박업, 요식업 및 관광업에 종사하는 지역주민들의 경우 올림픽 기간 동안 증가하는 관광객으로 인해 경제적 수혜를 누릴 수 있다. 한편 올림픽 기간 동안의 소음, 환경오염, 교통 혼잡 등의 사회적 비용 역시 지역주민에게 직접적으로 전가된다. 저소득층에게는 지가 상승으로 내집마련이 더 어려워 질 수도 있다. 개발의 명암이 모두 있게 된다.

4. 체육인: 주연배우

올림픽의 주연배우는 체육인들이라고 할 수 있다. 이상에서 언급한 사람들은 무대 뒤에서 일하는 보조자에 불과하다. 이때 보조자는 중요하지 않다는 의미가 아니고, 적어도 스포츠 행사 자체에 비중을 둔다면 그렇다는 것이다.

체육인 중에도 실제 동계올림픽에 한국대표로 출전하는 선수들은 핵심적인 배우이다. 수년 동안 뼈를 깎는 노력으로 갈고닦은 실력을 십분 발휘하여 개최국으로서 국위를 선양하는 것이 이들의 꿈이다. 실패했을 때 겪을 실망감으로 스트레스를 받는 것도 매우 큰 부정적 요인이다. 반대로 메달을 획득할 경우 개인적으로 받을 수 있는 연금혜택, 포상금 등도 물론 중요한 인센티브로 작용할 것이다.

체육지도자들, 김연아 선수와 같은 전직 선수들은 비교적 여유롭게 올림픽을 즐길 수 있는 사람들이다. 방송국에서 해설위원으로 활동하여 국민적 지명도를 높일 수 있는 기회이기도 하다. 국제심판 자격을 가진 사람들도 주연배우급 참여자라고 할 수 있을 것이다.

실제 올림픽 대표급 선수가 아니라도, 동계스포츠를 즐기는 사람들도 가장 혜택을 보는 국민층이다. 이들 중 대한체육회의 산하기구에 속해있는 사람들은 그 조직참여도(organizational commitment)에 따라 실제 올림픽 조직위원회 활동에 가담하기도 한다. 그러나 스포츠 조직에 참여하지 않으면서도 개인의 건강관리나 취미 차원에서 스키, 스케이트 등 동계스포츠를 즐기는 사람들도 올림픽대회 기간 중 관중의 입장에서 즐길 수 있는 관중층이다. 물론 스포츠에 전혀 관심이 없었지만, 올림픽을 계기로 관심을 갖게 되는 신규 진입자들도 있게 된다.

5. 기타의 목소리

이외에도 올림픽을 둘러싼 다양한 이해관계인이 존재할 수 있다. 청년실업자 등 국내 경제의 어려움으로 고통을 받는 층에게는 이와 같은 대형스포츠 행사는 그림의 떡이기도 하다. 이들은 공적인 재원을 이러한 소모적인 행사에 사용하는 데에 대한 불만감을 가질 수도 있다. 이러한 맥락에서 볼 때, 예산 낭비, 역차별, 환경파괴 등을 이유로 올림픽 유치에 대해 반대하는 정치인들도 주요 이해관계인으로 생각해볼 수 있다. 집권하지 못한 야당 성향이 있는 사람들이 주로 이런 역할을 하게 된다. 환경보호단체인 비정부기구(NGO) 대표들도 목소리를 높이는 경향이 있다. 이를 통해 자신의 정치적 입지를 높이려 하는 것이다.

더 나아가서 올림픽에 대하여 직접적으로 반대의 입장에서 활동을 하는 층도 있다. 대표적인 예로 환경단체와 같은 시민단체를 생각해볼 수 있다. 특히 올림픽은 대규모 국제 이벤트이기 때문에 그 영향력이 지역에 국한되지 않는다는 점에 주목해야 한다. 경기장 건설자체뿐만 아니라, 도로, 철도 등 사회적 인프라 건설을 놓고 반대 의견을 표방할 수도 있다. 개발과 보전의 논리가 양립하지 못할 때 생기는 대립이다.[86]

경기장 건설에 있어서도 대규모 토지가 필요한데, 이 경우 녹지가 훼손될 가능성이 높다. 환경올림픽을 내세운 평창올림픽에서도 가리왕산 스키장 건설의 산림 훼손에 대한 비판이 일면서, 녹색연합과 같은 시민단체가 목소리를 내고 있다.[87]

---

86) 임도빈, 2004, 한국지방조직론, 박영사.
87) KBS, "'친환경 올림픽' 표방… 문제는 가리왕산", 2011년 7월 8일자.

평창올림픽과 얽힌 이해관계

이해관계인에는 국내 행위자뿐만 아니라 국제 행위자 역시 고려해볼 수 있다. 2016년 리우올림픽 당시 지카 바이러스가 문제되며 국제적으로 이슈가 된 것이 그 예이다. WHO에서 주의경보를 발효하는 등의 조치를 취하기도 한다. 또한 제1편에서 서술한 스위스에 본부를 두고 있는 국제올림픽 조직위원회, 도핑위원회와 같은 국제단체 역시 올림픽 개최지 심사, 원활한 경기 운영, 분쟁해결과 관련해서 중요한 영향력을 행사한다. 국내의 분쟁은 중앙정부를 비롯하여 국내에서 해결될 수밖에 없다.

제2절 평창동계올림픽 준비과정의 이해관계 게임

1. 용산~청량리~망우 철도노선 확충 사례

평창올림픽 유치와 관련하여 이해관계자 간의 갈등은 여러 가지가 있다. 평창동계올림픽 유치와 관련하여 이해관계가 충돌할 수 있는 대표적 사례로 춘천 지역 국회의원인 새누리당 김진태 의원을 필두로 18명의 지역 국회의원들이 주장한 용산~청량리~망우 철도노선 확충 사업을 들 수 있다.88) 기존 원주~강릉 철도 구간과 서울 도심 철도가 원활히 연결되지 않아 평창동계올림픽의 성공적인 유치에 걸림돌이 된다는 것을 이유로, 상습 정체구간인 용산~청량리~망우 구간을 복복선89)으로 확충하자는 것이 해당 지역 국회의원들이 주장하는 바의 요지이다. 만약 용산~청량리~망우 노선이 확충되면 평창~서울 간의 이동이 자유롭고, 보다 많은 관광객을 확보할 수 있다는 계산이다.

그러나 용산~청량리~망우 노선을 확충하자는 주장에는 시간(time)의 문제가 자리잡고 있다. 먼저 노선 확충이 완공되는 예상 시점은 2025년으로, 평창올림픽이 개최되는 2018년과는 동떨어진 이야기가 될 수 있다. 무려 7년이란 시간차이가 있는 것이다. 이 점에 대하여 지역 국회의원들은 완공시기를 앞당기자는 목소리를 내는 것이다. 사업을 조기에 추진하여 일석이조의 효과를 얻자는 것이다. 그러나 공사시기를 성급하게 앞당기는 것이 그리 간단한 일은 아니다. 사업의 타당성을 충분히 검토하지 못하게 되거나 준비가 제대로 갖추어지지 않을 위험성이 있다.

---

88) 강원일보, "평창동계올림픽 핵심 교통망 서울 도심철도와 불통", 2017년 1월 23일자.
89) 복복선이란 총 4개의 선로로 구성된 철도구조를 뜻한다. 가장 기본이 되는 2개 선로의 복선을 이중으로 놓는 구조로써, 열차의 추월이 간소화되며 수송용량이 2배가 된다는 점에서 철도노선의 양과 질 모두에서 복선보다 우수한 구조이다. 그러나 복선에 비해 비용이 많이 든다는 점에서 문제가 된다.

다음으로 정부예산의 문제를 제기해볼 수 있다. 특히 올림픽의 경제성과 재정 부담과 관련하여 문제가 되고 있는 올림픽 경기장 건설비용과 비교해볼 때, 철도노선 확충 사업에 소요되는 엄청난 비용문제는 간과할 수 없다. 국토교통부에 따르면 용산~청량리~망우 철도노선의 복복선 사업에는 총 1조 3,280억 원의 사업비가 발생할 것으로 예상된다. 반면 평창동계올림픽의 남자 아이스하키 경기장, 스피드 스케이팅 경기장, 정선의 활강 경기장 등의 공사비용이 각각 1,079억 원, 1,311억 원, 2,190억 원으로 대부분 올림픽 경기장의 공사비에는 약 1,000~2,000억 원의 비용이 발생할 뿐이다. 이러한 비용 측면의 불균형을 감안하면, 그리 쉽게 결정할 일은 아니다. 철도노선 사업을 올림픽 유치의 이유만으로 결정하기에는 무리가 있는 것으로 생각된다.

시기와 비용을 문제 삼는 반대의 목소리가 큼에도 불구하고, 지역 국회의원들이 위와 같은 주장을 하는 것은 지역주민들의 표를 의식한 정치적 이해관계 때문이다. 이른바 '물 들어왔을 때 노젓는' 것이 지역주민의 이해와 들어맞는다고 생각하기 때문이다. 올림픽을 빌미로 지역 숙원사업을 해결하는 것은 우리만의 일이 아니고, 개최도시에서 공통적으로 일어난다. 켄 리빙스톤 전 런던시장은 "내가 올림픽 유치에 도전한 것은 그것만이 정부로부터 런던동부를 개발하기 위한 수십억 파운드의 예산을 따낼 수 있는 길이기 때문이다. 나는 중앙정부로 하여금 30년간 무시되어왔던 지역에 예산을 투입하도록 올가미로 죄어들었다"고 말한 바 있다.[90] 올림픽을 지역 숙원사업과 연계시킴으로써 단갈에 조정과 합의의 과정이 미흡한 채로 중앙정부의 승인과 지원을 얻어낼 수는 있다(Müller, 2015). 그러나 그 과정에서 여러 이해관계인의 의견을 수렴하는 절차가 간소화되어 충분한 의견을 수렴하지 못할 것이며, 해당 사업의 타당성과 다른 정책과의 조화 등에 대한 조사가 엄격히 이루어지지 않을 것이다. 이는 곧 해당 사업을 미래에 어떤 일이 터질지 모르는 시한폭탄과도 같이 만드는 것이라고 할 수 있다.

한편 국토교통부는 해당 사안에 대한 의원들의 요구에 대해 현재로는 적극적으로 수용하고 있지는 않는 것으로 보인다. 국토교통부의 경우 지역주민의 표심보다는 정책의 효과성과

---

[90] "I didn't bid for the Olympics because I wanted three weeks of sport. I bid for the Olympics because it's the only way to get the billions of pounds out of the Government to develop the East End - to clean the soil, put in the infrastructure and build the housing. It's exactly how I plotted it to ensure the Government to put money into an area it has neglected for 30 years." (출처: EveningStandard. "Ken Livingstone admits he only bid for 2012 Olympics to 'ensnare' taxpayer billions to develop East End". Apr 24, 2008.)

책임성·합법성에 대해 관심을 갖게 될 가능성이 크다. 물론 국회의원들의 요구에 반대할 유인도 크지 않다. 따라서 국토교통부가 철도노선 확충 사례에서 경제성을 이유로 원주~강릉 노선을 제3의 역 또는 상봉역으로 확장하는 것을 검토하는 것 역시 이러한 맥락에서 이해해 볼 수 있다.

2. 비선 실세의 국정 농단 사례

2016년은 박근혜 정부에 대한 최순실 비선 실세의 국정 농단으로 홍역을 치른 해이다. 평창동계올림픽 역시 최순실의 국정 농단 사례[91)92)] 중 하나로 꼽히는데, 이 역시 올림픽을 둘러싼 이해관계로부터 발생한 것으로 이해해볼 수 있다. 최순실은 스포츠사업 중개업체 '더블루K'를 통해 해외업체 '누슬리'를 개·폐막식장 공사 수주를 중개하고자 하였고, 박근혜 대통령을 통해 영향력을 행사하고자 하였다. 그러나 실제로 수주에 실패하자, 평창조직위를 압박하여 조양호 전 위원장을 사퇴하도록 유도한 것으로 알려졌다.

당시의 '더블루K'와 '누슬리'간의 업무협약(MOU)에 의하면, 사업비의 5%(약 150억 원)에 해당하는 금액을 수수료로 받기로 하였다고 밝혀졌다. 이는 국제기업인 '누슬리'와 최순실을 비롯한 '더블루K'가 올림픽 시설 공사로 발생하는 경제적 이윤을 위해 경쟁업체인 '대림산업', 정부, 조직위원회 등과 이해관계에 놓여있었음을 보여준다. 한편 박근혜 대통령 특별검사팀에 의하면, 최순실은 이후 '누슬리코리아'라는 자회사 설립을 통해 직접 공사를 수주하고자 했던 사실도 밝혀졌다.

해당 사례의 이해관계인은 매우 복잡하게 얽혀 있다. 먼저 직접적으로 경제적 이윤을 노린 최순실, '더블루K', 그리고 '누슬리'가 있다. 그리고 정치적 이해관계자로 발주에 영향력을 행사한 박근혜 대통령과 사퇴 압박을 받은 조양호 전 평창조직위원장을 생각해볼 수 있다. 뿐만 아니라 김진선 전 평창조직위원장과 김종 전 문화체육관광부 차관 사이의 마찰 증언 이후 김진선 전 위원장의 사퇴에도 정치적 외압이 작용한 것이라는 의혹이 있다.[93)] 이를 통해 올림픽의 경제효과를 둘러싼 기업과 정치인들의 치열한 이해관계를 확인해볼 수 있다.

3. 올림픽 유산(legacy) 관리 사례

평창올림픽에 대한 비판적인 입장의 가장 큰 우려는 주로 경제성에 관한 것이다. 즉, 올림

---

91) 강원일보, "박 대통령 평창 개·폐회식 업체로 '누슬리' 검토 지시", 2017년 1월 20일자.
92) 문화일보, "崔, 누슬리 자회사 만들어 평창 체육사업 利權독점 노렸다", 2017년 1월 18일자.
93) JTBC, "김진선 사퇴 전 조직위와 김종 마찰 있었다", 2016년 11월 8일자.

픽과 같은 메가스포츠 이벤트가 실상은 돈만 많이 들고 쓸모없는 이른바 '흰 코끼리'라는 것이다.94) 특히 과거 인천아시안게임에서의 적자 문제를 뒤돌아볼 때, 평창올림픽에 대한 우려의 시선을 쉽사리 거두긴 어려울 것으로 보인다.95)

스포츠 경제에 있어서 자주 논의되는 것이 바로 경제효과 분석이다. 평창동계올림픽 역시 준비위원회의 경제효과 분석에 따르면 흑자를 낼 수 있을 것이라고 한다. 그러나 경제효과 분석은 연구용역 발주자의 의도에 따라 크게 달라질 수 있다(최준서, 2015)는 점을 들어 평창올림픽을 반대하는 입장이 그 목소리를 높이고 있다. 더욱이 흑자를 주장하던 강원도와 준비위원회는 경기장의 올림픽 사후활용 및 관리 문제(올림픽 유산관리 문제)를 해결하지 못하면서 추가적인 비용을 발생시켜 비판과 우려가 더해지고 있다.

이러한 상황에서 강원도는 정부가 올림픽 경기장 10개 시설을 올림픽 유산으로 지정하여 추가 재원을 확보하고, 국민체육진흥공단이 운영해야 한다고 주장하였다. 한국산업전략연구원(2017)에 따르면 10개 경기장의 시설은 매년 121억 5,200만 원의 적자가 발생하는 것으로 분석되었고, 자체 수익으로는 운영비를 부담할 수 없다고 하였기 때문이다.96)

해당 사례와 관련해서 국민체육진흥공단 및 정부가 주요 이해관계인으로 부각되고 있다. 사실상 강원도가 올림픽 이후 경기장 관리를 포기하고, 정부에게 운영을 넘김으로써 정부의 이해관계가 중요해졌기 때문이다. 뿐만 아니라 매년 100억 원 이상의 정부세금이 지출됨에 따라 이에 반대하는 향후 새로운 이해관계자가 등장할 가능성이 크다.

4. 올림픽을 둘러싼 예산 갈등 사례

앞선 철도노선 확충 사례와 올림픽 이후 경기장 사후활용 및 유산관리 사례에서 보았듯이, 평창올림픽은 지속적으로 예산문제에 직면해왔다. 뿐만 아니라 경기장 및 종목 변경 등으로 인해 지속적으로 예산지출이 증가해왔다. 이에 따라 평창올림픽은 예산부담에 있어 각 이해관계자가 첨예하게 대립하고 있는 상황에 놓여 있다.

대표적 사례로 평창올림픽 지능형교통시스템(이하 ITS) 도입을 둘러싼 국토교통부, 올림

---

94) 흰 코끼리(white elephant)는 옛 동남아시아 왕들의 선물 관행에서 유래한 말이다. 하얀코끼리는 매우 진귀하지만 관리하는 데에 막대한 비용이 들어 가산을 탕진하게 되는 위험이 있다. 하지만 신하로서는 왕의 선물을 함부로 처분할 수가 없기 때문에, 흰 코끼리를 하사품으로 받는 것은 신하에 대한 왕의 불신임을 상징하는 것이 되었다고 한다. (출처: 조선일보. "'흰 코끼리 경기장'의 재앙을 면하려면". 2016년 1월 29일자.)
95) 동아일보, "亞경기 치른 인천시 '1조원 빚더미'", 2015년 1월 20일자.
96) 강원일보, "올림픽 이후 경기장 10곳에 매년 121억 추가 재원 필요", 2017년 1월 23일자.

픽 조직위원회, 지방자치단체, 그리고 관련 기업들 간의 예산 분담 갈등을 들 수 있다.97) 애초 계획에서는 평창올림픽에 경기장 도로의 교통상황을 실시간으로 파악할 수 있도록 첨단 교통정보시스템을 구축하고자 하였다. 그러나 약 80억 원의 ITS 구축사업 예산 마련에 있어 추진체계 내에서 이해관계의 대립이 발생하고 있다. 먼저 국토교통부는 행사 이후 ITS 설비가 지방자치단체의 자산으로 분류되기 때문에, 절반 이상의 예산을 중앙정부에서 부담할 수는 없다고 주장하고 있다. 반면, 지방자치단체와 올림픽 조직위원회는 올림픽 예산 부족과 재정적자로 인해 더 이상 예산을 부담할 수 없다는 입장이다. 한편 올림픽 특수를 누릴 것이라 기대했던 관련 기업들은 초기에 기대했던 이익을 누리지 못하게 된 것에 목소리를 내고 있다.

올림픽 경기장 사용료에 대한 올림픽 조직위원회와 지방자치단체인 강원도 간의 갈등 역시 예산문제로부터 비롯된다. 올림픽 조직위원회는 강원도가 유치 당시부터 알펜시아 경기장을 무상 사용하도록 하겠다고 제출하였고, 해당 시설이 상업시설이 아닌 공공시설이기 때문에 무상으로 제공하여야 한다고 주장하였다. 반면 강원도측은 알펜시아 경기장이 사실상 상업시설이고, 경기장 설립 시 발생한 부채를 이유로 무상사용에는 반대하는 입장이다. 이러한 상황에서 문화체육관광부가 올림픽을 위해 알펜시아 경기장을 매입해야 한다는 주장도 나왔다. 한편 경기장의 개발 및 사용에 대한 이해관계 대립은 끊임없이 이어져왔는데, 알펜시아 경기장 개발 과정에서 토지수용을 위한 보상가격을 둘러싸고 지주들과 지방자치단체 간의 갈등이 있었다.98)

---

97) 디지털타임스, "첨단 ITS 큰소리 친 평창올림픽, 예산갈등에 용두사미될 판", 2016년 8월 8일자.
98) 경향신문, "평창 알펜시아 리조트사업 출발부터 삐끗", 2006년 5월 10일자.

Chapter 15

서울올림픽과 평창올림픽의 비교[99]

제1절 88서울올림픽대회의 신화

서울올림픽은 1988년 9월 17일부터 10월 2일까지 16일간 서울 및 경기지역과 4개 지방도시에서 열린 대회이다. 정식 명칭은 제24회 서울올림픽 경기대회(Seoul 1988 Summer Games Olympics)[100]로 당시로 보면 대단히 획기적인 국제행사였다. 대회를 위해 34개 경기장과 72개의 연습장 및 행사장이 활용되었다. 이는 참여 인원이나 국가 측면에서 역대 가장 큰 규모의 올림픽 중 하나로 꼽히고 있다.

처음 올림픽대회 유치 계획이 등장한 것은 박정희 대통령 재임 중이었다(김명섭·양준석, 2014). 1979년 당시 국민체육진흥심의회에서 올림픽 서울 유치 계획을 의결했고, 박정희 전 대통령이 재가했다. 같은 해 10월 초 기자회견을 열고 서울올림픽을 유치하겠다는 계획을 발표하기까지 했다. 그러나 박정희 전 대통령이 10·26 사건으로 시해됨으로써 서울올림픽 유치 계획은 수포로 돌아가는 듯했다. 그러나 전두환 전 대통령이 집권하며 1980년 11월 IOC에 유치 신청을 하여 전 정권의 계획을 계승했다. 유치신청을 제출한 도시는 서울 외에도 호주의 멜버른, 그리스의 아테네, 일본의 나고야 등 4개 도시였다. 그러나 멜버른과 아테네의 포기로 일본의 나고야와 우리나라의 서울이 경합했다. 한·일 간의 경쟁이 된 셈이다.

당시 우리나라 안팎에서는 우리나라의 선정 가능성에 대해 비관적이었다. IOC 위원 투표에서 한국은 단 3표밖에 받지 못할 것이라는 말이 돌 정도였다. 나고야가 1977년부터 유치를 위한 준비를 해왔고 우리나라는 대형 국제스포츠경기 개최경험이 없었기 때문이다. 서울시도 2조원 이상의 막대한 예산 부담과 개최경험 부족 등으로 인해 소극적인 태도를 보였고, 당시 국무총리도 재정문제를 들어 우려를 표했다. 그러나 IOC가 서울시 계획안을 통과시켜

---

99) 이 장은 임도빈·양인·권형근·한병훈, 2016, 올림픽 거버넌스 조직현상: 서울올림픽과 평창올림픽 조직위원회의 비교, 한국조직학회보, 13(3), 149-182.에 게재된 내용을 보완한 것이다.
100) www.olympic.org

서울시를 개최후보지로 인정하며 판도가 바뀌기 시작했다. 정부는 대통령의 최측근인 노태우 장관과 정주영 현대그룹 회장, 대한체육회장 등 민·관 인력을 동원하여 총력전에 돌입했다. 그 결과 우리나라는 일본을 제치고 88 올림픽 개최국으로 결정됐다. 한일 간의 경쟁심에 치열한데, 승리를 한 것이다.

서울이 개최지로 최종 선정된 배경에는 국제정세가 반영된 것이라는 분석도 많다(김명섭·양준석, 2014). 순전히 우리나라의 노력만으로 선정된 것이 아니라는 것이다. 그럼에도 스포츠가 발달하지 못했고 경기장 및 각종 SOC시설이 미흡했던 당시 우리나라의 상황을 고려하면 한마디로 우리나라의 쾌거라고 할 수 있다. 자격요건에 한참 미달하면 국제정세와 상관없이 탈락했을 것이기 때문이다. IOC 위원들은 성공개최를 위한 정부의 의지와 올림픽 개최를 향한 국민적 열망을 보았던 것이다.

서울올림픽은 국내적으로 전쟁의 폐허 속에서 기적 같은 경제성장을 이룩한 대한민국의 위상을 세계에 떨치는 계기로 작용했다. 또한 국제적으로는 냉전체제 속 반쪽짜리 대회에 머물렀던 이전 대회들과는 다르게 서울올림픽은 데탕트의 서막을 열었다. 비록 북한은 불참하였지만, 서방국가들과 공산국가들이 함께 참가한 대회로 기록되어 진정한 화합의 장이었다는 평가를 받고 있다.[101] 이러한 평가는 분단국인 한국의 입장에서 더욱 의미있는 것이었다.

서울올림픽기념관[102]의 자료에 의하면 참가국 수는 160개국에 이르며, 각국의 선수, 임원단, 국제기구 임원, 보도진 등을 합해 약 4만 명에 가까운 인원을 포함한 약 24만 명의 관광객이 유입되었다. 또한 국내에서는 4만 9,712명의 대회운영요원과 2만 7,221명의 자원봉사자들이 동원된 바 있다.

올림픽은 대한민국을 세계에 알리는 중요한 계기가 되었다고 보는 사람이 많다. 잠실 올림픽 경기장에 건설되고, 당시 김포공항에서 접근이 어려웠던 도로 교통상황에 대비하기 위해 한강변에 '88올림픽도로'를 건설하여 오늘날에도 유용하게 사용하고 있다. 소위 올림픽 유산이 잘 관리된 사례라고 하겠다. 대한민국 역사상 획기적인 신화를 쓴 것이다. 대형 스포츠 이벤트를 위한 경기시설도, 관련 전문인력도, 조직도 미비했던 열악했던 당대 상황을 고려해보면 올림픽을 유치하고 성공적으로 개최한 당시 정부의 경쟁력은 실로 뛰어났다고 평가할 수 있다.

---

101) 주간경향. "잠실종합운동장... 독재 합리화와 동서화해 88서울올림픽의 양면성". 2015년 8월 25일자.
102) http://www.88olympic.or.kr/homepage/korean/contents/olympic/summary/summary/

1. 정부주도의 서울올림픽 조직위원회

국제올림픽위원회(IOC)의 헌장 제33조에 올림픽 관련 조직에 대한 구체적인 규정이 있다. 즉, 올림픽을 개최하는 국가는 대회를 준비하는 전담기구를 설치할 수 있으며, 국제올림픽위원회(IOC)는 그 조직에 대회준비 및 제반사항에 대한 업무를 위임하도록 규정하고 있다(법제처, 1982)[103]. 이러한 국제올림픽위원회의 자체 규정에 근거를 두고 설치되는 개최국의 올림픽 조직위원회(즉, 한국의 올림픽위원회)는 중심적인 컨트롤타워 역할을 한다.

지역올림픽 조직위원회는, 현지에서 대회의 준비와 관리, 운영 및 지원 등의 사무를 책임지게 된다. 전통적으로 개최국의 IOC 위원회나 정부관계자, 기업인, 체육인 등 각계각층의 인사들이 개최지 올림픽 조직위원회에 참여한다. 서울올림픽 조직위원회는 독일의 바덴바덴 IOC 총회에서 서울의 올림픽 개최가 결정된 1981년 9월 30일로부터 두 달여 뒤인 12월 31일 서울올림픽대회조직위원회 지원법에 의거하여 구성되었다. 한편, 올림픽대회가 끝난 뒤 1989년 12월 31일 동법에 의거해 폐지됐다. 한시적인 조직인 것이다.

서울올림픽 조직위원회의 주요업무는 다음과 같이 크게 7개로 나눌 수 있다(서울특별시, 1990).

① 올림픽대회의 경기운영과 재원조달 및 진행관리
② 올림픽대회를 효과적으로 진행하기 위한 종합계획의 수립과 집행
③ 경기시설과 관련 부대시설확보와 운영관리 및 관련 기술요원의 조기훈련
④ IOC, ISF, 각국 NOC, KOC와의 협조체계 유지
⑤ 정부, 개최도시 기타 유관기관과의 업무협조
⑥ 대회기간 중 문화 예술 행사계획의 수립, 운영
⑦ 조직위원회의 목적 달성에 필요한 사업

서울올림픽 조직위원회는 본격적인 업무에 앞서 준비작업을 하였다. 즉, 올림픽대회 개최 성공을 위해 최선을 다했다. 우선 당시로서 전혀 경험이 없는 새로운 분야에 대한 정보를 얻는 것이 필요했다. 역대 올림픽대회 개최국의 공식보고서, 각종 스포츠 정보자료, 기록영화 등을 수집·분석하는 한편 전문가를 초청하여 자문을 구했다. 행정에서 많이 사용하는 벤치마킹 기법을 사용한 것이다. 역대 대회 개최도시에 조사단을 파견하여 정보 및 자료를 광범위하게 수집, 연구 또한 실시하였다. 또한 각국의 국가올림픽위원회 관계자, 국제경기연맹 임

---

[103] 법제처, 1982, 올림픽헌장.

원, 저명체육인, 언론인 등과 긴밀하게 협조하는 등 섭외와 함께 서울올림픽대회의 성공적 개최를 위한 체육 외교 기능까지 수행했다.

본격적인 준비 업무에 있어서 서울올림픽 조직위원회는 투입 대비 효과, 즉 효율성의 달성을 주요 과제로 고려하였다. 서울올림픽 조직위원회가 효율성을 주요 목표로 추구한 이면에는 1930년대 이전까지 도시 중심으로 준비되고 개최되었던 올림픽이 1936년의 베를린대회를 계기로 중앙정부의 주도 하에 개최되어 온 역사적 배경이 있었다. 동경 대회의 경우 일본 정부는 올림픽 대신을 임명, 집중적인 정부지원을 함으로써 경제 도약의 전기를 마련해 큰 시사점을 남기기도 했다. 즉, 당시에는 오늘날의 민간중심의 조직이 아니라, 정부중심의 조직이었다고 하겠다.

우리나라도 당시 정권이 올림픽을 새로운 국가발전의 전기로 활용하기로 하였다. 이러한 맥락에서 서울올림픽 조직위원회는 더 적은 예산으로 올림픽의 성공을 담보하기 위해 단순히 체육행사를 치르는 이상의 목표로 하였다. 즉, '국민의식의 개혁'을 선결과제로 선정했다. 신군부 정권이 등장하여 자신의 정통성 부족을 메우기 위하여 국민의식 개혁을 구호로 내세운 것이다. 구체적인 구호로써 서울올림픽 개최가 "모든 국민의 지혜를 모아 친절하고 정다운 국민정신을 과시, 일등문화 국민임을 세계에 인식시키는 계기"가 될 것임을 천명하고 온 국가적 역량을 집중시키기 위해 노력을 기울였다(서울특별시, 1990).

2. 작지 않은 조직구성 및 체계

서울올림픽 조직위원회는 당시 다른 정부조직에 비교하면, 작은 조직이 아니었다. 1988년 7월 기준으로 일반직 1,021명, 기능직 71명, 전문직 143명 등 총인원 1415명의 조직구성원으로 구성되었다. 당시 중앙행정조직에 1,000명이 넘는 것은 그리 많지 않았다는 점을 고려하면 대규모였다. 즉, 대규모 조직으로 일종의 종합행정 조직의 형태를 띠었다.

다시 말해, 조직위원회는 다양한 업무성격으로 인해 각계전문가들이 동원된 정부의 축소판 형태였다. 인적 구성을 살펴보면 전기·기계·건축·시설 전문가, 소방관, 변호사, 전산·전자 전문가, 교통·관광 전문가, 연출가, 음악가, 미술가, 조각가, 디자이너, 사진작가 등 직종이 다양하다. 이들은 모두 관료가 아니고, 정부 각 부처에서 지원받은 공무원을 비롯하여, 175개 법인, 단체로부터 고급인력을 지원받았다. 서울올림픽 조직위원회의 조직도는 다음과 같다.

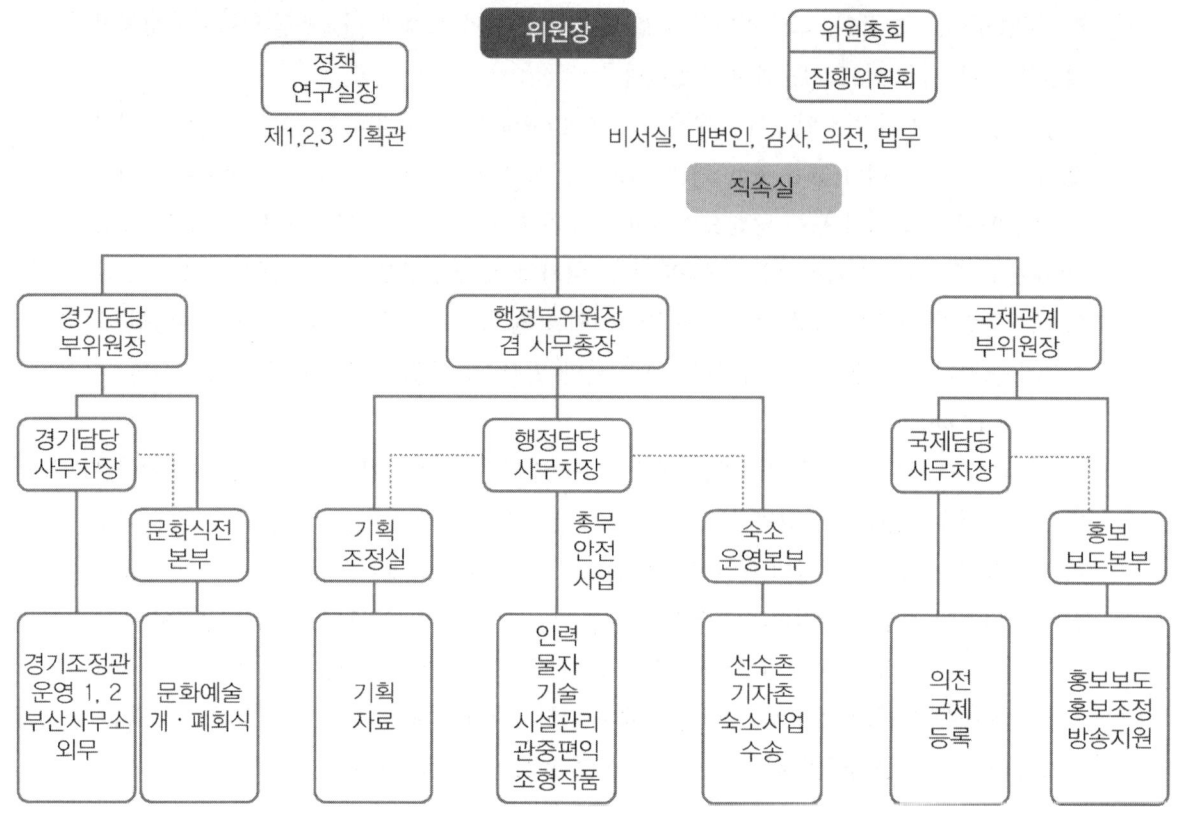

[그림 28] 서울올림픽대회 조직위원회의 조직체계

출처: 서울특별시(1990: 320)

서울올림픽 조직위원회의 최고 의사 결정기구는 위원들은 전체모임인 '위원총회'이다. 위원총회는 예산, 결산, 차입금 및 기본재산의 취득처분과 관리에 관한 사항과 정관의 개정, 조직 위원회의 해산, 임원의 임면, 주요사업계획의 승인, 기타 조직위원회의 운영상 중요하다고 위원장이 부의하는 사항을 결정한다.

위원총회는 정부, 체육계, 국회, 언론계, 정당, 경제인, 학계, 문화계 등을 총망라하여 54명으로 구성되었다. 그 중 15명의 위원으로 실무를 효율적으로 처리하기 위해 다시 집행위원회를 구성하였다. 즉, 집행위원회는 조직위원회의 최고집행기관으로서 위원총회에서 결의 또는 위임된 사항의 처리, 위원총회 부의사항의 작성, 상정, 긴급을 요하는 사항, 각종 전문위원회의 조정 및 통합, 사무처의 지휘, 감독, 조직위원회의 규정의 제정, 개폐, 기타 주요사업 등을 처리하는 기구였다.

서울올림픽대회 조직위원회의 사무처는 1983년 아시아경기대회 조직위원회의 사무처를 흡수 통합하며 1사무총장, 2차장, 1실 13국 58과의 정원 77명으로 구성되었다. 이후 대회를 위한 각종 준비 업무가 늘어나며 조직팽창이 이루어졌다. 1987년 3부위원장(사무총장포함), 3차장, 36국장급, 1,117과장급에 직원총수 1,180명(전문직 제외; 70명)으로, 약 15배(당초 직원 수 기준) 크게 확대되었다. 이는 관료제의 팽창현상을 엿볼 수 있는 대목이다.

3. 88서울올림픽: 대변화의 계기

서울올림픽은 강력한 독재정권이 강압적으로 추진한 성격이 강하기 때문에 준비과정에서 스포츠의 정치적 중립성이나 민주성, 지속가능한 환경 등 올림픽의 가치가 다소 훼손되었으리라는 것은 쉽게 예측이 가능하다. 준비과정 상에서 가장 문제가 된 것은 인권침해 문제였다. 당시 정부는 올림픽 시설 건설과 환경정비라는 명목으로 거주자들을 강제퇴거시킨 바 있다. 제네바의 주거권리와 퇴거 센터(COHRE)는 1988년과 2008년 사이에 개최된 올림픽 중 서울올림픽이 강제퇴거자 72만명으로 가장 심각한 폭력적 강제퇴거를 기록했다고 발표한 바 있다.[104] 뿐만 아니라 거리의 노숙자, 취객, 장애인, 어린이 등을 대상으로 강제로 범죄에 대한 사실 인정을 하게끔하여 시설에 수용하기도 했다. 올림픽 기간동안 한국을 방문하는 외국인들에게 좋지 않은 인상을 남기는 것은 제거해야 한다는 이유에서였다.[105] 서울올림픽이 많은 사람들에게는 상처로 남았다는 것을 잊어서는 안 된다. 평창올림픽에서는 서울올림픽에서 소홀했던 부분을 더욱 신경써야 할 것이다. 하지만 서울올림픽의 과(過)에도 불구하고 서울올림픽의 공(功)이 우리나라 대변화의 신호탄이 되었던 것도 역사적 사실이다.

먼저, 올림픽 경기를 치르기 위해 필요한 각종 체육시설을 건설했다. 잠실 올림픽주경기장은 1977년부터 건설하기 시작한 것이지만 예산부족 등의 이유로 건설이 지연되고 있었다. 그러나 올림픽 유치를 계기로 공사에 큰 진척을 보여 1984년에 완공할 수 있었다. 이어 테니스, 역도, 펜싱, 체조, 사이클 등 각종 경기장도 건설되었다. 서울올림픽은 당시 절대 숫자와 다양성 측면에서 부족했던 체육시설이 공급된 계기가 된 것이다. 또한 잠실 일대에 올림픽 선수단과 보도진이 주거할 숙소를 만들었는데, 올림픽이 종료된 이후에는 아파트로 전환되었다. 당시로서는 천편일률적인 아파트에 비하여 설계도 혁신적이었고, 조경 및 주변 환경 정비도 탁월하게 좋았다. 분양된 아파트는 고급아파트로서 투자의 가치도 있었다.

---

104) Igor Kovač. "Permanent host cities - a sustainable future for the Olympic Games." Play the Game. Dec 18, 2015.

105) Kim & Foster. "S. Korea covered up mass abuse, killings of 'vagrants'". Associated Press. Apr 20, 2016.

교통편에 대한 대단위 투자도 함께 진행되었다. 이는 지금까지도 많은 시민들이 유용하게 이용하고 있다. 이 때 지하철 1, 2호선이 완전 개통되었고, 3, 4호선 건설에 착수하여 올림픽 개최 이전에 완공했다. 뿐만 아니라 시내버스 개선, 택시 증차, 승강장 교체, 주차시설 확충 등의 조치가 취해졌다.

우리나라는 보건에도 신경을 썼다. 서울시내 식당의 내부환경이 정비됐고, 위생 시설을 설치했다. 많은 화장실도 수세식으로 개선되었으며 일부 대형 건물 등의 화장실을 시민에게 개방하는 조치가 취해졌다.[106] 당시 생활폐수 및 공장 무단 방류 폐수 등으로 심하게 오염되어 있던 한강을 정비하는 사업도 진행되어 한강의 수질을 크게 개선했다.

제2절 평창올림픽 조직위원회와의 비교

1. 관심의 부재

88서울올림픽은 '건국 이후 최대의 국제행사'로 일컬어지며 그야말로 관심과 지지가 넘쳐나는 행사였다.[107] 국가적 과업으로 인식됐기 때문에 정부의 지지와 지원은 전폭적이었고, 국민적 관심과 열망 또한 폭발적이었다. 비록 IOC에 유치신청서를 제출하기 전까지는 회의적인 시각이 다수 존재했지만 일단 후보지로 등록되고 나서는 온 국민이 응원하는 국가적 관심사가 되었다. '과'나 '국' 단위에 머물러왔던 체육행정조직이 서울올림픽 유치 확정 이후 체육부 신설로 '부' 단위로 승격된 것은 이를 대변한다. 특히나 체육부의 초대장관이 전두환 당시 대통령의 육사동기이자 인척관계에 있는 최측근 노태우 장군이 임명된 것으로 대통령의 의지를 엿볼 수 있다. 정부는 체육부 신설의 목적은 대회의 성공적인 개최와 함께 국민생활체육을 진흥하기 위함이라고 밝혔으나(서울특별시, 1990), 당대 체육계의 반응으로 미루어보아 국민생활체육의 진흥보다는 목전의 올림픽을 원활히 개최하기 위한 목적이 더 컸던 것으로 보인다.

대통령과 정부가 올림픽 유치에 힘썼던 것은 여러 가지 이유에서 비롯된 것이다. 일단 대통령 개인의 관심사가 스포츠에 있었다. 대통령은 행정부의 수장으로서 그의 개인적인 특성이나 관심사가 정책에 반영되는 비율이 높을 수밖에 없다. 육군사관학교 시절부터 스포츠에

---

106) 법제처 지식창고. "서울올림픽대회를 위해 준비한 일과 앞으로 할 일", 1988. 5월, 2016.11.17. 검색.
107) 문화일보. "'국격' 우뚝 세운 올림픽... 경제·스포츠 도약 발판". 2008년 1월 1일자.

적극 참여하는 등 관심이 높았던 전두환 대통령의 경우 취임 이후 88서울올림픽 유치 이외에도 다양한 스포츠 정책을 내놓은 바 있다(기영노, 2013). 전두환 전 대통령은 서울올림픽 유치 도전을 12·12 사태나 권위주의 정권 등의 부정적인 이미지를 개선할 기회로 보았다. 이는 부족했던 정당성을 보완하기 위해 펼쳤던 3S(Screen, Sports, Sex) 정책과도 맥이 이어지는데, 올림픽도 3S 중 하나로 활용됐다.

권오륜(2004)은 당시의 올림픽은 북한과의 대립이 심화되고 있는 와중에 이데올로기적 우위를 점하려는 민족주의적 성향의 도구로써 기능했다고 평가하기도 했다. 또한 올림픽을 통해 변방의 작은 나라였지만 이른바 '한강의 기적'을 이끌어 낸 한국이 국제무대로 진출하기 위한 초석을 다지고자 한 것이기도 하다. 체육에 관심이 많았던 전두환 대통령의 지휘 아래 올림픽 유치와 프로스포츠의 출범 등 융성한 스포츠 정책이 실시되었다는 사실에는 이견이 없다.

국가올림픽 조직위원회는 정부의 영향 하에 있는 조직이었다. 비록 현 올림픽헌장 24조는 대회조직위원회는 정치, 종교, 경제적 제약으로부터 자유로운 독립된 법인의 지위를 부여하도록 되어 있다. 그러나 운영을 위한 정관이나 예산 및 결산 보고, 업무 감독 등에서 볼 때, 실질적으로는 체육부의 전반적인 지휘와 감독 하에 있었다. 올림픽 사업을 정부 차원에서 적극적으로 추진했음을 알 수 있는 대목이다.

국제적으로 가장 유명한 축제인 하계올림픽을 우리나라가 직접 개최한다는 사실은 국민들의 자긍심을 고양하기에 충분했다. 올림픽을 계기로 우리나라의 국제적 지위가 향상될 것이라는 기대에서 비롯된 자긍심이다. 우리나라가 개최지로 결정된 이후 공중파 TV에서 스포츠 프로그램이 차지하는 비중이 81년의 19%에서, 82년 27%, 83년 28.2%로 꾸준히 늘었다는 점으로도 국민적 관심을 확인할 수 있다.[108]

또한 앞서 언급했듯이 자원봉사의 힘도 컸다. 국민들의 의식 속에는 자원봉사의 개념조차 잘 알려져 있지 않은 상황인데도 불구하고, 우리나라에서 치르는 최초의 대규모 국제행사이었기 때문에 열기가 대단했던 것으로 분석된다. 자원봉사 지원자 수가 많았을 뿐더러 실제 자원봉사자들의 봉사정신 또한 뛰어났다. 100%의 참석률을 보이며 궂은일까지 도맡아 한 것은 서울올림픽이 성공적으로 개최되어 우리나라의 장점을 해외로 알리고자 하는 열망에서 비롯된 것이라 평가받는다.[109]

---

108) 네이버 블로그, "88서울올림픽의 비화: 올림픽은 왜 개최했고, 어떻게 유치할 수 있었나?", 2016년 10월 검색. http://blog.naver.com/PostView.nhn?blogId=alsn76&logNo=220536291388.

109) 한국중앙자원봉사센터 티스토리. "[한국자원봉사자의 뿌리를 찾아서 #18] 86 서울아시안 게임 & 88 서울올림픽 대회 자원봉사자 이장원". 2016년 10월 검색. http://vc1365.tistory.com/577

서울올림픽에 대한 정부와 국민의 관심과 지지가 높았던 것에 더해, 1980년대가 세계적으로도 올림픽에 대한 관심이 높았던 시대였다는 것도 서울올림픽의 큰 특징이다. 지금같이 다양한 스포츠 행사가 매일 매스컴을 지배하고 있지 않았고 올림픽은 4년마다 있는 거의 유일한 대형 국제행사였다고 볼 수 있다.

샤플레 교수는 역대 올림픽대회를 5시기로 구분했다. 그 중 세 번째 시기였던 1948~1968년을 "영광의 30년"으로, 그 직후 시기인 1972~1988년을 "보이콧" 시기라 명명했다. 샤플레 교수의 구분에 따르면 서울올림픽은 "보이콧" 시기다. 보이콧은 주로 국익과 이념 등 정치적 이유로 올림픽 행사에 불참할 것을 선언하는 것이다. 올림픽이라는 국제 스포츠 행사에 불참하여 항의의 뜻을 전한다는 것은 역으로 올림픽이 세계적으로 파급력이 높은 행사라는 것을 반증하기도 한다. 국제 경험과 대형 이벤트 진행 경험이 부족했던 우리나라가 세간의 주목을 받는 국제행사를 유치하였으니 성공적 개최에 대한 투지를 불태웠을 것은 어찌보면 당연한 일이기도 할 것이다. 또한 개인적 측면에서도 올림픽 행사를 준비하는 과정에 참여하는 것은 '중요한 임무'로 여겨졌을 것이다.

반면에 2018년에 열린 평창동계올림픽은 과거 서울올림픽 때에 비해서 열기와 관심이 상당히 부족하다. 이는 올림픽에 대한 열기가 점차 식어가는 전세계적 추세와도 상통한다. 올림픽 경기 중계방송 시청률은 점점 떨어지고 있으며, 올림픽 경기를 관람한다는 이유만으로 개최지를 방문하는 방문객의 비율 또한 매우 저조하다. 작년에 열린 브라질도 비록 지카 바이러스나 국내정세 불안 등의 악재의 영향도 매우 크게 작용했을 테지만 경기장의 상당수를 텅텅 비워둔 채 진행되었다. 전세계의 스포츠팬들은 자신이 관심을 갖는 특정 종목의 경기에는 주목하고 참여한다. 따라서 축구나 야구, 농구 등 몇몇 종목의 경우에는 그 시장이 점점 확대되고 있다. 그러나 올림픽과 같이 종합경기에 대한 관심은 시간이 지남에 따라 점점 식고 있다.

또한 정보통신의 발달과 미디어매체의 발달 등으로 예전만큼 올림픽이 흥미로운 국제적 이벤트가 아니게 되었다. 다시 말하자면 올림픽의 '흥미성'과 '국제성'이 다소 쇠퇴했다는 것이다. 지금은 올림픽 외에도 흥미로운 컨텐츠들이 범람하는 시대다. 여가시간을 보낼 컨텐츠를 선택함에 있어서 선택의 범위가 매우 넓기 때문에 대중에게 올림픽은 여가활동의 수많은 옵션 중 하나가 되었다. 한편, 과거의 올림픽은 세계를 접하고 우리를 세계에 알리는 창구였다. 그러나 지금은 수많은 형태의 국제교류가 있으며 쉽게 외국의 소식을 접하고 우리의 소식이 외국에 전달된다. 이와 같은 이유로 평창올림픽은 '구시대 올림픽의 막차'를 탔다는 평가를 받고 있다.[110]

평창올림픽에 대한 관심이 저조한 것은 비단 전세계적인 올림픽 열기 저하 현상에서만 비롯되는 것은 아니다. 평창올림픽을 주관하는 우리나라의 국민들도 더 이상 평창올림픽을 '우리나라의 위상을 국제무대에 알리는 기회'나 '민족의 자긍심을 고양하는 국제행사' 등으로 인식하고 있지 않다. 북한과의 체제경쟁에서 우리나라가 완벽한 우위를 점하고 있다는 인식으로 인해 북한에 대한 국가주의는 다소 퇴조했다. 대신에 올림픽은 완벽한 상업주의적 행사로 자리잡게 되었다(권오륜, 2004). 이러한 변화에는 많은 이유가 있을 것이다. 평창올림픽이 하계올림픽에 비해 상대적으로 관심이 저조한 동계올림픽이라는 점, 접근성이 떨어지고 인구점유율이 낮은 강원도에서 열린다는 점, 올림픽이라는 컨텐츠가 갖는 희소성이 떨어졌다는 점 등의 이유를 찾아볼 수 있다. 이에 더해 우리나라가 변방의 작은 나라가 아니고 이제는 세계 경제 강소국이라는 점도 크게 작용하는 것으로 생각된다. 서울올림픽 때와는 달리 평창올림픽을 국가 위상을 높이는 행사나, 민족의 자긍심을 고양하는 행사 등으로 인식하는 사람은 많지 않다.

서울올림픽과 평창올림픽의 관심 강도의 차이는 올림픽에 대한 전세계적 관심 저하나 개최국의 국민으로서의 관심 저하 등도 있지만 가장 큰 차이는 대통령과 정부의 관심의 차이이다. 국제행사에 대한 국가지도자의 관심은 그 성패를 좌우하는 중요한 요인임에는 틀림이 없다. 특히, 대통령은 예산과정이나 조직·인사에 미치는 영향력이 정책과정 참여자들 중 가장 강력하다고 할 수 있다(Natchez & Bupp, 1973; 김기언, 1992:1188; 정정길, 1997: 222). 이는 국가의 최고 정책결정권자인 대통령의 관심사업은 예산, 조직, 인사 등 행정과정 전반 뿐만 아니라 반영되기 때문이다. 더욱이 계층적 거버넌스 특징이 현저하게 나타나는 제왕적 대통령이라는 한국적 맥락에서 대통령의 관심사항이면 되지 않는 일이 없다고 한다(장연수, 2000).

이명박 전 대통령은 '평창동계올림픽 유치는 자신의 임무'라며 직접 남아공 더반을 방문해 연설을 하고 주요 언론과 인터뷰를 한 바 있다. 또한 평창올림픽을 유치하기 위해 IOC 위원인 이건희 전 삼성그룹 회장을 특별사면하기도 했다. 그러나 이명박 전 대통령은 '토목 올림픽'이라는 비판을 받을 정도로 토목과 건설 중심으로 올림픽을 접근한 측면이 있다.[111] 그는 IOC의 요구를 '100퍼센트 수용'하겠다며 강원도 고속철도 및 고속도로 신설을 계획했다. 이후 개폐막식장도 기존시설을 개보수하여 활용한다는 본래의 계획을 수정하여 개폐막식장 신축, 올림픽 플라자 건설 등의 대규모 토건사업이 예정됐다. 즉, 올림픽을 성공적으로 진행하기 위한 여러 필수요건 중에 토건에만 집중하여 올림픽 준비 작업에 불균형을 초래한 것이다.

---

110) 노컷뉴스. "평창, 구시대 올림픽 막차 탔다". 2016년 8월 12일자.
111) 강원저널. "평창 올림픽, 토목올림픽이 되는가?". 2014년 12월 1일자.

한편, 평창에 올림픽을 유치한 뒤 개최 준비가 한창일 때 집권한 박근혜 정권도 올림픽에 대한 관심이 부족했다는 것이 지배적인 의견이었다.112) 박 전 대통령이 간간히 강원도의 준비 현장을 방문해 상황을 점검하고 관계자들을 격려하는 일정을 갖기는 하지만, 우수 공무원 파견 등 인사 문제에 대한 조직위원장의 건의사항은 전혀 반영되지 않고 있다는 지적이다.113) 더욱이 이명박 전 대통령과 박근혜 전 대통령은 평창올림픽 유치를 건의하고 주도한 인물이 아니기 때문에 관심이 상대적으로 적을 수밖에 없다. 두 대통령이 평창올림픽에 어느 정도 기여한 것은 사실이나, 평창올림픽을 주도해온 것은 강원도였다.

2. 올림픽 조직위원회의 사기 저하

두 대회 모두 조직위원회 내에서 여러 업무를 주도해 나가는 것이 정부로부터 파견된 공무원들이라는 점에서는 기본적으로 차이가 없다. 따라서 사무처 직원들의 업무수행이 대회준비와 진행에 매우 중요한 요소라고 할 수 있다. 이들의 동기, 조직몰입이 중요한 것이다.

조직풍토(ethos)라는 서울올림픽과 평창올림픽 조직위원회를 비교하는 것은 큰 의미가 있다. 조직위원회 사무처의 권한, 파견의 성격, 정부가 파견 공무원들을 대하는 태도, 그에 따른 조직문화 및 조직구성원들의 사기 등에 있어 큰 차이를 보이고 있다. 최순실 사태 이후 좀 더 명확히 드러난 것처럼, 합리적 정책결정의 결여와 관료들의 전문성을 발휘할 기회의 박탈은 사기저하의 큰 요인이 된다.

일반적으로 관료들은 인사권을 쥐고 있는 권력자만 바라보는 해바라기와 같은 특성을 갖는다. 인사의 합리성과 예측가능성이 낮아질수록 이러한 관료행태는 더 강화된다. 즉, 대통령의 주관심 조직이 아닌 곳에서 근무하는 것을 회피하는 경향이 있다. 예컨대 아무리 힘들어도 청와대근무를 선호하는 것은 그들의 경력발전에 도움이 되기 때문이다.

우선, 88서울올림픽 조직위원회는 실세 권력의 관심대상이었다. 수직적 거버넌스 하에서 대통령과 전폭적인 지지와 중앙정부의 적극적 협조를 받았다. 노태우 장관이나 박세직 장관 등 당대 실세로 꼽히던 인물들이 조직위원회의 위원장과 위원 등의 보직에 배치됐다. 서울올림픽 조직위원회는 당대 실세가 모여있는 조직이고 또 대통령의 관심사를 직접 관장하는 조직이기 때문에 조직위원회로의 파견은 이른바 '출세를 위한 길'로 인식되었다. 실제로도 조직위 총무처에 근무했던 공직자들은 이후 대구시장, 문화체육관광부 장관으로 오르기도 했다. 조직위는 그러나 수동적으로 엘리트 관료들이 파견을 지원하기만을 기다리지 않고 더 나

---

112) SBS뉴스, 2015.1.20.
113) 동아일보, 2015.1.20.

아가 직원들의 사기를 진작하고 우수한 인력 유입을 유도하기 위하여 적극적인 활동을 했다. 1981년 12월 31일 제정된 '서울아시아대회 및 서울올림픽대회 조직위원회 지원법'을 통해 파견 직원들의 "승진·근무성적 평정·포상 등 인사 상 권익을 보장"하도록 했다(서울올림픽위원회, 1989: 110).

나아가서, 파견 직원이 아닌 자체채용 직원에 대해서는 대회 후 취업 불안을 해소하기 위해 국무총리 직속의 취업보장위원회를 설치하여 종합대책을 수립했다.[114] 모집 당시부터 자체채용직원은 대회 종료 후 취업알선을 보장하여 채용되었다. 이들 중 일부 인원은 대회 직후 일찍이 기업체에 취업되었다. 여러 사정으로 취업되지 못한 인원에 대해서는 신설 예정이었던 상수도공사, 도시개발공사, 기술신용보증기금, 제2중소기업은행 등 4개 기관 취업희망자를 모집하였다. 마지막까지 취업을 거부하거나 취업하지 못한 인원은 서울올림픽기념 국민체육진흥공단에 취업하며 전원 취업되었다(서울올림픽위원회, 1989: 113).

이와 같은 혜택과 정권차원의 관리 및 국민적 관심은 조직위 직원들로 하여금 사명감을 갖고 근무하도록 했다. 우리나라의 역사적 순간에 참여하는 자긍심을 갖도록 했다. 이와 같은 혜택과 지지를 받는 와중에 이에 걸맞은 조직적 권한도 주어졌다. 서울조직위원회는 체육부의 명령을 받드는 조직이 아니고 체육부의 협조를 받는 조직이었다. 즉 체육부의 위상보다 서울조직위원회의 위상이 더 높았던 것이다. 일례로 노태우 제2대 조직위원장을 들 수 있다. 그는 정권의 실세이자 초대 체육부장관을 맡은 거물급 인사였기 때문에 조직위의 권한은 공식적 권한뿐만 아니라 비공식적 권한까지 강했다고 할 수 있다.

반면 이런 맥락에서 볼 때, 평창올림픽 조직위원회는 대통령 관심사 밖에 있다고 불평하는 사람이 많이 있다. 당시에는 도지사도 야당소속이었다. 당연히 중앙정부와의 관계에서 소원할 것이라는 추측이 가능하다. 조직위원회 사무처는 한시조직일 뿐만 아니라. 이미 파견된 공무원들도 대회 종료 시까지 근무하는 것이 아니고 1년 내지는 1년 6개월 정도의 기간이 지나면 대부분 소속 부처로 돌아가려고 한다. 이 경우 숙달된 인력의 유출 및 지속성의 측면에서 여러 문제점을 드러내고 있다.

평창올림픽 조직위원회는 공고한 권한도, 대통령의 지지도, 보상과 대우도 서울올림픽에 비해 매우 떨어진다. 조직위원회 출범 초기부터 조직위는 인력 충원에 애를 먹었다. 미충원 인원이 있어 조직위는 관계부처, 지방자치단체, 기관에 우수인력을 파견하도록 '긴밀한 협의'를 했다. 타 기관에 요청하는 것으로는 부족해 조직위원장은 대통령에까지 부탁해야만 했다. 평창올림픽 조직위원회에 파견된 공무원들의 상당수는 자발적으로 지원하여 파견된 것이 아니다.

---

114) 서울올림픽대회조직위원회, 1989, 제24회 서울올림픽대회 공식보고서 제1권.

사실은 평창올림픽 조직위원회로 파견되는 것을 대부분 기피하고 있다. 중앙청사에서 멀리 벗어난 강원도 산간지역인데다가, 대통령 관심사업도 아니어서 승진 경로와는 거리가 멀기 때문이다. 게다가 조직위의 권한은 매우 작게 설정되어 있다. 문화체육관광부가 대부분의 결재권을 장악하고 있어 재량권을 발휘하기가 어렵고 문화체육관광부의 사사건건의 개입을 받아야 했다. 오죽하면 평창 조직위로의 파견은 정부의 인사적체 해소 수단으로까지 활용된다는 말이 돌 정도다.115)

자원하는 사람은 없고, 조직위로 중앙정부의 인사는 파견해야 하는 상황이다 보니 평창올림픽 조직위원회에 파견된 공무원들은 대부분 근무평정 점수가 낮은 사람들이다. 또 조직위에 파견된 공무원들은 1년에서 1년 반 정도의 '의무 복무'기간이 끝나면 원 소속으로 복귀한다.116) 또한 노력한다 한들 성과를 내기가 어렵다. 올림픽 조직위원회는 있지만 올림픽에 대한 최종 권한은 그 소재가 불분명하기 때문에 일을 책임지는 주체가 사실상 없다. 조직원들에 대한 지원이 부족한 것이다. 그리고 성과를 낸다한들 그 성과가 인정받기도 어렵다. 비합리적인 행정 운영 방식으로 인해 국가적 차원의 성과를 인정해주기보다는 권력자의 이해에 맞지 않을 때 인사 상 불이익을 주는 경우가 많다고 한다.

이러한 환경으로 인해 조직원들의 사기가 높을 수가 없는 상황이다. 그로 인한 업무 효율도 낮을 수밖에 없다. 최소한의 사기 고양책으로 직원들의 승진 보장 등의 조치가 필요하다. 정부도 이러한 문제의식을 공유하여 2015년, 조직위원장에게 공무원 승진 등의 인사권을 부여한다고 발표한 바 있지만 사실상 활용되지 않고 있다.117)

3. 컨트롤타워의 유무

조직위원회의 인적 구성을 살펴보면 서울올림픽 때나 지금이나 각계각층을 대표하는 인사들로 이루어져 있다. 올림픽이라는 국가적 행사 개최에는 다양한 주체의 참여가 필수적이며, 이들 간의 시너지 효과는 적절한 협력체계의 구축이 선행되어야 한다. 서울올림픽의 경우 컨트롤타워 역할이 분명하게 이뤄졌다. 청와대와 중앙정부의 전폭적 지원을 등에 업은 조직위원회가 다른 참여주체들을 이끌어 나가는(leading) 형국이었다. 관계 부처 간의 의견 대립이나 민간 부문과의 갈등이 발생할 경우 정부가 강한 리더십을 바탕으로 컨트롤타워의 기능을 수행했다. 지방자치제가 실시되기 이전이었고, 민간 부문의 발전이 지금에 비해 미비했던 측

---

115) 문화일보, "평창동계올림픽 성공?…조직위, 전문성 있는 인력 확보하라", 2014년 10월 30일자.
116) 동아일보, "서울올림픽땐 정부 전폭지원…평창은 '사람도 돈도 없다'". 2015년 1월 20일자.
117) 동아일보, "적자 타령만 하는 조직위…복귀할 궁리만 하는 파견공무원", 2016년 8월 30일자.

면도 있다. 시장도 중앙정부에서 임면하였고, NGO는 거의 유명무실한 상태였다. 따라서 정책조정에 있어 리더십을 발휘하려는 정부의 강한 의지가 발휘될 수 있는 바탕이 되었다는 점은 부인할 수 없다.

그에 반해 현재 평창올림픽의 유치부터 강원도에서 주도하였다. 그리고 준비 업무는 지방자치단체와 체육관련 민간단체들의 역할이 컸다. 예나 지금이나 독립된 민간단체로서의 조직위원회의 지위와 위상은 같아 보이지만, 정부의 전폭적인 인적, 재원 지원이라는 측면에서 큰 차이가 있는 것은 사실이다.

예산의 측면에서도 정부의 직접 보조금 비율은 3% 정도에 불과한 실정이며, 정치적 영향력이나 리더십 차원에서도 컨트롤타워라고 하기에는 여러모로 부족하다. 컨트롤타워의 부재 속에서 정부와 지방자치단체, 민간기업, 체육단체 등 다양한 주체 간의 의견 대립과 갈등이 효과적으로 관리되지 못하고 있다. 특히 박근혜 정권 시 정부 여당과 야당 소속인 강원도지사 간의 지속적인 의견 대립 속에서 조직위원회의 역할과 존재감이 미비하다는 점은 성공적인 대회 개최의 큰 걸림돌로 작용했을 가능성이 높다.

평창올림픽 조직위원회 초대 위원장은 김진선 전 지사가 맡았다. 이 시기에 장기적 비전을 가지고 방향을 잘 잡았어야 한다. 그러나 초기 위원회에서 필요한 조치를 취하기 위한 강력한 추진력이 부족하여 전체 일정이 늦어진 면도 있다는 지적이 있다. 김진선 전 지사는 3선에 이르는 도지사 직을 수행하면서 총 세 차례 동계올림픽 유치에 도전했고, 결국에는 동계올림픽 유치에 성공한 인물이다. 동계올림픽 유치는 그의 개인적인 꿈이기도 한데, 일각에서는 김 전 지사가 동계올림픽 유치를 발판으로 개인적인 정치적 이익을 추구하고자 했다고 보았다. 그러나 김 전 지사의 높은 열정과는 상반되게 국제 스포츠 대회 준비 경험은 전무했다.

이러한 맥락에서 볼 때, 그는 인선에서 동향 출신을 선호했다는 비판이 곧 그의 정치적 의도를 나타낸 것이 아닌가라는 해석도 가능하다. 조직위원회를 구성함에 있어 출신 지역이라는 기준에서 벗어나 능력을 중심으로 인물을 기용했어야 했다. 김진선 전 지사의 이러한 정치적 계산, 국제경험준비 경험 부족, 능력이 아닌 정실적 인사 기용 등의 요인으로 인해 동계올림픽에 대한 준비가 미흡했다. 초반 계획이 중요했으나, 초대 준비위원장 때 동계올림픽 준비 일정이 크게 지체되었다.

그러던 중 김 전 위원장이 돌연 사퇴를 표명하고 조양호 전 조직위원장이 조직위원장으로 선임되었다. 한진그룹 회장인 조양호 위원장은 위원회 사무와 그룹 사무를 모두 소화하고자 하는 열의를 보였다. 조양호 위원장 입장에서 보면, 유능한 관료의 파견 등 중앙정부의 지원이 부족했다는 불평도 가능하다. 어떻든 그의 열의가 과했는지, 그를 중심으로 이른바 병목현상이 발생하였고 동계올림픽 준비 작업은 더욱 지체됐다. 대한항공 부사장이 비행기를 불법 회항시킨 사건이 있은 후, 다시 한진그룹의 경영악화와 사건의 발생으로 여론이 나빠지게 되었다. 더 이상 동계올림픽 준비작업에 집중할 수 없게 되자 조양호 전 조직위원장 직을 떠났다. 조양호 위원장이 물러나는 데에는 최순실이 배후에 있었다는 의혹도 제기된다.118)

어떻든 일관성과 강력한 추진력을 가지고 대회준비가 이뤄져야 한다는 점에서는 카리스마 있는 위원장이 있는 것이 중요하다. 88서울올림픽의 경우, 운동을 좋아하는 전두환 대통령이나 박세직 위원장의 역할을 회상하면 이점이 명확하다. 한편 평창올림픽의 경우, 박 전 대통령과 장관급 유력인사의 관심이 부족할 뿐만 아니라, 조직위원장의 힘까지 부족했다. 대회가 얼마 남지 않은 시점에서 조양호 조직위원장이 사임을 표명하고 교체됨으로써 혼란이 가중된 것이다. 그나마 정권이 바뀌면서 평창올림픽에도 새로운 전기를 기대할 수 있게 되었다. 문 대통령이 평창올림픽에 대한 관심을 표명하고 적극적인 지지를 약속했기 때문이다. 취임 직후는 대통령과 정부의 역점사업에 대한 국민의 지지가 높고 언론의 비판 수위도 낮은 허니문 기간이다. 현 정권이 이 허니문 기간을 어떻게 사용하냐에 따라서 평창올림픽의 질과 국가에 미칠 영향이 좌우될 것이다.

덧붙여 컨트롤타워로서 조직위원회가 보다 효과적인 대회 준비에 임하기 위해서는 앞서 지적한 인사권이나 재정운용에 있어서 조직위원회의 권한과 재량권을 확대하는 방안도 고려될 필요가 있을 것이다. 아직 시간이 남아있기는 하지만, 더 이상 낭비할 시간이 없다. 각 단계에 필요한 준비작업을 지체없이 추진하는 것이 관건이다.

4. 환경의 근본적 변화: 지방자치제도

평창올림픽과 서울올림픽이 큰 차이를 보이게 된 결정적 요소 중 하나는 바로 지방자치제도의 실시 여부일 것이다. 이것은 지방자치제도의 부활에 대한 비판이 아니고 올림픽에 관한 한 투입되는 행정력의 양과 질에 대한 것일 뿐이다. 우리나라의 지방자치제는 광복 직후 부침을 겪으며 실시되어오다가 박정희 정권에 들어서 전면 중단되었다. 그러나 박종철 사건 이후 일어난 거센 민주화의 물결로 1991년 지방의회가 구성되었고 이어 1995년 지방자치단체장의 선거가 진행되었다. 즉, 시기상 서울올림픽이 열리던 때에는 지방자치제가 실시되지 않고 있었고, 평창올림픽이 한창 준비중인 지금은 지방자치제도가 부활된 이후다. 이것은 적어도 공식적인 측면에서 국한하여 볼 때, 올림픽의 유치 및 준비작업을 주도하는 행정기관이 중앙정부인지, 아니면 지방자치단체인지의 차이가 있을 것이다.

광역자치단체는 중앙정부에 비해 행정력 및 자금력 등 많은 면에서 한계를 갖고 있다. 중

---

118) 중앙일보. "조양호 전 평창올림픽조직위원장 사퇴에 최순실 연루 의혹". 2016년 11월 2일자.

앙정부는 최고급 인력으로 구성되어 있는 반면, 지방은 그에 비해 다소 인력의 질이 떨어질 수 있다. 또한 중앙정부는 그 권한과 자원으로 지방에 비해 더 많은 인력을 충당할 수 있지만 지방은 예산제약이 매우 크다. 또한 중앙은 국회입법 뿐만 아니라 행정명령 등 법적 수단도 지방지차단체장보다 더 공고하다. 때문에 메가스포츠 이벤트의 유치에서 중앙정부의 도움 없이 지방정부 홀로 유치에 도전했다면 상당한 어려움이 있었음은 쉽게 짐작할 수 있다.

평창올림픽의 세 번의 유치 시기 동안 중앙정부는 평창올림픽 도전에 대한 지원을 약속해 왔다. 실제로 고 노무현 전 대통령도 제2차 도전 때 유치를 위한 IOC 연설을 한 바 있고, 이명박 전 대통령도 제3차 도전 때 IOC 위원총회에서 직접 연설을 한 바 있다. 그렇기는 하지만 중앙정부의 지원은 그렇게 적극적이지는 않았다는 관련자들의 한탄이 있다.[119] 또한 유치가 되고 난 후에 집권한 박근혜 전 대통령에게도 평창동계올림픽은 역점 사업이 아니었다. 박 전 대통령은 창조경제를 강조하며 규제완화나 청년 일자리 만들기, 문화융성 등의 사업을 강조한 바는 있다. 그러나 동계올림픽에 대해서는 그 관심의 정도가 낮았던 것으로 판단된다. 반면에 강원도와 평창군의 경우 평창동계올림픽은 지역현안 중의 현안으로, 동계올림픽과 관련된 사업에 모든 사활을 걸고 있다.

지방자치제도의 실시는 평창올림픽 조직위원회의 인적 구성에도 영향을 미쳤다. 물론 서울올림픽 당시에도 공식적 조직구조(formal organizational structure)라는 측면에서 보면, 서울올림픽 조직위원회는 중앙정부와 서울시, 그리고 민간으로 구성되어 있기는 했다. 그러나 서울시는 임명직 시장을 중심으로 의회도 구성되어 있지 않은, 실제적으로는 중앙정부와 독립된 개체가 아닌 중앙정부에 예속되어 있는 조직이었다고 봐야 한다. 이러한 구조적 특성 때문에 의사결정 내용과 과정에도 영향을 미쳤다. 비록 서울시의 이해와 맞지 않더라도 중앙정부의 의지에 종속되는 경향이 매우 컸다. 중앙과 지방 간에는 명령 하달이 매우 효율적으로 이루어졌었던 것이다.

그러나 평창올림픽 조직위원회는 실질적으로 중앙정부와 분리되어 있는 강원도가 중심이 되는 조직이다. 강원도는 민선단체장과 민선의회가 있어 중앙정부의 명령을 그대로 집행하는 조직은 아니다. 따라서 중앙정부와 강원도 사이에 갈등이 잦게 발생하며 갈등은 종종 해결되지 못하고 조직위 내부의 소통과 결속을 저해하는 요인으로 남게 되었다.

행정부 견제를 위해 국회의 권한을 강화시킨 것과 같은 전반적인 정치 민주화도 중요한 변화요인이다. 즉, 지방자치제도의 부활과 함께 행정부에 대한 국회의원의 상대적 영향력 강화도 88서울올림픽과 평창올림픽의 차이점이다. 강원도와 중앙정부의 이해가 엇갈릴 때, 강원

---

119) 동아일보. "서울올림픽땐 정부 전폭지원... 평창은 '사람도 돈도 없다'". 2015년 1월 20일자.

도가 중앙정부의 의지를 바로 꺾기는 어려운 일이다. 이럴 때 강원도는 강원도 출신 국회의원들을 통해 법안을 입안하고 예산을 책정하는 식으로 우회하기도 한다. 88서울올림픽을 준비할 당시만 해도 국회의원보다는 행정부의 권한이 막강했으나, 지금은 그 상대적 힘의 차이가 변화하고 있는 것이다.

그럼에도 불구하고 강원도청이 중앙정부를 우회하는 것은 쉽지가 않다. 예산은 한정적이고 예산의 관리주체는 중앙정부이기 때문이다. 즉, 기재부의 영향력은 매우 강력하다.[120] 그리고 여전히 다른 행정부처의 힘도 강원도의 입장에서 보면 거스를 수 없는 막강한 존재이다. 요컨대, 1988년에 비하여 30년이 지난 2017년은 확연히 달라졌다. 행위자의 수적인 면에서 많이 증가하였고 이들의 목소리도 커졌다. 의사결정 과정과 집행 과정에서 이들의 협조를 얻어야 하기 때문에 거부점(veto point)이 많아졌다. 그렇기 때문에 88서울올림픽 당시와 같이 일원화되어 있는 행정체제에 비해 현재 다각화되어 있는 행정시스템은 평창올림픽의 신속하고 강력한 추진은 어려워졌다고 봐야 한다. 따라서 즉흥적으로 일을 추진하지 말고, 좀 더 시간적 여유를 가지고 추진해야 할 것이다.

---

120) 조석준, 임도빈, 2016. 한국행정조직론, 서울:법문사

Chapter 16
평창올림픽 개최, 과연 남는 장사인가?

제1절 비용효과 연구의 어려움

그 동안 국내에서 개최된 국제행사들은 그 긍정적 효과만이 과장되어 홍보되었었고, 비용과 부작용에 대해서는 많이 거론되지 않았다. 효과 면에서 보면, 동계올림픽은 과거 하계올림픽이나 월드컵에 비해 인지도가 낮아 상대적으로 폄하되어왔다. 그러나 국제스포츠 이벤트의 미디어 가치가 제고되고 개최에 따른 경제·정치·사회·문화적 파급효과가 크게 인정받으면서 세계 각국은 동계올림픽 유치를 위해 경쟁하고 있다(박진경, 2001).

올림픽을 개최하려면 막대한 자금이 필요하다. 대회자체의 운영비보다도 인프라 구축 등 부대비용이 훨씬 많이 든다. 이러한 비용에도 불구하고 동계올림픽을 개최하기 위해 여러 국가들이 경쟁하는 것은 유치 시 많은 이익이 되돌아올 것이라 믿기 때문이다. 이러한 믿음이 과연 타당한가는 과학적으로 따져봐야 한다.

하지만 그 비용과 효과를 정확히 평가하는 것은 쉽지 않다. 일견 쉬워 보이는 비용효과 분석도 깊이 생각해 보면 복잡한 문제가 내재되어 있기 때문이다(김동건, 2012). 첫째, 눈에 보이지 않는 효과가 많다. 둘째, 평가대상기간을 어떻게 할 것인지가 문제된다. 셋째, 경제뿐만 아니라 정치·사회·문화 측면에서 다양한 비용과 효과가 발생하고 있다. 이러한 효과가 장기간에 걸쳐 어떠한 영향을 줄지 분석하는 것은 어려운 일이다.

우선 회계 상의 세출(지출) 및 세입(수입), 경제적 비용 및 효과를 구분할 필요가 있다. 회계적인 세입·세출은 국고재정에 나타나는 금전의 입출을 기록한 것이다. 경제적 비용 및 효과는 이러한 세입·세출을 포함하여 올림픽을 통해 나타나는 각종 영향을 말한다. 또한 올림픽과 같은 메가 이벤트는 이벤트 자체에서 나오는 효과뿐만 아니라 유치하고 개최함으로써 유발되는 부수적인 효과까지 발생한다(정기웅, 2012). 이러한 회계적, 경제적인 비용 및 효과를 시간대별로 정리하면 [표 31]과 같다.

[표 31] 올림픽 개최에 따른 각종 비용 및 효과

	대회 이전	대회 중	대회 이후
지출	시설건설비용 인프라 건설비용	대회운영 지출 (인건비, 시설운영비 등)	시설 유지 및 전환 비용
수입	중앙 및 지방정부 투자 민간투자	대회운영 수입 (IOC 지원, 정부보조, 입장료 등)	시설 이용료 등
경제적 효과	관광객지출 유발효과 시설투자 유발효과	관광객 지출 유발효과 대회운영 지출 유발효과	관광객 지출 유발효과
비경제적 효과	국가 이미지 제고 및 한국 기업브랜드 가치 상승효과 국민 화합 및 자긍심 고취(지역 간 균등 발전)		
부정적 효과	환경 비용	혼잡 비용	

출처: 현대경제연구원(2014:4) 수정

제2절 막대한 사업비와 운영비

대회를 준비하기 위한 세입 및 세출은 정부의 예산서를 통해 공개되고 있다. 수년간에 걸쳐 투자가 필요하다. 이를 시간대별로 살펴보면 다음과 같다.

1. 대회 준비단계

성공적인 대회 개최를 위해서는 경기장 관련 인프라가 잘 구축되어 있어야 한다. 동계올림픽과 관련된 인프라는 크게 경기장, 교통망, 부대시설 등이다. 이들을 건설하는데 필요한 비용은 2013년 총 11조 879억 원으로 책정되어 있다. 동계스포츠가 활성화되지 않았고, 오지(娛地)로 여겨지고 있는 강원도에서 개최되는 경기인 만큼 비용은 많이 들게 되어 있다. 유럽 국가에서 이미 잘 갖춰진 기존의 시설을 활용하여 올림픽 개최비용을 줄이는 것에 비하면, 모든 것을 새로 갖춰야 하는 우리는 매우 다른 실정에 처해있다.

역설적이지만, 바로 인프라 시설의 구비 때문에 지방자치단체는 올림픽과 같은 큰 행사를 유치하려는 유인이 있다. 지방자치단체의 도덕적 해이라고도 할 수 있다. 일단 유치만 하면, 정부의 재원이 투입되기 때문에 지역발전을 앞당길 수 있다는 계산이다. 평창올림픽의 인프라 및 경기장 시설 재원 12조는 대부분 중앙정부에서 담당한다. 즉, 7조 3,361억 원의 국비와 2,814억 원의 지방비, 3조 4,704억 원의 민자사업비로 마련되었다.

평창올림픽 개최, 과연 남는 장사인가? | Chapter 16

[표 32] 준비단계 사업비 구성

구분		사업비(억 원)			
		합계	국비	지방비	민자
총계		110,879	73,361	2,814	34,704
경기장	소계	6,993	5,245	1,748	-
	설상	2,528	1,896	632	-
	빙상	4,465	3,349	1,116	-
교통망	소계	92,473	68,116	1,066	23,291
	광역간선 교통망	82,068	58,777	-	23,291
	보조간선 교통망	6,853	6,853	-	-
	경기장 진입 교통망	3,552	2,486	1,066	-
부대시설		11,413	-	-	11,413

출처: 강원도(2013)

　이러한 시설 및 인프라 투자규모는 최근 동계올림픽 개최지와 비교하면, [그림 29]와 같다. 미국 솔트레이크, 이탈리아 토리노, 캐나다 밴쿠버 등 대도시를 끼고 있는 경우 매우 적은 비용이 소요된다. 기존의 시설 및 인프라를 활용할 수 있어 이러한 비용이 줄일 수 있다는 점도 있다. 나가노올림픽에 비하면, 평창올림픽의 경우, 비용이 상대적으로 과도하지 않다는 것을 알 수 있다. 그러나 이것은 추정치라는 점도 감안해서 이해해야 한다.

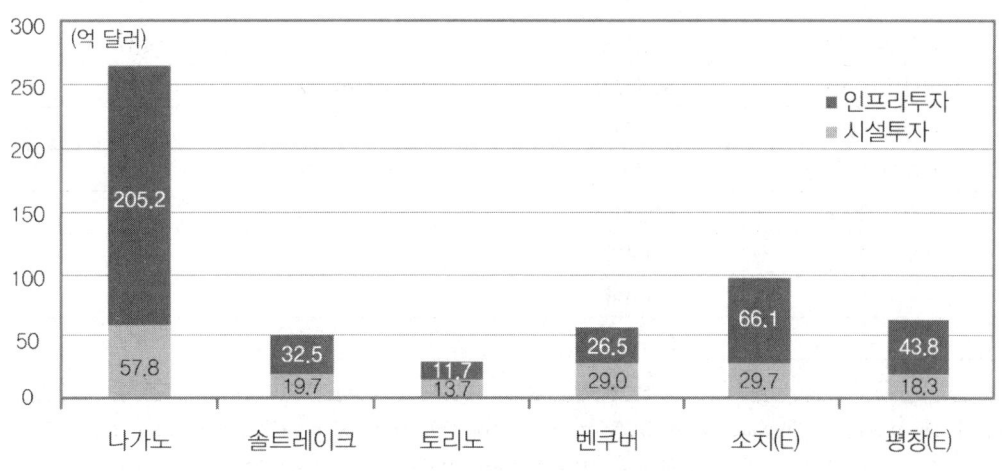

[그림 29] 최근 동계올림픽 개최국의 시설 및 인프라 투자

출처: 현대경제연구원(2014)
주: 1달러(1998) 115엔, 1달러(2006) 0.83유로, 1달러(2010) 1050원으로 계산 후, 미국 소비자물가지수(CPI)를 이용하여 2013년 달러가치로 변환.

즉, 올림픽 개최비용이 유치신청서의 당초 계획보다 최종적으로 훨씬 증가한다는 연구를 주목할 필요가 있다(Flyvbjerg and Stewart, 2012)[121]. 개최주도자들이 일단 비용을 낮춰 놓고 유치하려고 하기 때문에, 향후 상황변화에 따라 추가되는 비용지출은 경계할 필요가 있다. Flyvbjerg(2016) 등은 올림픽 유치시점에서 제출한 예산과 실제 비용의 차이를 분석하

[표 33] 올림픽 비용 초과율 1960~2016

올림픽	개최국	유형	비용 초과율(%)
몬트리올 1976	캐나다	하계올림픽	720
바르셀로나 1992	스페인		266
애틀랜타 1996	미국		151
시드니 2000	호주		90
아테네 2004	그리스		49
베이징 2008	중국		2
런던 2012	영국		76
리오 2016	브라질		51
평균			176
중간값			83
그레노블 1968	프랑스	동계올림픽	181
레이크플라시드 1980	미국		324
사라예보 1984	유고슬로비아		118
캘거리 1988	캐나다		65
알버트빌 1992	프랑스		137
릴레함메르 1994	노르웨이		277
나가노 1998	일본		56
솔트레이크 2002	미국		24
토리노 2006	이탈리아		80
밴쿠버 2010	캐나다		13
소치	러시아		289
평균			142
중간값			118

출처: Flyvbjerg, B., Stewart, A., & Budzier, A. (2016: 13). The Oxford Olympics Study 2016: Cost and Cost Overrun at the Games. Table 3 Sports-related cost overruns, Olympics 1960-2016; calculated in local currencies, real terms 인용.
주: 현지 화폐 단위로 계산된 결과임. 단, 리오올림픽의 경우 예상 최종 비용을 활용한 것임.

---

121) 소치올림픽의 경우도 계획과 달리 500억 달러 이상이 지출되었다.

평창올림픽 개최, 과연 남는 장사인가? Chapter 16

였다. [표 33]에서는 1960년대부터 2016까지의 하계 및 동계올림픽의 사례들을 분석하여 비용 초과율을 제시하고 있다. 분석에 포함된 모든 사례에서 실제로 들어간 비용이 예상비용보다 적게는 2%, 최대 720%까지 증가하였고, 평균 비용 초과율은 156%로 나타났다. 동계 올림픽의 경우를 살펴보면, 1980년 레이크플라시드올림픽의 비용 초과율이 324%로 가장 높게 나타났으며, 2010년 밴쿠버올림픽의 비용 초과율이 13%로 가장 낮았다. 평균적으로 동계올림픽의 경우 142%의 비용 초과율을 보여, 예상비용보다 실제비용이 약 2.5배 정도 증가한 것으로 나타났다.

평창 역시 총사업비 예산 규모가 이미 6조 원 대에서 11조 원 대로 증가하였다. 그리고 [표 34]에서 살펴보면, 2016년 11월 총사업비 규모가 2014년과 비교하여 약 3천억 정도 증가한 것으로 나타나고 있다. 문제는 앞으로 얼마나 더 비용이 추가될지는 알 수 없다는 것이다. 성공적 개최를 위해 추가적으로 필요한 비용은 지출되어야 하겠지만, 예측이 잘못되었다는 것은 커다란 문제점이 아니라고 할 수 없다.

통상적으로 있는 일이라고 생각하지 말고, 이제 발달된 이론과 방법론에 기반하여 정확한 예측을 통해 개최여부가 결정되어야 한다. 행정학에는 이런 기법들이 많이 개발되어 있는데, 실제로는 일부 경제연구기관들이 특정한 의도를 가지고 추계를 하는 정도가 발표될 뿐이다. 사실을 알리는 것이 부담스러운 행위자들이 있기 마련이다. 그러나 올림픽이란 일회성 행사에 과도한 지출이 이뤄질 경우, 사회적인 부담이 될 뿐만 아니라 올림픽 자체의 성공여부도 달라질 것이다.

[표 34] 총사업비 예산 규모 변화 (단위: 억 원)

	국 비	지 방 비	민자 등	합 계
2016. 11	75,385	3,451	34,713	114,464
2016. 06	75,216	4,314	34,241	113,771
2015. 12	76,071	4,279	35,031	115,381
2015. 04	75,752	4,172	35,031	114,955
2015. 01	75,269	4,011	35,031	114,311
2014. 08	73,272	3,054	34,704	111,030

출처: 강원도. 2018 평창동계올림픽대회 「대회 관련시설의 설치이용 등에 관한 계획」 변경 승인 고시 자료에서 발췌.

2. 2조원의 대회 운영단계비용

준비단계에 필요한 비용은 주로 정부에서 부담한다. 그런데 대회운영단계에서는 자체의 수입이 있기 때문에 비용효과 분석이 좀 더 복잡해진다. 2018 평창동계올림픽대회 및 장애인동계올림픽대회 조직위원회(이하 조직위원회, OCOG)는 유치신청 당시 IOC에 제출했던 유치신청서(Bid File)를 기반으로 대회 운영과 관련된 세입·세출 내역을 작성했다(조직위원회, 2012). 균형수지가 달성되도록 작성된 총 세출 및 세입규모는 1조 7,606.5억 원(2010년 기준)이다.

먼저 세입을 보면, [그림 30]과 같이 IOC 지원금과 스폰서십, 입장권 판매가 주를 이루고 있다. 가장 큰 비중을 차지하는 것이 방송권 판매금으로부터 오는 국제올림픽위원회 준비금과, 한국에서 창출되는 스폰서이다. 그 밖에 국가 및 지방 정부 보조금으로 구성된다.

다음으로 세출은 각종 인프라 구축과 인력 비용이 큰 부분을 차지하고 있다. 여기서 인프라란 도로교통 등이 아니고, 통신수단 등 올림픽 개최에 직접적으로 필요한 극히 일부분을 의미한다. 하지만 이러한 세입·세출액은 미래가치를 현재화하였으며, 예상 매출 내지 판매액 기준이기 때문에 불확실한 금액이라는 것에 주의할 필요가 있다.

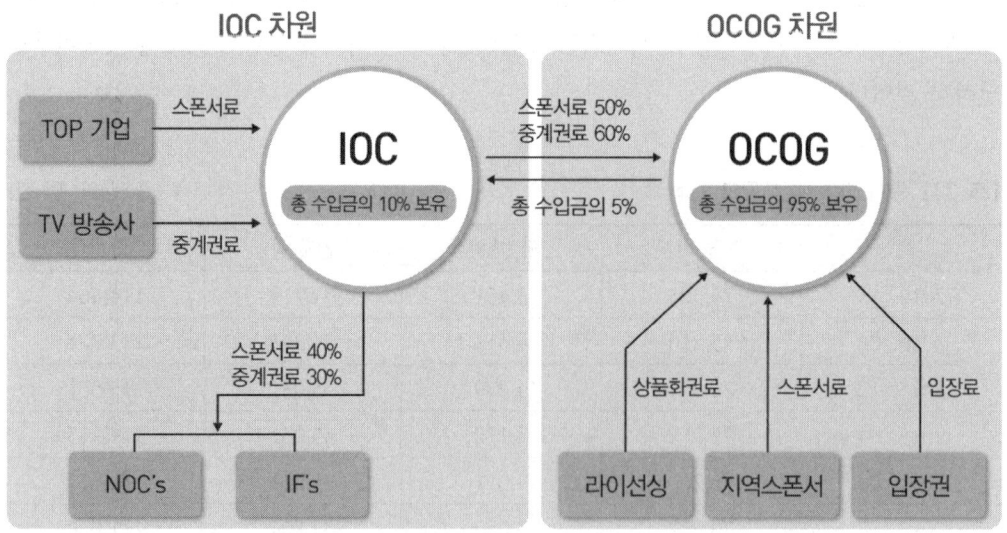

[그림 30] 올림픽의 수익구조

출처: 김도균(2008), 한진욱(2010)에서 재인용

평창올림픽 개최, 과연 남는 장사인가? | Chapter 16

[표 35] 세입 예산 (단위: 백만 원)

구분		2010년 기준		2018년 기준	비고
세입	IOC 지원금	405,720	(23.0%)	506,024	방송권 수입(IOC 재량)
	TOP 스폰서십	184,460	(10.5%)	230,063	IOC에서 배분(16.67%)
	지역 스폰서십	414,000	(23.5%)	516,351	현금 7.5%, 현물 5% IOC에 지급 ※단, 기념주화(액면가)3%, 기념우표(판매수익)1%
	공식 공급업체	195,500	(11.1%)	243,832	
	입장권 판매	243,915	(13.9%)	304,217	
	라이선스(상품, 기념우표·주화)	40,250	(2.3%)	50,200	
	복권	17,250	(1.0%)	21,514	스포츠토토
	기부금	25,300	(1.4%)	31,554	
	자산처분	8,050	(0.5%)	10,040	가구, 컴퓨터 등
	보조금(중앙·도·시군)	149,500	(8.5%)	186,460	파견공무원 인건비 등
	기타	76,705	(4.4%)	95,668	이자, 참가선수 숙박·식비 등
	소계	1,760,650	(100.0%)	2,195,923	

출처: 조직위원회(2013:31)

[표 36] 세출 예산 (단위: 백만 원)

구분		2010년 기준		2018년 기준	비고
세출	스포츠 베뉴(임대, 공사, 운영)	131,905	(7.5%)	164,515	오버레이 설치비
	올림픽선수촌, 숙박시설	114,655	(6.5%)	143,000	임시시설, 가구·비품 등
	기자 및 방송센터(MPC & IBC)	98,440	(5.6%)	122,776	
	스폰서 홍보관, 물류창고 등	17,940	(1.0%)	22,375	
	인력	217,695	(12.4%)	271,515	직원, 자원봉사자 등
	정보시스템·통신·IT 인프라 구축	437,230	(24.8%)	545,325	종합경기운영시스템, 경기전달시스템 등
	의식행사(개·폐회식) 및 문화	105,800	(6.0%)	131,956	메달프라자 운영 등
	의료, 식음, 수송, 안전	180,435	(10.2%)	225,043	
	장애인동계올림픽	69,805	(4.0%)	87,062	
	행정, 홍보 및 광고, 프레올림픽	199,870	(11.4%)	249,281	

구분		2010년 기준		2018년 기준	비고
기타	JMP 비용 지급(TOP, 지역·공식공급, 라이선스, 복권)	76,222	(4.3%)	95,066	KOC에 9.28%지급
	지역·공식공급업체 수입	31,984	(1.8%)	39,891	IOC에 지급(현금 7.5%, 현물 5%)
	라이선스, 주화, 우표, 티켓	24,500	(1.4%)	30,557	IOC에 지급(현금 7.5%, 현물 5%)
	예비비, 차입이자	54,169	(3.1%)	67,561	
	소계	186,875	(10.6%)	233,075	
총계		1,760,650	(100.0%)	2,195,923	

출처: 조직위원회(2013:31)

제3절 올림픽의 경제적 효과, 믿을 만한가?

초기에 여러 나라가 올림픽을 유치하려는 주요 목적은 체제 선전, 경제성장 과시 등이 있었다고 볼 수 있다. 즉, 정치적 이유에서 홍보가 목적이었다. 그러니 1984년 LA올림픽의 상업적 성공 이후 경제적 성장의 새로운 발판으로 인식되고 있다. 경제의 글로벌화가 이뤄지고, 국가 간 경쟁이 치열해진 오늘날 경제적 효과에 보다 주목하고 있다.

또한, 세계경제의 불황으로 일자리 창출이 어려운 오늘날, 많은 국민들은 먹고사는 문제에 관심을 집중해서이기도 하지만 수치로 나타날 수 있는 경제적 효과에 관심이 쏟아지고 있다. 숫자의 마력에 사로잡혀 있기 때문이다.

따라서 여러 민간연구소에 수행된 연구에서 이러한 경제적 효과를 분석하고 있다. 동계올림픽 유치를 준비하는 과정에서 이뤄진 타당성 조사와 연구에서는 동계올림픽 유치로 인한 경제적 효과를 [표 37]과 같이 추정하고 있다.

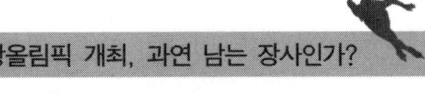

[표 37] 평창동계올림픽의 경제적 효과

연구기관	경제적 파급효과
서울대학교 스포츠산업연구센터 (2006)	총생산 유발효과: 11조 5,166억 부가가치 유발액: 5조 1,366억 고용증대효과: 143,976명
산업연구원 (2008)	총생산 유발효과: 20조 4,973억 부가가치 유발효과 8조 7,546억 고용유발효과: 230,025명
삼성경제연구소 (2011)	국내기업 홍보효과: 3,120억 내수/수출 증대효과: 10조
한국 문화관광연구원 (2011)	외국인 지출액으로 인한 관광산업 생산유발효과: 6,684억 외국인 지출액으로 인한 관광산업 부가가치 유발효과: 2,799억 외국인 지출액으로 인한 관광산업 고용유발효과: 9,000명
현대경제연구원 (2011)	총효과: 64조 9,000억 - 직접적 효과: 21조 1,000억 - 간접적 효과: 43조 8,000억

출처: 조직위원회

대체로 평창동계올림픽의 경제적 효과를 10~20조 정도를 추정하고 있다. 현대경제연구원만 64조로 높지만, 이중 간접적 효과가 43조로 직접적 효과는 21조로 보고 있다는 점에서 공통점이 있다. 즉, 인프라, 경기시설 등에 투입되는 12조 원과 대회기간 중 생기는 비용(효과) 2조 원을 합하면, 황금알을 낳는 거위는 아님을 알 수 있다.

제4절 다른 간접적 효과는 없을까?

평창올림픽의 경제적 효과는 그리 장밋빛은 아니다. 좀 더 큰 의미에서 경제적 효과는 다양하게 분석될 수 있으나, 먼저 산업에 대한 투자가 확대되기 때문에 그 직접적인 효과와 유발효과가 나타나게 된다. 올림픽과 관련된 산업의 발전효과는 주로 건설업과 관련되어 있다. 88서울올림픽의 경우 경기장, 아파트, 한강 개발, 도시 재개발 등의 '올림픽 특수'가 발생하였고, 토건산업이 발달할 수 있었다(정희준, 2008). 이는 여수엑스포나 평창동계올림픽과 같은 지방에서 치러지는 메가 이벤트도 마찬가지이다. 경기장 및 부대시설 건설 외에도 교통망 등 접근성을 높이기 위한 시설 등에 많은 투자가 이뤄지기 때문이다. [표 38]은 평창동계올림픽을 위해 계획되어 있는 시설들을 살펴볼 수 있다. 총 50개의 시설이 새로 건설되거나 보완될 것이다. 이 중 경기장 12곳, 도로 28곳, 부대시설 10곳에서 공사가 진행되고 있다.

[표 38] 대회 관련시설 조성계획

구분			시설	조성계획
총계			50개소	
경기장	소계		12개소	
	설상	신설	2개소	- 알파인: 활강, 슈퍼대회전(정선 중봉) 봅슬레이/스켈레톤/루지(알펜시아리조트)
		보완	2개소	알파인: 대회전, 회전(용평리조트) 프리스타일/스노보드(보광리조트)
		기존	3개소	알펜시아리조트(3): 스키점프, 크로스컨트리, 바이애슬론
	빙상	신설	4개소	강릉체육시설단지(3): 스피드스케이팅, 피겨/쇼트트랙, 아이스하키 I 관동대학교(1): 아이스하키II
		보완	1개소	강릉빙상장(1): 컬링
진입도로	소계		28개소	
	광역간선 교통망		6개소	- 공항: 양양공항 구간 - 철도 　1) 원주~강릉 구간 　2) 경의선~공항철도 연계시설 - 고속국도 　1) 영동고속도로 기존 IC 개선 　2) 제2영동고속도로(광주~원주) 　3) 동홍천~양양고속도로
	보조간선 교통망		6개소	- 국도 6호 　1) 둔내~무이 2) 무이~장평 　3) 장평~간평 4) 두능~연곡 - 국도 59호 　1) 나전~막동 2) 막동~마평
	경기장진입 교통망		16개소	- 국도 7호: 강릉원주대~죽헌교차로 - 지방도408호: 면온 IC~보광 - 지방도456호: 진부~횡계 IC - 지방도456호: 월정삼거리~차항 - 군도12호: 유천~수하, 유천~용산 - 군도13호: 싸리재~용산 - 농어촌도로 205호: 횡계~횡계 - 농어촌도로 209호: 용산~수하 - 내부연결도로: 용평알파인경기장 진입도로, 진부역 진입도로, 올림픽파크 진입도로, 진부 IC~호명교, 차항~횡계, 선수촌~경기장, 강릉역~경기장
부대시설			10개소	선수촌(3)·미디어촌(2)·도핑컨트롤센터·급수체계 구축 사업·평창올림픽 스타디움·IBC(국제방송센터) 수송시설

출처: 강원도(2016). 강원도고시 제2016-474호 2018 평창동계올림픽대회 「대회 관련시설의 설치·이용 등에 관한 계획」 변경 승인 고시(9차) 편집 정리

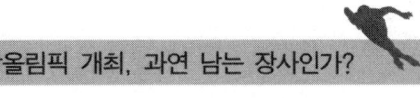

올림픽은 발전된 IT 기술을 선보이는 또 다른 장소이기도 하다. 이전 개최지들에서도 발전된 새로운 IT 서비스 제공에 심혈을 기울여왔다. 이는 올림픽과 IT 도입을 살펴보았을 때 뚜렷이 나타난다. 예를 들면, 2008년 베이징올림픽의 경우, 최초로 인터넷 중계를 실시하였고, 또한 3세대 이동통신 서비스를 제공하였다. 2010년 밴쿠버올림픽에서는 ALL IP망을 구축하여 음성, 영상, 데이터를 단일망에서 처리 가능한 기술을 선보이게 되고, 또 트위터 등과 같은 소셜미디어를 올림픽 중계에 적극 활용하게 된 시점이다(이영주 외. 2014). 인터넷 및 IT 기술을 기반으로 하는 중계방송기술의 발전과 경기장 등의 시설을 사용하게 되는 방문객들은 우리나라의 IT 서비스 산업의 우수성을 경험하게 될 것이다. 이러한 기회를 염두에 두고 시설 및 서비스를 구축하고 있는 평창동계올림픽은 ICT 산업에 긍정적인 영향을 줄 것이라 기대된다. 미래창조과학부의 「K-ICT 평창올림픽 실현전략」에 따르면 5세대 이동통신망(5G)을 구축하고, 이를 기반으로 홀로그램, 가상현실(VR)이 생동감있게 전달될 수 있도록 할 예정이다. 또한 올림픽을 위해 찾는 외국인들을 위해 입·출국, 교통, 경기관람, 숙방 등에서 개인맞춤형 IoT 서비스를 제공하여 보다 편리한 방문이 되도록 지원할 예정이다. 따라서 올림픽을 통해 ICT에 대한 기술투자가 증가하고 외국에 기술력을 자랑함으로써 관련 산업의 외국 진출에 기여할 것으로 예상된다.

관광 및 문화 산업영역에 미치는 영향도 클 것으로 예상된다. 올림픽 유치를 통해 관광자원 개발을 위해 많은 투자가 이뤄지고 있기 때문이다. 특히 올림픽 유산을 활용해 고부가가치의 MICE(Meeting, Incentive travel, Convention, Exhibition) 산업이 확대된다면 지역경제 뿐만 아니라 국내경제에 매우 큰 경제적 효과가 나타날 것으로 예상된다. 현대경제연구원 보고서(2014)에 따르면 동계올림픽 유치가 확정된 이후(2011년 7월) 겨울에 방문하는 외국인 관광객 수가 크게 증가하는 추세를 보이고 있다. 특히 스키를 즐기기 위해 강원도를 방문하는 관광객이 증가하고 있다는 점에 주목하고 있다.

평창은 이번 평창올림픽 준비과정에서 정부로부터 '국제회의도시'로 지정되어 국내에서 MICE 산업 육성을 위한 유리한 위치를 점했다. MICE 산업은 북미와 유럽이 중심이었으나 최근 중국 및 아시아 국가의 성장으로 동아시아를 중심의 발전가능성이 커지고 있는 상황에서 동계올림픽을 통한 산업육성의 계기가 될 수 있는 것이다.

또한 한류 트렌드가 중국 및 동남아시아, 중동 멀리는 남미까지 미치고 있기에 동계올림픽을 통한 미디어 노출 증가는 다양한 한국 문화에 대한 수요증가를 기대할 수 있을 것이다. 뿐만 아니라 레저 스포츠 산업의 활성화로 관광 및 스포츠용품 산업의 활성화가 기대된다(삼성경제연구소, 2010).

올림픽으로 인한 소비증대 역시 국내 및 지역소득에 긍정적인 영향을 줄 것이라 기대된다.

우선 관광객으로 인한 소비증가이다. 올림픽 개최와 함께 평창의 세계적 인지도는 상승할 것이고, 평창을 방문하는 관광객의 수도 증가할 것이다. 또한 올림픽대회 기간에는 하루 평균 14만 명이 대회를 찾을 것으로 보여 지역에 대한 소비효과가 매우 클 것으로 예상된다.[122] 또한 대회가 끝난 후에도 각종 시설을 이용하거나, 올림픽 유산을 즐기기 위해 관광객이 방문하면서 소비효과가 나타날 수 있다. 소비증대 효과는 단지 여기에 그치는 것이 아니다. 앞서 보았던 투자와 마찬가지로 소비에 따른 유발효과가 나타나기 때문이다. 투자와 소비 증가에 따른 주민 수입증대는 다시 지역 내 소비를 증가시키는 선순환이 나타나게 된다.

국내시장의 활성화뿐만 아니라, 강원도 지역경제에도 도움이 될 수 있다. 즉, 탄광 산업의 쇠락 이후 지역 내 발전 동력이 없는 상황에서 지역발전의 전환점으로 생각되었을 것이다(염돈민 외, 2013). 동계스포츠에 대한 관심의 제고는 스키장이 많이 위치해 있는 강원도의 경제 활성화에 도움이 될 것으로 보인다. 강원 지역에 국한된 경제적 효과는 총생산 유발효과 11조 6,083억 원, 부가가치 유발효과 5조 3,861억 원, 고용유발효과 14만 여 명으로 추산되고 있다(산업연구원, 2008).

제5절 비관론: 올림픽 이후 불황

1. 경제 효과 분석의 왜곡

올림픽의 경제적 효과에 대해 의문을 제기하는 연구도 다양하다. 경제적 효과를 긍정적으로 논의한 연구들이 비용을 고려하지 않거나 오히려 비용을 경제적 효과에 포함시킴으로써 왜곡하고 있다는 것이다. 또한 올림픽 등을 유치하기 위한 지자체 혹은 민간자본에서 발주한 연구를 수행하는 과정에서 발주자의 의도에 맞게 경제적 효과를 창조한다고 비판한다(정희준, 2008). 민간연구소의 중립성과 신뢰성이 문제가 있음은 많은 사람들이 알고 있다. 관련 있는 기업의 수익에 도움이 되면, 긍정적 효과를 과장할 가능성이 있기 때문이다.

이러한 연구들이 굳이 거짓 자료를 쓰지 않고도 경제적 효과를 호도하는 방법은 유리한 부분만 분석대상으로 놓는 것이다. 즉, 선택의 오류를 범하는 것이다. 예컨대 개최 전·후의 모든 시점의 다양한 비용과 편익을 고려해야 할 필요가 있음에도 불구하고 개최 시점에 대한 효과만을 분석하거나, 투자 및 소비에 따른 유발효과만을 분석하는 편향된 시각에서 연구가 이뤄진다는 것이다(박경열, 2008).

---

122) 국민일보. "[평창동계올림픽 G-2년] '새로운 지평' 평창의 꿈이 무르익는다". 2016년 2월 2일자.

감사원의 감사 결과, 평창동계올림픽대회 및 장애인동계올림픽대회 조직위원회가 대회 재정계획 수립시 과소계상되어 2,244억여 원의 사업비가 부족할 것임을 지적하였다.[123] 이것은 당초의 계획을 기준으로 본 것이 아니고, 2015년 10월에 수립한 평창동계올림픽과 장애인동계올림픽 기간 전체의 자금 조달 및 지출 계획인 제3차 대회재정계획을 기준으로 지적된 내용이다. 구체적으로 올림픽 기념주화 제작과 판매에 557억 원이 필요하다고 조사했지만, 계획에는 329억여 원만 반영하는 등 5개 단위사업의 사업비를 축소한 것이다. 즉, 비용으로써 총 1,233억여 원이나 부족한 1,607억 원만 반영한 것이라는 것이다. 종합적으로 볼 때, 감사원의 감사 결과, 상술한 5개 단위사업의 사업비 과소 계상액 1,233억 원, '테스트이벤트 개최' 등 8개 신규 단위사업의 미반영 사업비 711억여 원, IOC 지원금 중 부가가치세 상당의 차감 최소 추정액 300억 원 등을 합산하면 최소 2,244억여 원의 사업비 부족이 예상된다.[124]

경제적 효과에 대해 비판적인 연구들은 올림픽이나 월드컵과 같은 메가 이벤트의 거시경제적 효과(Szymanski, 2002), 경기장 건설의 경제적 효과(Miller, 2002), 관광객 수(정희준, 2008; French & Disher, 1997, Szymanski, 2002), 고용창출 효과(Siegfried & Zimbalist, 2006) 등이 확대 해석되었거나 과장되었다고 주장한다. 올림픽 개최에 찬성하는 사람들은 올림픽의 경제적 효과를 과장하는 경향이 있다. 반대로 환경론자 등 올림픽에 부정적인 사람들은 이를 축소하는 경향이 있다. 두 집단이 특히 견해를 달리하는 것은 올림픽의 단기적 효과가 아닌 장기적 효과다. 찬성측에서는 올림픽 개최는 장기적으로도 이익을 창출할 것이라고 주장한다. 하지만 반대측에서는 이를 뒷받침하는 경험적 연구는 없는 반면에, 반대의 사실을 뒷받침하는 연구는 상당히 이루어져있다고 주장한다(Billings & Holladay, 2012; Rekowsky, 2013). 전문가들은 올림픽 장기적 효과에 대한 믿음이 상당부분 대체효과로 인한 착오에서 기인하는 것이라고 주장한다.[125] 즉, 올림픽 기간 동안 관광객들이 지출하는 비용은 어차피 다른 곳에서 어떤 방식으로든 사용될 비용이었다는 것이다. 이에 더해 관광특수를 누리는 호텔, 체인 레스토랑, 건설사 등은 해당지역이 사업체가 아닌 다국적 기업이기 때문에, 수혜집단은 지역사업체보다는 다국적기업이라는 것이다.

효과분석에 있어서 지리적 경계 혹은 수준을 어디로 한정하느냐도 중요한 이유이다. 대부분의 연구에서 경제적 효과의 분석대상을 특정 도시나 특정분야로 한정하는 데에서 문제가

---

[123] 머니투데이. "감사원 '평창동계올림픽, 최소 2244억원 사업비 부족 예상". 2016년 7월 20일자.
[124] 머니투데이. "감사원 '평창동계올림픽, 최소 2244억원 사업비 부족 예상". 2016년 7월 20일자.
[125] James McBride. "The Economics of Hosting the Olympic Games". Council on Foreign Relations. Jul 20, 2016.

생길 수 있다. 즉, 어느 도시나 분야에서 투자와 소비가 증대되는 것은 다른 지역의 투자와 소비를 가져오는 대체효과(substitution effect)에 불과한 경우가 많다. 이 경우, 전체적으로 보면 오히려 초과부담(excess burden)이나 사중손실(deadweight loss)을 초래할 수 있는 것이다.

2. 올림픽 불황의 문제: 경기 개최 후 장기적 관리비용

(1) 분산개최의 부결

올림픽과 같은 메가스포츠 이벤트의 개최가 막대한 비용 투자를 필요로 하지만 결과적으로 개최지의 적자 발생 등의 문제로 인해 효율적이지 못하다는 사례들이 반복적으로 나타나고 있다. 올림픽 개최지역은 '올림픽 특수'를 경험하는 것이 아니라 오히려 '올림픽 불황'을 맞을 가능성이 높다(Andranovich 등, 2001; French & Disher, 1997). 개최 전까지는 많은 투자와 관광객 방문으로 단기적인 경제효과가 있더라도, 개최 후에는 투자와 방문객이 급감하면서 일종의 '계곡효과(valley effect)'가 발생할 수 있기 때문이다(Zhao, 2010; Tien 등, 2011).

개최준비와 개최 후 비용에 대해 현실적인 이해를 하게 되면서 비관론이 커지기도 한다. 올림픽 개최 유치권이 처음 부여됐을 때까지만 해도 장밋빛 전망이 우세하다. 그러나 개최준비단계에 접어들며 비용에 대해 현실적인 이해를 하게 되며 비관론이 커지기도 한다. 올림픽 개최에 대한 부정적 인식이 점차 증대됨에 따라 올림픽 유치를 포기하는 사례(예: 미국 보스턴, 이탈리아 로마)도 나타나게 된다. 평창동계올림픽 역시 개최 이후 적자의 폭이 매우 클 것으로 예상되어, 일각에서는 개최권을 반환해야 한다는 주장까지 나온 상황이었다.[126]

올림픽의 위상이 떨어지고 있다는 위기의식을 감지한 IOC는 '2020 개혁 어젠다(2020 Reform Agenda)'를 통해 비용부담을 완화시키고자 올림픽 분산 개최를 허용하였다. 현대 올림픽의 창시자들이 처음 순환개최 시스템을 선택한 것은 올림픽의 글로벌 공동체와 포용성의 정신을 촉진하고자 하는 목적에서였다. 그러나 현재의 순환개최 시스템은 고비용의 낭비성 이벤트를 개도국이 무리한 시설투자를 한 후 올림픽 불황을 겪는 상황을 예방하기 위해, 여러 방안들이 거론되고 있다. 예컨대, 현재와 같은 대륙순환개최 시스템을 버리고 항구적인 올림픽개최지를 만들자는 주장이 있다. 항구개최지로 거론되는 곳은 그리스의 한 섬과 미국의 로스앤젤레스 등이 있다.[127][128] 이 외에도 대륙별 한 도시를 선정하여 총 3~4개의

---

126) 매일경제. "첩첩산중 평창... 절실한 건 '관심'". 2016년 11월 22일자.

127) John Rennie Short. "We should host the Olympics in the same place every time". The Washington Post. July 28, 2015.

[표 39] 2002 FIFA 한일 월드컵 경기장 사후활용 현황

지역	실적 (2011년 기준)	사후활용	운영관리
서울	90억원 흑자	- 서울 FC 홈구단 - 대형할인점 임대, 멀티플렉스 및 예식장 임대, 스포츠센터, 사우나 임대 - 식음료점 및 생활용품점 임대, 각종 대회 및 행사 개최, 시설 대관	서울시시설공단
부산	3억원 적자	- 부산 아이파크 홈구단 - 대형할인점, 복합예식장 임대, 시설 대관, 각종 대회 및 행사 개최	부산 체육시설 관리사업소
인천	15억원 적자	- 인천 유나이티드 홈구단 - 스포츠종합센터, 인천어린이박물관, 청소년 성문화센터 등 임대, 각종 대회 및 행사 개최, 시설 대관	인천광역시시설 관리공단
광주	35억원 흑자	- 광주 FC 홈구단 - 대형할인점, 골프연습장, 주차장 임대 / 각종 행사 개최 / 시설 대관	광주월드컵경기장 관리사무소
대구	26억원 적자	- 대구 FC 홈구단 - 다목적 운동장으로 세계 육상선수권 개최 / 멀티플렉스, 자동차극장 임대	대구시 체육진흥과
대전	17억원 적자	- 대전 시티즌 홈구단 - 수영장, 볼링장, 어린이회관 임대, 각종 행사 개최	대전시시설 관리공단
울산	17억원 적자	- 울산 FC 홈구단 - 컨벤션 센터 운영, 사무실 임대, 시설 대관, 각종 행사 개최	울산시시설 관리공단
수원	5억원 흑자	- 수원 블루윙즈 홈구단 - 시설 대관, 월드컵스포츠센터 및 축구박물관 등 운영 - 각종 공연행사, 경기도 여권 민원실, 팔달구 청사 이용, 티브로 수원방송 입지, 예식장 운영	경기도수원월드컵경기재단
전주	16억원 흑자	- 전북 현대모터스 홈구단 - 식장, 사우나 임대, 골프장 운영, 각종 대회 및 행사 개최	전주시 스포츠타운 조성과
제주	3억원 적자	- 제주 FC 구단 경기 개최 - 4D 영상관 익스트림 아일랜드, 제주워터월드, 멀티플렉스 임대, 닥종이 인형박물관	서귀포시 시설관리공단

출처: (사)한국관광개발연구원(2013: 38). 2018 평창동계올림픽 경기장 사후활용 방안.

---

128) Andrew Zimbalist. "The Summer Olympics should Always Be in Los Angeles. Forever." Time. July 14, 2016.

도시 내에서만 순환하며 개최를 하자는 주장도 있다.129) 그러나 개최지를 일부 도시만으로 한정하는 것은 IOC가 올림픽 개최 도시 선정권이라는 매우 큰 이권을 포기해야 하는 것이므로 실현되기 어려울 것이라는 주장이 있다. 뿐만 아니라 개최도시를 어느 도시로 고정할 것인지는 국가간 분쟁의 소지가 매우 큰 것이어서 합의가 쉽지 않을 것이라는 전망도 존재한다.

한편, 위와 같은 각종 올림픽 불황 예방법에 대한 논의는 평창동계올림픽 준비과정에도 영향을 미치게 되었다. 동계올림픽 개최에 수반되는 막대한 비용을 최대한 절감하고자 하는 방편으로 건설비용이 많이 소요되는 경기종목은 이미 시설이 구비되어 있는 다른 도시에서 개최해야 한다는 주장이 거세졌었다. 예컨대, 사후활용 전망이 밝지 않은 일부 종목을 일본 나가노에서 개최하는 방안이 토마스 바흐 IOC 위원장을 통해 2014년 정식으로 요청되었다.130) 한일 관계를 의식한 IOC 위원장은 공동 개최가 아닌 단순히 시설만을 대여하는 방법을 제시했다. 즉, 명분도 살리고 실리도 챙기는 대안을 제시한 것이다. 평창올림픽 조직위원회의 실무진들은 IOC의 권고를 수용하는 것에 찬성하는 입장이었다. 막대한 예산 절감 효과가 있을 뿐만 아니라 일본과의 관계도 이번 기회를 통해 회복할 수 있는 좋은 기회였기 때문이다. 일부 경기를 일본에서 진행하게 되면 우리나라로서는 예산절감 효과가 있고 사후 시설 활용 방안에 대해 골머리를 썩지 않아도 된다는 이점이 존재한다.

일본의 입장에서도 나가노올림픽 이후 막대한 유지비용을 부담하고 있으나 애물단지가 된 시설을 유용하게 활용할 수 있으니 환영할 만한 일이었다. 일본의 대외홍보 효과도 있다는 점도 고려되었을 것이 분명하다. 일본의 경우, 추가비용을 들이지 않고 효과만 있는 매우 합리적인 방안인 것이다. 그러나 우리나라에서는 이해관계자들의 반대에 부딪혀 정치권에서는 IOC 위원장의 요청에 대하여 아쉽게도 정치적 판단을 하고 말았다. 아베의 국수주의적 정치로 인하여 한일 관계가 냉각되어 있는 상황에서 이런 결정을 하기에는 부담을 느낀 것이다. 근래에 우리나라와 일본이 여러 문제에서 부딪히고 있으니 일본 시설 이용 방안에 대해서는 더 이상 논의하지 않을 것이라는 결정을 한 것이다.

나가노 분산개최 방안 외에도 북한 마식령 스키장 분산개최 등 여러 방안들이 논의됐다. 하지만 일본이나 북한에서 일부 종목을 개최하는 것은 복잡한 정치적 논의가 필요하여 논쟁이 많았다. 반면에 국내 다른 도시에서 일부 종목을 개최하는 방안들은 비교적 그런 정치적 논의에서 자유로웠다고 할 수 있겠다. 국내 분산개최에 대한 방안으로는 가리왕산 스키 활강경기장 대신 무주리조트를 개보수하는 방안, 강릉 스피드스케이팅경기장 대신 태릉 국제스케이트장을 활용

---

129) Travis Waldron. "How To Make The World Cup, Olympics, And Super Bowl Cheaper to Host." ThinkProgress. Feb 6, 2014.
130) 미디어오늘. "'평창'동계올림픽이 '평창·나가노' 동계올림픽이 될 판". 2014년 12월 8일자.

하는 방안, 개폐회식을 평창에 새로이 짓지 않고 서울 대형경기장이나 강릉 경기장에서 관중석을 보강하여 개최하는 방안 등이 거론되었다. 문체부에서도 이러한 방안들을 깊게 고려한 것으로 나타났다. 문체부는 개폐회식을 강릉경기장의 관중석을 1~2만석 정도를 증석하여 개최하고, 아이스하키장도 새로 건설하는 것보다는 기존 시설을 활용하는 방안을 IOC에 은밀히 타진했고, IOC에서도 이에 대해 긍정적으로 수용했다고 한다. 이에 문체부는 당시 비서실장에게 동의를 얻었지만, 박 전 대통령이 원안복귀를 명하여 수포로 돌아갔다.

올림픽 등 대규모 스포츠이벤트 후 많은 개최지 사례들에서 비용과 효과에 대해 점차 현실적인 시각으로 보는 사람들이 많아지고 있다. 온갖 장밋빛 청사진만이 있는 것이 아니라는 점이다. 즉 경기장 및 부대시설의 활용이 적극적으로 이루어지지 못하고, 사후관리와 유지에 막대한 비용이 투입됨에 따라 지자체들의 경제적 부담으로 작용하는 문제점들이 지적되어 왔다.

대표적인 예로 2002년 한일월드컵 개최를 위해 건설된 지방의 대규모 축구경기장(예: 제주, 인천)이 월드컵 이후 적절히 활용되지 못하고 있으며, 관리비용 등의 비용이 경제적 적자로 이어져 지자체 단체의 부담이 증가하고 있다(김두휘, 2012; 이용식, 2016). 이와는 반대로 월드컵 축구경기장의 사후 활용이 적극적으로 이루어지고 있는 경우(예: 상암 월드컵 경기장)를 살펴보면, 상대적으로 해당도시 인구 규모가 크며, 상업 및 문화시설 유치, 프로구단과의 연계를 통해 시설을 찾는 인구가 꾸준히 존재하는 경우이다(이용식, 2016). 위의 [표 39]에서 2002년 월드컵 경기장의 운영실적 및 활용현황을 살펴볼 수 있다.

(2) 평창올림픽 시설의 경우

평창올림픽의 경우, 기존의 경기시설들이 국제 경기를 개최하기 위한 규격에 맞지 않아 대부분이 새로이 건립되고 있다. 그러나 동계올림픽 이후 이러한 시설들은 규모가 큰 국제경기가 개최되지 않을 경우 활용이 어려울 것이라는 우려가 존재한다(김두휘, 2012; 이용식, 2016). 특히 동계올림픽 종목들의 경우, 프로구단이 활성화되어 있지 않을 뿐만 아니라 대부분 겨울 시즌만 이용이 주로 이루어져 활용도가 낮은 편이다.

또한 주요 개최 지역인 강릉, 평창, 정선의 인구를 합쳐도 30만 명이 되지 않는 소규모 지역이며, 평균소득이 상대적으로 낮은 편이다(이용식, 2016). 즉, 비용은 많이 지출되지만 실제 사용이 이루어지지 않는 시설을 지칭하는 흰 코끼리(white elephants)로 변모될 가능성이 높아 평창동계올림픽 적자가 이미 예견되어 왔다. 특히 올림픽을 위해 미리 조성했던 알펜시아 리조트의 경우 저조한 수익으로 벌써부터 엄청난 적자에 시달리고 있어 '올림픽 후 불황(post olympic recession)'이 벌써부터 걱정되고 있다.

동계올림픽 유치과정에서부터 논란이 되었던 사후활용과 관련하여 중대한 문제점을 인식하고, 이를 최소화하고자 강원도는 2018 평창동계올림픽 경기장·시설 사후활용 자문위원회를 설치하여 방안에 대해 모색하고 있다. 2015년 7월부터 2016년 6월 4회에 걸쳐 사후활용 자문위원회를 개최하였으며, 사후활용 관리방안 및 주체를 논의하여 왔다. [표 40]에서는 사후관리와 관련하여 현재까지 논의된 사항을 정리하고 있다. 2016년 11월 현재 신설 경기장 7곳[131] 모두 사후활용이 계획되어 있다. 그러나 정선 알파인 경기장과 강릉 스피드 스케이팅 경기장의 두 곳은 관리주체가 아직 결정되지 않았으며, 지속적으로 방안을 찾고 있는 상황이다. 그리고 사후관리 주체가 결정된 시설들에 대해서도 활용 방안에 대한 계획만 논의되고 있어 여전히 구체적인 활용 방안은 수립되어 있지 않아 이후 지속적인 논의가 필요하다. 이러한 문제점은 2016년 10월 평창에서 개최된 제7차 IOC 조정위원회에서도 지적받은 것으로 밝혀졌다.[132] 이후 강원도는 사후관리에 대한 노력을 공고히 하고자 2016년 12월 강원도규칙 제3056호 제17조제9항 제5호 동계올림픽 경기장 사후관리 추진을 신설하였다(강원도, 2016).

[표 40] 평창올림픽 이후 시설 관리주체 및 사후활용 방안

시설명	사후관리 주체	활용 방안
정선 알파인 경기장	(미정)	환경복원 계획 수립 중
알펜시아 슬라이딩 센터	한국체육대학	국내외 선수훈련장 활용 및 대회 개최, 교육시설 활용
강릉 스피드 스케이팅 경기장	(미정)	국가대표 선수 훈련시설 등 검토
강릉 아이스 아레나	강릉시	다목적 교육시설, 체육시설 등 교육 및 시민체육시설 활용
강릉 아이스 아레나 (쇼트트랙 - 보조)	영동대학교	다목적 교육시설, 체육시설 등 교육 및 시민체육시설 활용
강릉 컬링 센터	강릉시	장애인체육시설 및 장애인복지시설
강릉 하키 센터	㈜대명	선수훈련시설 및 대회 활용 등
관동 하키 센터	카톨릭 관동대학교	교육 및 다목적시민체육시설 활용 (대학체육관, 실내 테니스장 등)
보광 스노경기장	㈜보광	기존 스키장 연계활용
평창올림픽 스타디움	강원도	올림픽역사기념관 조성

출처: 강원도 홈페이지. 강원뉴스. 강릉 하키 센터 사후관리 주체가 정해졌습니다. 2016년 3월 30일자.

---

131) 정선 알파인 경기장, 알펜시아 슬라이딩 센터, 강릉 스피드 스케이팅 경기장, 강릉 아이스 아레나, 강릉 하키 센터, 관동 하키 센터, 평창올림픽 스타디움
132) 한국일보. "황금알 낳는 평창올림픽? 환상부터 깹시다". 2016년 10월 17일자.

사후경기장 및 시설의 사후활용 방안에 대한 중요성이 강조되고 있으나 미흡한 준비 상황에서, 동계올림픽을 개최한 다른 국가의 사례를 통해 구체적이며 실질적인 방향성을 찾고자 하는 조사 및 연구들이 이루어지고 있다. [표 41]에서 사후활용이 성공적으로 이루어졌다고 평가받고 있는 릴리함메르(17회), 솔트레이크(19회), 토리노(21회), 밴쿠버(22회) 동계올림픽 등 4가지 사례들을 정리하고 있다(이용식, 2016).

밴쿠버 올림픽의 경우, 규모가 큰 도시에서 개최되었다는 점에서 시설에 대한 시민들의 접근성이 높아 장점이 많았다. 특히 국가적으로 아이스하키 경기가 인기가 높아 시설의 활용이 용이하였다. 규모는 작은 도시이지만 미국 솔트레이크의 경우 역시 동계스포츠의 프로경기가 활발히 이루어진다는 점에서 홈구장 또는 훈련장으로 활용이 가능한 경우이다. 앞선 두 사례와는 반대로 동계스포츠가 활성화되지 않은 토리노의 경우는 인구가 90만 명에 이르는 대도시라는 장점을 활용하여 다목적 스포츠시설이나 전시장, 콘서트장 등 수익으로 전환될 수 있는 사업들을 진행하였다.

릴레함메르의 경우는, 인구가 2만 7,000명으로 다른 도시들에 비해 인구규모가 작은 개최지이다. 동계스포츠가 활성화되는 시즌에는 경기장 및 훈련시설 등으로 활용하고, 비시즌에는 이벤트 및 전시, 콘서트홀 등으로 시설을 재활용하여 흑자운영을 하고 있다. 4가지 사례 중 밴쿠버와 솔트레이크의 경우는 평창의 경우와 거리가 있어 적용되기가 어려울 것이다. 릴레함메르의 경우 평창동계올림픽 개최도시들과 인구규모가 비슷하지만, 동계스포츠 종목이 인기가 있는 지역임을 감안하였을 때 적용되기 힘들 것으로 예상된다. 결국 수익사업으로 전환 및 연계가 잘 이루어진 토리노의 경우가 평창동계올림픽 이후의 대안 모색에 도움이 될 것이라 예측하고 있다(이용식, 2016).

[표 41] 동계올림픽 종목별 경기장 사후활용 사례

시설	릴레함메르(17회)	솔트레이크(19회)	토리노(21회)	밴쿠버(22회)
스피드 스케이트장	시즌기 빙상경기장, 비시즌기 스포츠대회/ 콘서트장	스케이팅 국가대표팀 본부, 실내 축구/미식축구 등. 국제경기대회, 프로농구팀 및 프로풋볼팀 홈경기장, 스포츠행사 및 콘서트장	전시장, 실내육상장, 목적 경기장	다목적 스포츠시설 (아이스링크, 코트, 체육관, 육상트랙 등)
피겨/쇼트트랙 경기장	아이스하키장, 전시장/ 이벤트행사장		빙상경기장, 전시장, 사교파티장, 아이스갈라쇼, 어린이 놀이시설	밴쿠버 자이언트팀 아이스하키 전용구장

시설	릴레함메르(17회)	솔트레이크(19회)	토리노(21회)	밴쿠버(22회)
아이스하키 경기장	다목적 스포츠경기장	피겨스케이팅클럽 홈구장, 스케이팅 레슨, 실내축구장, 프로아이스하키 팀의 홈구장	전시장, 다목적 스포츠/콘서트/전시시설, 대회 임시 아이스링크 설치 가능	밴쿠버 캐넉스 아이스하키 전용구장
컬링	-	스케이팅 레슨, 아이스하키, 컬링, 피겨스케이팅, 스피드스케이팅 경기장	빙상장, 수영장, 체육관, 육상트랙, 축구장 등으로 확장 재건축	다목적 시설
스키점프/노르딕경기장	노르웨이 국가대표팀 훈련장, 동하계 국내외 훈련장	봅슬레이/스켈레톤, 루지 훈련시설, 다목적 레크리에이션 시설, 박물관	종목 경기장	공공시설
봅슬레이/루지경기장	봅슬레이/루지경기장, 국내외 훈련장, 종목체험장		종목 경기장	경기장, 다목적 시설
크로스컨트리/바이애슬론 경기장	노르웨이 바이애슬론 국가대표 파워센터, 자전거/육상/승마 등 아웃도어 체험장	크로스컨트리/바이애슬론 훈련시설 다목적 스포츠 시설	-	공공시설

출처: 이용식(2016) 논문 표1 재인용. 강릉시동계올림픽지원단(2012). 2018 평창동계올림픽 성공적 준비를 위한 동계올림픽 개최도시 분석보고서 내용을 이용식(2016)에서 재정리.

2014년 인천 아시안게임의 경우, 강제성이 없어 시설의 사후활용에 대한 계획이 전무했다는 점과 비교하였을 때, 평창동계올림픽의 경우 유치단계에서부터 경기장 및 시설의 사후관리 및 활용에 대해 언급이 되고 있으며, 이를 해결하고자 하는 의지를 보이고 있다는 점에서 그나마 다행이라는 시선이 존재한다. 그러나 철저한 분석을 바탕으로 한 실현가능한 구체적인 대안을 제시하지 않고, 경제적 손실에 대한 정부와 지자체의 책임 회피는 문제를 더욱 악화시킬 것이다.[133]

---

133) 한국일보. "황금알 낳는 평창올림픽? 환상부터 깹시다". 2016년 10월 17일자.

Chapter 17
올림픽의 진실된 손익계산서: 비가시적 효과

제1절 국제무대에서 한국의 위상 제고

메가스포츠 이벤트 개회식에는 주변 국가의 수장들이 초대되어 성대하게 치러진다. 이를 통해 주변국가 및 세계에 개최국의 정치적 입지를 확대할 수 있다. 멀리는 1936년 베를린올림픽에서 나치가 체제 선전효과를 꾀한 것부터, 가까이는 2014년 러시아 소치동계올림픽, 2018년 베이징 하계올림픽에서 각각 러시아의 푸틴과 중국의 시진핑이 국가의 발전을 세계에서 과시하려 하였다. 물론 88서울올림픽도 당시 세계무대에서 잘 알려져 있지 않았던 한국이 전세계인에게 인식되는 커다란 계기였다고 평가되고 있다.

특히 동계스포츠 종목의 경우 대중보다는 일부층이 향유하는 경우가 많다. 동계올림픽 종목을 즐기기 위해서는 고가의 다양한 인프라가 잘 구축되어 있어야 하기 때문에, '선진국들의 스포츠'로 여겨지고 있다. 따라서 동계올림픽 개최는 개발도상국이란 우리나라의 이미지를 선진국 수준으로 업그레이드할 수 있는 좋은 기회인 것이다.

특히 일본은 두 번이나 개최한 바 있는데, 우리나라는 아시아에서 두 번째이지만 일본에 한참 뒤져 이제서야 개최하게 된 것이다. 일본은 2020년 하계올림픽을 유치함에 따라 아시아에서 2회 이상 하계올림픽을 개최하는 최초의 국가가 되었다. 우리나라보다 더 빨리 나아가고 있는 것이다.

국가 브랜드 이미지 제고를 통한 추가적인 효과를 기대할 수도 있다. 명품과 같이 '브랜드'는 추가적인 비용을 들이지 않고도 고가로 상품을 판매할 수 있다는 점에서 매우 경제적인 방법이다. 유사한 제품이라고 하더라도 우리나라 제품보다는 유럽 유명브랜드 제품은 터무니없이 비싼 가격에 불나게 팔린다. 조금 모델이 나빠도 그 명성이 하루아침에 사라지지 않고 지속된다. 국가브랜드도 마찬가지이다.

반면 유명 스포츠 경기에서 수년 동안 계속 성적이 좋았던 나라들은 어느 한 해 성적이 부진하다해도 긍정적 인식이 유지될 수 있다. 즉 성공과 실패가 부침하는 세계에서 일단 긍정적 이미지가 형성되면 오래 지속되는 경향이 있다.134) 반면 신흥국이 명성을 쌓기에는 매우 많은 시간, 노력, 투자가 필요하다. 우리나라의 경우 평창올림픽을 통해 국가브랜드를 획기적으로 올릴 수도 있지만, 만일 잘못될 경우에는 계속해서 스포츠 분야에서 국가 브랜드는 저하되고 회복하기 어렵게 될 수도 있다. 올림픽과 같은 대형스포츠대회를 성공적으로 개최함으로써 형성되는 국가브랜드가 가져올 혜택은 많다. 예를 들면 국가적 자신감이 회복되고, 편견에 대한 논란을 일소시키고, 나아가 국제정치적 역량 강화 및 경제력 강화 등이 이에 해당한다. 따라서 브랜드는 한계비용 체감의 이용해서 일정 수준의 예전에는 투자를 계속하지 않고도 효용을 얻어낼 수 있는 매우 특이한 가치를 가진 것이다.135)

따라서 기왕에 유치한 평창올림픽을 최대한 잘 활용하는 것이 국가적으로 매우 중요하다고 볼 수 있다. 즉, 올림픽의 성공적 개최는 국가 매력도의 증대를 가져올 것으로 보인다. 올림픽은 평창 등 일부 지역에서만 치러지나, 한 국가를 대표하여 개최되는 것이기에 도시(지역) 브랜드를 알리는 것뿐만 아니라 '대한민국'이라는 국가 브랜드를 향상시킬 것으로 예상된다. 오늘날 국가의 브랜드 및 인지도를 제고하는 이유는 'made in Korea'와 같이 해당 국가 상품의 인지도를 향상시킬 수 있기 때문이다. 즉, 국가브랜드 향상으로 우리나라에서 생산되는 기업의 제품경쟁력이 개선되는 효과가 나타날 것이다.

국가브랜드의 개선은 또한 보다 많은 관광객을 유인하여 국내소비를 증가시킬 수 있다. 현대경제연구원(2011)은 이러한 국가 브랜드 향상 효과를 약 100억 달러로 예상했다. 글로벌 기업의 브랜드 인지도에 들어가는 비용이 1%p당 1억 원으로 예상되며, 동계올림픽을 통해 한국 글로벌 100대 기업의 인지도를 1%p 향상시킬 수 있다는 논리이다.

국가적인 행사이긴 하나, '평창' 동계올림픽인 만큼 지역사회에 미치는 경제적 부수효과에 대해서도 주목할 필요가 있다. 강원도가 두 차례 탈락에도 다시 유치를 신청한 이유는, 올림픽 개최로 사회 인프라의 확충 및 관련 산업을 유치하고자 하는 것이다. 세계적으로 잘 알려져 있지 않은 평창과 강원도를 올림픽 개최를 통해 홍보함으로써 국제적인 이미지를 한 번에 다질 수 있기 때문이다. 대표적인 예로 2006년 토리노동계올림픽을 통해 토리노는 쇠퇴한 자동차 산업도시의 이미지에서 문화관광 도시로 이름을 알리게 되었다. 동계올림픽 이후 세계 250대 관광 도시로 선정되기도 하였으며, 이탈리아 내 4번째 관광도시로 탈바꿈하게 되었다. 토리노 외에도 시드니, 바로셀로나 등은 올림픽 개최를 통해 전 세계에 도시의 정체성 및 이미지를 적극적으로 알려 도시브랜드의 가치를 높여왔다. 이러한 개최지 사례들을 통해 평창 역시 올림픽을 통해 전세계의 관심이 집중된 시기 동안 어떻게 이를 적극 활용하여 도

---

134) 사이먼 안홀트(김유경 옮김), 2003, 국가브랜드, 국가이미지, 커뮤니케이션 북스, 284쪽.
135) 전게서, 220쪽.

시브랜딩으로 연결시킬 것인가를 고려할 필요가 있다(이영주 외, 2014). 다른 해외 사례들을 통해 얻은 교훈을 바탕으로 도시브랜드 구축을 위해 활용 가능한 주요 전략은 [표 42]에서 정리하였다.

[표 42] 도시브랜드 레거시 목표별 주요 전략

목표	주요 전략

강원도 도시의 인지도 확산	- 올림픽 개최국 국가 브랜드와 강원 도시 이미지의 연계
	  예시) K-City로서의 강원 도시
	- 기존 글로벌 브랜드 인증의 가치 제고
	  예시) 미슐랭가이드에 소개된 설악의 도시들
	- 주요 올림픽 공간의 장소마케팅
	- 올림픽 문화행사에 강원도의 정체성 반영
	- 강원도스러움(gangwonic style)의 개념과 구체적 콘텐츠 확보
	- 강원 아이콘(icon)의 선정과 광범위한 활용
	- 세계인들에게 친근한 강원의 이미지를 심어주는 슬로건 활용
	- 셀럽 마케팅 차원의 도시 에피소드 생성 및 콘텐츠화
	- 각 도시의 차별성을 최대화시키는 브랜드의 마케팅 강화
	- 각종 국제행사의 지속적인 유치
	- 온라인과 SNS를 통한 가상 강원 도시의 이미지 마케팅
	- 글로벌 여행 관련 기업들을 통한 강원 도시의 목적지 이미지 강화

도시의 글로벌 포지셔닝 확보	- 글로벌 도시브랜딩을 위한 기본계획 수립 - 차세대 핵심제품의 선별과 다양한 커뮤니케이션 - 해당 포지셔닝을 위한 국제적 브랜드 인증 획득 - 문화올림픽의 가치를 반영한 자산 확보 - 랜드마크: 기존 장소자산의 리모델링 사업 추진 - 랜드마크: 창조적 혁신지구 조성사업 추진 - 글로벌 이벤트 프로그램 운영 - 인문적·문화적 콘텐츠와 도시 이미지 연계 프로그램 기획 - 주제가 있는 해 연간 기획 프로그램 운영 - 해당 포지셔닝을 위한 관련 산업들과의 연계 - 그래픽 디자인으로 표현되는 강원 도시 프로젝트 실행
도시브랜딩의 지속적 유지 관리시스템 가동	- 정기적인 리브랜딩과 리포지셔닝의 실행 - 도시브랜딩 전문 연구 인력의 양성과 활용 - 강원도 도시브랜드 관련 조직 운영 - 올림픽 전과 후 정기적인 모니터링 실시 및 분석 - 각종 글로벌 브랜드 지수와의 관계 정립 - 관광마케팅 캠페인과의 연동 - 시민 참여형 아이디어 교류 활성화

출처: 이영주 외(2014: 42), 평창올림픽 레거시: 소프트 레거시를 중심으로, 강원발전연구원

제2절 북한과의 관계개선 방법은 없을까?

이러한 대외 이미지 개선이라는 목적 외에도 한반도 긴장 완화라는 목적이 있을 수 있다. 북한은 동계올림픽 유치를 준비하던 기간과 유치가 확정된 이후에도 북한 시설 제공이나 공동 개최 등을 제안해왔다. 강원도의 동계올림픽 유치 첫 도전 때부터, 북한의 IOC 위원은 공동 개최에 대해 발언했었다. 동계올림픽 개최가 확정된 이후에도 분산 개최에 대해 언급한 바 있다. 뿐만 아니라 북한은 강원도에 위치한 마식령에 스키장을 건설하면서 마식령 스키장을 동계올림픽 경기장으로 제공할 수 있다는 의사를 수차례 밝혀오기도 했다. 우리나라 측에서도 북한의 시설을 이용하거나 북한에 시설 몇 가지를 건설하는 방안에 대한 언급이 있었다고 한다.136) 동계올림픽을 위한 경기시설 건설에 드는 시간과 비용 문제라던가 환경론자와의 갈등 문제 등을 효과적으로 해결할 수 있는 방안이기 때문이다.

그러나 위와 같은 논의는 양측의 언급 수준에서 그쳤다. 막대한 비용과 시간 소모에도 불구하고 정치권은 국가 위상을 고려해 우리나라에서 모든 경기가 이루어져야 한다는 결정을 내렸다. 이에 더해 북한과의 공동 개최나 북한 시설 이용은 북핵 문제가 걸려있어 어렵다는 이유도 한 몫을 했다. 동계올림픽이라는 국제 행사 개최를 둘러싸고 남과 북 사이의 긍정적인 신호의 교류는 고무적이었다. 그 교류가 신호 발송에 그치고 실현단계까지는 못 미쳤다고 하더라도 말이다.

또한 우리나라의 경우 남북관계라는 특수한 정치적 상황을 고려할 필요가 있다. 특히 강원도는 지리적으로 북한과 접해있다. 최근 남북 분산 개최에 대한 논의가 비록 무산되기는 했으나, 올림픽이라는 화해의 장을 활용해 경색된 남북관계를 개선해 나갈 필요성이 있다. 지금까지 정치권에 언급된 방안은 '남북 단일팀', '북한 올림픽 개최 지원', 'DMZ 공원화' 등이었다. 이러한 노력들이 성공을 거둔다면 과거 남북단일 탁구팀의 성과가 그러했던 것처럼 남북관계 및 남북의 세계적 이미지 개선에 효과적일 것이라 기대된다.

제3절 국내 정치적 영향

평창동계올림픽은 올림픽과 같은 엄청난 규모의 행사를 그동안 소외됐던 지역에서 개최한

---

136) 현재 평창올림픽과 관련된 조직에서 활동하는 익명의 관계자와의 인터뷰를 통해 새로이 알게 된 내용이다.

올림픽의 진실된 손익계산서: 비가시적 효과

다는 점에서 형평성 차원에서도 큰 의의가 있다. 강원도는 북한 접경지역이라 많은 군부대가 위치해 있다. 이에 따라 경제개발이 어려워 지역 내 생산이 타 지역에 비해 상대적으로 낮으며, 이는 지역 소외감으로 이어졌다(김장기·신윤창, 2004).

또한 강원도는 산지가 많아 인구가 적기 때문에 중앙정치권의 관심도 상대적으로 소홀했다는 주민들의 불만도 있다. 관광산업이 중요해지고 있지만, 중앙으로부터의 문화적 혜택 면에서도 소외감을 느끼는 사람도 많다. 체육에서도 마찬가지다. 예컨대, 2002월드컵 당시 전국 10개 도시에 경기가 고르게 분배되었으나, 강원도는 월드컵 경기 단 한 건도 개최하지 못했었다.

이러한 상황에서 올림픽이 개최된다면 많은 자원의 투입으로 경제가 활성화되면서, 스포츠·문화 시설이 건립되어 강원 주민의 소외감이 줄어들 수 있으며, 개발 형평성 측면에서 개선될 수 있을 것이다. 평창올림픽의 개최가 국내 정치에 어떠한 영향을 줄지는 미지수이다. 개최 중에는 언론의 주목을 받는다는 점에서 강원도민들의 자부심은 제고될 것이다. 그러나 개최 이전에 이미 나타난 부정적인 효과도 많이 있다.

먼저 올림픽 유치과정에서 절차적 민주성이 희생되었을 수 있다. 강원도는 평창동계올림픽 유치를 선언하기 전에 지자체에 의견을 묻는 공청회나 토론회를 한 차례도 추진하지 않았다(정희준, 2008). 올림픽 자체가 주민을 위한 것이기보다 관광객이라는 외부 손님을 초대하는 것이기에 주인(지자체 주민)의 동의를 구하는 과정이 있어야 한다. 당시 김진선 도지사는 주민동의 없는 일방적인 동계올림픽 개최 도전 선언으로 도지사 3선을 달성하는 개인적 정치이익은 얻었다. 그러나 이것은 도지사 자신의 정치적 이익을 위해 강원도민의 소외감을 이용한 것이다. 나아가 올림픽 유치 자체에 대한 국민 및 도민의 의견이 진정으로 수렴되었는가라는 관점에서 볼 때, 민주성이란 가치가 훼손되었다고 볼 수 있다.

둘째, 국내 후보지 선정과정에서 지역 간 갈등이 야기되면서 불필요하게 국력이 소모되었다. 전북 무주와 강원도 평창의 유치과정에서 정치적 개입이 이뤄지면서 무주-평창 공동 개최 또는 분산 개최 논의가 이어지면서 갈등이 심화되었다. 애초 활강경기장 설치가 어려웠던 무주를 정치적 논리로 개최논의를 이어가 국가적인 혼란을 초래했다.

셋째, 강원도 내 경기장 시설 배분과 경기장 건설로 도내에서 갈등을 초래했다. 올림픽 유치과정에서 좋은 점수를 받기 위해 강원도는 모든 경기장 시설을 30분 거리에 집중 배치하도록 계획을 작성했다. 이를 통해 유치에는 성공했지만 일부 지역에만 올림픽 효과가 국한되는 한계점을 노출했다. 이는 불균형 개발을 야기해 지역 간 갈등을 불러올 것으로 예상된다. 또한 경기장 건설과 관련하여 가리왕산과 같은 보호구역을 파괴하는 것과 관련해 환경단체 등의 반발을 불러일으켰다.[137] 산림청은 올림픽 이후 복구하는 것을 전제로 정선 활강스키장 건설 허가를 내주었다. 그러나 강원도는 이에 대해 큰 예산을 들여 기왕 건설한 경기장을 바로 해체하는 것도 예산낭비이며, 복원에는 더 많은 비용이 소요될 것이라며 불만을 표했다. 한편 환경단체는 복원을 한다 하더라도 500년 원시림이 원상복구 될 수는 없다며 반대를 표했다.

한편 탄핵정국으로 돌입하기 전인 2016년 11월까지만 해도, 올림픽 경기기간 중 대통령의 교체가 예정되어 있었다. 즉, 개회식은 박 전 대통령의 임기 내에 열리고, 폐회식은 차기 대통령이 취임한 직후에 이루어지는 것이 올림픽 일정이었다. 평창올림픽 준비과정에 참여하고 있는 익명의 인터뷰에는 개회식과 폐회식의 공을 한 명의 대통령이 온전히 누리지 못할 것이 예정되어 있기 때문에 평창올림픽에 대한 대통령의 지원이 저조한 것이라는 의견을 내놓았다. 또한 정권이 바뀌는 시점이 올림픽 기간 동안이기 때문에 국민적 관심사는 동계올림픽이 아닌 새로운 정권에 쏠릴 것이라고 전망했다. 그러나 탄핵 이후 한 명의 대통령 임기 내에 개회식과 폐회식 모두 치러진다. 적어도 올림픽 기간 동안은 올림픽에 대한 온전한 관심과 지원이 가능할 것으로 예상된다.

제4절 사회·문화적 효과

K-pop 등 한국의 문화가 전세계인에게 알려지고 있는 상황에서 평창올림픽은 우리나라를 세계에 알릴 수 있는 더 큰 기회가 될 것이다. 각국의 언론에서는 올림픽을 계기로 경기내용과 더불어 한국 문화를 다루는 각종 보도가 있을 가능성이 높기 때문이다. 한국 문화가 전 세계에 전파되면, 한국의 이미지는 그만큼 좋아질 것이고, 우리나라의 소프트 파워도 커갈 것이다.

우리나라는 사회자본이 취약한 나라로 평가받고 있다. 현대경제연구원 자료에 따르면 우리나라의 사회자본 순위는 OECD 32개국 중 29위였다(장후석·고승연, 2014). 그러나 국민이 단합하여 동계올림픽을 개최할 경우 단결력, 공동체의식, 신뢰, 국민적 자부심 등 사회자본에 긍정적인 영향을 줄 것이라 기대할 수 있다.

우리나라의 급격한 경제성장의 배경에는 국민들의 경쟁의식이 있다(임도빈, 2014 a:383). 옛날 삼성전자의 "2등은 기억하지 않는다"는 광고 문구에서도 알 수 있듯이 우리나라는 1등, 세계 최고를 추구하는 경향이 있다. 이는 스포츠에서도 예외가 아니다. 1등을 하지 못할 경

---

137) KBS. "'복원이냐 유지냐' 딜레마 빠진 정선 활강장". 2016년 2월 5일자.

우, 2등에 그쳤다고 아쉬워하며 눈물을 흘리는 선수의 모습을 자주 볼 수 있다. 그만큼 최고가 되기 위한 경쟁의식은 우리나라의 국민성을 대표한다고 할 수 있다.

이러한 경쟁심은 외부 대상에 대해서는 단결력으로 나타나기도 한다. 우리나라 선수가 다른 나라 선수와 경기할 경우 경쟁에서 이기길 바라며 국민적인 응원을 보내기 때문이다. 우리들 모두는 박세리, 박찬호나 김연아 등 아시아 선수의 불모지에서 선전하는 선수들에게 폭발적인 응원을 보냈다. 이렇듯 세대를 초월한 응원으로 세대 간 공감대가 확보되고 이해의 폭을 넓힐 수 있는 것이 바로 스포츠인 것이다. 따라서 동계올림픽의 개최는 분열과 갈등에 상처받고 있는 사람들이 서로를 잠시나마 이해하고 공감하여 보듬어줄 수 있는 에너지를 줄 것이다. 1988년 서울올림픽 유치 당시 국민들의 자발적인 참여와 2002년 월드컵 당시 거리응원에서 확인할 수 있었던 국민적 단결력이 다시 나타날 수 있는 계기가 될 수 있는 것이다. 이러한 단결력은 유치과정에서 나타나기도 하였다. IOC의 올림픽 유치 여론조사에서 독일 뮌헨은 61%, 프랑스 안시는 51%인 반면, 평창은 93%의 지지를 보여 국민적인 열기를 보여 주기도 했다.[138]

동계올림픽이라는 큰 행사를 지역사회의 참여 속에서 성공적으로 마치게 된다면 공동체 의식 내지 신뢰와 같은 사회적 자본의 축적에 기여할 것으로 예상된다(김일태, 2011). 평창 올림픽에는 100여 개국 선수·임원, IOC관계자, 각국 보도진 등 대회에 직접적인 관계자만 약 2만 6,000여 명이 참여할 것으로 예상되며(조직위원회, 2012:26), 관광객은 일평균 10만 4,700명 수준이 찾아올 것으로 기대된다(김재진·노승만, 2014). 하지만 이들에게 서비스를 제공하기 위한 인력 및 예산이 제한되어 있는 상황에서 자원봉사자의 참여가 대회의 성공적인 운영을 위해 필요하다(곽서연·강순화, 2014). 이에 평창올림픽은 약 2만 2,000여 명의 자원봉사자들이 전국에서 몰려들어 봉사할 계획이다. 이러한 시민의 자발적인 참여는 시민의식 성숙과 공동체 의식 함양에 크게 기여할 것이다.

또한 올림픽 개최 후 국민들이 갖게 될 자부심은 사회적 자산이 될 수 있다. 올림픽에 대한 세계적인 관심과 그 영향력을 체감하면서, 지역적 자긍심과 명예가 고취될 수 있기 때문이다(Tien 등, 2011). 소외지역 또는 낙후지역이란 인상이 강한 강원도 지역에 대한 이미지 변화는 지역 외부에 대한 자신감과 내부의 결속력을 향상시킬 것으로 기대된다. 뿐만 아니라 강원도 외부 거주 국민들의 국가자부심 증대도 기대할 수 있다. 그간 동계올림픽은 선진국의 전유물이었으나, 우리나라도 드디어 선진국 반열에 올라섰다는 자부심을 가질 수 있게 됐기 때문이다.

---

138) Around the Rings. "2018 By the Book: Public Support". 06/04/2011.

이러한 사회적 효과 외에도 문화적인 효과도 있을 것으로 기대된다. 올림픽은 세계 곳곳의 나라들이 참여하는 만큼 문화적 다양성을 자랑한다. 따라서 올림픽 개최과정에서 스포츠뿐만 아닌 지역적 문화콘텐츠를 육성해 연계하는 경우 강원도만의 문화적 정서를 이해시킬 수 있으며, 나아가 세계와의 문화교류로 확산될 수 있을 것으로 기대된다. 특히 강원도의 경우 인구수가 적어 문화를 향유하기 위한 인프라가 부족하고 문화활동이 부족한 상태이기에 올림픽 과정에서 이뤄지는 문화에 대한 투자 및 개발로 지역의 문화향유 수준이 향상될 것이다.

하지만 올림픽이 사회·문화적으로 악영향을 미칠 가능성도 경계해야 한다. 예를 들어, 사회적 자본이 손실될 위험이 있다. 많은 시설투자가 이뤄지고 지역개발이 이뤄지면서 땅 투기가 시작될 경우, 기존에 거주하던 사람들이 이탈하면서 지역사회가 붕괴될 수 있다. 사회적 자본이 경제적 자본에 의해 감소되는 현상이 나타날 수 있는 것이다. 문화컨텐츠 개발에 있어서도 주의할 필요가 있다. 주민들의 자발적인 협력과 지역에 기반해서 이뤄져야 하나, 시간에 급급하여 외부에서 이식되는 프로그램일 경우 소비에 의한 재생산이 불가능해 지속 가능성이 떨어질 수 있기 때문이다.

제5절 객관적 사후평가 부재와 올림픽 유산

평창올림픽 조직위원회와 같이 개최지 조직위원회는 유치결정 후 설치되었다가 개최 후 해산되는 한시적 조직이다. 따라서 경기개최 후 실제 효과를 평가하거나 정리할 기구조차 없는 셈이다. 즉, 개최 전에 이뤄지는 과장 왜곡된 사전평가는 있으나, 정작 개최 후에 이뤄지는 객관적 자료에 근거한 사후평가는 없는 것이다. 행정학에서 강조되는 과학적 정책평가가 이뤄지기 위한 제도자체가 마련되어 있지 못하다(임도빈, 2014a). 서울올림픽의 경우도 마찬가지다. 이러한 문제를 인식한 IOC는 올림픽 유산(legacy)이란 용어로 이를 다루고 있다. 즉, 올림픽이 남긴 유산을 잘 정리하여, 올림픽 게임의 지속 가능성을 확보하자는 것이다. 올림픽 개최를 통해 경기장과 같은 유형적인 유산(hard legacy)뿐만 아니라 사회·문화적인 무형적인 유산(soft legacy)을 강조하는 동시에 경제·환경·평등 등 보편적인 가치에 대한 지속가능한 발전을 개최도시와 함께 추구해 나가고자 하는 것이다(이영주 외, 2013:5). 이를 위해 올림픽대회 이후 개최도시에게 올림픽 영향(Olympic Games Impact)에 대한 보고서 제출을 의무화하여 이에 대한 객관적이고 과학적인 분석을 시도하고 있다. 2012 런던올림픽 역시 이러한 올림픽의 영향에 대한 평가를 하였으며, 수천 페이지의 보고서를 제출하였다[139].

평창올림픽 역시 개최 후에 전문가를 구성해 올림픽이 미친 영향에 대해 조사를 실시하고 보고서를 작성할 것이다. 평창올림픽위원회는 해산되겠지만, 그 조직의 계속성을 유지하여 철저한 사후평가를 해야 하는 것이다. 영속조직인 대한체육회를 중심으로 조직과 예산을 확보하여 이런 작업을 하는 것이 차후 다른 대형 이벤트 사업의 유치 여부에 큰 참고자료가 될 것이다.

 이러한 보고서 작업에는 객관적이고 과학적인 평가가 보장되는 장치를 마련해야 한다. 따라서 체육인뿐만 아니라, 비체육인이면서 정책평가 분야의 전문가도 포함시키는 것도 생각해볼 문제이다. 집단이기주의에서 벗어나 객관적 평가를 하는 것이 관건이기 때문이다. 중요한 것은 기왕 개최된 올림픽의 부정적인 측면을 들춰서 무슨 이익이 있느냐라는 온정주의적 태도를 버리는 것이다. 긍정적인 효과뿐만 아니라 부정적인 효과까지 정확하게 평가하여 후대가 유산으로 삼을 수 있도록 하는 것이 평창올림픽을 성공적으로 마치는 과제일 것이다. 그러나 이것은 올림픽 개최 직후의 정책평가이다. 그리고 충분한 시간이 지난 이후(예컨대, 3년, 5년, 10년 이후)의 평가도 필요한 것이다. 시간이 지남에 따라 변하는 시설물의 수요 등에도 적시에 융통성있게 대응하는 것도 필요하다.

---

139) 참고자료: London 2012 meta-evaluation(16.7.15 검색)

Chapter 18
결론: 스포츠와 정부경쟁력의 제고

올림픽은 순수 민간의 운동으로, 비정치적 동기에서 시작됐다. 그러나 지금의 올림픽은 정치화(politicization)와 상업화(commercialization) 물결 속에 놓여 있다. 미국, 러시아, 중국 등 다민족 초대형국가와 약소국가가 같은 선상에서 경쟁을 하는 것을 보면 고래와 새우 싸움이 아닌가도 한다. 결과적으로는 항상 종합 순위의 상위권은 미국 등 초대형국가들이 차지하는 불공평한 경쟁관계에 있다. 강대국이 스포츠에서도 강대국임을 과시하는 계기가 되는 것이다. 또한 러시아 등 일부 비민주적 국가에서는 올림픽을 자국의 정치적인 목적을 위해 이용하는 경향이 잇다. 이러한 정치화의 문제에 더해 상업화의 문제도 심각하다.

올림픽은 개최에 있어 고비용 구조를 갖고 있어 불가피하게 상업화되는 경향이 있다. 초대형 다국적기업이 광고를 독점하고, 거대방송사가 중계권을 독점하는 등 소수자본 세력이 범인(凡人)들의 운동이었던 민간차원의 올림픽 정신을 훼손하고 있다. 정치화와 상업화는 올림픽 정신을 유지하기 위해 조심해야 할 거대한 두 축이다. 우리나라의 평창올림픽도 일종의 정치적 동기에 의해 유치가 됐다고 볼 수 있다. 그러나 일단 유치를 했기 때문에 우리는 올림픽을 성공적으로 치러야 한다. 만에 하나 성공적으로 치루지 못한다면 이는 단순히 민간조직인 평창올림픽 조직위원회의 책임으로 남지 않을 것이다. 이는 대한민국 전체의 국격을 실추시키는 결과를 가져올 것이다. 일단 유치가 결정된 이후에는 올림픽은 국가적인 정책사업과제가 된다는 말이다. 올림픽을 성공적으로 치루기 위해 한국정부가 경쟁력을 제고해야 한다.

그렇다면 어떤 것을 해야 될지 몇 가지 정리를 해보기로 하자. 먼저, 현재 올림픽 준비가 다소 지체되고 있는데 차질없는 준비를 위해 좀 더 박차를 가할 필요가 있다. 이를 위해 신임 평창올림픽 준비위원회 위원장뿐 아니라 중앙정부 차원에서 더 신경을 써야한다는 의미다. 올림픽을 비용 측면에서 단순히 접근하는 것을 그만 두어야 한다. 국가이미지 홍보라는 차원에서 접근하고 동원 가능한 각종 자원을 모두 동원하여 효율적으로 준비해야 할 것이다. 아무리 올림픽 조직위원회가 잘 준비를 한다고 하더라도 정부가 반드시 해야 할 일들이 있다. 준비단계에서 도로교통망 건설 등을 물론이고, 개최기간 동안에 할 일도 많다. 예컨대, 최근 급증하고 있는 국제테러로부터 안전을 지키는 문제이다. 각국의 정치지도자들도 참관할 뿐만 아니라, 세계의 선수들이 모두 참여하기 때문에 그만큼 테러리스트들의 목표물이 되기 쉽다. 이런 점에서는 북한도 상당한 위협요인이다. 경기 진행 기간 중 의료 서비스도 문제다. 우리나라의 구급차는 국제기준에 맞지 않는다. 거의 이동식 병원이라고 할 수 있을 만큼 시설이 잘 갖춰진 국제수준의 구급차를 확보하는 등 많은 문제가 산적해 있다. 준비위원회 차원이 아니라, 정부 차원에서 이뤄져야할 것들이다.

두 번째로, 비용추계를 좀 더 객관적으로 할 필요가 있다. 일부 연구기관의 비용효과 추계는 타당성이 떨어진다. 이들의 당초 예상보다 훨씬 많은 비용이 가중될 것이라는 것을 우리는 그동안 겪은 여러번의 경험을 통해 알 수 있다. 이들은 일단 경기를 유치하는 것이 더 시급하기 때문에 타당성조사를 장밋빛으로 포장하는 것이다. 그동안 우리나라의 고도성장 기간에는 인플레이션 등 많은 변수들이 있었다. 모든 행사들이 항상 당초 예상 예산보다 그 비용이 눈덩이 같이 불어나는 경향이 있었다. 그러나 이제 우리나라가 저성장의 늪에 빠지는 시기에 들어섰고, 동시에 각종 정책분석기법도 발달했다. 행정과학적인 관점에서 정확히 비용편익을 계산하는 작업을 해야 한다. 이를 바탕으로 우리는 어떻게 비용을 줄일 수 있을 것인가에 대해 지혜를 짜낼 필요가 있다. 공공 관리(public management)라는 측면에서 어떻게 하면 효율적으로 올림픽을 준비하고 행사를 진행하는가에 대한 깊은 고민이 필요하다. 기존의 관례를 깨고, 절차나 방법을 바꿈으로써 효율성을 높일 수 있는 방법이 있을 것이다.

특히 동계올림픽의 경우, 그 시설 등에 대한 수요가 굉장히 한정되어 있다. 따라서 행사 이후 활용 방안을 재검토하여 적절한 조치를 취하는 것이 필요하다. 재검토 과정에서는 관련 전문가의 역할이 중차대할 것이다.

셋째, 평창동계올림픽을 단순 스포츠 행사로 간주하는 것을 넘어 우리나라의 국민들이 단결할 수 있는 국민적 축제의 장으로 도약시킬 필요가 있다. 각종 겨울축제 행사를 비롯해 지방자치단체, 민간, 종교단체, 사회단체, 체육단체 등을 모두 포괄하여 전 국민이 관심을 갖고 참여하며 화합을 이루는 계기로 삼아야 할 것이다. 우리는 올림픽이 스포츠행사 이상의 효과를 창출하게끔 할 수 있는 것들이 무엇인지 생각해볼 필요가 있다. 예컨대 추운 겨울 경기장에 과연 유료 관람객이 몇 명이나 될 것인지에 대해 고민하고 티켓을 어떻게 판매할 것인가에 대해 생각해보아야 한다. 또한 국민적 대축제로 발전시킬 방안을 모색해야 한다. 소외계층, 잠재적인 스포츠 소비층인 젊은 세대와 학생층에 참여 기회를 어떻게 줄 것인지에 대해 깊이 생각해보아야 할 것이다. 기왕에 개최되는 스포츠 행사이기 때문에 팔리지 않는 좌석을 빈 좌석으로 두는 것보다 이를 적극 활용할 수 있는 방안에 대해 고려해보아야 한다.

넷째, 시설 활용 면에서 개최 과정에서 터득하는 노하우를 잘 간직할 필요가 있다. 관객이 많지 않은 비인기 종목의 경우 그 경기장 건축기술과 운영방법 등에 대한 노하우를 축적해서 다음 올림픽 개최지에 도움이 될 수 있게끔 우리 자체의 기술력을 확보하는 것을 예로 들 수 있다. 즉, 단기적 일회성 행사로만 올림픽을 본다면 올림픽은 수익에 비해 비용이 과대한 행사일 뿐이다. 그러나 우리가 이 경험을 적극 활용하면 장기적으로는 혜택을 볼 수 있다. 예컨대, 2002 월드컵의 경우 히딩크 감독을 영입하여 4강에 진출하게 된 것에서 나아가 우리나라의 축구 기술이 격상하는 계기가 되었다. 이로 인해 우리의 선수들이 유럽의 프로축구리그에 진출하는 등 국제적인 인재를 양성할 수 있었다. 즉, 우리의 가장 강점인 인적자원을 어떻게 활용하고 양성하는지, 이들을 장기적인 국가산업을 위해 어떻게 활용할 것인지에 대한 고민이 필요하다.

다섯 번째로 올림픽 성과에 대한 평가시스템을 만드는 것이 바람직하다. 개최 직후 실제 투입된 비용을 계산하는 것과 개최 이후 2~3년, 5년, 또는 10년 등 주기적으로 올림픽 개최 경험이 어떤 성과를 유발했는지 평가할 수 있어야 한다. 이를 위해서는 국민체육진흥공단과 같은 기관의 연구기능을 활용할 수도 있다. 좀 더 객관적인 평가를 얻기 위해서는 학회 등 비교적 중립적이고 독립적인 기관에 연구활동을 맡기는 것도 하나의 방법이다. 특히 민간연구소에서 효과를 과대추정하는 것을 경계하고 공공정책의 전문기관이나 학회가 객관적인 자료를 갖고 연구할 수 있도록 체제를 갖추는 것이 요구된다.

여섯 번째, 국가 간의 무리한 메달 경쟁과 무분별한 상업화로부터 벗어나기 위해서는 윤리성이 회복되어야 한다. 러시아 소치올림픽에서 발생한 체계적인 도핑 등 물론이고 개인적인 도핑은 올림픽 정신을 크게 훼손시키는 것이다. 과도한 경쟁이 가져오는 부산물이다. 한국의 청렴도 이미지를 개선하기 위해서는 평창올림픽이 '윤리'올림픽이 되도록 하는 방안도 고려해볼 필요가 있다. '져도 깨끗이 지는 문화'가 정착되도록 해야할 것이다.

일곱 번째, 동계스포츠를 온 국민이 즐길 수 있는 국민스포츠로 대중화하기 위한 국가적 계획을 수립할 필요가 있다. 정부가 체육 분야에서 전국민의 행복을 증진시키는 방향으로 정책을 추진해야 한다. 우리나라의 겨울은 춥기 때문에 동절기 우리나라 국민들의 운동량은 더욱 부족해진다. 이를 극복하고 동계올림픽의 유산을 활용할 수 있는 방법에 대해 적극적으로 고민해야 할 것이다. 요컨대 평창동계올림픽은 우리에게 주어진 하나의 기회다. 이 기회는 저절로 과실을 맺지 않는다. 우리 노력 여하에 따라 대재앙이 될 수도 있고 큰 축복이 될 수도 있다.

세계적인 올림픽선수는 군계일학으로 나타나는 것이 아니다. 김연아 같은 선수는 예외적인 것이었고 다시는 그런 구조가 되어서는 안 된다. 즉, 연령층으로 볼 때, 어린이, 청소년, 장년 등으로 폭넓게 각종 스포츠를 취미로 즐겨야 한다. 이 중에서 뛰어난 사람이 국가대표도 되고, 올림픽에도 출전해야 한다. 각종 종목에서 피라미드와 같이 건전한 다수가 밑에 있고, 기량이 좋고 이를 직업적으로 하는 사람들이 점점 줄어드는 형태가 되어야한다.

이것은 그동안 올림픽을 체육적 차원이나 정치적 차원에서만 조망되는 것을 경계해야 한다는 것을 의미한다. 체육과 정치는 각각 그들만의 전문성과 합리적 논리가 있다. 각 분야의 교수 등 전문가가 있다. 그러나 스포츠 관련 각종 위원회에 체육 분야 전문가만으로 구성되어서는 안 된다. 그 분야가 아닌 사람들의 시각도 투입되어야 한다. 어떻게 보면, 전국민이 스포츠 전문가라고도 할 수 있다.

여덟 번째, 문화체육부와 같은 정부조직에는 체육계의 시각과 행정적 시각이 잘 조화되어 정책에 반영되도록 해야 한다. 행정학은 정책을 장기적이고 종합적으로 볼 뿐만 아니라, 실증성을 가지고 접근하는 학문이다(임도빈, 2014a). 올림픽 조직위원회는 덜하지만, 각종 종목별 협회의 활동에도 행정적 합리성과 정책적 합리성이 부족하기 때문에 행정학자들의 적극적인 참여를 필요로 한다. 체육정책과 체육행정에 대한 전문적이고 경험적인 연구가 축적되어야 한다. 체육과 건강, 보건복지와는 밀접한 관계가 있다. 국민의 행복을 증진시킨다는 차원에서 체육행정이 연구되어야 한다. 특히 올림픽의 상업화와 정치화를 경계하자는 입장에서 볼 때 민간과 기업에 속해 있는 연구기관들의 연구는 좀 더 깊이 있게 비판적으로 들여다 볼 필요가 있다. 스포츠를 마케팅이라는 측면에서 보는 것을 경계해야 한다. 자본의 논리가 아니라 대다수 국민에게 진정한 혜택이 가는 체육정책이 추진되어야 한다. 좀 더 중립적인 입장에서 연구하는 인력들을 길러야 한다. 현재까지는 미흡한 상황에 있지만 아직 늦지 않았다. 동계올림픽을 적극적으로 활용할 필요가 있다.

마지막으로, 스포츠 분야에서의 국가경쟁력(national competitiveness)의 의미에 대해 곱씹어볼 필요가 있다. 즉, 기존에 주로 경제산업 분야에서 논의되어온 국가경쟁력 개념에 대한 새로운 이해가 요구된다. 하버드 대학교의 유명한 국제정치학자인 조셉나이(Joseph Nye)에 의하면 군사력이나 경제력을 기반으로 한 국가 간 하드파워(hard power) 경쟁 외에도 스포츠, 문화 등의 분야에서 나타나는 국가 간 소프트 파워(soft power) 경쟁에도 관심을 기울일 필요가 있다[140]. 소프트 파워의 진정한 힘은 바로 상대방을 끌어들이는 호감도, 즉 매력에 있다. 21세기는 국가의 무력(force of nations) 또는 국가의 부(wealth of nations)를 넘어 국가매력성(attractiveness of nations)이 국가의 성공에 중요한 역할을 할 수 있는 시대이다(Lee, 2016). 예컨대 스위스의 경우 국가 규모로는 작은 나라이면서 영세중립국으로서 군사 강대국

---

[140] 하드 파워가 군사력이나 경제력 등과 같이 물리적으로 국가 간의 관계에 영향을 주는 강제적 혹은 유인적인 권력 요소를 의미하는 반면에, 소프트 파워란 도덕적·문화적 가치 측면의 우월성에 기반하여 설득 혹은 매력 등의 방식으로 영향을 미치는 권력 원천을 의미한다(Nye, 2004; 이광훈·김권식, 2014에서 재인용).

과는 거리가 멀지만, 관광이나 환경 분야 등에서 전 세계적으로 매력적인 나라로 인식되고 있는 것으로도 알 수 있다.

국가 매력성이라는 개념은 기존의 연구분야 중 국제경영, 국제관광 및 국제이주정책 관련 연구자들에 의하여 발전되어 왔다. 여기서 국가 매력성이란 한 국가가 국제투자자들에게는 시장의 투자처로서, 그리고 국제관광객과 이주민들에게는 관광 및 이주의 목적지로서, 그들을 끌어들이는 국가 차원의 특성이 무엇인지를 측정하는 다차원적 구성개념이다(Lee, 2016). 이것은 IMD 등의 국가경쟁력과 유사해 보이지만, 약간의 차이가 있다. Lee(2013)는 측정된 국가 매력성[141]이 국가 간 글로벌 경쟁에 있어서 중요한 영향요인으로 작용하는지를 검증하기 위하여, 국제스포츠 분야 사례를 선정하여 관련 자료를 실증적으로 분석하였다. 구체적인 연구문제로써 올림픽·피파월드컵·세계선수권대회 등 대형국제스포츠 이벤트를 유치하기 위한 국가 간 글로벌 경쟁에 있어서, 국가 매력성이 높은 국가일수록 유치 경쟁에서 승리할 것이라는 가설을 설정하였다. 이러한 연구가설을 검증하기 위하여, 1990년부터 2012년 까지 탈냉전기 동안 개별 국가들의 대형스포츠경기 유치 실적을 종속변수로 삼고, 국가 매력성 관련 지표들을 독립변수로 하는 분석모형을 구축한 후, 다양한 계량분석기법을 사용하여 독립변수와 종속변수간 통계적 상관관계를 검증하였다. 분석 결과, 한 국가의 경제적·사회적·환경적 차원의 국가 매력성이 높을수록, 국제스포츠 이벤트 유치 경쟁에서 승리할 확률이 높았다. 이와 같은 연구결과는 글로벌 경쟁에 있어 국가의 성공적인 전략수립을 위해서는 국가 매력성이 중요함을 시사하고 있다. 다시 말해, 국가적 차원에서 전략 수립에 활용되는 기존의 국가경쟁력(competitiveness) 강화 논의에서 한걸음 나아가, 한 국가가 대외적으로 갖는 매력성(attractiveness)의 측면에도 주목할 필요가 있다.

따라서 향후 우리나라 스포츠행정학계에 국가 매력 개념의 도입과 관련 지표의 수립 및 정책적 활용이 이루어질 필요가 있을 것이다. 예컨대 "국가 매력성" 개념을 바탕으로 "국가 매력도 지수"를 개발하여 세계 각국을 소프트 파워 측면에서 비교할 수 있는 지표를 개발할 수 있다.

---

[141] Lee(2013;2016)는 국가 매력성에 관한 기존의 연구분야들에 대한 검토와 함께 이론적 배경으로써 시그널링(signalling) 이론과 소프트 파워(soft power) 이론을 근거로 하여, 바람직한 국가발전 목표로 간주되는 지속가능한 발전(sustainable development)의 세 가지 영역인 경제적, 사회적 및 환경적 차원으로 구분하여 조작적 정의를 시도하였다. 예컨대, 경제적 매력성은 GDP, GDP 성장률, 1인당 GDP 등으로 측정하였고, 사회적 매력성은 인간개발지수(Human Development index), 부패인식지수(Corruption perception index), 국가별 올림픽 메달수(Olympic Gold Medals) 등으로, 그리고 환경적 매력성은 CO_2 배출량, 미세먼지(Particle) 배출량, 신재생에너지 생산량으로 측정하였다.

결론: 스포츠와 정부경쟁력의 제고

이것은 통상적으로 쓰이는 국가경쟁력보다 좀 더 광의의 개념이다. 국민 행복도(national happiness)와 같이 주관적인 것을 포함한 것이다. 결국 국가 매력성은 특정한 '공간'으로 사람, 돈, 자원 등을 끌어들이는 요인이 무엇인지에 대한 구성개념으로 볼 수 있다. 즉, 특정한 공간(국가, 도시, 지역, 관광지, 주거지 등)이 다른 공간보다 더 매력을 갖고 사람, 돈, 자원 등을 끌어들일 때, 그 공간은 유명한 산업단지, 관광지, 주거지역이 될 수 있다. 국가 매력도를 높이는 주체 중 가장 중요한 것은 각국의 중앙정부이다. 이것은 정부경쟁력이란 개념으로 요약될 수 있다(임도빈 외, 2014). 즉, 정부경쟁력이 독립변수이고, 국가 매력도가 종속변수가 되는 연구가 될 것이다.

약어 / Abbreviation

AIOWF	동계올림픽종목협의회(Association of Winter Olympic International Federation)
ANOC	국가올림픽위원회연합(Association of National Olympic Committee)
ARISF	올림픽공인종목협의회(Association of IOC Recognised International Sports Federations)
ASOIF	하계올림픽종목협의회(Association of Summer Olympic International Federation)
CAS	스포츠중재재판소(Court of Arbitration for Sport)
ECJ	유럽사법재판소(European Court of Justice)
ESG	환경, 사회 및 거버넌스 지수(Environment, Society, Governance)
EU	유럽연합(European Union)
FIFA	국제축구연맹(Federation Internationale de Football Association)
FINA	국제수영연맹(International Amateur Swimming Federation)
GAISF	국제경기연맹총연합회(General Association of International Sports Federations)
IAAF	국제육상경기연맹(International Association of Athletics Federations)
IF	국제경기연맹(International Federation)
IOA	국제올림픽아카데미(Intenational Olympic Academy)
IOC	국제올림픽위원회(International Olympic Committee)
IPC	국제패럴림픽위원회(International Paralympic Committee)
NF	국내경기연맹(National Sports Federation)
NGO	비정부기구(Non-Governmental Organization)
NOC	국가올림픽위원회(National Olympic Committee)
OBS	올림픽방송서비스(Olympic Broadcast Services)
OCOG	올림픽조직위원회(Organizing Committee of the Olympic Games)
PUB	올림픽과 스포츠 운동의 올바른 통제의 기준이 되는 일반원칙(Universal Principles of Good Governance of the Olympic and Sports Movement)
UEFA	유럽축구연맹(Union of European Football Associations)
UN	국제연합(United Nations)
UNESCO	국제연합교육과학문화기구(United Nations Educational, Scientific and Cultural Organization)
WADA	세계반도핑기구(World Anti-Doping Agency)
WOA	세계올림픽협회(World Olympians Association)

Reference

PART I

Berlioux, Monique, *Olympica*, Flammarion, Paris, 1964.

Chappelet, Jean-Loup, *Le Système olympique*, Presses universitaires, Grenoble, 1991.

Chappelet, Jean-Loup & Kübler, Brenda, *The IOC and the Olympic System, the Governance of World Sport*, Routledge, London, 2008.

CIO, *Factsheet IOC Financial Summary Update*, Lausanne, July 2014.

CIO, *Agenda olympique 2020, 20+20 recommandations*, Lausanne, Décembre 2014.

CIO, *Rapport annuel du CIO 2014, Crédibilité, durabilité et jeunesse*, CIO, Lausanne, Juillet 2015.

Clastres, Patrick, *Jeux Olympique, un siècle de passion*. Les quatre chemins, Paris, 2008.

Findling, John & Pelle, Kimberly, *Historical Dictionary of the Modern Olympic Movement*, Greenwood Press, Westport, Ct., 1996.

Ferrand, Alain, Chappelet, Jean-Loup & Seguin, Benoît, *Le marketing olympique, co-création de valeur entre acteurs*, De Boeck, Bruxelles, 2012.

Gafner R. (sous la direction de), *Un siècle du Comité international olympique : l'idée – les présidents – l'œuvre*, CIO, Lausanne, 3 volumes, 1994 et 1996.

Gilliéron, Christian, *Les relations de Lausanne et du mouvement olympique à l'époque de Pierre de Coubertin 1894-1939*, CIO, Lausanne, 1993.

Girginov, Vassil (Ed.), *Handbook of the London 2012 Olympic and Paralympic Games*, Routledge, London, volume 1 and 2, 2013.

Guttmann, Allen, *The Olympics, A History of the Modern Games*, University of Illinois Press, Champaign, 2002.

Latty, Frank, *Le Comité international olympique et le droit international*. Montchrestien, Paris, 2001.

Lunzenfichter, Alain et Lunzenfichter, Marie, *La politique et l'olympisme moderne*, Atlantica, Anglet, 2008.

MacAloon, John, *This Great Symbol: Pierre de Coubertin and the Origins of the Modern Olympic Games*, University of Chicago Press, Chicago, 1981.

Maisoneuve, Mathieu & Caniver, Guy, *Droit & Olympisme, contribution à l'étude juridique d'un phénomène international*, Centre de droit du sport, Aix-Marseille, 2015.

Miah, Andy & García, Beatriz, *The Olympics, the Basics*, Routledge, London, 2012.

Miège, Colin & Lapouble, Jean-Christophe, *Sport & organisations internationales*, Economica, Paris, 2004.

Müller, Norbert, *Pierre de Coubertin, textes choisis, tome II, Olympisme*, Weidmann, Zurich, 1986.

참고문헌 Reference

Parent, Milena & Chappelet, Jean-Loup, *The Routledge Handbook of Sports Events Management*, Routledge, London, 2015.
Pound, Dick, *Inside the Olympics*, Wiley, London, 2004.
Preuss, Holger, *The Economics of Staging the Olympics, a Comparison of the Games 1972-2008*, Edward Elgar, Cheltenham, 2004.
Rose, Andrew K. & Spiegel, Mark M., "The Olympic effect", *The Economic Journal*, 121 (553), pp. 652-677, 2011.
Weed, Mike, *Olympic Tourism*, Butterworth-Heinemann, London, 2007.
Weed, Mike & al, "The Olympic Games and raising sport participation: a systematic review of evidence and an interrogation of policy for a demonstration effect", *European Sport Management Quarterly*, 15 (2), pp. 195-226, 2015.
Weinreich J., *Les Seigneurs des anneaux*, Golias, Villeurbanne, 2001.

PART II

1. 해외문헌

Andranovich, G., Burbank, M.J., & Heying, C.H.(2001). Olympic cities: Lessons learned from mega-event politics. Journal of Urban Affairs, 23(2), p.113-31.
Andreff, W. (2012). The Winner's curse: Why is the cost of mega sporting events so often underestimated. International handbook on the economics of mega sporting events, 37-69.
Arbena, J. L. (1993). Intentioanl Aspects of Sport in Latin America: Perceptions, Prospects, and Proposals, in Dunning, E. G., Maquire, J. A. and Pearton, R. E. (eds.), The Sports Process: A Comparative and Developmental Approach, 151-167. Champaign, Ⅱ: Human Kinetics.
Bailey, R. (2006). Physical education and sport in schools: A review of benefits and outcomes. Journal ofSchool Health, 76(8), 397-401.
Berlioux, Monique, Olympica, Flammarion, Paris, 1964.
Billings, S. B., & Holladay, J. S. (2012). Should cities go for the gold? The long-term impacts of hosting the Olympics. Economic Inquiry, 50(3), 754-772.
Brohm, J. M. (1978). Sport: A Prison of Measured Time (Ⅰ). Fraser. London: Ink Links.
Chappelet, Jean-Loup. (1991). Le Systeme olympique, Presses universitaires, Grenoble.
Chappelet, Jean-Loup & Kubler, Brenda. (2008). The IOC and the Olympic System, the Governance of World Sport, Routledge, London.

Reference

Chappelet & Parent, (2015). The (Wide) World of Sports Events, Milena M. Parent and Jean-Loup Chappelet, Routledge Handbook of Sports Event Management, Routledge.

Ch Jr, W. (1988). Markets or governments: Choosing between imperfect alternatives. London, Cambridge, Massachusetts: MIT Press.

CIO. (2014). Agenda olympique 2020, 20+20 recommandations, Lausanne, Decembre.

CIO. (2014). Factsheet IOC Financial Summary Update, Lausanne.

CIO. (2015). Rapport annuel du CIO 2014, Credibilite, durabilite et jeunesse, CIO, Lausanne.

Clastres, Patrick. (2008). Jeux Olympique, un siecle de passion. Les quatre chemins,

Edgeworth, R. (1994). The Nordic Games and the Origins of the Olympic Winter Games. Journal of Olympic History, 2, pp.29-37.

Dunleavy, P. (1989). The Architecture of the British Central State: Part Ⅰ, Framework for Analysis. Public Administration, 67(3), 249-275.

Ferrand, Alain, Chappelet, Jean-Loup & Seguin, Benoit. (2012). Le marketing olympique, co-creation de valeur entre acteurs, De Boeck, Bruxelles.

Findling, John & Pelle, Kimberly. (1996). Historical Dictionary of the Modern Olympic Movement, Greenwood Press, Westport, Ct.

Flyvbjerg, B., Stewart, A., & Budzier, A. (2016). The Oxford Olympics Study 2016: Cost and Cost Overrun at the Games.

Flyvbjerg, B. and A. Stewart(2012). Olympic Proportions: Cost and Cost Overrun at the Olympics 1960-2012, Said Business School working papers.

French, S.P. & Disher, M.E.(1997). Atlanta and the Olympics: A one-year retrospective. Journal of the American Planning Association, 63(3), p.379-92.

Gafner R. (sous la direction de), Un siecle du Comite international olympique : l'idee ; les presidents ; l'œuvre, CIO, Lausanne, 3 volumes, 1994 et 1996.

Gillieron, Christian. (1993). Les relations de Lausanne et du mouvement olympique a l'epoque de Pierre de Coubertin 1894-1939, CIO, Lausanne.

Girginov, Vassil (Ed.). (2013). Handbook of the London 2012 Olympic and Paralympic Games, Routledge, London, volume 1 and 2.

Glazebrook, G. D. (1947). The middle powers in the United Nations system. International Organization, 1(02), 307-318.

Gordon, D. (1966). Canada as Peace-keeper. Canada's Role as Middle Power. Toronto: Canadian Institute of International Affairs.

Guttmann, Allen. (2002). The Olympics, A History of the Modern Games, University of Illinois Press, Champaign.

Im, Tobin. (2016). Public Organizations in Asia. Routledge.

Latty, Frank. (2001). Le Comite international olympique et le droit international. Montchrestien, Paris.

Reference

Lee, Kwang-Hoon. (2013). The Attractiveness of Nations in Global Competition: An Empirical Assessment of the Effects of Country Attractiveness on the Success of Strategy for Hosting International Sports Events, 1990-2012, unpublished PhD dissertation, UNIVERSITE DE LAUSANNE. (http://serval.unil.ch/?id=serval:BIB_3145405AC131)

Lee, Kwang-Hoon. (2016). "The Conceptualization of Country Attractiveness - A Review of Research". 『International Review of Administrative Sciences』 online published

Lunzenfichter, Alain et Lunzenfichter, Marie. (2008). La politique et l'olympisme moderne, Atlantica, Anglet.

MacAloon, John. (1981). This Great Symbol: Pierre de Coubertin and the Origins of the Modern Olympic Games, University of Chicago Press, Chicago.

MacIntyre, A. (1981). After Virtue: A sutdy in moral theory. Indiana: University of Notre Dame Press.

Maisoneuve, Mathieu & Caniver, Guy. (2015). Droit et Olympisme: contribution a l'etude juridique d'un phenomene international, Centre de droit du sport, Aix-Marseille.

Miah, Andy & Garcia, Beatriz. (2012). The Olympics, the Basics, Routledge, London.

Miege, Colin & Lapouble, Jean-Christophe. (2014). Sport & organisations internationales, Economica, Paris.

Miller, P.A. (2002). The economic impact of sports stadium construction: The case of the construction industry in St. Louis, MO. Journal of Urban Affairs, 24, 159-173.

Muller, Norbert. (1986). Pierre de Coubertin, textes choisis, tome II, Olympisme, Weidmann, Zurich.

Muller, M. (2015). The mega-event syndrome: Why so much goes wrong in mega-event planning and what to do about it. Journal of the American Planning Association, 81(1), 6-17.

Novak, M. (1978). The Joy of Sports: End Zones, Bases, Baskets, Ball, and the Consecration of American Spirit, New York: Basic Books.

Parent, Milena & Chappelet, Jean-Loup. (2015). The Routledge Handbook of Sports Events Management, Routledge, London.

Pound, Dick. (2004). Inside the Olympics, Wiley, London.

Putnam, R, D., (1993). Making Democracy Work: Civic Traditions in Modern Italy. New Jersey: Princeton University Press.

Preuss, Holger. (2004). The Economics of Staging the Olympics, a Comparison of the Games 1972-2008, Edward Elgar, Cheltenham.

Riordan, J. (1990). Soviet Sport. New York: New York University Press.

Rose, Andrew K. & Spiegel, Mark M. (2011). "The Olympic effect", The Economic Journal, 121 (553), pp. 652-677.

Spivey, N. (2005). The Ancient Olympics. Oxford University Press.

Stigler, G. J. (1971). The theory of economic regulation. The Bell journal of economics and management science, 3-21.

Strenk, Andrew. (1977). Sport as an International Political and Diplomatic Tool. Arean Newsletter, 1, 3-10.

Szymanski, S. (2002) The Economic Impact of the World Cup. World Economics, 3(1), 169-177.

Tien, C., Lo, H. C., & Lin, H. W. (2011). The economic benefits of mega events: A myth or a reality? A longitudinal study on the Olympic Games. Journal of Sport Management, 25(1), 11-23.

Uwechue, R. C., (1978). Nation Building and Sport in Africa, in Lowe, B., Kanin, A. and Strenk, A., eds., Sport and International Relations, Champaigne, Ⅱ: Stipes.

von Rekowsky, Robert. (2013). "Are the Olympics a Golden Opportunity for Investors?" Leadership series, Investment Insights. Fidelity Investments, August. Accessed

Weed, Mike. (2007). Olympic Tourism, Butterworth-Heinemann, London.

Weed, Mike & al. (2015). "The Olympic Games and raising sport participation: a systematic review of evidence and an interrogation of policy for a demonstration effect", European Sport Management Quarterly, 15 (2), pp. 195-226.

Weinreich J. (2001). Les Seigneurs des anneaux, Golias, Villeurbanne.

Whannel, Garry (1992). Fields in vision television sport and cultural transformation. New York: Routledge.

Zhao, Chang-jie (2010). The Post-Olympic Valley Effect. Journal of Olympic History, 18(1) pp.16-24.

2. 국내문헌

Leonard, W.M. (2002). 스포츠와 경제. 안민석·정홍익·임현진(편), 새로운 스포츠 사회학 (137-172). 서울: 백산서당.

Nixon, H. & Frey, J. (2002). 스포츠와 정치. 안민석·정홍익·임현진(편), 새로운 스포츠 사회학 (137-172). 서울: 백산서당.

강원도 (2013). 2018 평창동계올림픽 대회관련시설의 설치·이용 등에 관한 계획.

곽서연·강순화 (2014). 이벤트 자원봉사자의 사회적 자본과 조직시민행동에 관한 연구: 여수 세계박람회 자원봉사자를 대상으로. 한국자치행정학보 제28권 제4호, pp.515-531.

국민체육진흥공단. (1999). 국민체육진흥방안 및 공단의 역할.

국회예산정책처. (2013). 국제스포츠행사 지원사업 평가.

권순용. (2009). 국가체육재정의 안정적 확보를 위한 국민체육진흥기금의 현황과 전망. 스포츠과학. 108. 2-8.

참고문헌 / Reference

권오륜. (2004). 체육철학: 제 3 공화국과 김택수의 스포츠 내셔널리즘. 움직임의철학: 한국체육철학회지, 12(2), 385-400.
기영노. (2013). 대통령과 스포츠. 시간의 물레.
김달우. (1992). 해방이후 학교체육의 재편 및 정착과정에 관한 연구: 1945-1955년을 중심으로. 서울대학교 대학원: 체육교육과 박사학위 논문.
김도균 (2008). 스포츠 이벤트 기획. 대한미디어.
김동건. (2012). 비용편익분석(제 4판). 박영사.
김동훈. (2007). 실리 챙기는 동계올림픽. 관훈저널, (104), 139-145.
김두휘. (2012). 2018 평창동계올림픽경기장 시설의 사후 활용에 관한 연구. 160;스포츠과학논문집, 160;24, 1-16.
김명섭·양준석. (2014). 서울올림픽 유치의 정치외교사-1981년 서울은 어떻게 올림픽 개최권 획득에 성공했나?. 국제정치논총, 54(4), 271-302.
김승영. (2004). 역대 정권별 체육정책에 관한 연구. 조선대학교 대학원: 체육학과 박사학위 논문.
김장기·신윤창 (2004). 접경지역의 법적·제도적 관리방안: 강원도를 중심으로. 한국정책학회보, 13(1), 63-86.
김재진·노승만 (2014). 동계올림픽 수송: 올림픽 전용차로 운영을 대비한 사전 준비. 정책메모: 강원발전연구원, 2014-71호.
김정렴·전종우. (2016). 유명인의 매력성 측정. 사회과학연구논총, 32(2), 73-112.
김종량. (1996). 삶의 질 향상을 위한 운동 및 스포츠의 역할: 복지체육과 내학인의 사명. 한국체육학회 국민체육진흥세미나, 1-12.
김창수. (2007). 문화체육 분야에 대한 상시적 교류 확산 방안. 제61차 문화체육위원회 민주평화통일자문회의.
김호민. (2010). 88서울올림픽 이후 각 정부의 체육정책과 예산운영에 관한 연구. 성신여자대학교 대학원: 체육학과 박사학위 논문.
노승만·김재진 (2011). 강원도 교통SOC 시설과 평창동계올림픽 준비. 정책메모: 강원발전연구원, 2011-101호.
노용구. (2016). 국민체육복지의 인식 전환. 국민체육진흥세미나. 37-57.
대한체육회. (1999). 월간체육.
――――. (2010a). 대한체육회 90년사: 1. 1920~1990.
――――. (2010b). 대한체육회 90년사: 2. 1991~2010.
――――. (2014). 2015년 사업계획서.
대한올림픽위원회. (1996). KOC 50년사: 1946-1996.
도명정. (1988). 88서울올림픽의 회고와 결산: 선진시민의식으로 민족의 저력 과시. 도시문제, 23(12). 8-17.
문화체육관광부. (2016). 2014 체육백서.
――――. (2015). 2015년 스포츠산업 실태조사 보고서.

Reference

박경열 (2008). 스포츠 메가 이벤트의 경제성 분석에 관한 연구: 부산 하계올림픽 개최의 비용편익 분석을 중심으로. 관광연구논총 제20권 제2호, pp.163-187.

박경호·옥광·박장규. (2011). 한국 스포츠외교의 태동-서울올림픽 유치의 유산-. 한국체육사학회지. 16(2). 45-57.

박진경 (2001). 2010 동계올림픽 시설건설의 기본방향 및 사후 활용방안. 한국스포츠사회학회지, 제14권, 제1호, pp.55-74.

방지선. (2010). 성공적 지역 스포츠이벤트를 위한 선행과제. 한국체육학회지. 40(4), 477-485.

사이먼 안홀트. (2003). 국가브랜드, 국가이미지. 김유경 역. 커뮤니케이션 북스.

산업연구원 (2008). 2018 평창 동계올림픽 개최 타당성 조사보고서

삼성경제연구소 (2010), "동계올림픽의 경제적 가치와 효과", CEO Information.

송병록. (2004). 스포츠와 정치: 동·서독 스포츠교류가 남·북한 통합에 주는 함의. 한·독 사회과학논총, 14(2). 131-151.

심규훈. (2007). 제5공화국 체육정책에 관한 연구. 한국교원대학교 대학원: 체육교육전공 석사학위 논문.

염돈민·김진기·김승희·이원학 (2013). 평창동계올림픽의 파급영향과 유산. 정책메모 2013-34호. 강원발전연구원.

윤견수. (2006). 기초단체장의 변혁적 리더십과 지역축제: 함평 나비축제에 대한 스토리텔링을 중심으로. 한국행정학보, 40(4), 77-100.

이강현·정진경. (2006). 자원봉사조직 및 자원봉사자의 자원봉사 인정? 보상 시행 경험에 관한 연구. 한국비영리연구, 5(1), 101-135.

이광훈·김권식. (2014) 글로벌 거버넌스에 미치는 소프트파워의 영향력 탐색: 올림픽개최지 선정 사례 실증분석. 정부학연구(연구재단등재지). 고려대학교 정부학연구소.

이영주 외. (2014). 평창올림픽 레거시: 소프트 레거시를 중심으로. 강원발전연구원. 13-57.

이용식. (2016). 2018 평창동계올림픽 경기장 사후활용 극대화 방안. 한국체육정책학회지. 14(1), 35-48.

이학래. (2003). 한국체육백년사. 서울: 한국학술정보.

――. 김종희. 박정희 정권의 정치이념과 스포츠 내셔널리즘. 한국체육학회지, 38(1), 22-35.

이화여자대학교 통일학연구원 편. (2009). 남북관계사: 갈등과 화해의 60년. 서울: 이화여자대학교 출판부.

임도빈. (2016). 공간의 행정학, 행정논총, 57(4).

――. (2015) 정책실패와 학습의 사이에서. 서울대학교 행정대학원 한국정책지식센터 (편) 실패한 정책들 (1-13). 서울: 박영사.

――. (2014a). 행정학: 시간의 관점에서. 서울: 박영사.

――. (2014b). 중앙부처조직의 개편에 관한 연구: 역사적 시각에서, 한국조직학회보. 11(1), 1~45.

――. 양인, 권형근, & 한병훈. (2016). 올림픽 거버넌스 조직현상: 서울올림픽과 평창올림픽 조직위원회의 비교. 한국조직학회보, 13(3). 149-182.

———— 외, (2014). 정부경쟁력: 이론과 지표, 서울: 박영사.
————. 이영진. (1997). 체육행정 사례연구: 대전시 월드컵 경기장 부지선정의 경우, 사회과학논총, 제8권, 충남대학교 사회과학연구소, 343-357.
————. 이영진. (1995). 한국 체육정책의 변화와 체육부 조직에 관한 서설적 연구, 사회과학논총, 제6권, 충남대학교 사회과학연구소, 411-424.
장후석·고승연 (2014). OECD 비교를 통해 본 한국 사회자본의 현황 및 시사점-공적신뢰 회복을 위한 국가시스템 개조가 필요하다. 경제주평: 현대경제연구원, 14-21호.
전윤수·주동진. (2007). A. Hitler의 체육정책-ultranationalism, militerism, imperialism. 한국체육과학회지, 16(4). 23-36.
정기웅 (2012). 올림픽의 정치경제와 평창 동계올림픽. 한국시민윤리학회보, 25(2), 138-159.
정지명·김예기·이건희. (2011). 스포츠산업의 시장규모와 유발계수 분석. 체육과학연구. 22(3). 2171-2188.
정행득·이상호. (2002). 문화 및 스포츠 산업의 경제 파급 효과. 문화산업연구. 2(2). 365-385.
정홍익. (2002). 현대국가와 스포츠. 계간사상, 여름호, 27-51.
정홍원. (1994). 5공의 체육정책 공과. 동아일보사(편). 현대사를 어떻게 볼 것인가 6: 5共 평가 대토론 (318-341). 서울: 동아일보사.
조석준·임도빈. (2016). 한국행정조직론. 서울: 법문사.
평창동계올림픽 조직위원회. (2013). 2012년도 대회준비업무기록집. 2018평창동계올림픽대회 및 장애인동계올림픽대회 조직위원회.
평창군 동계올림픽 추진단. (2015). 2018평창동계올림픽 평창군 유산기본계획 요약보고서.
한길수·김상우, "국제스포츠행사 지원사업 평가", 국회예산정책처, 2013.
한진욱 (2010). 메가 스포츠 이벤트 마케팅과 경제적 파급효과. 오리콤 브랜드 저널리포트 50호. pp.4-7.
한국관광개발연구원. (2013). 2018 평창 동계올림픽경기장 사후활용방안.
현대경제연구원 (2011), "평창 동계올림픽 개최의 경제적 효과", 『현안과 과제』.
황수연. (2003). 한국 체육행정의 변천 연구. 단국대학교 대학원: 교육학과 박사학위 논문.

3. 언론기사

Around the Rings. Jun 4, 2011. "2018 By the Book: Public Support".
EveningStandard. Apr 24, 2008. "Ken Livingstone admits he only bid for 2012 Olympics to 'ensnare' taxpayer billions to develop East End".
Igor Kovac. Dec 18, 2015. "Permanent host cities-a sustainable future for the Olympic Games." Play the Game.
James McBride. Jul 20, 2016. "The Economics of Hosting the Olympic Games". Council on Foreign Relations.
JTBC. 2016년 11월 8일자. "김진선 사퇴 전 조직위와 김종 마찰 있었다".

Reference 참고문헌

KBS. 2016년 2월 5일자. "'복원이냐 유지냐' 딜레마 빠진 정선 활강장".
Kim & Foster. Apr 20, 2016. "S. Korea Covered up Mass Abuse, Killings of 'Vagrants'". Associated Press.
MBC. 2014년 10월 25일 방송. "소치는 이제 '유령도시'…애물단지 된 올림픽 시설".
SBS. 2014년 12월 9일자. "[취재파일] 분산개최 논란 강원도의 자업자득".
Short, J. R., July 28, 2015. "We should host the Olympics in the same place every time". The Washington Post.
Waldron, T. Feb 6, 2014. "How to Make the World Cup, Olympics, and Super Bowl Cheaper to Host." ThinkPress.
Zimbalist, A. Jul 14, 2016. "The Summer Olympics should Always Be in Los Angeles. Forever." Time.
강원도민일보. 2016년 3월 30일자. "[평창동계올림픽 유치비화] 7. 아! 프라하(下) 역사와 함께 사라진 김운용 책임론."
─────. 2016년 1월 26일자. "[평창동계올림픽 유치비화] 5. 아! 프라하(中) IOC는 두 개의 꽃을 한 나라에 주지 않는다."
─────. 2015년 11월 30일자. "[평창동계올림픽 유치비화] 3. 동계올림픽 공동개최 움직임."
─────. 2015년 10월 21일자. "[평창동계올림픽 유치비화] 2. 강원-전북 무주와의 대결".
─────. 2015년 9월 17일자. "[평창동계올림픽 유치비화] 1. 동계올림픽 이렇게 시작됐다."
강원일보. 2017년 1월 23일자. "평창동계올림픽 핵심 교통망 서울 도심 철도와 불통".
─────. 2017년 1월 23일자. "올림픽 이후 경기장 10곳에 매년 121억 추가 재원 필요".
─────. 2017년 1월 20일자. "박 대통령 평창 개·폐회식 업체로 '누슬리' 검토 지시".
─────. 2016년 8월 22일자. "[이제는 평창이다 D-536] 5천억 예산부족 정부는 나몰라라".
강원저널. 2014년 12월 1일자. "평창 올림픽, 토목올림픽이 되는가?".
경기일보. 2014년 10월 15일자. "시·군체육회, 단체장 선거 보은자리? 직원 중 체육전공자 29%뿐".
경향신문. 2013년 7월 29일자. "단체장 치적용 국제대회에 지자체, 주민 '골병'".
경향신문. 2006년 5월 10일자. "평창 알펜시아 리조트사업 출발부터 삐긋".
국민일보. 2013년 2월 6일자. "첫 선수 출신 체육회장 나오나".
─────. 2016년 2월 2일자. "[평창동계올림픽 G-2년] '새로운 지평' 평창의 꿈이 무르익는다".
김경무. 2013년 1월 16일자. "체육단체장에 몰려드는 정치인들 '유감'". 한겨레 스포츠오디세이.
김양종. 2014년 6월 16일자. "정치인의 '체육단체장 명함' 없애야". 한국일보 칼럼.
김종. 1998년 5월 20일자. "미래산업-스포츠마케팅". 중앙일보 칼럼.
노컷뉴스. 2016년 8월 12일자. "평창, 구시대 올림픽 막차 탔다".
뉴시스. 2010년 5월 13일자. "김연아 이상화 밴쿠버 영웅들, 평창 동계올림픽 유치 돕는다".
데일리안. 2009년 1월 7일자. "2018동계오륜 국가 아젠다로 설정, 지원을…".
동아일보. 2016년 8월 30일자. "적자 타령만 하는 조직위… 복귀할 궁리만 하는 파견공무원".
─────. 2015년 1월 20일자. "서울올림픽 땐 정부 전폭지원… 평창은 '사람도 돈도 없다'".
─────. 2013년 12월 06일자. "한치 앞 못 본 F1 유치… 4년 적자 레이스 벌이다 결국 펑크".

271

참고문헌

─────. 2011년 2월 18일자. "[평창 겨울올림픽] 도민은 물론 대통령까지… 이런 유치 열기는 없었다".
─────. 2003년 7월 8일자. "평창 유치 실패가 누구 한 사람 잘못인가?"
─────. 2001년 11월 22일자. "강원주민, 동계올림픽 공동유치 반대 시위".
디지털타임스. 2016년 8월 8일자. "첨단 ITS 큰소리 친 평창올림픽, 예산 갈등에 용두사미 될 판".
매일경제. 2016년 11월 22일자. "첩첩산중 평창… 절실한 건 '관심'".
머니투데이. 2016년 7월 20일자. "감사원, 평창동계올림픽 최소 2244억원 사업비 부족 예상".
명재석. 2003년 7월 8일자. "평창 유치 실패가 누구 한 사람만의 잘못인가?". 오마이뉴스.
문화일보. 2017년 1월 18일자. "崔, 누슬리 자회사 만들어 평창 체육사업 利權독점 노렸다".
─────. 2008년 1월 1일자. "국격 우뚝 세운 올림픽… 경제·스포츠 도약 발판".
미디어오늘. 2014년 12월 8일자. "평창동계올림픽이 평창·나가노 동계올림픽이 될 판".
스포츠동아. 2014년 12월 10일자. "평창올림픽, 국내외 분산 개최도 대안".
스포츠조선. 2016년 3월 25일자. "대한수영연맹 결국 관리단체 지정".
시사인천. 2011년 11월 16일자. "릴레함메르에서 배우다".
시사저널. 2011년 7월 26일자. "평창 동계올림픽 남북 공동 개최 못 해".
연합뉴스. 2014년 5월 23일자. "국회의원 체육단체장 겸직 전면금지… 100여명에 통보".
─────. 2012년 8월 14일자. "평창겨울올림픽 특별법 시행령 국무회의 심의 마쳐".
─────. 1999년 5월 17일자. "정부수립 후 48회 조직개편 – 1년에 한번 꼴".
월간조선. 2014년 8월 1일자. "[이슈추적] 누가 의원의 겸직 금지 대상을 줄였을까?". 2014년 8월호: 88-99.
일요시사. 2016년 5월 18일자. "대한레슬링협회 30억 미스터리: 감사까지 했지만… 수십억 사라졌다".
일요시사. 2014년 6월 2일자. "국회의원 '체육단체장 겸직' 집착 이유: 의원님은 표밭 챙기고~ 체육계는 예산 챙기고~".
일요신문. 2016년 10월 3일자. "스포츠 대통령… 연 4000억 600만 명 등록선수 관리".
장달영. 2015년 6월 13일자. "○○체육회 감투가 그렇게 대단한가요?". 미디어오늘 칼럼.
조선일보. 2016년 11월 04일자. "조양호 회장 평창 조직위원장 사퇴, 문체부 압력설 90%는 사실".
─────. 2016년 1월 29일자. "흰 코끼리 경기장의 재앙을 면하려면".
주간경향. 2015년 8월 25일자. "잠실종합운동장… 독재 합리화와 동서화해 88서울올림픽의 양면성".
─────. 2009년 5월 12일자. "삼세판 기회, 또 놓칠 수는 없다".
중앙일보. 2016년 11월 2일자. "조양호 전 평창올림픽조직위원장 사퇴에 최순실 연루 의혹".
─────. 2015년 12월 21일자. "봅슬레이스켈레톤연맹·루지연맹, 통합 추진에 '이해할 수 없는 탁상행정적 발상'".
최준서. 2015년 3월 2일자. "한국스포츠경제에 바란다", 한국일보 오피니언.
프레시안. 2007년 8월 3일자 "아! '제발' 올림픽 없는 세상에서 살고 싶다".
한겨레. 2015년 6월 10일자. "올림픽 월드컵 개최지의 7가지 증후군".
─────. 2015년 2월 22일자. "정치인이 사랑한 체육단체장 자리, 이제는…".
─────. 2014년 10월 5일자. "'경제효과 20조' 허공 속으로… 인천시, 남은 건 빚뿐".

———. 2011년 8월 18일자. "강원도·정치권은 평창올림픽 규제완화 특별법 추진하고… 환경부는 '가리왕산 환경평가 간소화 없다'".
한국경제. 2001년 11월 21일자. "동계올림픽 공동후보지 선정 무효… 강원지사 재심의 요구".
조하현. 2016년 10월 25일자. "평창 동계올림픽, 성공적 개최만큼 '사후대책' 중요해.". 한국일보.
한국일보. 2016년 10월 17일자. "황금알 낳는 평창올림픽? 환상부터 깹시다".
허핑턴포스트. 2016년 8월 19일자. "리우 올림픽의 자원봉사자들이 사라지고 있다. 가장 큰 이유는 '밥'이다".

4. 참고 웹페이지

2017 동계 삿포로 아시아경기대회 홈페이지 : https://sapporo2017.org/site/overviews-ko/koareasko.html
2016 리우-OCOG : www.rio2016.com/fr
2018 평창 OCOG: www.pyeongchang2018.com/horizon/french/index.asp
2020 도쿄 OCOG : http://tokyo2020.jp/fr
ANOC : www.anocolympic.org
CAS : www.tas-cas.org
IOC : www.olympic.org
SportAccord : www.sportaccord.com
WADA : www.wada-ama.org
강원도 홈페이지. (작성일: 2016년 11월 18일). 2018 평창동계올림픽대회「대회관련시설의 설치이용 등에 관한 계획」변경 승인 고시(9차)에서 발췌. http://www.provin.gangwon.kr
국민체육진흥공단, 사업안내. "체육진흥투표권". http://www.kspo.or.kr/?menuno=813
올림픽 수도 로잔 : www.ifsports-guide.ch
위키피디아 2016년 12월 20일 검색. 주제어: "복복선".
위키피디아 2016년 7월 5일 검색, 주제어: "Winter Olympic Games".
한국중앙자원봉사센터 티스토리. "[한국자원봉사자의 뿌리를 찾아서 #18] 86 서울아시안 게임 & 88 서울올림픽대회 자원봉사자 이장원". 2016년 10월 검색. http://vc1365.tistory.com/577
행정자치부 국가기록원, 대통령기록관, "역대 대통령 연설문". http://15cwd.pa.go.kr/korean/data/expresident/ntw/speech.html
행정자치부 국가기록원, 기록정보콘텐츠, "남북체육실무자회담". http://www.archives.go.kr/next/search/listSubjectDescription.do?id=010085&pageFlag=
행정자치부 국가기록원, "동계올림픽대회". http://theme.archives.go.kr/next/photo/olympic02List.d

저자소개 — Author Introduction

▶ **쟝 루 샤플레**

스위스 로잔 대학의 공공행정대학원에서 공공경영학 교수로 재임중이다. 그는 40여 년 전부터 올림픽 현상에 대해 연구했고, 1972년 이후부터 거의 모든 동·하계올림픽과 청소년 올림픽에 다양한 자격으로 참여했다. 저서로는 『올림픽 시스템(Le Système olympique, 1991)』, 『IOC와 올림픽 시스템(The IOC and the Olympic System, 2008)』, 『올림픽 마케팅(Le Marketing olympique, 2012)』, 『스포츠 이벤트 관리의 루틀리지 핸드북(The Routledge Handbook of Sports Event Management, 2015)』가 있다.

▶ **임도빈**

프랑스의 파리정치대학(I.E.P. de Paris)에서 사회학 박사학위를 받았으며, 현재 서울대학교 행정대학원의 교수로 재직중이다. 우리나라에서 정부의 역할이 중요하다는 한국행정의 특수성과 가치를 살리는 방법으로 정부경쟁력을 높일 방법을 연구하고 있다. 한국행정학회장을 역임하였다. 『한국지방 조직론』(박영사, 2004), 『비교행정학』(박영사, 2016), 『한국행정조직론』(법문사, 2016), 『공무원의 낭중지추를 찾아서』(법문사, 2013) 등의 저서를 출간한 바 있다.